SPSS 서베이리서치

Survey Research using SPSS Statistics 17.0

원 태 연 저

홍릉과학출판사

머리말

기업의 존재가치는 이윤추구이며, 이를 위해 무형가치 또는 유형가치를 계량화시켜 소위 비즈니스 숫자를 창출하여 기업 마케팅전략을 세운다. 최근 한국에서는 시장변화에 대한 예측력이 과거에 비해 훨씬 불확실해졌기 때문에, 마케팅환경은 위험부담을 줄이는 동시에 더욱 효율적인 성과를 올릴 수 있는 마케팅을 요구한다. 따라서 비즈니스 숫자에 근거하여 마케팅에 적극성을 갖는 기업들의 성과가 뛰어남은 두말할 나위가 없다.

기존 마케팅조사방법에 관련 서적들 대부분이 각 통계분석에 개별적으로 데이터를 적용시키는 한계성 때문에, 독자들이 실제 데이터를 접할 경우 종합적인 분석과 합리적인 응용을 구사하는데 어려움이 있었다. 이런 점을 극복하기 위해서 본서는 마케팅 분야에서 수집한 실제 데이터를 근거하여 설문작성부터, 의사결정, 보고서 작성까지 분석절차를 일관성 있게 다루었다.

특히 기업의사결정을 하는데 필수적으로 분석 및 진단해야 할 복잡하게 얽혀진 프로세서를 통계적인 기법을 통해 단순화, 시각화 및 세분화를 시켰다. 궁극적으로는 마케팅조사의 주체인 소비자의 행동과정과 기업의사결정을 하는데 필요한 프로세서를 이해하기 위해서, 이 세 가지 특성을 상호보완적으로 시나리오화시켜 솔루션을 손쉽게 찾도록 하였다.

하나의 동일한 데이터를 처음부터 끝까지 분석할 수 있는 방법을 익힘으로써 보다 현실적인 응용방법을 익힐 수 있으리라 확신한다.

본서가 나오기까지 도움을 주신 많은 분들께 감사를 드린다. 특히 본서를 출간할 수 있도록 배려해 주신 사장님과 김응수 부장님께 감사드리며, 본서의 편집과 제작을 위하여 힘써주신 편집부원 여러분의 노고에 이 글을 빌어 감사드린다.

저자

차 례

마케팅서베이 방법

1.1 데이터의 종류

연구조사에서 수집되는 자료는 크게 1차 자료(primary data)와 2차 자료(secondary data)로 나누어진다. 1차 자료는 마케팅서베이에서 수집되는 자료는 크게 1차 자료와 조사자가 현시점에 당면한 의사결정문제를 해결하기 위하여 직접 수집한 자료를 말하며, 2차 자료는 다른 조사자에 의해 다른 목적으로 이미 수집된 자료를 말한다. 2차 자료는 기업내부자료와 기업외부자료로 나누어진다. 기업내부자료는 기업내부에 지속적으로 축적된 자료로서 회계자료, 경영관련자료, 과거의 시장조사자료, 기업조직관련자료 등을 말하며, 기업외부자료는 당면한 의사결정에 관련된 외부기관으로부터의 입수할 수 있는 자료로서, 통계청, 국책연구소, 경제연구소, 경제신문사, 대학의 연구소, 산업별 협회, 외부전문조사기관, 기타 기업외부기관 등으로부터 수집되는 자료를 말한다.

2차 자료는 다른 조사목적에 의해 수집된 자료이므로, 당면한 의사결정문제에 적절한 정보를 제공하지 못할 수 있으며, 설사 관련된 정보라 하더라도 기간이 경과되어 시의 적절하지 못한 경우가 많다. 이러한 2차 자료의 한계점으로 인해 많은 마케팅 담당자들은 2차 자료보다는 당면한 의사결정

문제를 해결하기 위하여 1차 자료에 의존하게 된다. 또한 1차 자료는 조사 목적에 적합한 정보를 시의 적절하게 제공하는 장점이 있으나 설문지 작성, 실사, 자료처리 등의 자료수집과정에서 많은 비용과 시간이 소요되는 단점이 있다.

<표 1-1> 마케팅 자료

	1차 자료	2차 자료
의 미	기업의 당면한 의사결정문제를 해결하기 위해 조사자가 직접 수집한 자료	다른 조사자가 다른 조사목적으로 이미 수집되어 있는 자료
종 류	의사소통법에 의한 자료 관찰법에 의한 자료	기업내부자료 기업외부자료

그러나 최근 많은 의사결정자들은 설문지를 이용한 1차 자료 수집 방법을 가장 많이 이용하고 있으며, 이에 대한 효과를 인정하고 있다. 1차 자료를 수집하는 방법은 크게 의사소통방법(communication method)과 관찰법(observation method)이 있다.

의사소통방법은 의뢰자의 공개여부에 따라 공개적 또는 비공개적 조사로 나눌 수 있으며 조사의 체계화에 따라 체계적 또는 비체계적 조사로 나누어진다.

<표 1-2> 의사소통법의 종류

체계화 / 공개 정도	체 계 적	비체계적
공 개 적	설문지를 이용한 Survey	심층면접법 표적집단면접법
비공개적		투사법

1.2 마케팅서베이 방법

1.2.1 Survey

Survey는 설문지를 이용하여 응답자들로부터 데이터를 수집하는 방법으로서 가장 널리 사용되는 데이터 수집 방법이다. Survey는 정형화된 설문지를 이용하여 응답자들에게 동일한 방법으로 질문하므로 체계적인 자료 수집방법이다.

Survey는 공개적 또는 비공개적으로 수행할 수 있다. 일반적으로 Survey는 공개정도가 높은 경우가 많다. 그러나 응답자들이 조사목적을 잘 알지 못하도록 할 수 있으며, 이러한 경우에는 비공개적인 조사방법이 된다. Survey는 응답자 접촉방법에 따라 대인면접법, 전화면접법, 우편면접법 등의 3가지로 나눌 수 있다.

(1) 대인면접법

대인면접법(personal interview)은 조사지침을 교육받은 면접원이 응답자와의 대면 접촉을 통해 데이터를 수집하는 방법이다.

장점 응답자가 질문 내용을 모를 경우 자세히 설명해 줄 수 있으므로 양질의 정보를 얻어 낼 수 있으며, 사례품을 증정함으로써 응답률을 높이고 성실한 응답을 얻을 수 있다.

단점 사례품의 증정 등으로 비용이 많이 들고 질문과정에서 면접원이 응답자의 응답에 영향을 미칠 수 있다. 또한 사회적으로 범죄가 증가하고 있는 최근에는 응답자들이 낯선 면접원을 경계하여 면접조사를 하는 일이 매우 어려운 일이 되었다.

(2) 전화면접법

전화면접법(telephone interview)은 면접원이 전화를 통하여 응답자로부터 자료를 수집하는 방법이다.

장점 빠른 시간 내에 저렴한 비용으로 조사를 실시할 수 있으며 전화번호부를 이용하여 쉽게 표본 대상을 찾을 수 있다.

단점 보조물을 활용해야 하거나 질문내용이 어렵고 면접시간이 길면 응답자로부터 협조를 얻기가 어렵다. 설사 답례품을 미리 발송하여 협조율을 높일 수 있다 하더라도 시간과 많은 생각을 요구하는 경우 응답자로부터 협조를 얻기가 쉽지 않다. 또한 부재중이어서 통화가 불가능한 경우 표본에서 제외되는 문제점도 있다.

(3) 우편조사법

우편조사법(mail interview)은 응답자가 우편으로 발송된 설문지에 응답하도록 한 후, 반송용 봉투를 이용하여 자료를 수집하는 방법이다.

장점 1인당 조사비가 적게 들며 응답자가 조사문제에 관심이 있는 경우 설문지의 내용이 길어도 응답해 준다. 자료수집비용은 설문지의 인쇄비와 발송 및 회수를 위한 우편료 정도이며 면접원을 이용하지 않으므로 면접원의 수당을 절약할 수 있다.

단점 응답자가 질문내용을 이해 못할 경우 보충설명이 불가능하며, 보통 전체 발송량의 10~20% 정도로 응답률이 낮다. 그러므로 상업적 조사에서는 우편조사법이 거의 이용되지 않는다.

이상의 세 가지 조사방법의 장·단점을 요약하면 다음 <표 1-3>과 같다.

<표 1-3> Survey의 장단점

Survey / 분 야	대인면접조사	전화조사	우편조사	E-mail 조사
1. 탄력성, 융통성	아주좋음	좋 음	나 쁨	나 쁨
2. 자료의 정확성	좋 음	좋 음	제 한 됨	제 한 됨
3. 수집될 수 있는 자료의 양	아주좋음	보 통	좋 음	좋 음
4. 면접자의 영향효과 통제	나 쁨	보 통	아주좋음	아주좋음
5. 표본의 통제	보 통	아주좋음	보 통	좋 음
6. 소요시간	보 통	빠 름	느 림	느 림
7. 회수율(응답률)	아주좋음	보 통	나 쁨	나 쁨
8. 비용	높 음	낮 음	보 통	낮 음

1.2.2 심층면접법(depth interview)

비체계적이며 공개적인 의사소통법으로 설문지를 이용하지 않고 자유롭게 면접을 진행하여 조사목적에 관련된 정보를 수집하는 방법이다. 심층면접법은 면접자와 응답자 간의 일대일 면접을 통해 응답자의 잠재적 동기, 신념, 태도 등을 파악하는데 사용된다. 그러므로 심리학 분야에서는 고도로 훈련받은 면접진행자를 필요로 한다.

1.2.3 표적집단면접법(focus group interview)

비공개적이며, 설문지를 이용하지 않는다는 점에서 심층면접법과 동일하다. 심층면접법은 면접자와 응답자간의 일대일 면접인 반면 표적집단면접법은 소수(6~12명)의 응답자들을 한 장소에 모이게 한 후, 자유로운 분위기 속에서 조사목적에 관련된 대화를 유도하여 응답자들이 자유롭게 의사를 표시하도록 하는 면접방식이다. 이는 공식적인 설문지에서 기대하지 못하는 정보를 발견할 수도 있으며, 한 응답자가 다른 응답자의 의견으로부터 새로운 생각을 떠올릴 수 있으므로 양질의 정보를 얻어 낼 수 있다. 또한 차후에 설문의 문항을 개발하는데도 도움이 된다. 보통 표적집단의 구성원 수는 6~12명 정도이며, 구성원들 간의 사소한 주제로 인해 불필요한 갈등이 생길 수 있으므로 사회경제적 특성이 유사한 소비자들로 구성한다.

1.2.4 투사법(projective technique)

자료수집방법이 비체계적이며 조사목적이 공개되지 않는 방법으로 조사 주제와 관련된 응답자의 잠재적인 동기, 신념, 태도, 주장, 느낌 등이 표출되도록 유도한다. 이는 응답자로부터 제3자의 행동을 해석하도록 요구하기도 한다. 응답자들은 제시된 상황이 애매할수록 그들의 감정, 태도, 신념, 느낌 등을 강하게 투영하는 경향이 있다. 투사법은 임상심리학에서 주로 사용하는 기법으로 단어연상법(word association), 문장완성법(sentence completion), 그림묘사법(picture response technique), 만화완성법(cartoon tests) 등이 있다.

(1) 단어연상법

응답자들에게 단어들을 한 번에 하나씩 제시하고, 첫 번째 떠오르는 단어를 적거나 말하도록 요구하는 방법이다. 면접자는 응답에서 특정 단어의 빈도수, 응답에 소요되는 시간, 제한된 시간 내에 전혀 응답하지 못한 응답자의 수 등을 계산하여 반응을 분석한다.

(2) 문장완성법

단어연상법과 비슷한 방법으로 응답자들에게 완성되지 않은 문장을 제시하고 이를 채우도록 하는 방법이다.

⑶ 그림묘사법

심리학의 TAT(thematic apperception tests) 기법에서 비롯되었으며, 응답자에게 정상적 및 비정상적인 사건의 그림을 보여준 후 그 그림의 줄거리에 대해 이야기하도록 요구한다.

⑷ 만화완성법

조사주제와 관련된 상황에서 등장인물들이 대화를 나누는 만화를 보여준 후 한 등장인물의 이야기에 다른 등장인물이 어떻게 반응할 것인지를 응답자로 하여금 자신의 생각을 적게 하도록 요구한다.

메모

데이터 측정

2.1 측정이란?

"품질에 만족한다.", "기업 이미지가 좋다.", "세계적인 기업이다.", "서비스가 훌륭하다." 등과 같이 우리는 수많은 대상의 개념, 생각, 신념, 느낌, 이미지, 특성, 현상 등을 평가하게 되는데 이러한 행위를 측정이라고 한다. 즉 측정은 대상, 사건, 변수들과 같은 실제적 속성들에 숫자나 상징 등의 규칙에 의거하여 할당하는 과정이라고 할 수 있다. 여기에서 규칙이란 "매우 만족"하는 경우는 5를 할당하고, "매우 불만"인 경우는 '1'을 할당하여 값이 커짐에 따라 만족정도를 나타내도록 할당하는 것과 같다. 그러므로 규칙은 측정의 질을 결정하기 때문에 측정과정에서 가장 중요한 요소가 된다. 측정을 다시 정의하면 과학적 방법의 근본이 되는 것으로 사물이나 현상 속에 나타난 개념에 체계적으로 숫자나 가치를 부여하는 활동이라고 할 수 있다. 그러므로 측정할 수 없다면 과학적 연구를 검증할 수 없으므로 측정할 수 없다는 것은 현상에 대해서 아무 것도 알고 있지 못함을 의미한다. 다시 말해 알지 못하면 측정할 수 없다는 말이다.

2.2 측정과정

측정과정은 연구자가 문제와 가설을 정의하고 수립함과 동시에 시작된다. 모든 문제와 가설은 현실세계와 밀접한 개념이나 변수와 같은 용어들로 표현되기 마련이다. 문제의 형성은 한결같이 그 속에 포함된 용어들이 각각 이론적 측면과 실증적 측면에서 무엇을 의미하는가에 대해 심사숙고하게 된다. 그리고 측정의 목적은 문제나 가설 속에 포함된 용어들을 명확하게 측정할 수 있도록 한정하는 것이라고 할 수 있다. 따라서 측정과정은 추상에서 실제로의 이동이다. 이와 같이 실제로의 이동과정은 개념화(conceptualization), 변수(variables)와 지표(indicators)의 구체화, 조작화(operationalization) 등의 3단계로 세분화 될 수 있다.

2.2.1 개념화

개념화(conceptualization)란 개념을 개발하고 명확하게 하는 것을 말한다. 개념의 의미가 명확하지 않으면 개념에 대한 관측이 가능하지 않기 때문에 개념을 명확하게 하는 것이 측정과정의 첫 단계라고 할 수 있다. 명료하지 않은 개념을 가지고 측정과정을 무리하게 진행한다면 결코 바른 연구를 수행할 수 없으며 역시 불명료한 결과를 도출하게 된다.

예를 들어, '교육이 편견을 감소시킨다'는 가설을 검증하기를 원한다면 무엇보다도 '**교육**'과 '**편견**'에 대한 개념정의부터 명확하게 해야 할 것이다. 교육은 "지적 그리고 도덕적 훈련과 지식의 정도"라고 정의할 수 있으며, 편견은 "감정적이고 한 쪽으로 치우친 사고 또는 견해"라고 정의할 수 있다. 만약 정의에 어려움이 있다면 전문학술용어사전이나 국어사전 등을 참조하여 기존의 정의를 사용하는 것도 좋은 방법이다. 그러나 개념에 대한 통일된 정의가 없는 경우에는 직접 이에 대해 새롭게 정의해야 할 것이다.

교육은 공식적 교육과 비공식적 교육 등으로 나누거나 학교교육, 사회교육, 가정교육 등으로 세분할 수 있다. 또한 편견은 부정적 감정, 고정관념, 차별화 경향 등으로 세분하거나 편견의 대상에 따라 인종적 편견, 여성에 대한 편견 등으로 유형화할 수 있다.

2.2.2 변수와 지표의 구체화

개념은 일반적으로 직접 측정가능하지 않다는 측면이 있으며 같은 분석단위에 대해서도 서로 다르게 측정할 가능성도 있다. 즉 교육과 편견과 같은 개념은 있는 그대로 측정할 수 없으며, 연구자에 따라 서로 다른 측면에서 측정할 가능성이 있다. 그러므로 개념을 변수로 전환시켜야 할 필요가 발생한다. 교육은 '공식적으로 교육받은 정도'나 '지식량' 등의 변수(variables)로 전환시킨다.

이처럼 개념을 변수로 전환시키고 나면 분석단위들에 대한 측정에 어느 정도 접근하게 된다. 그러나 아직도 정확한 측정과는 다소 거리가 있다. 따라서 변수의 추상성을 더욱 구체화하는 단계라고 할 수 있는 지표(indicators)로 전환되어야 한다. 즉 '공식적인 학교교육을 받은 년수'라는 지표로 전환한다.

교육과 같은 복잡하지 않은 개념의 경우 하나의 지표만을 사용해도 충분히 측정할 수 있지만 편견과 같이 복잡한 개념은 하나의 지표만을 가지고 측정하는 것은 충분하지 못할 수가 있다. 이러한 경우는 두 개 이상의 지표를 사용할 필요가 있다. 두 개 이상의 지표를 사용하여 개념을 측정하는 것을 지수(index) 또는 척도(scale)라고 한다. 즉 편견을 측정하기 위하여 여러 측면에서 측정할 수 있는 여러 질문문항들로 편견척도를 구성할 수 있다.

2.2.3 조작화

조작화(operationalization)는 측정과정의 마지막 단계로 분석단위를 범주별로 분류하는 과정을 의미한다. 즉 조작적 정의(operational definition)로 각 분석단위를 변수들이 가지는 범주로 할당하는 작업 / 과정이라고 할 수 있다.

하나의 완전한 조작적 정의는 흔히 분석단위를 상대로 하는 일련의 질문들과 응답범주들 그리고 자료수집과 개별 사례들을 범주에 할당하는 지침 등을 포함하는 것이 보통이다. 예를 들어 공식적 교육의 정도를 측정하기 위한 조작적 정의는 '질문부분'과 5개의 응답범주로 구성되는 '응답부분'으로 구성된다.

질문 당신이 공식적으로 학교교육을 받은 연수는 얼마입니까?

① 6년 미만
② 6년 이상 ~ 8년 미만
③ 8년 이상 ~ 12년 미만
④ 12년 이상 ~ 16년 미만
⑤ 16년 이상

질문 당신이 공식적으로 학교교육을 받은 정도는 어떠합니까?

① 초졸 미만
② 초졸
③ 중졸
④ 고졸
⑤ 대졸
⑥ 대학원졸

[측정과정]

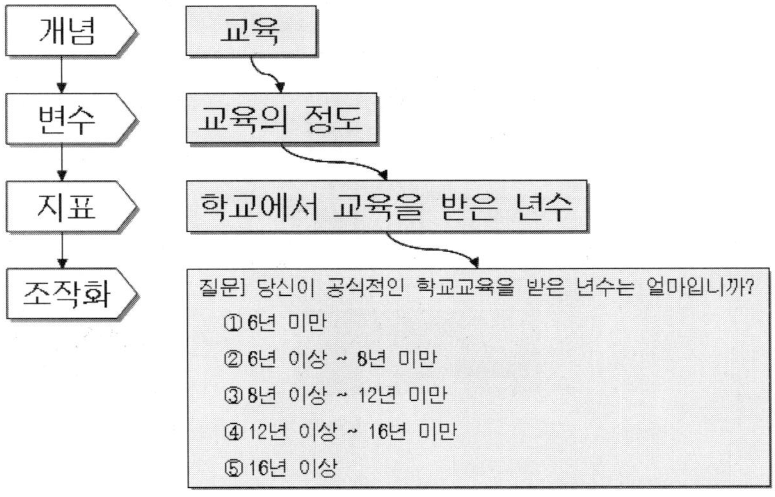

2.3 데이터란 무엇인가?

어떠한 결론을 내리는데 있어서 근거가 될 수 있는 모든 사실을 통칭적으로 데이터(또는 자료)라고 한다. 데이터는 숫자, 문자, 화상, 소리 등의 형태로 표현될 수 있지만, 데이터분석에서는 주로 숫자 데이터를 대상으로 한다. 숫자 데이터란 어떤 대상의 속성에 수치를 부여하는 과정에 따라 수치화된 데이터를 뜻한다. 데이터는 크게 정성적 데이터(nonmetric data)와 정량적 데이터(metric data)로 나누어진다. 정성적 데이터는 비계량적 데이터 또는 질적 데이터(qualitative data)라고도 하며, 이는 데이터 분석에서는 범주형 데이터(categorical data)로 수치화 되며 이는 다시 명목척도와 서열척도로 구분된다. 또한 정량적 데이터(metric data)는 계량적 데이터 또는 양적 데이터(quantitative data)라고도 하며, 이는 데이터 분석에서 연속형 데이터로 취급하며 다시 연속형 데이터는 등간척도와 비율척도로 구분된다.

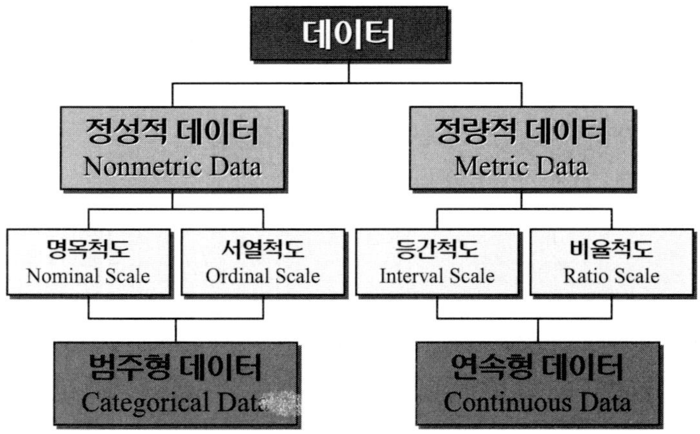

[그림 2-1] 데이터의 유형

2.4 측정수준

측정수준(level of measurement)은 어떤 변수에 대한 속성들에 할당된 변수값들의 관계를 의미한다. 그러면 변수값들의 관계란 무엇을 의미하는 것인가? 예를 들어, "주거형태"라는 변수를 생각해 보자. 응답자들이 응답할 수 있는 주거형태는 여러 가지가 있을 수 있다. 여기에서는 '단독주택', '연립주택', '아파트' 등을 응답할 수 있다고 가정하면, 각각의 3가지 주거형태의 종

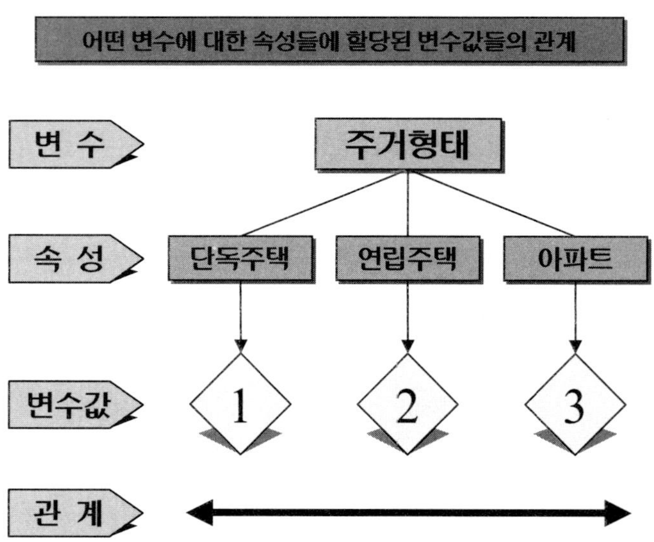

[그림 2-2] 측정수준

류는 속성들이라고 할 수 있으며 이러한 속성들에 숫자를 부여하는 과정을 수치화라고 한다. 이렇게 수치화 과정을 통하여 부여된 각 숫자를 변수값이라고 한다. 이러한 변수값들이 가지는 상호관계를 측정수준이라 한다. 즉 주거형태가 단독주택인 경우는 1, 연립주택은 2, 아파트는 3으로 수치화한다면 이들 1, 2, 3의 의미는 단지 이름을 숫자로서 부여했을 뿐 다른 의미를 갖지 않는다. 다시 말해 연립주택(=2)이 단독주택(=1)의 2배라고 평가할 수 없으며, 서로간의 순서적 관계도 부여할 수 없다. 이러한 경우는 명목적인 의미만을 부여할 수 있으므로 명목척도(nominal scale)라고 한다. 수치화된 변수값들의 상호관계, 즉 측정수준에 따라 4가지의 척도로 나누어 볼 수 있으며, 일반적으로 4가지 측정수준은 다음과 같다.

▼ 명목척도 (nominal scale)
▼ 서열척도 (ordinal scale)
▼ 등간척도 (interval scale)
▼ 비율척도 (ratio scale)

측정수준에 따라 4가지 척도인 명목, 서열, 등간, 비율척도로 나누는 전통적인 측정수준 분류방법은 S.S. Stevens(1946)[1]에 의해 개발된 것이다. 이것이 가장 기본적인 분류방법이며, 여기에서도 이 방법을 사용한다. 여러 가지 다른 방법도 존재하며, 측정수준을 무시함으로서 발생하는 통계적 영향에 관해서 많은 논의가 있었으며(Borgatta와 Bohrnstedt(1980)[2] 참조), 결코 측정수준을 무시해서는 데이터 분석을 진행할 수 없다.

측정수준은 측정된 변수값들의 상호관계를 말하며, 순서와 거리라는 특성으로 구분된다. 컴퓨터는 기계이므로 주어진 변수값들이 어떠한 측정을 통하여 얻어졌는지 알 수 없다. 그러므로 우리가 데이터의 측정수준을 결정하고, 이에 알맞은 적절한 통계분석방법을 적용해야 한다. 그러므로 측정수

1) Stevens, S.S.(1946), *On the theory of scales of measurement*, Science, 103, 677-680
2) Borgatta, E.F., and Bohrnstedt, G.W.(1980), *Level of Measurement once over again*, Sociological methods and research, 9:2, 147-160

준에 따른 이 4가지 척도를 직관적으로 구분할 수 있도록 철저히 이해해야 한다.

이제 데이터 분석에서 사용되는 이 4가지 척도에 대하여 자세히 설명하기로 한다.

2.5 척도의 종류

특정 사실을 수치화하는데 있어 어떠한 측정수준으로 수치화하였는가에 따라 명목척도, 서열척도, 등간척도, 비율척도 등의 네 가지로 분류되며, 어떤 척도를 사용하였느냐에 따라 측정된 데이터들에 내재된 정보의 양이 달라지며, 더 나아가 적용되는 통계분석방법이 달라진다. 이상의 척도에 따른 종류를 자세히 살펴보기로 한다.

2.5.1 명목척도(nominal scale)

측정대상을 고유한 특성에 따라 분류하거나 구분할 목적으로, 동일한 특성을 갖는 대상들이 동일한 수치를 갖도록 한 데이터를 명목척도 데이터라 한다. 즉, 명목척도는 분류에 기초를 두고 수치화된 데이터이다. 명목척도에서는 유일한 속성에 부여된 숫자 변수값이 단지 "이름"에 불과하다. 케이스들에 순서적인 의미가 없다.

예를 들어, 어떤 상품의 전체 구매고객집단을 성별로 분류하여 '남자고객'에게는 '1', '여자고객'에게는 '2'라는 수치를 부여한다면 이것이 바로 명목데이터인데, 이러한 수치들은 단지 그 집단의 명칭을 대신할 뿐, 통상적인 수량의 의미인 수'1'과 '2'를 뜻하지 않는다. 또 단지 예로 농구에서 선수의 등번호는 명목상의 의미인 부여된 이름에 불과하다. 등번호 30인 선수는 등번호 15인 선수보다 운동능력이 뛰어난 것이 아니며, 능력이 2배라고 할 수도 없다. 따라서 명목척도는 4칙연산(+, −, ×, ÷) 등 일체의 수학적 계산이 불가능하며, 데이터의 값을 바꾸어도 무방하다. 즉, 성별에 있어서 남자를 '2', 여자를 '1'로 하여도 아무런 문제가 발생되지 않는다.

예

성별 ; 남자=1, 여자=2
운동종목 ; 축구=1, 배구=2, 농구=3
직업 ; 회사원=1, 공무원=2, 자영업=3, 학생=4, 무직=5
지역 ; 서울 경기=1, 강원도=2, 경상도=3, 전라도=4, 제주도=5
수학적 의미) A=B 또는 A≠B

2.5.2 서열척도(ordinal scale)

측정대상들을 비교하기 위해 특성의 다과 또는 대소의 서열(순서)에 따라 측정대상들에게 수치를 부여한 데이터를 서열척도 데이터 또는 순서척도 데이터라 한다. 즉, 측정대상을 그 특성에 따라 순서대로 배열하고, 그 순서에 따라 1, 2, 3등의 수치를 부여하면 이것이 바로 서열척도 데이터에 해당된다.

예를 들어 특정상품의 고객호응도에 따라 매우좋음=5, 좋음=4, 보통=3, 나쁨=2, 매우나쁨=1 등으로 수치를 부여하였을 경우, 5는 1과 다르게 분류된다는 점 이외에 수치가 커질수록 고객호응도라는 특성의 서열이 높아지게 된다. 그러나 1, 2, 3, 4, 5 등의 수치들은 단지 순서적 배열에서의 상대적 위치만을 가리킬 뿐이므로, 고객들이 절대적으로 얼마나 많은 호응을 하고 있는지는 알 수 없다. 즉, 매우좋음=5로 응답한 고객의 호응도가 매우나쁨=1로 답한 고객의 호응도의 5배에 해당하는 호응도라고는 말할 수 없다.

예

건강상태 ; 양호=3, 보통=2, 나쁨=1
상품의 소비도 ; 대량소비=3, 중간소비=2, 소량소비=1, 비소비=0

지지도 ; 적극찬성=2, 약간찬성=1, 잘모르겠음=0, 약간반대=-1, 적극반대=-2
수학적 의미) A> B, A=B, A <B

2.5.3 등간척도(interval scale)

측정대상이 갖고 있는 속성의 양적인 정도의 차이에 따라 등간격으로 수치를 부여한 데이터를 등간척도 데이터 혹은 구간척도 데이터라 한다. 등간척도 데이터는 해당속성이 전혀 없는 상태인 절대적 원점(absolute zero)이 존재하지 않으며 비율의 의미가 존재하지 않는 데이터이다. 등간척도 데이터는 수학에서 사용되는 4칙연산이 가능하며, 평균, 표준편차 등의 계산도 가능하다.

등간척도의 가장 대표적인 예로써 온도를 들 수 있는데, 화씨온도와 섭씨온도에 있어서 양자 모두 서로 다른 임의의 '0'점을 가지고 있지만, 실제로 '0'이라는 양을 가리키거나 온도가 없다는 것을 의미하지는 않는다. 또한, 100℃의 온도가 50℃의 온도의 정확히 2배 높은 온도라고 말할 수 없다. 이는 섭씨 0도가 열이 전혀 없는 상태인 절대 0점이 아니라 편의에 의하여 설정된 상대적 0점이기 때문이다.

예

온도 ;	섭씨	0℃	50℃	100℃
	화씨	32°F	122°F	212°F

물가지수, 산업생산지수, 무역수지 등
지지도 ; 적극찬성=2, 약간찬성=1, 잘모르겠음=0, 약간반대=-1, 적극반대=-2
수학적 의미) (A-B)+(B-C)=A-C가 성립

2.5.4 비율척도(ratio scale)

등간척도가 갖는 특성에 추가로 절대적 원점(absolute zero)이 존재하고 비율계산이 가능한 데이터를 비율척도 데이터라 한다. 즉, 소득이 0이라면 소득이 전혀 없음을 의미하며, 소득 200만원은 소득 100만원의 2배라고 확실하게 말할 수 있다. 수학에서 사용되는 4칙연산이 가능하며, 평균, 표준편차 등의 계산이 가능하다.

예

광고비, 판매량, 매출액, 무게, 제품가격, 소득 등
수학적 의미) A = KB, B = LC이면 A = KLC(단, K,L ≠ 0)

상기 4종류의 데이터는 명목척도, 서열척도, 등간척도, 비율척도의 순으로 데이터가 갖고 있는 정보의 수준이 높아지므로 보다 정밀한 통계분석방법을 적용시킬 수 있으며, 통상적으로 명목척도와 서열척도 데이터를 범주형 데이터(categorical data)라 하며, 등간척도와 비율척도 데이터를 연속형 데이터(continuous data)라고 한다.

2.5.5 연구내용 중심의 측정수준

앞에서 각각의 측정수준이 의미하는 바를 예를 들어 설명하였다. 그러나 많은 경우에 이러한 4가지 측정수준의 예를 단순히 암기하거나 기억하는 것이 진정으로 이해한 것이 아니라는 것이다. 예를 들어 지역이라는 변수가 있다고 하자. 이 '지역'이라는 변수는 서울, 대전, 대구, 부산, 전주, 광주 등 우리나라의 주요 도시들을 변수값으로 가지고 있다. 그렇다면 이 변수의 측정수준은 무엇인가 앞에서 설명한 것을 단순히 암기했다면 명목척도로 판단해야 될 것이다. 그런데 이 지역이라는 변수를 가지고 연구해야 할 내용이 "수도권을 기점으로 물리적 거리가 멀어질수록 국민들의 정치참여도가 점점 낮아질 것이다"라는 명제를 연구한다고 하면 이 변수의 측정수준은 어떻게 될까? 이런 경우에는 지역이라는 변수는 명목척도가 아닌 서열척도로 보고 분석해야 할 것이다. 결론적으로 말해서 측정수준의 문제는 연구의 내용에 따라 그 변수에 부여되는 의미가 달라질 수 있으며 이에 따라 그 변수의 측정수준도 맞추어 판단해야 할 것이다. 그러므로 앞에서 설명한 4가지 측정수준에 대하여 이해없이 단순히 암기하는 것은 모르는 것만 못하며 이렇게 함으로써 나타나는 여러 가지 몰이해로 인한 피해는 가히 상상을 초월할 정도인 경우도 종종 발생한다. 측정수준이 므엇인가에 따라서 분석방법이 결정될 뿐만 아니라 그에 대한 해석시 말 표현도 달라지기 때문에 이에 대한 적절한 표현이 잘못됨으로 인해 한 사람의 분석자가 명석해 보이지 않거나 무지한 자로 낙인찍히는 사례도 있음을 명심하기 바란다. 어떤 이론이든 방법이든 기본을 충실히 이해하고 체험하는 것이 가장 중요하다. 기본이 바로 서야 그 위에 응용, 활용, 확장이든 쌓아 올릴 수 있으며 쉽게 무너지지 않는다. 그렇지 않은가?

2.6 척도화 방법

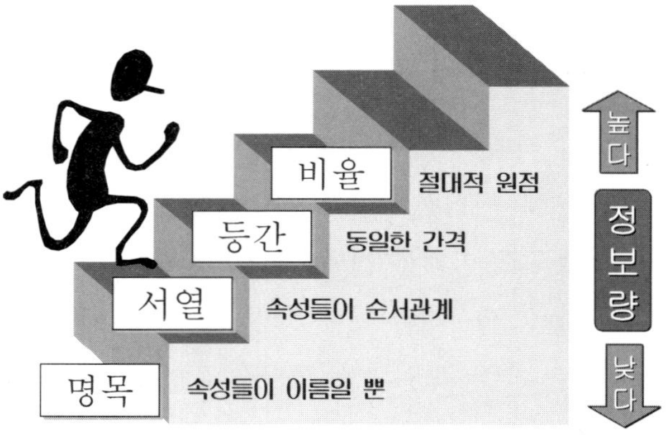

측정수준은 명목척도, 서열척도, 등간척도, 비율척도의 순으로 데이터가 갖고 있는 정보의 수준이 높아지므로 보다 정밀한 분석방법에 적용시킬 수 있도록 하기 위하여 비율척도나 등간척도를 사용하기를 원할 것이다. 그러나 비율척도나 등간척도는 응답자로부터 정확한 응답을 얻기가 어렵거나 불가능한 경우가 많고, 가능하다 하더라도 신뢰성이 높은 척도를 개발하기

가 쉽지 않다. 이에 반해 서열척도나 명목척도를 이용한 측정은 설문에 대해 응답자의 협조를 얻기가 쉬운 장점이 있으나 적용할 통계적 분석방법에 한계가 있으므로 분석자는 수집될 자료의 질적인 문제뿐만 아니라 응답자의 협조가능성 등을 고려하여 적절한 척도를 선정해야 한다. 이에 대해 다소 도움이 될 수 있는 몇 가지 척도 평가법을 익히도록 하자.

2.6.1 평가척도

평가척도(rating scale)는 어떤 질문에 대해 응답자의 반응정도를 글, 숫자 또는 그림을 이용하여 평가하도록 하는 방법이다. 다음은 평가법을 이용하여 질문하는 보기이다.

(1) 글을 이용한 평가척도

문항 현재 사용하시는 휴대폰의 전체적인 만족도는 어떻습니까? (　　)

① 매우 불만족스럽다.
② 조금 불만족스럽다.
③ 보통이다.
④ 조금 만족스럽다.
⑤ 매우 만족스럽다.

(2) 숫자를 이용한 평가척도

문항 현재 사용하시는 휴대폰의 전체적인 만족도는 어떻습니까? 다음의 5점으로 표시한 척도상에서 적절한 위치에 ☑ 표시해 주십시오.

1-----------2-----------3-----------4-----------5

1	2	3	4	5
매우 불만	조금 불만	보통	조금 만족	매우 만족

(3) 그림을 이용한 평가척도

문항 현재 사용하시는 휴대폰의 전체적인 만족도는 어떻습니까? 다음의 보기 그림 중에서 적절한 위치에 ☑ 표시해 주십시오.

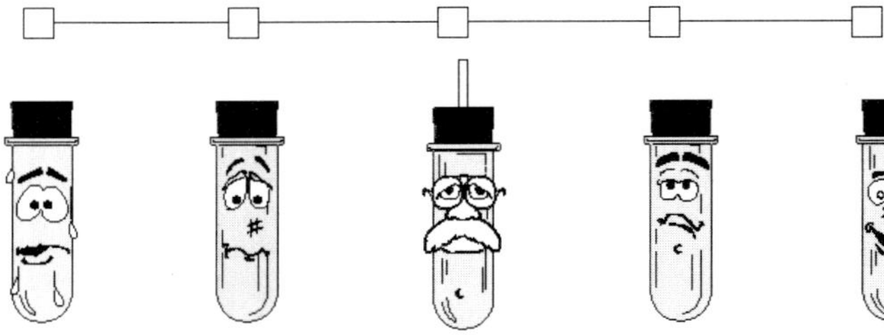

매우 불만족　조금 불만족　보통　조금 만족　매우 만족

2.6.2 어의차이 척도

어의차이 척도(semantic differential scale)는 척도의 양끝에 서로 상반되는 수식어를 표시하고 7개의 응답범주를 작성하여 응답자의 생각을 7개 척도 상에 표시하도록 요구하는 방법이다. 응답자의 진술에 대한 일관성을 위하여 "중립적"인 견해는 '0'을, "약간/다소"에는 '+/-1'을, "중간정도"는 '+/-2'를, "극도로 또는 매우"인 경우는 '+/-3'을 표시하도록 지침을 받게 된다.

문항 제품의 광고에 대하여 어떻게 생각하십니까?

	-1	-2	-3	0	+1	+2	+3	
공격적이다	□	□	□	□	□	□	□	호감이 간다
자극적이다	□	□	□	□	□	□	□	자극적이지 않다
나쁘다	□	□	□	□	□	□	□	좋다
재미없다	□	□	□	□	□	□	□	재미있다
무익하다	□	□	□	□	□	□	□	유익하다
무용하다	□	□	□	□	□	□	□	유용하다

2.6.3 스타펠 척도

스타펠 척도(Stapel scale)는 어의차이 척도의 변형된 형태로 볼 수 있다. 어의차이 척도는 양쪽 끝에 서로 상반되는 수식어를 제시하는 반면 스타펠 척도는 하나의 수식어만을 제시하여 응답자의 평가정도를 측정하는 방법이다. 대개 스타펠 척도는 다음과 같은 수직형으로 제시된다.

문항 귀하가 시음하신 음료에 대한 평가를 다음과 같은 항목에 대해 적절한 점수에 ○를 표시하여 주십시오. +5는 매우 적절한 설명이라 생각하는 경우이고 5는 전혀 적절하지 않은 설명이라 생각하는 경우이다.

+5	+5	+5
+4	+4	+4
+3	+3	+3
+2	+2	+2
+1	+1	+1
상쾌한 맛이다	뒷맛이 좋다	갈증해소에 좋다
-1	-1	-1
-2	-2	-2
-3	-3	-3
-4	-4	-4
-5	-5	-5

2.6.4 리커트 척도

리커트 척도(Likert scale)는 응답자에게 서술형의 질문에 대해 찬성의 정도와 반대의 정도를 표시하도록 하는 방법이다. 보통 20개 내지 30개 서술형 문항을 사용하며, 긍정적인 문항과 부정적인 문항을 포함시킨다.

예 1

문항 조금 전에 보신 신문광고에 대해 귀하의 의견을 듣고 싶습니다.

다음 질문에서 귀하께서 생각한 정도를 해당 번호에 [✓]표 해 주십시오.

	전혀 아니다	보통 이다	매우 그렇다
(보기) 아름답다	①--②--③--④--⑤--⑥--⑦		
1. 즐겁다	①--②--③--④--⑤--⑥--⑦		
2. 보기 좋다	①--②--③--④--⑤--⑥--⑦		
3. 시원스럽다	①--②--③--④--⑤--⑥--⑦		
4. 카피가 잘 읽힌다	①--②--③--④--⑤--⑥--⑦		
5. 심플하다	①--②--③--④--⑤--⑥--⑦		
6. 호감이 간다	①--②--③--④--⑤--⑥--⑦		
7. 과장되어 있다	①--②--③--④--⑤--⑥--⑦		
8. 저속하다	①--②--③--④--⑤--⑥--⑦		
9. 복잡하다	①--②--③--④--⑤--⑥--⑦		
10. 재미있다	①--②--③--④--⑤--⑥--⑦		
11. 유익하다	①--②--③--④--⑤--⑥--⑦		
12. 진실하다	①--②--③--④--⑤--⑥--⑦		
13. 따분하다	①--②--③--④--⑤--⑥--⑦		
14. 만족스럽다	①--②--③--④--⑤--⑥--⑦		

예 2

문 항 1 귀하께서는 지금 보고 계시는 광고의 모델에 대해서 어떻게 생각하십니까? ( )안에 다음과 같은 척도의 번호를 기입하여 주시기 바랍니다.

① 전혀 그렇지 않다 ② 그렇지 않다 ③ 그저 그렇다 ④ 그렇다 ⑤ 정말 그렇다

광고모델이
1. 믿음이 간다 ( )
2. 신뢰가 간다 ( )
3. 외모가 맘에 든다 ( )
4. 친밀감이 든다 ( )
5. 나와 생각과 경험이 유사해 보인다 ( )
6. 진지해 보인다 ( )
7. 호감이 간다 ( )
8. 정직해 보인다 ( )

9. 지식이 많아 보인다 ( )

문항2 귀하께서는 이 광고에 대해 어떻게 생각하십니까?

10. 모델이 제품의 선호도를 높였다 ( )
11. 흥미 있는 광고이다 ( )
12. 잘되고 좋은 광고이다 ( )
13. 이미지가 좋은 광고이다 ( )
14. 이 모델이 출연한 광고를 본 후 제품을 사고 싶어졌다 ( )

문항3 귀하께서는 이 모델이 본 제품의 광고효과를 높였다고 생각하십니까? ( )

문항4 귀하께서는 이 광고모델의 지속적 기용에 대해 어떻게 생각하십니까?

15. 매우 효과적이다 ( )
16. 매우 바람직하다 ( )
17. 매우 지루하다 ( )
18. 거부감이 생긴다 ( )

메모

설문지 설계 방법

3.1 설문지의 설계

설문지는 일정하게 주어진 시간과 노력을 들여 최대의 효율을 가진 정보를 이끌어 낼 수 있도록 설계되어야 한다. 즉 원하는 결과를 얻기 위해서는 충분한 질문의 수로 작성되어야 하며, 반대로 높은 응답률을 얻기 위해서는 최소한의 질문수로 작성되어야 하는 이율배반적인 상황을 피할 수 없다. 그러므로 최소한의 질문의 수로 최대한의 효율적인 정보를 이끌어내는 최적의 설문지를 작성하는 것이 가장 바람직한 상황일 것이다. 그러나 이는 말처럼 쉬운 일은 아니다. 정보는 명확하고 완전하며 가능한 한 편견이 없어야 한다.

설문지를 보다 효율적으로 설계하는 방법은 다음의 8가지 결정영역에 따라 시행하는 것이다. 즉,

- ◆ 설문의 목적
- ◆ 설문의 내용
- ◆ 설문의 어투
- ◆ 반응(응답) 형식
- ◆ 설문지의 논리전개(질문의 인과)
- ◆ 설문지의 길이
- ◆ 설문지의 구성

◆ 설문지의 물리적 성질

이며, 이들 각 항목에 대해 살펴보기로 하자.

3.2 설문의 목적

모든 설문지가 응답자에 대한 정보를 잘 이끌어내는 것은 아니다. 설문지는 응답자에게 설문의 목적을 알리고 협조를 구하는 내용부터 시작되어야 한다. 직접적인 질문으로 응답 자체나 또는 편견 없는 응답을 이끌어낼 수 없어 보일 경우에는 간접적인 질문을 사용해도 된다.

3.3 설문의 내용

설문의 내용은 조사목적에 따라 결정되어야 한다. 설문의 세세한 어투를 결정하기 전에 조사에서 얻고자 하는 정보에 대해 명확히 파악하고 설문의 포괄적인 내용을 결정한다. 응답자의 기억 저편에 있는 행동에 대한 설문은 질문구성에 관계없이 편견을 이끌어낼 수 있다. 예를 들어 "작년에 칫솔은 몇 개나 구입하셨습니까?"라는 질문은 응답자로 하여금 과거의 기억을 상기시키는 질문으로 부정확한 응답을 이끌어낼 수 있다. 그러므로 "가장 최근에 칫솔을 구입한 것은 언제입니까?"라는 질문으로 대체하는 것이 좋다. 이는 또한 제3자에 대한 태도(attitudes)나 행동(behaviour)에 대한 설문에 응용할 수 있다. 이때 얻은 응답은 제삼자의 태도나 행동에 대한 응답자의 의견이 될 수 있으며 또한 응답자가 추구하는 개념이 될 수 있다.

3.4 설문의 어투

설문의 어투는 명확하고 간결한 어투를 사용해야 된다. 또한 응답자들의 지적능력을 고려하여 전문용어의 사용을 피해야 하며 편견을 유도할 수 있는 용어는 될 수 있는 한 사용하지 말아야 한다. 그리고 응답자들의 흥미를 유발할 수 있도록 하여 응답에 적극적으로 협조할 수 있도록 작성하는 것이 좋다. 다음의 항목들은 설문에 사용하는 어투가 갖추어야 할 요건이다.

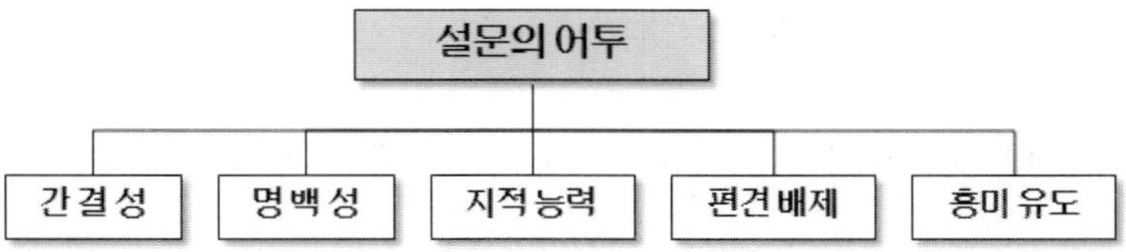

*** 문항작성시 주의하여야 할 사항**

(1) 명확하고 간단한 문항을 쓴다. 되도록 "만약에", "왜냐하면" 등의 단어를 포함하는 절은 쓰지 않는다.

예) 만약 내가 죽으면 많은 사람들이 슬퍼할 것이다. (X)

(2) 각 문항은 단일한 아이디어를 가져야 한다.

예) 많은 국민들이 건강 상태가 안 좋고, 의사들은 너무 많은 돈을 요구하므로 정부는 낮은 비용의 의료서비스를 제공해야 한다. (X)

(3) 이중 부정은 혼돈을 일으킬 수 있으므로 피한다.

예) 나는 흡연자들이 공공장소에서 담배를 피우지 않아야 한다는 것을 믿지 않는다. (X)

(4) 문장이 애매해서 사람에 따라 해석이 두 개 이상으로 될 수 있는 문장은 피한다.

(5) 서술적 문장을 써야하며 모든 사람이 동의해야 하는 사실을 다루어서는

안 된다.

예) 담배를 피우는 것은 건강에 좋지 않다.

(6) 문장은 현재의 시제로 쓴다.

(7) 긍정과 부정의 느낌을 표현하는 문항들의 수가 거의 같도록 한다.

(8) 문법적으로 적절한 문장이어야 한다.

(9) 항상(always), 모두(all), 절대로(never), 아무도(none) 등의 전체긍정이나 부정어를 포함하는 문장을 피하는 것이 좋다.

(10) 응답자들이 이해하기 쉬운 단어를 사용한다.

3.5 반응(응답) 형식

반응형식의 목적은 응답자가 설문에 정확하고 명백히, 그리고 편견없이 응답할 수 있게 하는 데에 있다. 이는 면접자가 심층면접법(depth interview)이나 예비조사(pilot survey)를 통한 설문에 대해 나올 수 있는 일련의 적합한 응답 모델을 만들어야 함을 의미한다. 즉 폐쇄형 질문(closed-ended questions)을 작성해야 하는데 그렇지 않으면 개방형 질문(open-ended questions)을 사용해야 한다. 그러나 개방형 질문은 분석시간이 오래 걸리고 컴퓨터로 처리하기가 어렵다. 반응형식은 응답자의 반응측정 항목들의 특성에 따라 이분형(dichotomous)과 선다형(multiple choice) 질문, 평가(rating) 질문, 매트릭스 질문, 어의차 질문, 순위형(서열형) 질문, 다중응답형 질문, 개방형(open-ended) 질문, 추가적(contingency) 질문, 여과(filter) 질문 등 이외에도 매우 다양하며 이들 간에 서로 혼용되어 있는 질문문항의 작성도 가능하다. 크게 보면 응답형식은 다음과 같이 나누어진다.

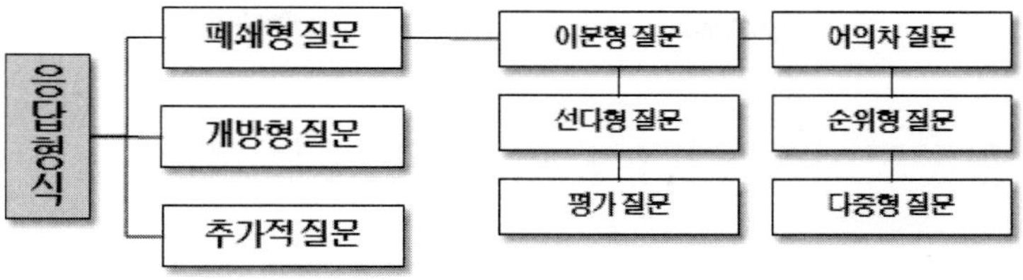

(1) 이분형(dichotomous) 질문

예 귀하는 신용카드를 이용하여 할부구매를 하신 적이 있습니까?

① 있다　　② 없다

(2) 다중선택형(multiple choice) 질문

예 귀하의 직업은?

① 공무원　② 일반기업체 직원
③ 전문직(의사, 약사, 판사, 검사, 공인회계사, 교수 등)　④ 교 사　⑤ 언론인
⑥ 금융, 증권, 보험회사원　⑦ 직업군인　⑧ 자영업(개인사업)　⑨ 국영기업체
⑩ 가정주부　⑪ 기 타

(3) 자유응답형(open-ended) 질문

예 귀하가 (주)쌍방울의 try 광고를 보면서 떠올랐던 모든 생각들을 솔직하게 적어 주십시오.

①
②
③
④
⑤
⑥
⑦
⑧
⑨
⑩

3.6 설문지의 논리적 순서 (질문의 인과)

앞에 나오는 질문은 그 다음 질문을 위한 참조의 틀이 되어야 한다. 특히 연합 조사는 응답자에게 질문의 인과에 대해 특별히 주목하도록 해야 한다. 질문의 순서를 정할 때 고려해야 하는 여러 가지 규칙이 있다. 때로는 그러한 규칙을 적용하기가 쉽지 않은 경우도 있는데 다음과 같은 점들이 상충될 때이다.

☑ 대답하기 쉬운 질문들이 서두에 있어야 한다. 이는 응답자가 면접자를 도울 수 있다는 자신감을 가지게 하기 위해서이다.

☑ 응답자들의 흥미를 끌 수 있을 것 같은 질문들이 앞에 있어야 한다.

☑ 질문은 논리적 순서에 의해 배열되어야 한다.

☑ 여과질문(filter question)은 다른 질문들이 끼어들지 않게 서로 이어져서 배열되어야 한다.

☑ 질문의 주제를 바꾸기에 앞서, 도입문장을 사용하여 응답자가 쉽게 전환하도록 해야 한다.

☑ 개인적이거나 감정적인 질문은 마지막에 나와야 한다.

☑ 복잡한 질문일수록 끝에 나와야 한다.

이러한 지침을 통해서 일종의 깔때기 설계(funnel design)를 제안할 수 있다. 이는 일반적인 질문은 서두에 두고 설문지의 끝으로 갈수록 보다 특수한 질문들로 구성한다.

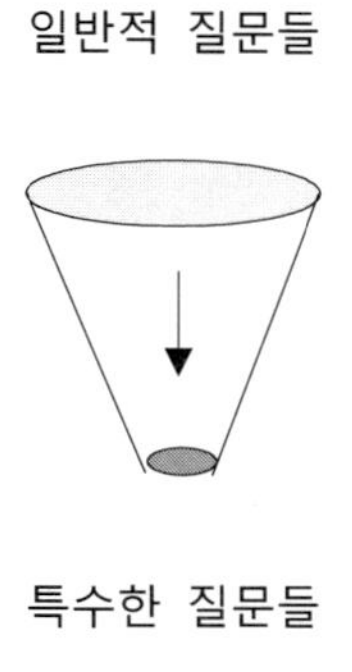

3.7 설문지의 길이

설문지의 길이는 얻고자 하는 정보를 이끌어낼 수 있는 설문의 수에 의해 결정할 수 있다. 설문지의 문항이 너무 많아 길이가 길어지면 응답자로부터 협조를 얻기가 힘들며, 문항의 수가 작을수록 응답자의 협조를 얻기가 좋다. 그러나 연구자의 입장에서는 설문의 수를 충분하게 작성하여 얻고자 하는 정보를 응답자로부터 이끌어내는 것이 최선이라 할 수 있을 것이다. 그러므로 연구자는 충분한 설문을 작성하다 보면 자연히 설문의 수가 증가하여 설문지의 길이가 증가하게 된다. 그러므로 최선의 방법은 이 두 가지의 상반되는 상황을 절충하는 것이며, 다음과 같은 요인들을 고려해야 한다.

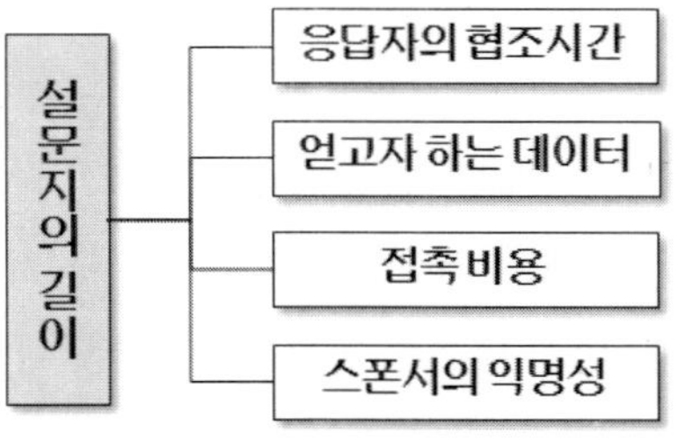

첫째로 응답자의 협조시간을 고려해야 한다. 즉 응답자의 상황을 정확히 이해하고 응답자가 응답에 응할 수 있는 시간을 고려해야 한다. 보통 도로상에서 조사하는 경우는 10분 내지 20분 사이의 시간을 할당하는 것이 좋으며 어떤 특정 장소(실내)에서 응답을 이끌어내는 경우 1시간이 넘지 않도록 하는 것이 좋다. 또한 얻고자 하는 정보의 난이도에 따라 시간을 적절히 할당해야 하며 응답자로부터 협조를 구할 때 사은품이나 협조에 대한 사례를 생각하여 비용이 너무 많이 소요되지 않도록 적절하게 설문을 구성해야 한다. 조사 의뢰자(스폰서)를 알리지 않고 조사하는 경우 직접적인 문항을 피하고 간접적이거나 유사문항을 작성해야 하므로 설문의 길이가 증가할 수 있다.

3.8 설문지의 구성

데이터 수집과 분석의 모든 단계에서 일반적으로 동일한 설문지를 사용한다. 설문지의 구성은 다음의 사항을 갖추어야 한다.

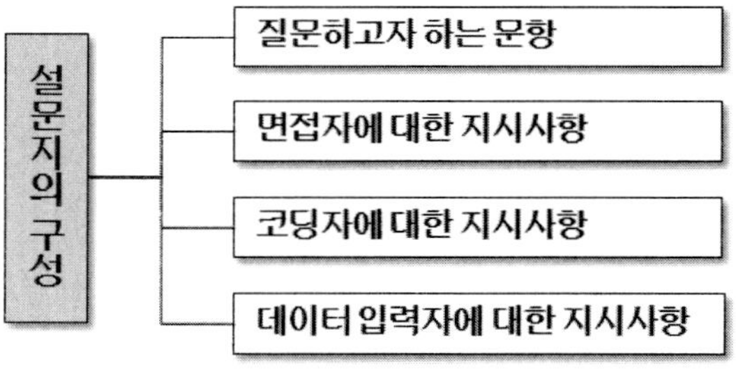

설문지 구성의 전반적인 목적은 명확성이며, 이는 응답자와 면접자 모두 쉽게 따라갈 수 있는 설문지를 만드는 것이다. 우편조사용 설문지는 면접자가 감시 및 통제할 수 없기 때문에 특히 완벽을 기해야 한다. 명확성을 부여하기 위해 밟아야 할 절차는 다음과 같다.

☑ 모든 설문지는 분석을 수월하게 하기 위해 일련번호를 붙여야 한다.

☑ 특정 상황에서 건너뛸 수 있는 질문은 매우 간결하게 제시되어야 한다.

☑ 응답자나 면접자의 눈을 안내하기 위해 화살표나 기타 시각적 도구가 활용되어야 한다.

☑ 면접자에 대한 지시사항은 별도의 문서로 작성되거나 설문지에 첨부될 경우는 응답자가 볼 수 없도록 가려져 있어야 한다.

☑ 코딩 입력란은 혼동을 피하기 위하여 눈에 잘 띠게 해서는 안 된다. 즉 각 설문지의 여백(margin)에 표시하는 것이 좋다.

3.9 설문지의 물리적 성질

설문지의 물리적 성질은 설문지가 다루어지는 조건을 고려하여 선택해야 한다. 고려할 사항은 다음과 같다.

☑ 설문지를 빈번히 다루어야 할 경우, 즉 장기간 혹은 악천후 등에는 종이의 질이 좋아야 한다.

☑ 설문지 상의 다른 관점의 질문들은 다른 색상의 종이를 사용하는 것이 좋다. 그러나 몇몇 색상들은 나트륨 조명등(예를 들어, 도로 조명 등) 아래에서는 나타나지 않기 때문에 면접자가 색상을 구별할 수 없게 된다.

☑ 조사시 설문지가 유실되거나 파손, 폐기되는 경우가 있으므로 코딩시 여유 설문지를 위해 응답자의 수보다 더 많이 준비해야 한다.

표본추출

4.1 표본추출의 목적

표본추출(sampling)은 통계학을 공부하는 사람들만이 사용하는 전문용어가 결코 아니며 일상생활에서 흔히 접할 수 있는 용어이다. 표본추출을 통하여 우리가 알고자 하는 대상과 관련된 정보를 입수하는 예를 주변에서 흔히 찾아 볼 수 있다.

그렇다면 표본을 추출하는 목적은 무엇인가? 간략하게 말하면 표본추출은 표본을 추출한 모집단에 대해 올바른 추론을 할 수 있도록 충분한 정보를 제공해 주자는데 그 목적이 있다. 따라서 표본추출의 바람직한 방법도 모집단의 특성값을 가장 잘 나타낼 수 있도록 표본을 추출하는 것이다. 만약 모집단에서 추출된 표본이 모집단의 특성값을 잘 나타내지 못한다면 표본을 바탕으로 한 모집단의 추정값도 믿을 수 없게 된다. 왜냐하면 모집단에서 추출된 표본은 그 모집단의 일부에 지나지 않기 때문에 모집단에 대한 정보를 정확히 알 수 없으며 반드시 오차가 생기기 마련이다. 따라서 이러한 오차를 줄이려면 모집단을 잘 대표하는 표본을 추출하여야 한다.

그렇다면 표본을 어떻게 추출하는 것이 바람직한 것인가? 이는 모집단을 구성하고 있는 각각의 개체가 표본으로 뽑힐 확률이 같도록 설계된 표본, 즉 확률표본(random sample)을 사용하는 것이다. 이러한 확률표본을 추출하는 행위를 「무작위 표본추출(random sampling)」이라 한다. 많은 조사 보고에서 "무작위 표본추출을 하였다"라고 명시한 경우 무작위 표본추출 방법을 제대로 지키지 않고 조사한 경우도 적지 않으며, 이러한 경우 결과는 대표성이 없는 일그러진 소리일 수밖에 없다. 따라서 표본을 어떻게 추출하느냐에 따라 표본이 갖는 정보에는 큰 차이가 있게 됨을 명심해야 한다.

일반적으로 마케팅조사는 과학성과 전문성이 전제되어야 한다. 동일한 주제라도 어떤 시점에서 어떤 방법으로 누가 조사를 했느냐에 따라 그 결과는 다를 수밖에 없다. 어떤 표본조사결과에서 자동차 1종 면허 소지자 중에서 남자와 여자의 비율이 70:30이라고 발표되었다고 하자. 그런데 실제 모집단을 전수조사한 경우 90:10이었다면 이 조사는 처음부터 무작위 표본추출을 사용하지 않았거나 그 추출법을 편의상 조작하여 진행했다고 밖에 볼 수 없다. 여기에서 우리가 주지해야 할 사항은 아무리 과학적인 방법을 사용한다 하더라도 모집단의 특성과 꼭 맞아떨어질 수는 없다는 것이다. 즉, 실제와 조사 결과는 늘 오차가 있게 마련이다. 더욱이 과학적인 표본추출방법을 제대로 사용하지 않은 조사결과는 실제와 큰 차이를 나타낼 수밖에 없다. 이러한 이유에서 표본은 항상 모집단 전체에서 무작위로 추출하여야 한다. 따라서 적절한 표본추출방법, 표본크기 등 표본에 관련된 제반 개념과 통계적 측면에 대한 보다 정확한 이해가 선행되어야 표본조사를 이용할 때 그 정확성과 효율성을 높일 수 있다.

표본조사를 하기 위하여 필요한 표본을 모집단으로부터 추출하여야 한다. 표본의 추출과정은 [그림 4-1]과 같다.

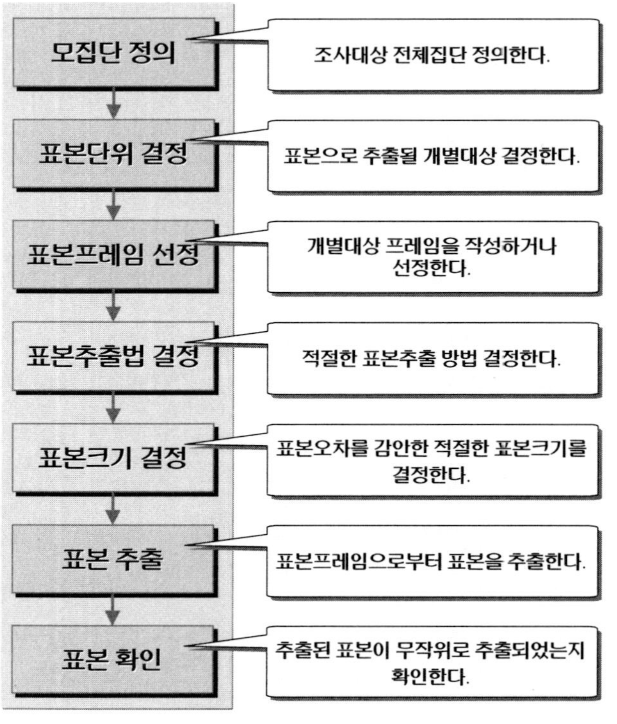

[그림 4-1] 표본추출과정

4.2 전수조사와 표본조사

전수조사(census)란 모집단 전체를 조사하여 모집단으로부터 직접 정보를 얻는 방법이며, 표본조사(sampling survey)는 모집단의 특성을 파악하기 위하여 그 중 일부분의 표본을 추출하여 관측하는 방법이다.

모든 의사결정문제는 최소한의 비용과 시간을 들여 보다 정확한 결론을 이끌어내는 것이 중요한 과제일 것이다. 그러나 일반적으로 의사결정의 기초가 되는 정확한 정보를 수집하기 위해서는 많은 시간과 비용이 필요하며, 시간과 비용이 절약되면 정보의 양과 질이 떨어지기 마련이다. 의사결정자는 표본조사를 통하여 이러한 정보의 양 및 질적인 측면과 이의 수집을 위해 드는 시간 및 비용과의 관계에서 가장 효율적인 정보수집 방안을 모색하게 된다. 물론 정보를 수집하는데 비용이 거의 들지 않고, 항상 수집이 가능한 이상적인 상황이 존재한다면 표본조사를 고려할 필요가 없을 것이다. 그러나 이런 이상적인 상황이 존재할 수 없기 때문에 전수조사가 적절하지 않거나 불가능한 경우가 많으며, 전수조사가 가능하다고 해도 비용과 시간이 너무 많이 들어 현실적으로 비효율적이거나 무모한 상황이 많은 것이 사실이다.

표본조사의 전제가 되는 가정은 특정 표본이 모집단을 잘 대표한다는 가정이다. 따라서 모집단으로부터 얻어진 표본을 이용하여 의미있는 모집단의 특성값(모수)을 추정할 수가 있는 것이다.

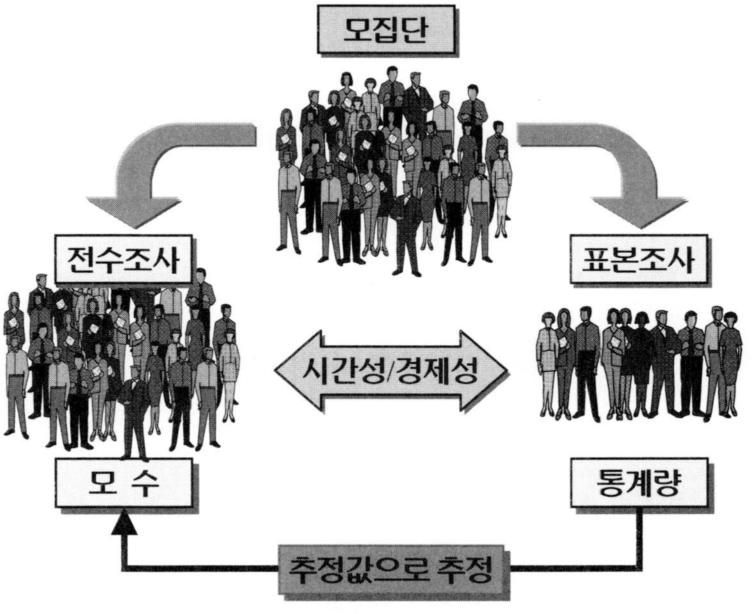

[그림 4-2] 전수조사와 표본조사의 관계

4.3 표본추출방법

표본을 추출하는 방법은 크게 확률표본추출법(probability sampling method)과 비확률표본추출법(non-probability sampling method) 등의 두 가지로 구분될 수 있다.

<표 4-1> 확률표본추출법과 비확률표본추출법의 비교

확률표본추출법	비확률표본추출법
· 연구대상이 표본으로 추출될 확률이 알려져 있을 때	· 연구대상이 표본으로 추출될 확률이 알려져 있지 않을 때
· 무작위 표본추출	· 인위적 표본추출
· 모수추정에 편기(bias) 없음	· 모수추정에 편기 존재 가능
· 표본분석결과의 일반화 가능	· 표본분석결과의 일반화 제약
· 표본오차의 추정 가능	· 표본오차 추정 불가능
· 시간과 비용 많이 소요	· 시간과 비용 절약

4.3.1 확률표본추출법

모집단 내의 모든 대상이 표본으로 선정될 확률을 동일하게 갖도록 한 후 무작위로 표본을 추출하는 방법으로, 표본을 선정하는 사람의 주관이 개입되지 않으므로 표본을 통한 모집단 특성값의 추정에 대하여 객관적인 정확성을 유지할 수 있다. 확률표본추출법은 다시 표본단위의 설정방법에 따라 단순무작위표본추출법(simple random sampling), 층화표본추출법(stratified sampling), 군집표본추출법(cluster sampling), 계통표본추출법(systematic sampling), 다단계표본추출법(multi-stage sampling) 등으로 나눌 수 있다.

① 단순무작위표본추출법(simple random sampling)

모집단의 전체 구성요소를 파악한 다음 개별요소에 대하여 일련번호를 부여하고 난수표(random number)를 이용하여 필요한 수의 표본을 추출하는 방법이다. 그러나 실제로 이러한 방법을 적용하는 데는 많은 어려움이 따른다. 단순무작위표본추출법을 사용하기 위해서는 우선 모집단의 구성요소를 정확히 파악하고 명부를 작성하여야 하는데 모집단의 규모가 클수록 이러한 방법으로는 어려움이 따른다. 예를 들어 새로 개발한 미백치약에 대해 소비자의 만족도를 조사한다고 하면 이 치약에 대한 소비자의 집단을 규정하고 이 소비자들 각각에 대해 일련번호를 부여한다. 그리고 난수표나 난수발생기를 사용하여 500명의 소비자를 추출하는 경우이다. 단순무작위표본추출법의 장점은 표본추출과정에 발생될 수 있는 오류가 적고 표본오차의 계산이 용이한 반면에 단점으로는 모집단에 대한 목록 이외에 다른 정보를 이용할 수 없으며, 동일한 표본크기의 경우 층화표본추출법보다 대표성이 떨어진다.

② 층화표본추출법(stratified sampling)

모집단을 2개 이상의 상호 배타적인 집단(strata)으로 나누고 각 집단 안에서 무작위로 표본을 추출하는 방법이다. 특정 속성인 층화를 기준으로 서로 이질적인 집단으로 분류되는데 층화의 기준은 복수가 될 수도 있다. 각 층에서 다시 무작위 표본추출을 하게 되는데 이때 각 층의 크기에 따라 비례하여 표본추출하는 비례층화표본추출과 이를 무시하고 추출하는 불비례층화표본추출이 있다. 불비례층화표본추출은 분석시 각 층의 크기에 비례하도록 조정하여 분석해야 한다. 예를 들면 서울시민의 월평균 소득을 조사한다면 서울시민 전체를 고소득, 중소득, 저소득과 같이 3개의 층으로 분류하여 각 층에서 무작위 추출하여 전체표본을 만들고 이 표본을 대상으로 평균소득을 조사할 수 있다. 층화표본추출법은 층화를 통하여 표본의 대표성이 높아지고 층별 특성을 파악할 수 있으나, 층화를 위해 보다 많은 정보가 필요하고 층화가 복잡하거나 잘못된 경우에는 표본오차가 커질 수 있으며 시간과 비용이 많이 든다.

③ 군집표본추출법(cluster sampling)

모집단의 구성요소들이 군집화되어 있는 경우 군집을 표본단위로 하여 무작위 추출을 하고 추출된 군집내에 있는 대상을 전수조사하는 방법이다. 예를 들어 민주당의 대통령 후보에 대한 서울지역의 지지도를 알아보기 위하여 서울의 25개 구에서 몇 개의 구를 무작위로 선정하거나 서울의 몇 개의 동을 무작위로 선정하여 전수조사하는 경우를 말한다. 군집표본추출법은 표본요소의 목록이 없을 때나 광범위한 모집단에 적용할 수 있으며 비용을 절감할 수 있으나 표본오차가 커질 가능성이 높다.

④ 계통표본추출법(systematic sampling)

하나의 모집단의 배열이 무작위로 되어 있을 때 체계적 수단을 동원하여 추출하는 방법이다. 즉 최초의 표본단위만을 무작위로 추출하고 나머지는 일정한 간격을 두어 추출하는 방법이다. 최초의 표본단위의 추출은 모집단을 표본크기로 나눈 값 이하의 번호에 해당하는 표본단위를 추출한다. 예를 들어 5,000명의 소비자 중에서 500명을 추출한다면 5,000을 500으로 나눈 값 10 이하의 수에서 하나를 무작위로 추출한다. 즉 1, 2, … , 10 중에서 3이 무작위로 추출되었다면 해당 간격 10을 계속하여 더해가면서 추출한다. 즉 3, 13, 23, 33, … , 4993 등이 추출될 것이다. 만일 소득을 기준으로 정렬되어 있는 경우에 계통표본추출법을 적용하면 소득이 낮은 사람부터 소득이 높은 사람까지 고루 추출되는 장점을 있으나 날짜를 기준으로 정렬되어 있는 경우에 적용하면 특정 요일 또는 일자에만 표본이 추출되는 편중현상을 야기할 수도 있다.

⑤ 다단계표본추출법(multi-stage sampling)

몇 단계의 표본추출을 거쳐서 최종표본을 선택하는 방법이다. 예를 들어 민주당의 대통령 후보에 대한 서울지역의 지지도를 알아보기 위하여 서울의 25개 구에서 10개의 구를 선정하고(1단계 표본추출), 다시 선정된 구에서 5개의 동을 선정(2단계 표본추출)하고, 각 동의 투표권자 중에서 30을 선정한다(3단계 표본추출). 각 단계마다 추출하는 방법은 단순무작위표본추출법, 층화표본추출법, 집락표본추출법 등 어떤 방법을 사용해도 무관하다.

4.3.2 비확률표본추출법

모집단 내에 있는 모든 대상이 표본으로 선정될 확률을 고려하지 않고 표본을 선정하는 사람의 주관에 따라 인위적으로 표본을 선정하는 방법이다. 따라서 비확률표본추출법은 표본을 선정하는 사람에 따라 확률표본추출법 보다 더 효율적일 수도 있고 비효율적일 수도 있다. 비확률표본추출법은 편의표본추출법(convenience sampling), 판단표본추출법(judgement sampling), 할당표본추출법(quota sampling) 등으로 나눌 수 있다.

① 편의표본추출법(convenience sampling)

표본선정의 편리성에 기준을 두고 마음대로 표본을 선정하는 표본추출법을 말하며 모든 표본추출법 중에서 가장 비용이 적게 들고 시간을 절약할 수 있는 방법이다. 편의표본추출법은 매우 경제적이기는 하지만 가장 큰 단점은 모집단을 적절히 대표할 수 없다는 점이다. 예를 들면 대학로에서 지나가는 사람을 대상으로 표본조사를 하는 것을 들 수 있는데 이는 단지 그 시간 내에 그 장소를 지나가는 사람만을 표본으로 선정하게 되는 것이다.

② 판단표본추출법(judgement sampling)

조사자가 모집단에 대한 지식이 많은 경우에 유용하게 사용될 수 있다. 즉 조사자가 연구 목적상 주관적인 판단에 의해 표본을 선정하는 방법이다. 소수의 인원을 추출하는 경우에는 대표성이 다른 추출방법에 비해 높을 수도 있다. 그러나 모집단에 대한 충분한 정보가 있어야만 적합한 표본을 선정할 수 있다.

③ 할당표본추출법(quota sampling)

비확률표본추출법 중에서 가장 정교한 기법으로 모집단의 특정분포를 고려하여 세분화하고 세분화된 집단별로 구성, 집단별 구성수에 비례하게 표본크기를 할당하고 할당된 수를 편의표본추출법으로 표본을 추출하는 방법이다. 모집단을 상호 배타적인 집단으로 세분화하는 점은 층화표본추출법과 유사하나 각 집단에서 표본을 추출하는 방법이 다르다. 즉 층화표본추출법의 경우에는 무작위 표본추출하지만 할당표본추출법에서는 편의표본추출을 한다는 점이 다르다.

<표 4-2> 표본추출방법

<table>
<tr><th colspan="3">표본추출법</th><th>내 용</th></tr>
<tr><td rowspan="5">확률표본추출</td><td colspan="2">단순무작위 표본추출법
(simple random sampling)</td><td>표본으로 선택될 확률이 알려져 있고 그 확률이 동일할 경우, 초보적인 조사, 난수표 등 이용, 실제 사회조사에서 사용 안됨</td></tr>
<tr><td rowspan="2">층화표본추출법
(stratified sampling)</td><td>비 례</td><td>표본 소집단의 크기에 비례하여 단순무작위 표본추출</td></tr>
<tr><td>불비례</td><td>표본 소집단의 크기와 분산을 고려하여 단순무작위 표본추출</td></tr>
<tr><td rowspan="2">군집표본추출법
(cluster sampling)</td><td>체계적</td><td>표본들을 군집으로 묶어 이들 집단을 선택, 표본추출, 표본비율 등을 이용하여 하나의 체계를 두고 표븐추출</td></tr>
<tr><td>지역적</td><td>지역을 하나의 소집단으로 인식하여 표본추출, 널리 사용됨</td></tr>
<tr><td rowspan="3">비확률표본추출</td><td colspan="2">편의표본추출법
(convenience sampling)</td><td>편리성에 기준을 둔 표본선정, 탐색단계·사전조사에 적합, 모집단을 적절히 대표할 수 없음</td></tr>
<tr><td colspan="2">판단표본추출법
(judgement sampling)</td><td>조사자가 표본에 대하여 잘 알고 있을 경우, 그의 판단에 의존, 모집단을 적절히 대표할 수 없는 표본선정 방지 가능</td></tr>
<tr><td colspan="2">할당표본추출법
(quota sampling)</td><td>정교한 기법으로 널리 사용됨, 특히, 인터뷰조사, 모집단에 대한 사전지식이 있는 경우
1단계 : 연구대상의 범주(category)나 할당량(quotas) 구분
2단계 : 표본추출(편의, 판단) 실시</td></tr>
</table>

이상에서 여러 가지 표본추출법에 대하여 알아보았다. 물론 가능하다면

표본오차가 큰 비확률표본추출법은 피해야 할 것이며, 확률표본추출법의 경우에는 단순무작위표본추출법을 적용하기에 용이하지 않아 다른 방법을 적용할 때에도 모집단의 특성을 잘 추정할 수 있도록 표본을 추출해야 할 것이다. 이상의 표본추출법을 요약하면 <표 4-2>와 같다.

실사 및 데이터 입력

5.1 실사

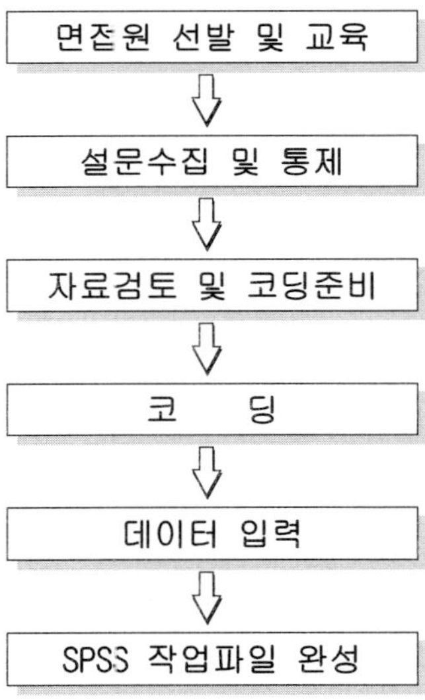

[그림 5-1] 실사의 절차

설문지가 준비되었고 표본추출계획이 설정되었다면 비로소 실사에 착수하게 된다. 우선 실사를 수행할 조사원인 면접원을 선발하고 면접원에게 조사지침에 관하여 교육을 실시한다. 교육을 받은 면접원들은 실제 설문조사에 임하게 되며 실제 조사시 설문의 수집과 면접원에 대한 통제 관리를 하게 된다. 수집된 설문지가 어느 정도 성의있게 조사되었는지를 검토하고 검토한 설문지는 어떠한 숫자로 코딩할 것인가를 결정한다. 코딩할 숫자가 결정되면 코딩지에 코딩하고 데이터 입력용 프로그램에 데이터를 입력한다. 실사는 일반적으로 [그림 5-1]과 같은 절차에 따라 수행한다. 마지막 단계인 SPSS 작업파일 완성에 대한 내용은 6장에서 설명하기로 한다.

5.1.1 면접원 선발 및 교육

실사의 첫 단계는 면접원을 선발하고 설문조사시에 정확한 데이터를 수집할 수 있도록 교육시키는 것이다. 면접조사는 면접원과 응답자가 직접 대면하여 조사가 이루어지기 때문에 응답자가 면접원에 대해 편안함을 느끼는 정도에 따라 조사에 협조여부가 달라질 수 있다. 또한 면접원에 대한 옷차림이나 예의 단정함, 외모에서 풍기는 인상에 따라 응답자의 응답에 성의정도가 달라질 수 있으므로 연구자는 면접원을 선발할 때 이러한 외적인 사항을 중요하게 고려해야 한다. 요즘은 낯선 사람에 대한 경계심이 고조되어 있으므로 될 수 있는 한 면접원의 복장은 유니폼을 착용하고 반드시 응답자가 신분을 확인할 수 있도록 배려해야 한다. 특히 조사질문이 민감할수록 더욱 신중을 기해야 한다. 그리고 난해한 질문들로 구성된 조사설문은 면접원이 어느 정도의 학력은 갖추어야 할 것이다. 이는 연구자가 적절히 판단하여 학력을 제한하는 것도 바람직할 것이다.

면접원의 교육은 조사의 목적과 제품에 대한 전반적인 개요를 설명해 주어야 한다. 물론 이러한 경우 조사를 의뢰한 회사의 이름은 밝히지 않아야 한다. 이는 면접원이 의뢰한 회사를 알면 무의식적으로 그 회사에 유리하도록 조사를 진행할 수 있기 때문이다. 모든 질문 문항들을 알려주고, 각각의 문항에 대한 조사지침을 소개해 준다. 즉 각 설문 문항별로 질문방식과 응답을 표시하는 방법에 대해 설명하며, 응답에 따라 몇 개의 질문을 건너뛰는 경우에는 설명을 자세히 해주고 주의를 요청해야 한다. 이러한 설명이 끝나면 면접원 자신이 직접 응답에 임해보고, 또한 선발된 면접원들 간에 2명씩 짝을 지어 서로 응답에 임해 보도록 하여 조사에 대해 연습을 실시한다. 연습이 끝나면 면접원들에게 표본 할당표와 조사지역을 나누어주고 응답자를 찾는 방법에 대해 지침을 전달한다. 이러한 지침은 상세하게 지정해 줄수록 좋다. 이제 면접원들이 실사에 들어가면 된다.

5.1.2 설문수집 및 통제

면접원들이 설문을 수집하는 동안 연구자는 면접원들을 통제하는 감독자들과 함께 조사현장에서 발생할 수 있는 예상치 못한 상황에 대처하고 지속적으로 통제해야 한다. 실제 조사현장에서 면접원들이 교육받고 지시한 사항을 지켜 조사를 실시하는지 확인하고 설문지에서 예상치 못한 문제점이 발생하면 조사중이라도 설문지에 대한 수정이 이루어질 수 있어야 한다.

5.1.3 자료검토 및 코딩준비

수집된 설문지는 면접원이 정확하게 조사하였는지 검토하는 과정이 필요하다. 즉 다음과 같은 사항을 검토한다.

☑ 설문의 주요 문항들이 빠지지 않고 모두 조사되었는지를 확인한다.

☑ 실제로 조사하였는가를 확인한다. 이는 응답자들의 일부(전체표본에서 약 20% 정도)를 무작위로 추출하여 실제로 조사하였는지를 전화로 확인한다.

☑ 응답자들이 성의있게 대답하였는가를 확인한다. 이는 항목들 간의 내적 일관성을 검토한다. 예를 들어 월평균 소득이 100만원 이하인데도 불구하고 소유한 차량이 중형 이상의 고급 차종으로 응답하였다면 신뢰성이 있는 응답으로 보기 어렵다. 그러므로 차후에 자료분석과정에서 제거하는 것이 좋다.

검토과정이 끝난 설문지는 코딩 준비과정을 거친다. 이는 개방형의 문항에 대하여 차후에 분석을 용이하게 할 수 있도록 응답내용을 분류하는 탤리(tally)과정과 분류된 응답내용에 수치를 부여하는 응답 코딩화 과정을 거친다. 그러나 이러한 개방형의 문항은 설문지를 수거한 후 탤리과정과 코딩화 과정을 따로 실시해야 함으로 가능한 한 선택형 문항으로 작성하는 것이 좋다.

5.1.4 코 딩

코딩(coding)이란 컴퓨터를 사용하여 효율적인 데이터 요약 및 분석 처리를 위하여 설문지 상의 모든 응답들을 수치화하고 코딩용지에 기록하는 과정이다. 이러한 코딩작업은 설문지의 응답 문항들이 어떤 규칙에 의하여 옮겨지는 지를 상세하게 기록해 놓은 코딩양식지(coding sheet)가 필요하다. 코딩양식지는 설문의 어떠한 문항이 어떤 칼럼에 입력되고, 입력되는 숫자, 자릿수, 의미 등의 정보를 기록하는 양식지로서 차후 분석자는 설문의 내용을 확인하기 위하여 일일이 설문지를 확인하지 않고도 데이터와 코딩양식지만을 참고하여 분석을 시도하면 된다. 코딩양식지는 문항번호, 변수이름, 라인수, 입력칼럼, 입력포멧(자리수), 변수설명, 변수값설명, 비고란 등으로 작성된다. 그러나 일반적으로 코딩양식지를 작성할 때 간략하고 눈으로 확인하기가 용이하도록 작성해야 하므로 이러한 항목들을 모두 기록할 필요는 없다. 그러므로 분석자가 필요로 하는 항목들만을 표시하되 항목들의 순서는 편의에 따라 다르게 지정할 수 있다.

① 문항번호

질문하는 문항의 번호를 표시한다. 이는 표시하지 않아도 상관없다. 다음의 변수이름을 참조하기 바란다.

② 변수이름

설문의 문항에 대해 이름을 지정한다. 보통 변수이름은 8자 이내의 '영문자+숫자'의 조합으로 설문의 내용을 잘 반영하도록 지정한다. 그러나 실제 설문지 상의 문항을 변수로 이름화할 때는 문항번호를 변수이름에 표시하는 것이 작업을 진행하는데 편리한 점이 많다. 예를 들면 설문지의 문항수가 70개 문항이라면 일반적으로 변수이름은 문항의 번호가 '1'이면 'v1', '2'면 'v2', … , '70'이면 'v70'으로 변수의 수도 70개로 지정한다. 만일 한 문항이 두 가지 이상의 응답을 요구할 경우에는 변수이름을 v5_1, v5_2, … 로 지정하여 문항의 번호를 쉽게 확인할 수 있도록 부여한다. 참고로 윈도우즈용 SPSS 릴리이즈 7.x 이상에서는 변수이름을 한글로 지정할 수 있으며 이 책에서는 변수이름을 한글로 부여하여 분석절차를 설명할 것이다.

③ 라인번호

입력되는 라인의 수를 표시한다. 일반적으로 하나의 설문지는 하나의 라인에 모두 입력하는 것이 좋으나 과거에는 코딩용지에 80칼럼까지만 입력할 수 있었으므로 습관적으로 80칼럼이 넘는 경우에는 다음 라인에 입력을 계속해 나간다. 이러한 경우 라인번호를 표시해야 한다. 그러나 요즘의 입력기(에디터)는 80칼럼의 제한이 없어진지 오래되었으므로 제한없이 입력할 수 있다. 그러므로 하나의 라인에 하나의 설문지의 모든 응답을 입력한 경우에는 라인번호를 표시할 필요가 없다.

④ 입력칼럼

각 변수의 변수값이 입력되는 칼럼 위치를 표시한다.

⑤ 입력포맷

입력되는 숫자의 전체 자리수 및 소수점이하 자리수를 포트란 포맷을 사용하여 표시한다. 예를 들면 'F2.0'은, 전체자리수는 '2'자리이고 소수점이하 자리수는 '0'인 포맷을, 'F4.2'는 전체자리수는 '4'자리이고 소수점이하 자리수는 '2'인 포맷을 나타낸다. 편의상 사용하지 않아도 되며, 필요한 경우에만 비고란에 표시해도 된다.

⑥ 변수설명

이는 앞에서 지정한 변수이름에 대한 설명문으로 질문의 내용을 표시한다. 이는 SPSS에서 변수설명문으로 처리하여 출력결과를 쉽게 읽을 수 있도록 해야 한다.

⑦ 변수값 설명

이는 변수의 변수값들이 의미하는 바를 설명으로 표시한다. 일반적으로 변수값 설명은 범주형인 명목척도 또는 서열척도인 변수에만 적용된다. 이 또한 변수설명과 같이 SPSS에서 변수값 설명문으로 처리하여 출력결과를 쉽게 읽을 수 있도록 해야 한다.

⑧ 비 고

분석자가 임의로 참고사항을 기록한다.

[설문지 예]

국내 승용차 선호도 설문지

일련번호 ________

◎ 다음 각 설문에 해당하는 란의 ( )안에 ✓표시해 주시기 바랍니다.

1. 귀하의 성별은?
1) 남 ( ) 2) 여 ( )

2. 귀하의 나이는?
1) 20-29세 ( ) 2) 30-39세 ( ) 3) 40-49세 ( )
4) 50-59세 ( ) 5) 60세 이상 ( )

3. 귀하의 월평균소득은?
1) 100만원 이하 ( ) 2) 100-150만원 ( ) 3) 150-200만원 ( )
4) 200-250만원 ( ) 5) 250-300만원 ( ) 6) 300만원 이상 ( )

4. 귀하의 교육수준은?
1) 중졸 ( ) 2) 고 졸 ( ) 3) 전문대졸 ( )
4) 대졸 ( ) 5) 대학원졸 ( )

[코딩양식지 예]

변수이름	입력칼럼	변수설명	변수값 설명	비고
일련번호	1~3	설문지 일련번호		
성별	4	성별	1 남 2 여	
나이	5	연령	1 20-29세 2 30-39세 3 40-49세 4 50-59세 5 60세 이상	
월소득	6	월평균소득	1 100만원 이하 2 100-150만원 3 150-200만원 4 200-250만원 5 250-300만원 6 300만원 이상	
교육수준	7	교육수준	1 중졸 2 고졸 3 전문대졸 4 대졸 5 대학원졸	

[설문지에 코딩양식을 집적 사용한 예]

국내 승용차 선호도 설문지

일련번호 ☐☐☐ 1-3

다음 각 설문에 해당하는 란의 ( )안에 ✓표시해 주시기 바랍니다.

v1. 귀하의 성별은? ☐ 4

1) 남 ( )   2) 여 ( )

v2. 귀하의 나이는? ☐ 5

1) 20~29세 ( )   2) 30~39세 ( )   3) 40~49세 ( )
4) 50~59세 ( )   5) 60세 이상 ( )

v3. 귀하의 월평균소득은? ☐ 6

1) 100만원 이하 ( )   2) 100~150만원 ( )   3) 150~200만원 ( )
4) 200~250만원 ( )   5) 250~300만원 ( )   6) 300만원 이상 ( )

v4. 귀하의 교육수준은? ☐ 7

1) 중졸 ( )   2) 고　졸 ( )   3) 전문대졸 ( )
4) 대졸 ( )   5) 대학원졸 ( )

물론 설문지를 작성할 때 이미 설문지에 코딩양식을 표시한 경우는 코딩양식지를 별도로 만들 필요는 없다. 이러한 경우 설문지 자체를 코딩양식지로 활용하면 된다.

5.2 데이터 입력

데이터를 입력하기 위해서 사용할 수 있는 도구는 SPSS 데이터 편집기를 사용하거나 편집전용 응용 소프트웨어로서 에디터, 엑셀 등의 스프레드시트, 워드와 같은 워드프로세서 등의 다양한 응용프로그램을 사용할 수 있다. 대표적인 에디터는 UltraEditor, 한국형 에디터 프로그램 등이 있으며, 이 외에도 많은 에디터 프로그램들이 있다. 이러한 에디터의 특징은 저장한 파일이 ASCII 파일이라는 점이며, 편집할 때 행과 열의 위치를 표시해 주는 기능을 기본적으로 가지고 있다. 엑셀파일의 경우 SPSS 7.5K에서는 엑셀파일을 저장할 때 'Excel 4.0 워크시트'로 저장하여야 SPSS로 읽을 수 있었으나 상위 버전인 10.0k와 12.0k 이상의 버전에서는 통합문서로 저장한 파일도 읽을 수 있다. 또한 데이터 입력을 할 때 워드프로세서를 사용할 경우 파일을 저장할 때 반드시 ASCII 파일(텍스트 파일)로 저장해야 SPSS로 읽어 들일 수 있음을 잊지 않기 바란다.

5.2.1 한글 SPSS를 이용한 데이터 입력

SPSS를 수행하면 처음으로 SPSS 데이터 편집기(SPSS Data Editor)가 나타난다. 이 편집기에서 변수이름을 지정하기 위하여 하단에 'Variable View(변수 보기)' 탭을 클릭하고 각 열에 해당하는 변수이름, 유형과 설명 등 변수에 대한 기술적인 정보를 자세히 입력한다.

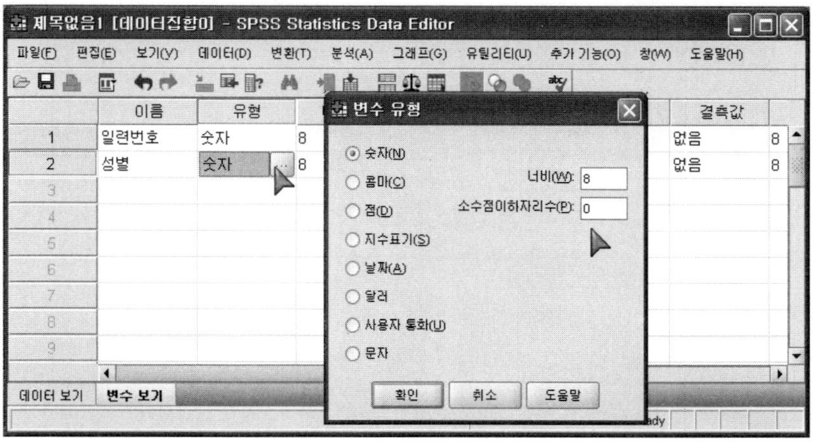

먼저 유형에서 [...] 을 클릭하면 다음의 **'변수 유형'** 대화상자가 나타난다.

변수유형(Variable Type)은 숫자(Numeric)이며 **'성별'** 변수는 정수로 표현되므로 소수점이하 자리수는 '0'자리로 지정하고 [확인] 단추를 클릭한다. 다시 **'값'** 열의 단추를 클릭하면 다음과 같은 **'변수값 설명'** 대화상자가 나타난다.

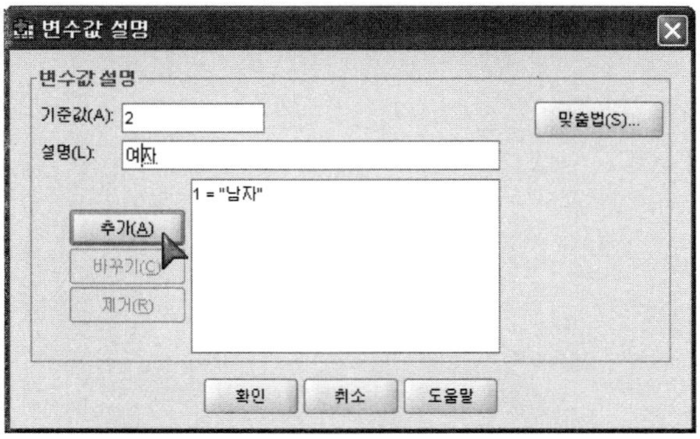

변수값과 변수값 설명을 입력하고 [추가(A)] 단추(또는 [Alt]+[A] 키)를 클릭하면 오른쪽 상자 안에 지정한 항목이 추가된다. 모든 변수값 설명을 입력한 후 [확인] 단추를 클릭한다. 다른 모든 변수에 대해 이름, 유형, 설명, 값, 결측값 등을 지정한 다음 데이터 보기 탭으로 이동하고 설문지의 반응값(변수값)을 입력해 나간다.

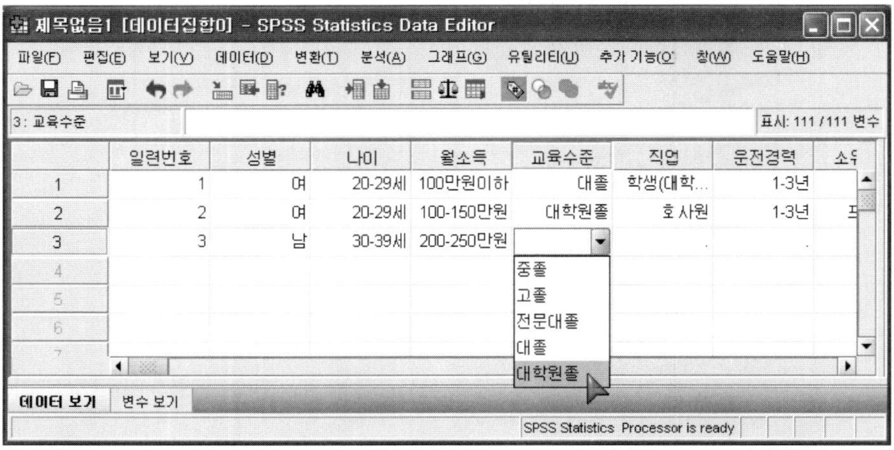

해당 변수의 변수값을 입력할 때는 ⇥ 키를 사용하여 각 변수를 이동한다. ⇥ 키는 입력포인터가 옆으로 이동하며 Enter↵ 키는 아래로 이동한다. 이미 설명을 붙였기 때문에 변수값을 입력하자마자 변수값에 대한 설명이 각 데이터 셀에 나타나게 된다. 모든 설문지의 반응값을 입력 완료한 후, 💾 도구를 클릭하면 다음과 같은 파일저장 대화상자가 나타난다.

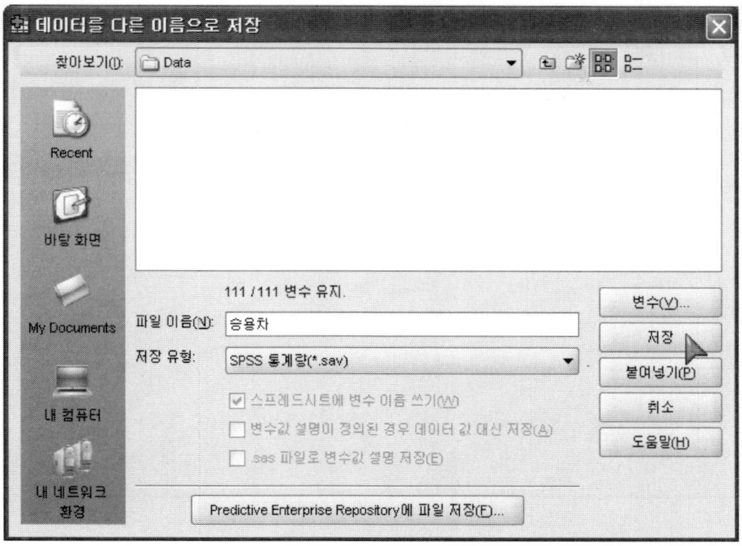

파일저장 대화상자에서 저장할 위치인 폴더(디렉토리)를 지정한다. 파일이름을 '**승용차**'로 지정하고 [저장] 단추를 클릭하면 '**승용차**.sav' 라는 SPSS 작업데이터 파일로 저장된다.

5.2.2 MS 엑셀을 이용한 데이터 입력

엑셀을 실행한 후 처음 행에는 변수이름을 입력하고 두 번째 행 이후부터 설문지의 반응값을 입력해 나간다.

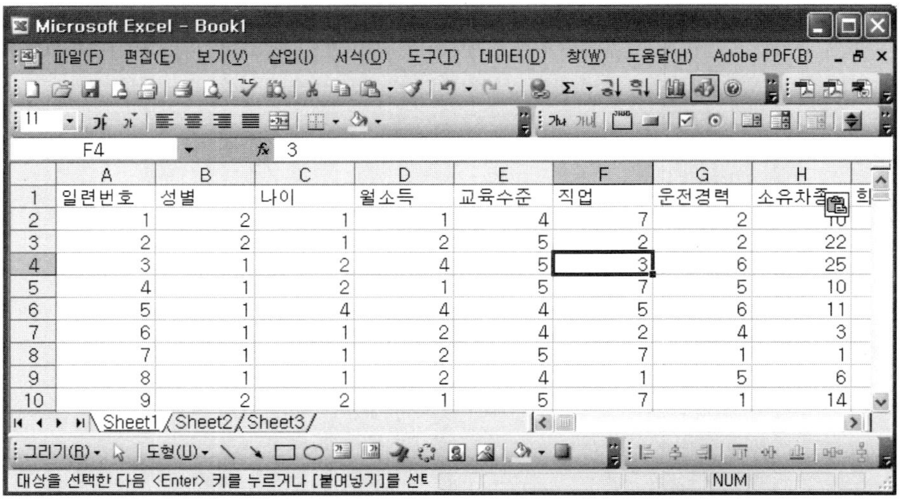

입력이 완료되면 단추를 클릭하고 반드시 파일이름을 '**승용차**'로 지정하고 저장(S) 단추를 클릭하여 저장한다.

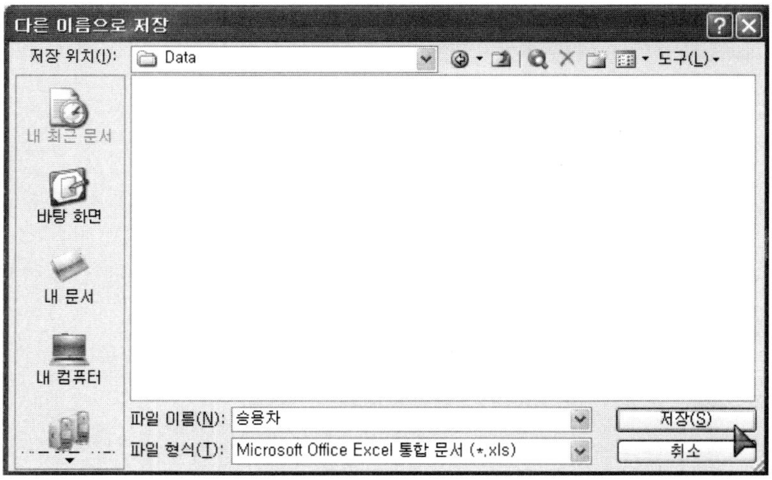

이렇게 저장된 엑셀파일은 SPSS 시스템에서 읽어 들일 수 있다. 그러나 변수설명과 변수값 설명은 붙여 있지 않기 때문에 엑셀파일을 SPSS 시스템으로 읽어 들인 후 설명문을 붙여 주어야 한다.

5.2.3 에디터를 이용한 데이터 입력

다음은 윈도우즈용 에디터 중에 하나인 울트라 에디트(UltraEdit)의 예이다. 에디터에서는 읽어 들일 변수이름은 입력하지 않고 각 문항에 대한 반응값(변수값) 만을 입력한다.

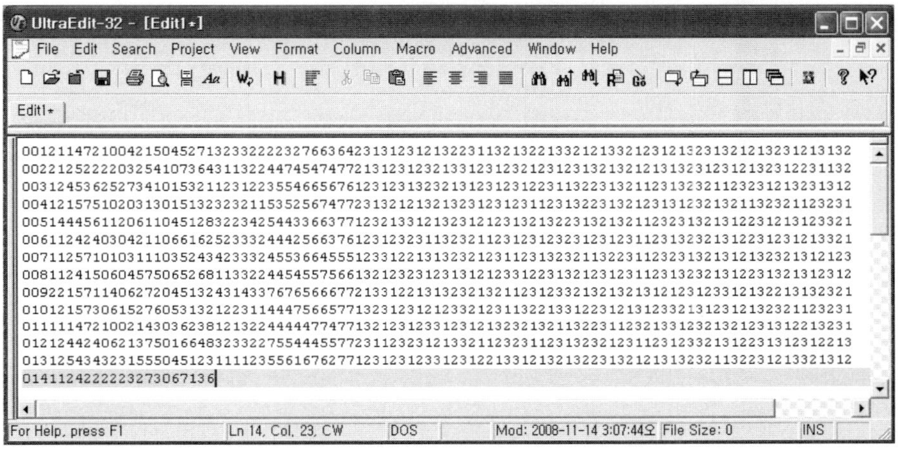

모든 반응값들의 입력이 완료되면 [저장 아이콘] 단추를 클릭하여 '**승용차**.dat' 라는 파일이름으로 저장한다.

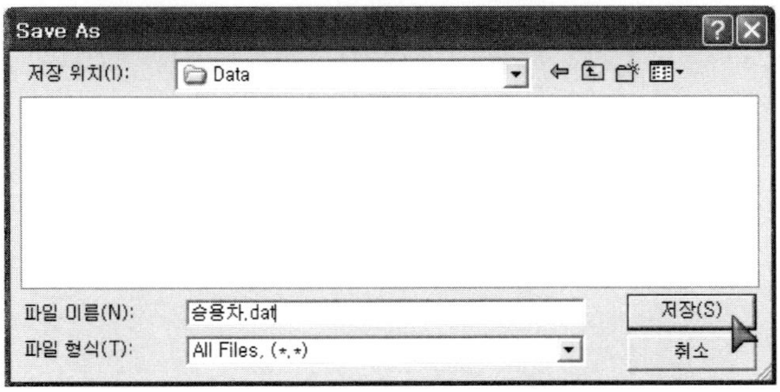

5.2.4 호글을 이용한 데이터 입력

호글을 실행한 다음 입력화면에서 각 문항의 반응값을 입력한다. 역시 변수이름은 입력하지 않는다.

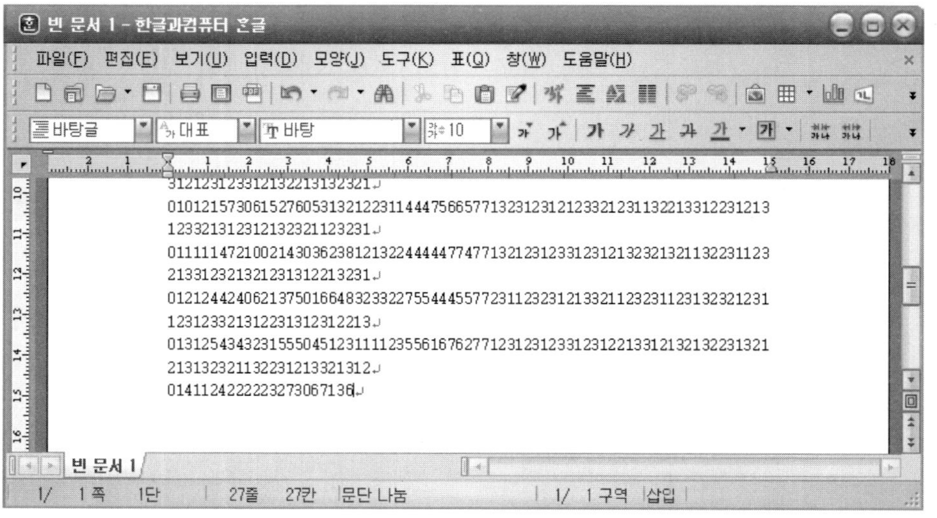

입력을 완료하여 단추를 클릭하면 다음과 같이 파일이름을 입력하는 대화상자가 나타난다. 이 대화상자에서 저장형태를 **'텍스트 문서**(*.txt)'를 지정하고 파일이름 '**승용차**.txt' 로 지정한 다음 저장(D) 을 클릭하거나 Enter↵ 키를 누른다.

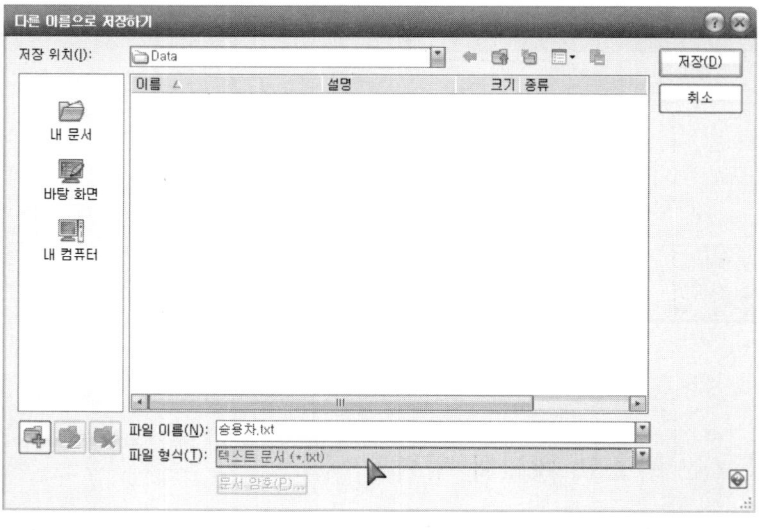

여기에서 완성형 텍스트로 저장하는 이유는 한글 윈도우즈가 완성형 한글을 사용하고 있기 때문이다. 입력 데이터에 문자변수로서 한글이 입력되어 있다면 ASCII 파일로 저장할 때 텍스트 문서로 저장해야 한다.

5.2.5 MS 워드 이용한 데이터 입력

한글 워드를 실행한 다음 입력화면에서 각 문항의 반응값을 입력한다. **훈글**에서와 같이 변수이름은 입력하지 않는다.

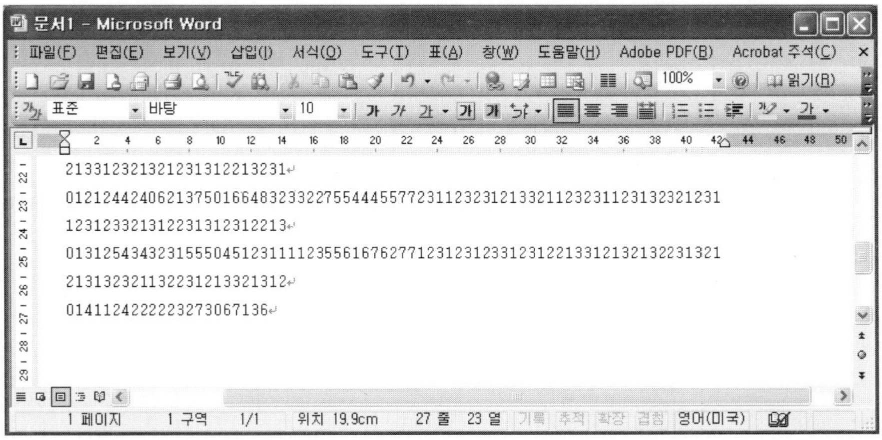

입력이 완료한 후, 저장하기 위하여 단추를 클릭하면 다음과 같이 파일이름을 입력하는 대화상자가 나타난다.

이 대화상자에서 ASCII 파일로 저장하기 위하여 파일형식을 **'일반 텍스트 (*.txt)'**를 지정하고 파일이름 '**승용차**.txt' 로 지정한 다음 [저장(S)] 을 클릭하거나 [Enter↵] 키를 누른다.

작업데이터 파일 만들기

6.1 ASCII 데이터 파일 읽기

ASCII 데이터 파일은 SPSS에서 고정형식(fixed format)과 자유형식(freefield format)으로 읽어 들일 수 있다. 고정형식은 ASCII 데이터 파일에 입력된 각 변수의 변수값 모두가 동일한 입력열 위치에 입력되어 있는 경우이며, 자유형식은 서로 다른 변수의 값들이 하나 이상의 공백으로 구분되어 있으나 각 변수의 케이스들이 서로 다른 위치에 입력되어 있는 경우이다. 즉 고정형식의 ASCII 데이터 파일은 SPSS에서 데이터를 읽어 들일 때, 읽어 들여야 할 변수의 입력열의 위치를 지정하여 읽는 방식이며, 자유형식은 변수의 입력열의 위치를 지정하지 않고 읽는 방식이다.

SPSS를 이용하여 데이터를 읽어 들일 때 자유형식은 고정형식에 비해 입력열의 위치를 표시하지 않는다는 점에서 편리한 점이 있으나 읽어 들인 변수값들이 소수점이하 2자리까지 표시된다. 이는 분석결과에 나타나는 변수값들도 동일하게 적용되어 시각적으로 보기에도 좋지 않다. 그러므로 ASCII 데이터를 읽어 들인 다음에 데이터 편집창에서 소수점이하 2자리를 0자리로 바꾸어 주어야 한다. 또한 자유형식은 ASCII 데이터 파일을 작성할 때 서로 다른 변수의 변수값을 하나 이상의 공백(blank)으로 구분하여 입력해야 한다.

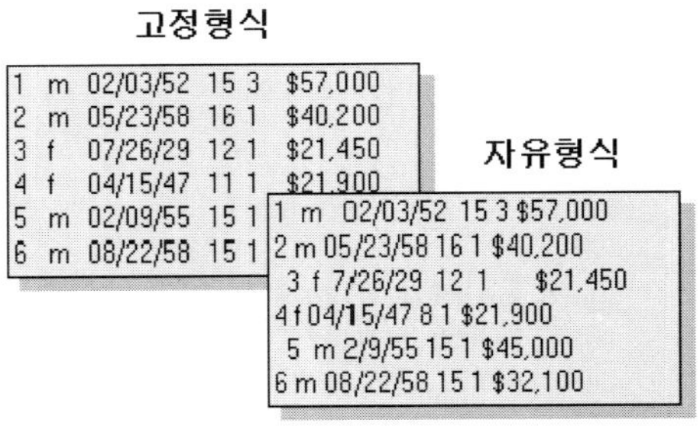

고정형식에서 입력하는 데이터의 자리수만을 맞추어 입력한다면 데이터를 구분하기 위한 공백은 입력할 필요가 없으며 읽어 들인 데이터의 자리수는 지정한 입력열의 위치에 맞추어 표시되므로 정수값들이 정확하게 표시된다. 고정형식은 자유형식에 비해 입력열 위치를 표시해 주어야 하는 점이 불편한 점이 있다.

일반적으로 설문지를 통한 조사자료는 특별한 경우를 제외하고 고정형식을 사용하기를 권한다.

다음으로 승용차 ASCII 데이터 파일을 읽는 방법을 설명하기로 한다. 승용차 ASCII 데이터 파일은 '**승용차**.DAT'로 저장되어 있다. 다음과 같이 메뉴에서 '**텍스트 데이터 읽기**(Read Text Data...)'를 선택한다.

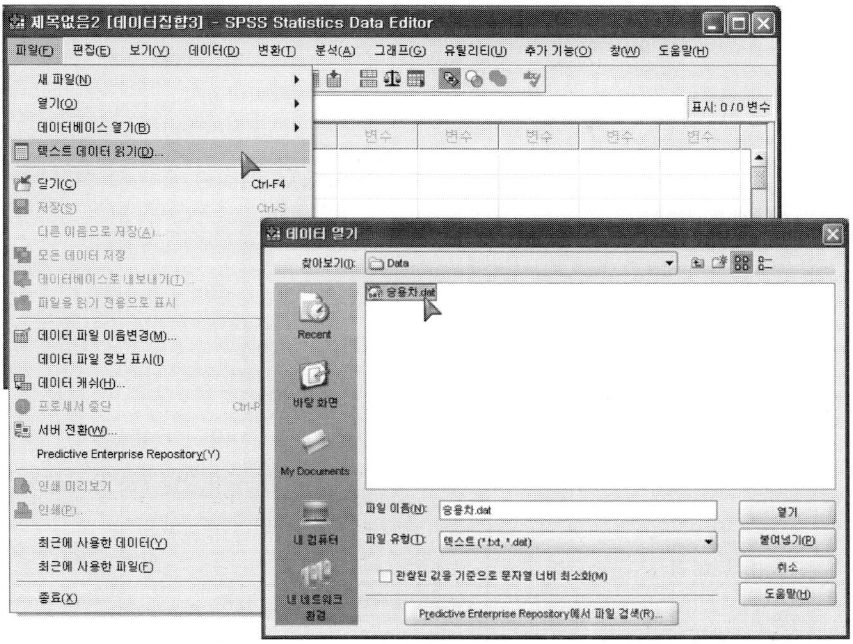

파일형식을 '텍스트(*.txt, *.dat)'로 바꾼 후 읽어 들일 파일 '승용차.dat'를 지정하고 [열기] 를 클릭한다.

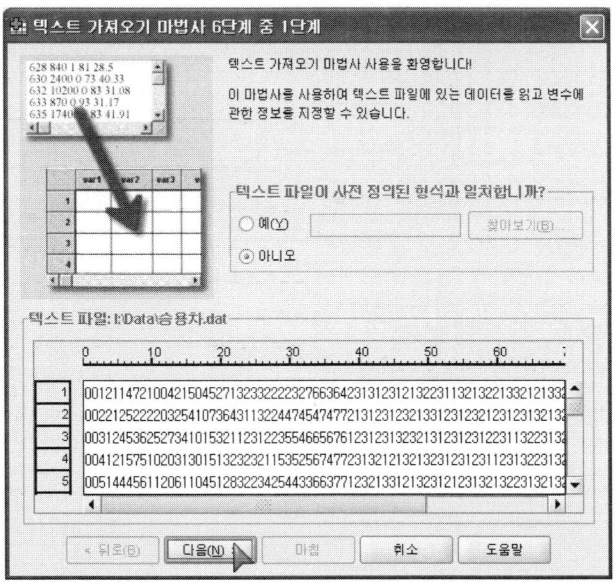

여기에서는 특별히 지정할 것이 없으므로 [다음(N) >]을 클릭하여 진행한다.

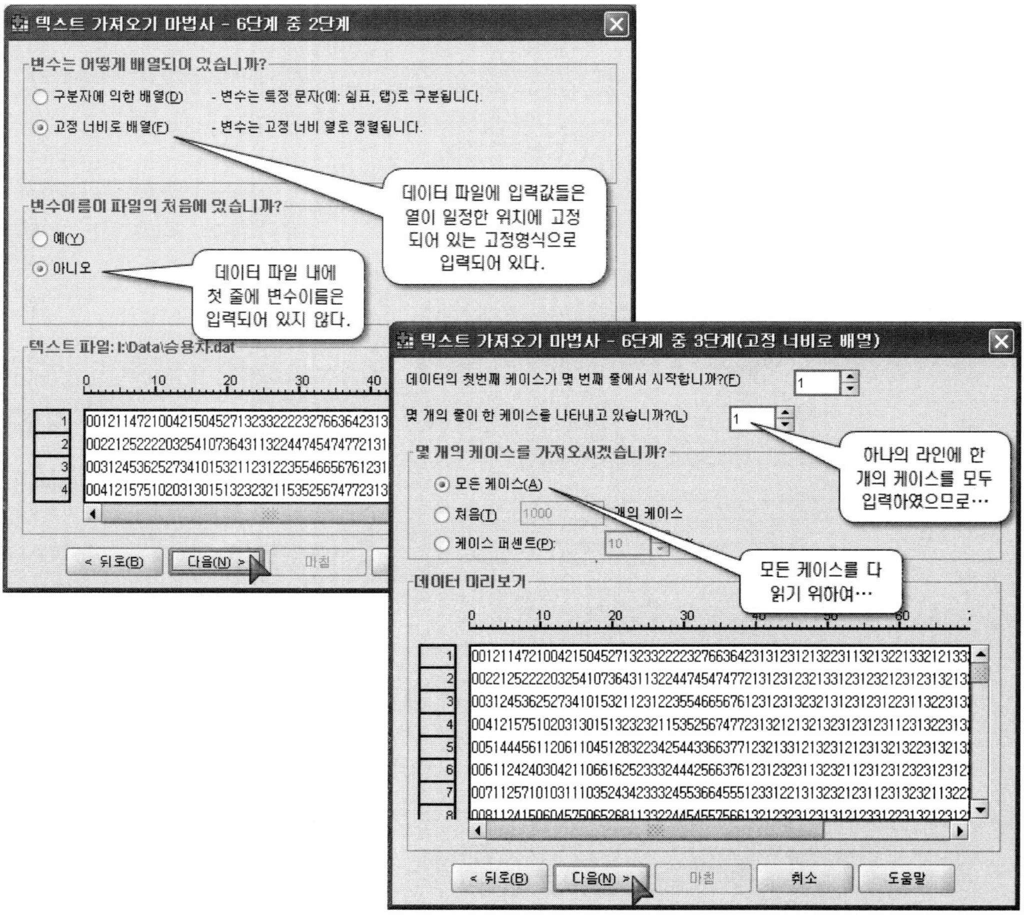

'**승용차**.dat' 파일은 읽고자 하는 변수값들이 고정된 열에 입력되어 있으므로 '**고정 너비로 배열**' 옵션을 선택하고 [다음(N) >]을 클릭한다.

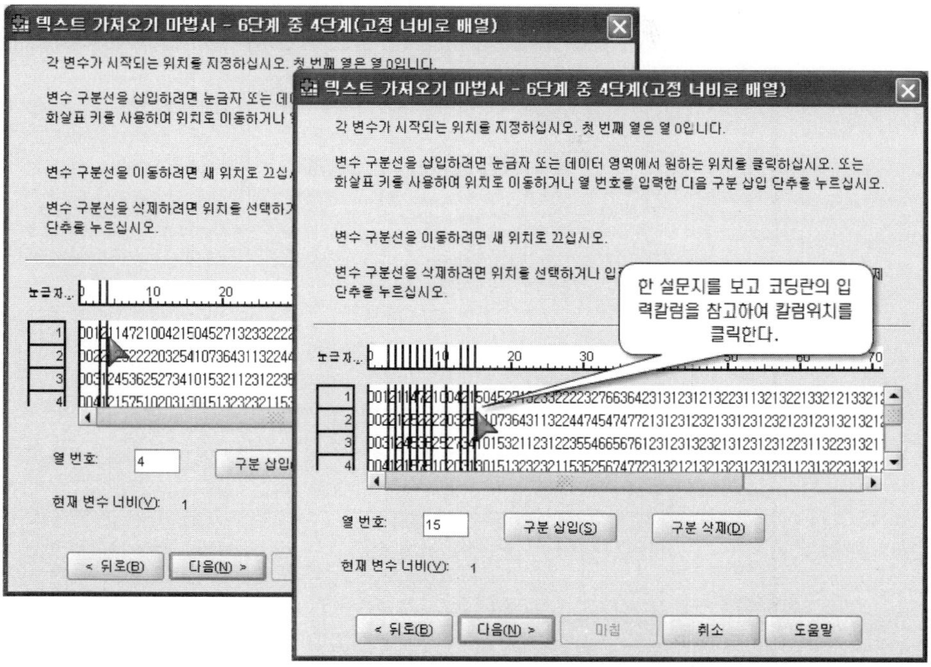

구분선의 위치를 원하는 위치로 이동하고 필요없는 구분선은 데이터 미리보기 화면에서 밖으로 끌어내기 한다. 대화상자의 설명을 참조하여 읽어들일 변수값들의 입력칼럼의 위치를 마우스 포인터로 클릭하여 지정한다. 모두 지정한 후에 [다음(N) >]을 클릭한다.

다음 대화상자의 데이터 미리보기에서 V1을 선택하고 상단의 '**변수이름**'에서 변수이름을 입력할 수 있게 된다. '**일련번호**'라고 입력하고 다른 변수들도 같은 방법으로 입력완료한다. [다음(N) >]을 클릭한다.

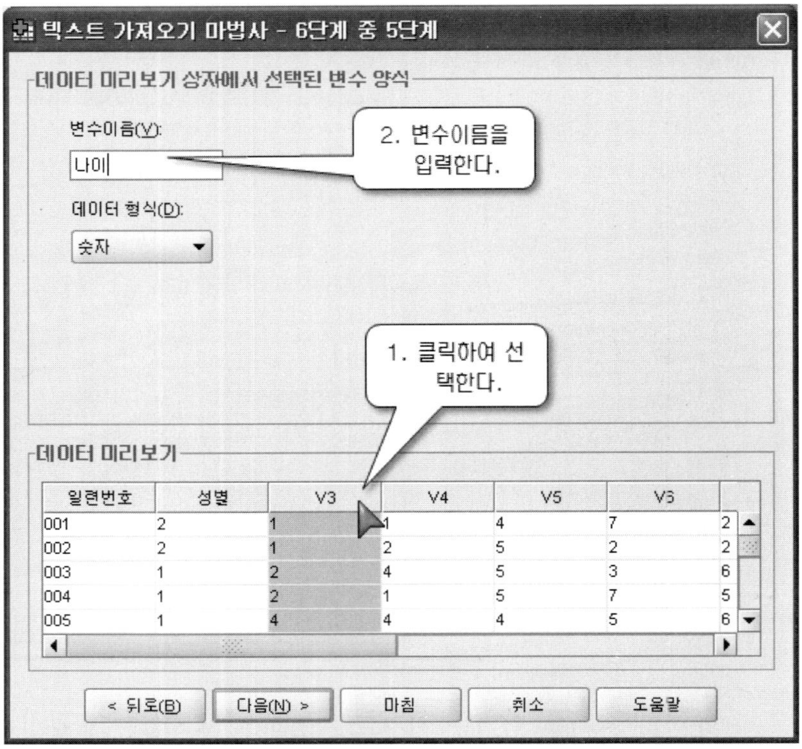

[분석 대화상자의 기본 단추]

확인	대화상자에 지정한 사항을 실행
붙여넣기(P)	대화상자에 지정한 사항을 SPSS 명령문편집기에 명령문 붙여넣기
재설정(R)	지정된 사항을 무시하고 초기 설정상태로 설정
취소	대화상자에 지정한 사항을 무시하고 대화상자 닫기
도움말	대화상자에 관련된 도움말 보기

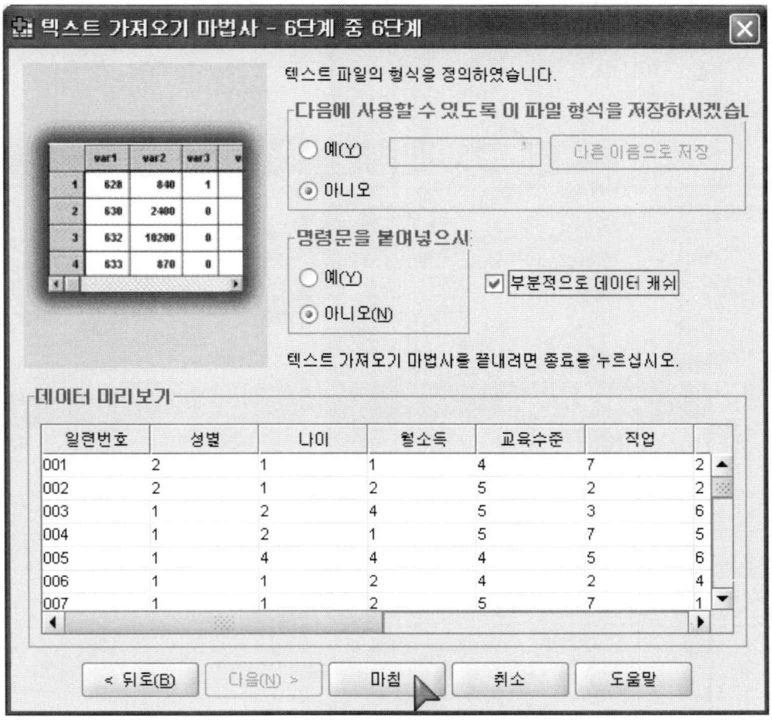

이제 [마침]을 클릭한다.

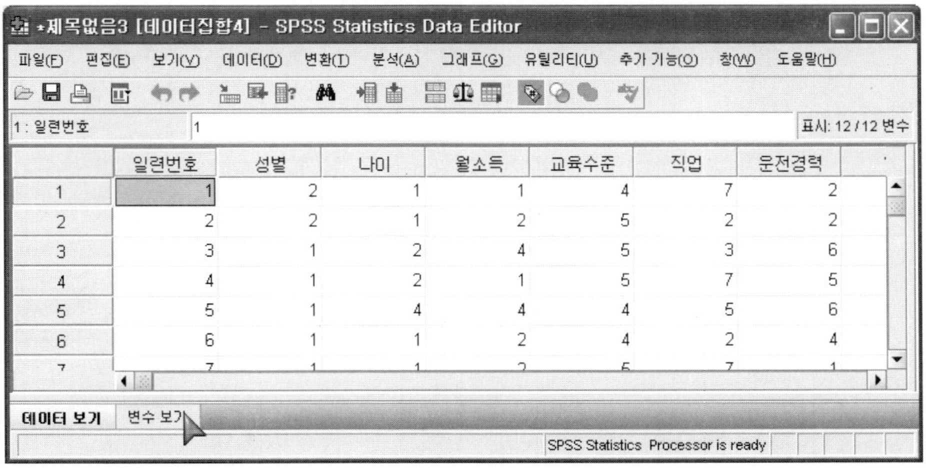

이제 데이터 파일의 모든 데이터를 읽어 들였다. 그러나 여기까지의 작업은 변수설명, 변수값설명, 결측값 등에 대한 정보는 전혀 부여되지 않았

으므로 이제 이러한 정보를 입력하기 위하여 ‘**변수보기**(Variable View)’ 탭을 클릭하고 각 변수에 설명 및 값 설명, 결측값 등을 정의한다.

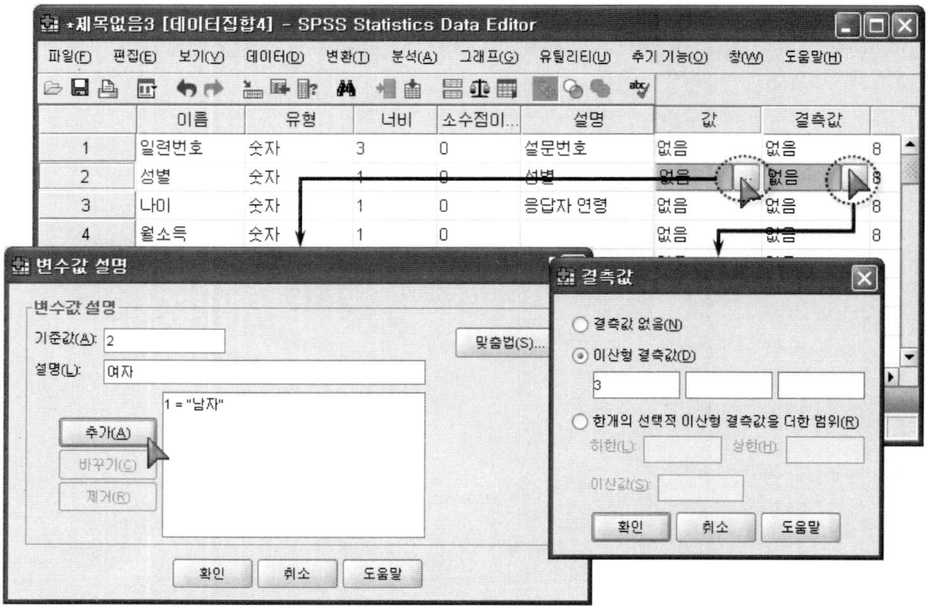

변수보기에서 각 변수이름 및 변수값에 대한 설명문을 입력하고 결측값을 정의하였다면 최종적으로 파일을 저장한다.

[**SPSS** 데이터 편집기의 도구모음]

 파일 열기

 찾기

 파일 저장

 케이스 삽입

	인쇄		변수 삽입
	대화상자 다시 불러오기		파일 분할
	이전 복구		가중값 부여
	다음 복구		케이스 선택
	케이스로 이동		변수값 설명
	변수 정보		변수군 사용

[SPSS **변수목록에서 변수유형 아이콘 유형**]

측정수준	데이터 종류			
	Numeric	String	Date	Time
Scale - 등간/비율		n/a		
Ordinal - 순서척도	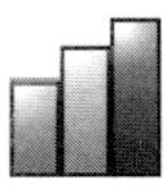			
Nominal - 명목척도				

6.2 MS-엑셀 파일 읽기

SPSS는 ASCII 파일 뿐만 아니라 데이터베이스 파일, 엑셀 파일, 액세스 파일 등 여러 가지 형식으로 저장한 파일들을 읽어 들일 수 있다. 일단 여기에서는 엑셀 파일을 읽어 들이는 방법을 설명하기로 한다.

SPSS를 실행한 후 주메뉴에서 파일 열기를 선택하면 파일열기 대화상자가 나타난다.

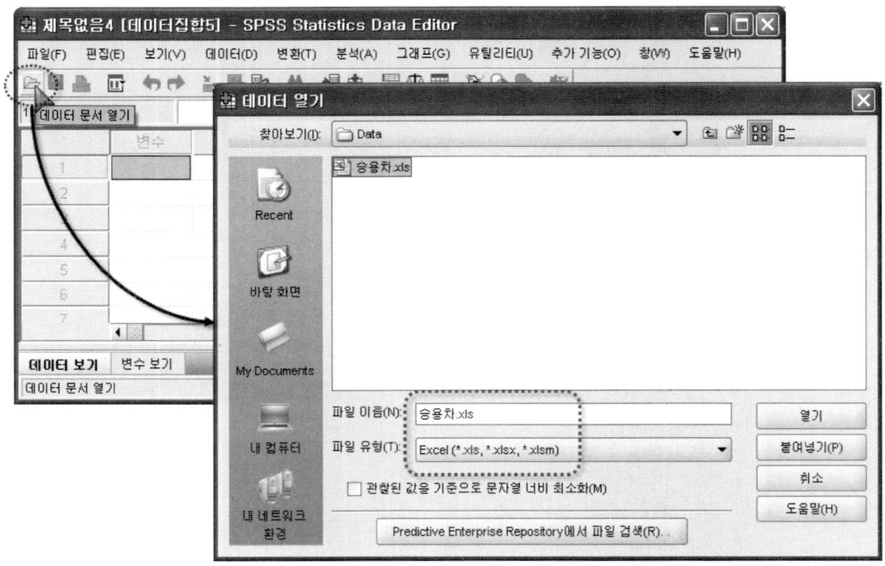

여기에서 엑셀파일을 지정하기 위하여 파일형식을 'Excel(*.xls,*.xlsx, *.xlsm)'로 지정하면 현재 폴더에 있는 엑셀 파일들의 목록이 나타난다. 해당 엑셀 파일인 '승용차.xls'를 선택하고 [열기]를 클릭한다.

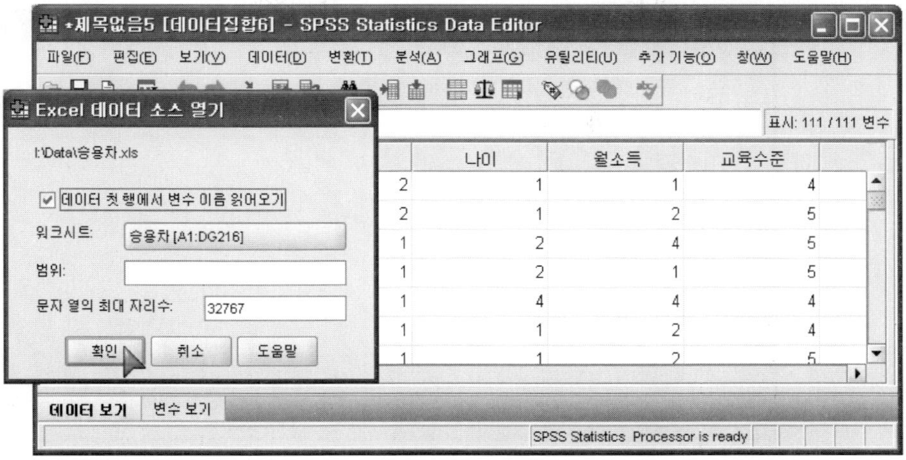

다음으로 Excel 데이터 소스 열기 대화상자가 나타나는데 엑셀 파일에서 첫 번째 행에 변수이름을 입력하였으므로 '☑데이터 첫 행에서 변수이름 읽어오기(Read variable names ...)'에 체크상태를 해제할 필요가 없다. [확인]을 클릭하면 엑셀 파일을 읽어 들여 다음과 같이 SPSS 데이터편집기에 읽어 들인 데이터들이 나타난다.

일반적으로 엑셀 파일을 작성할 때 첫 번째 행에 변수이름을 입력하고 두 번째 행부터 응답 데이터를 입력하는 것이 바람직하다. 만일 이러한 상황에서 '☑데이터 첫 행에서 변수이름 읽어오기(Read variable names ...)'의 체크를 해제하면 다음과 같이 변수이름이 V1, V2, V3, … 등으로 되고 원래의 변수이름으로서 읽어 들이고자 하는 변수이름은 문자열인 변수값으로 읽어 들여 원하는 작업을 수행할 수가 없게 된다.

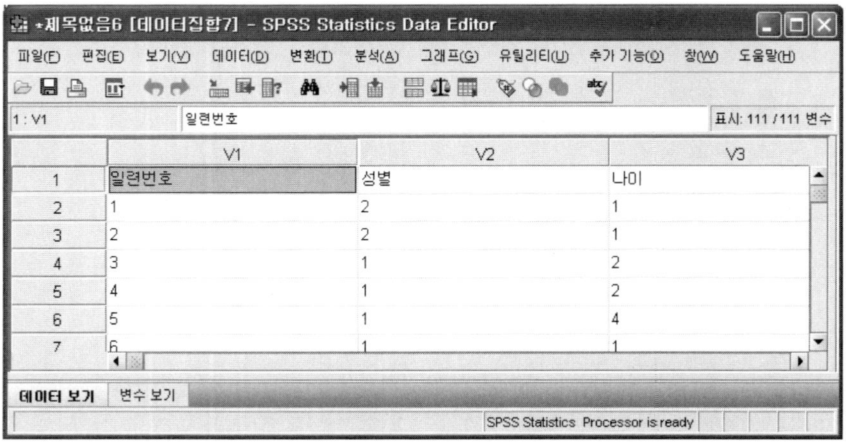

다음은 최종적으로 엑셀 파일을 읽어 들인 상태의 SPSS 데이터 편집기의 화면이다. 여기에서 도구를 클릭하여 파일 저장하기를 잊지 않기 바란다.

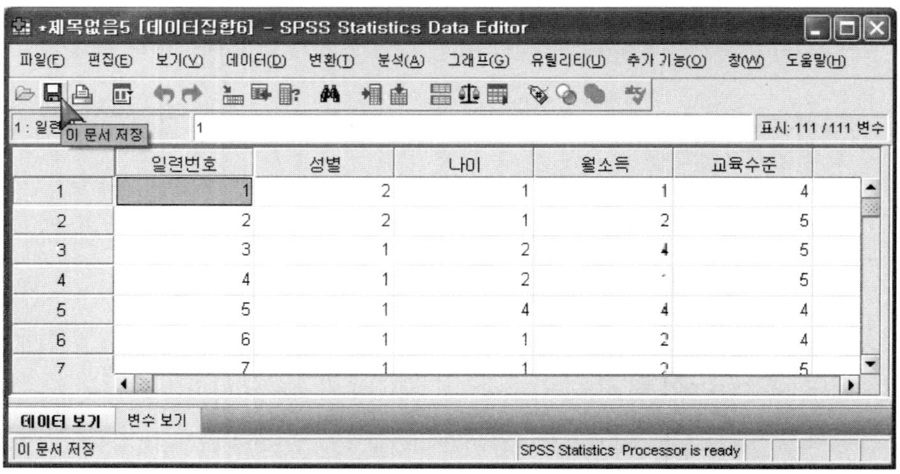

6.3 변수 및 변수값 설명 붙이기

변수와 변수값에 대한 설명은 모든 출력결과에 나타난다. 설명을 붙이지 않으면 변수이름과 변수값이 설명대신 출력결과에 나타나므로 그 변수와 변수값이 의미하는 바를 원래의 설문지나 코딩양식지에서 일일이 확인해야 함으로써 분석시 다소간에 불편을 감수해야 한다. 설명을 붙이는 경우 모든 출력결과에 변수설명과 변수값 설명이 출력되므로 분석시 각 변수의 의미와 변수값의 의미를 파악하는데 용이하며 보고서 작성에 많은 시간을 절약할 수 있다. 보통 범주형 변수는 변수설명과 변수값 설명 둘 다 적용하지만 연속형 변수는 변수설명만을 붙이도록 한다. 설명을 붙이는 방법은 '데이터 편집기의 '**변수 보기**(Variable View)'에서 설명을 붙이는 방법'과 '명령문 편집기에서 명령문을 사용하여 설명을 붙이는 방법'이 있다. 이 두 가지 방법을 설명하기로 한다.

6.3.1 데이터 편집기에서 설명 붙이기

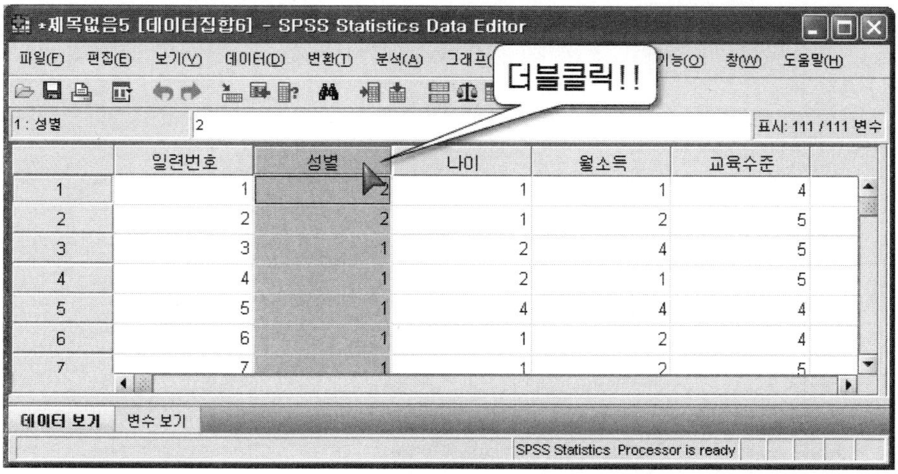

데이터 편집창의 변수이름을 더블클릭하면 다음과 같은 '**변수 보기**' 탭으로 이동한다. 여기에서 성별변수 행에서 '**값**'열의 셀을 클릭하면 ... 이 나타나며 ... 을 클릭하면 변수값 설명을 입력할 수 있는 대화상자가 나타난다.

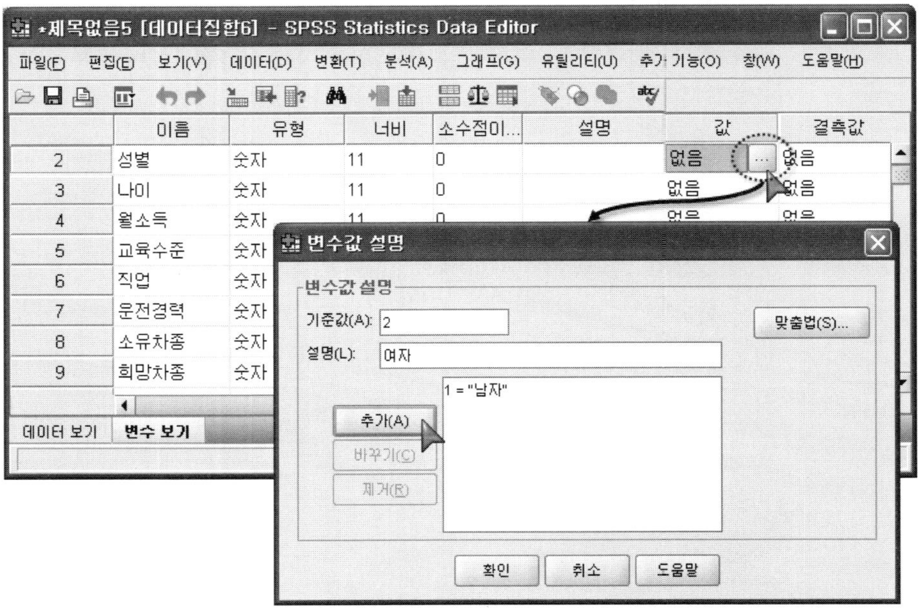

변수값에 '1'을 입력하고 [Tab] 키를 누르고 설명을 입력한다. 그리고 [Enter↵] 또는 [추가(A)] 를 클릭하면 입력상자에 추가된다. 여자의 경우 역시 동일한 방법으로 반복한다. 그리고 입력이 완료되면 [확인]를 클릭한다.

동일한 방법을 이용하여 다음 '나이' 변수 등 모든 범주형 변수에 대해 변수값 설명문을 입력한다. 그리고 마지막으로 반드시 저장할 것을 잊지 않기 바란다.

6.2.2 명령문 편집기에서 설명 붙이기

앞 절에서는 대화상자를 이용하여 변수 설명과 변수값 설명을 붙이는 방법을 설명하였다. 그러나 이러한 방법은 변수의 수가 많은 경우 비효율적일 수밖에 없다. 만일 변수의 수가 100개라면 최악의 경우 100번에 걸쳐 대화상자를 열고 닫기를 반복해야 한다. 또한 필요한 경우 차후에 변수 설명이나 변수값 설명을 수정할 때도 다소 불편한 점이 있을 수 있다. 그러므로 이러한 설명을 작성할 때는 명령문을 사용하여 설명을 붙이고 이 명령문을 저장해서 보관할 수 있으며 차후에 수정이 필요한 경우에도 해당 명령문을 수정하고 수정한 명령문만을 실행하면 된다. 일단 설명을 붙이는 명령문의 용법을 알아보고 SPSS에서 명령문을 작성하는 방법을 설명하기로 한다.

SPSS의 설명문을 붙이는 명령문의 용법은 다음과 같다.

VARIABLE LABELS **변수이름 또는 변수목록 '설명문'** … .
VALUE LABELS **변수이름 변수값**1 **'설명문' 변수값**2 **'설명문'** …
/**변수이름 변수값**1 **'설명문' 변수값**2 **'설명문'** … .

예를 들면 변수이름이 '성별'이고 변수값이 남자는 '1', 여자는 '2'로 코딩되어 있는 경우 다음과 같이 명령문을 작성한다. 명령문의 끝에 반드시 점(.)을 입력해야 한다. 이는 하나의 명령문의 끝을 표시한다. 명령문 작성시에 대소문자는 구분할 필요는 없으나 일반적으로 시각적 효과를 보기 위하여 명령문은 대문자로 사용자가 지정하는 변수이름은 소문자(영문자인 경우)로 표시하는 것이 관례이다. 그러나 변수이름과 설명을 한글로 작성하는 경우에는 상관이 없다.

VARIABLE LABELS **성별 '성별'**.
VALUE LABELS **성별** 1 **'남자'** 2 **'여자'**.

다음은 승용차 데이터의 설명 붙이기 SPSS 명령문이다(저장파일 : 승용차.SPS).

```
VARIABLE LABELS  일련번호'일련번호' 성별'성별'.
VALUE LABELS     성별 1'남' 2'여'.
VARIABLE LABELS  나이'귀하의 나이는?'.
VALUE LABELS 나이 1'20~29세' 2'30~39세' 3'40~49세' 4'50~59세' 5'60세 이상'.
```

```
VARIABLE LABELS 월소득'귀하의 월평균소득은?'.
VALUE LABELS  월소득 1'100만원 이하'  2'100-150만원'  3'150-200만원'
    4'200-250만원' 5'250-300만원' 6'300만원 이상'.

VARIABLE LABELS 교육수준'귀하의 교육수준은?'.
VALUE LABELS 교육수준 1'중졸' 2'고졸' 3'전문대졸' 4'대졸' 5'대학원졸'.

VARIABLE LABELS 직업'귀하의 직업은 (본인 또는 가장)'.
VALUE LABELS  직업 1'공무원' 2'회사원' 3'전문직(의사,교수,변호사 등)
    '4'교사,학원강사' 5'자영업(제조,상업,유통업 등)' 6'운수업' 7'학생(대학원생 등)'  8'기타'.

VARIABLE LABELS 운전경력 '귀하의 운전경력은?'.
VALUE LABELS  운전경력 1'1년미만' 2'1~3년' 3'3~5년' 4'5~8년' 5'8~10년' 6'10년 이상'.
VARIABLE LABELS 소유차종 '현재 귀하의 차종'
희망차종 '앞으로 차량을 바꾸거나 새로 구입하게 될 경우 차종은?'.
VALUE LABELS  소유차종 희망차종
    1'엑    셀'2'엑 센 트'3'엘란트라'4'티 뷰 론'5'아 반 떼'6'쏘 나 타'7'마 르 샤'
    8'그 랜 저' 9'다이너스티' 10'티    코' 11'르    망'
    12'씨 에 로'13'넥 시 아'14'에스페로'15'누 비 라'16'라 노 스'17'프 린 스'
    18'로얄시리즈'19'브 로 엄'20'레 간 자'21'아카디아'22'프라이드'
    23'아 벨 라'24'세 피 아'25'캐 피 탈'26'콩 코 드'27'크레도스'
    28'엘란 스포츠카' 29'포 텐 샤' 30'엔터프라이즈' 31'코란도' 32'무   쏘'
    33'외산' 34'기타'.

VARIABLE LABELS 소유년수 '현재 승용차를 몇 년 소유하셨습니까?'.
VALUE LABELS 소유년수 1'1년 이하' 2'1~2년' 3'2~3년' 4'3~4년' 5'4~5년' 6'5년 이상'.

VARIABLE LABELS 구입동기'귀하께서 승용차를 구입하게 된 가장 큰 이유는?'.
VALUE LABELS  구입동기 1'대중교통 수단이 불편해서'
    2'지위에 알맞는 품위유지를 위해서'     3'동료 및 후배가 구입해서'
    4'생활에 여유가 있어서'   5'레져활동을 위하여' 6'신제품을 갖고 싶어서'
    7'생활수단,업무'.
VARIABLE LABELS 구매경로'귀하께서 구입하신 차의 구매경로는?'.
VALUE LABELS  구매경로   1'광고를 보고'   2'영업사원 소개로'
    3'친구.친지의 소개로' 4'회사의 결정으로'   5'가족의 결정으로'   6'기   타'.

VARIABLE LABELS 정보경로'귀하께서 자동차 구입전에 가격,디자인,경제성,안전성,기능조건들을 어떤
경로를 통해서 알게 되었습니까?'.
VALUE LABELS  정보경로 1'TV' 2'라디오' 3'신문' 4'카다로그(인쇄물)' 5'가족,친척'
    6'직장동료' 7'영업사원' 8'운전기사' 9'옥외광고' 10'기 타'.
VARIABLE LABELS 교체이유'승용차를 교체하신다면 중요한 이유는?'.
```

```
VALUE LABELS  교체이유 1'할부기간이 완료되어서'
     2'수리비가 많이 들어서'     3'휘발유 소모가 많아서'
     4'새로운 신모델 차종이 나와서'     5'폐차시기가 되어서'
     6'오래 보유해 싫증이 나서'     7'경제적 여건이 좋아져서'.

VARIABLE LABELS 평가1 '승용차 평가시 가장 중요하게 여기는 요소(1순위)'
평가2 '승용차 평가시 가장 중요하게 여기는 요소(2순위)'
평가3 '승용차 평가시 가장 중요하게 여기는 요소(3순위)'.
VALUE LABELS  평가1 to 평가3  1'안정성' 2'경제성'3'성  능'  4'가  격'
     5'상  표'  6'디자인 및 스타일' 7'색  상'  8'아프터서비스'.
VARIABLE LABELS 지불방법'귀하는 승용차를 구입할 때 어떤 지불방법을 사용하셨습니까?'.
VALUE LABELS  지불방법  1'현금'  2'카드 사용'
    3'24개월 할부구매'  4'30개월 할부구매' 5'36개월 할부구매'  6'기타'.
VARIABLE LABELS 다각차이'각 회사 차종의 제품 다각화에서 실제 많은 차이가 있다고 생각하십니까?'.
VALUE LABELS  다각차이 1'있다'  2'거의 없다'  3'전혀 없다'.

VARIABLE LABELS 소형차'소형차중 같은 가격, 같은 조건의 차량이라면 어느 회사의 차를 구입하시겠습니까?'.
VALUE LABELS  소형차   1'기아' 2'대우' 3'현대' 4'삼성'  5'쌍용'.

VARIABLE LABELS 중형차'중형차 중 같은 가격, 같은 조건의 차량이라면 어느 회사의 차를 구입하시겠습니까?'.
VALUE LABELS  중형차   1'기아'  2'대우' 3'현대'  4'삼성'  5'쌍용'.

VARIABLE LABELS TV광고'귀하께서는 TV의 승용차광고에 대하여 어떻게 생각하십니까?'.
VALUE LABELS  TV광고 1'대부분 과장된 내용이다 '   2'약간 과장된 내용이다'  3'보통이다'
     4'어느 정도 사실이다'  5'대부분 사실이다'.

VARIABLE LABELS AS '아프터서비스(A/S)가 가장 좋다고 생각되는 회사는?'.
VALUE LABELS  AS 1'대우'  2'현대'   3'기아'   4'쌍용'
/중요도1 to 중요도10  1'전혀 중요하지 않다' 2'중요하지 않다' 3'약간 중요하지 않다'
      4'중간정도 중요하다' 5'약간 중요하다'6'중요하다'7'매우 중요하다'
/선호도1 to 선호도57 1'1순위' 2'2순위'3'3순위'.

VARIABLE LABELS  중요도1  '품   격'  중요도2  '크   기'  중요도3  '실내공간'
중요도4  '호화정도'  중요도5  '색   상'  중요도6  '연   비'  중요도7  '승 차 감'
중요도8  '배 기 량'  중요도9  '안 전 도'  중요도10 '차량성능'.
VARIABLE LABELS  선호도1 '라노스1.5 DOHC'  선호도2 '프라이드 웨곤'
선호도3 '액센트 1.5 DOHC'  선호도4 '다이너스티V6 3500' 선호도5 '뉴프린스1.8 DOHC' 선호도6
'프라이드 웨곤'  선호도7 '엔터프라이즈 3.6 CEO'  선호도8 '크레도스2.0 EXCESS'  선호도9 '아카
디아 로얄 3.2'  선호도10 '쏘나타 III 2.0 GOLD'  선호도11 '무 쏘 602'  선호도12 '그랜저 V6
```

3000' 선호도13 '뉴브로엄2200 DOHC' 선호도14 '티 코 SE' 선호도15 '아반떼1.5 GLS' 선호도16 '티뷰론2.0 TGX' 선호도17 '포텐샤 V6 3000' 선호도18 '세피아 레오1.5 DOHC' 선호도19 '뉴프린스1.8 DOHC' 선호도20 '엔터프라이즈 3.6 CEO' 선호도21 '다이너스티V6 3500' 선호도22 '누비라1.5 DOHC' 선호도23 '크레도스2.0 EXCESS' 선호도24 '그랜저 V6 3000' 선호도25 '쏘나타 III 2.0 GOLD' 선호도26 '세피아 레오1.5 DOHC' 선호도27 '무 쏘 602' 선호도28 '누비라1.5 DOHC'선호도29 '액센트 1.5 DOHC' 선호도30 '레간자2.0 DOHC' 선호도31 '아반떼1.5 GLS' 선호도32 '뉴프린스1.8 DOHC' 선호도33 '누비라1.5 DOHC' 선호도34 '다이너스티V6 3500' 선호도35 '아카디아 로얄 3.2' 선호도36 '티 코 SE' 선호도37 '포텐샤 V6 3000' 선호도38 '라노스1.5 DOHC' 선호도39 '뉴브로엄2200 DOHC' 선호도40 '액센트 1.5 DOHC' 선호도41 '티뷰론2.0 TGX' 선호도42 '아반떼1.5 GLS' 선호도43 '크레도스2.0 EXCESS' 선호도44 '뉴브로엄2200 DOHC' 선호도45 '쏘나타 III 2.0 GOLD' 선호도46 '엔터프라이즈 3.6 CEO' 선호도47 '티 코 SE' 선호도48 '그랜저 V6 3000' 선호도49 '무 쏘 602' 선호도50 '프라이드 웨곤' 선호도51 '라노스1.5 DOHC' 선호도52 '레간자2.0 DOHC' 선호도53 '포텐샤 V6 3000' 선호도54 '티뷰론2.0 TGX' 선호도55 '아카디아 로얄 3.2' 선호도56 '세피아 레오1.5 DOHC' 선호도57 '레간자2.0 DOHC'.

이제 SPSS의 명령문 편집기를 열고 명령문을 작성해 보자.

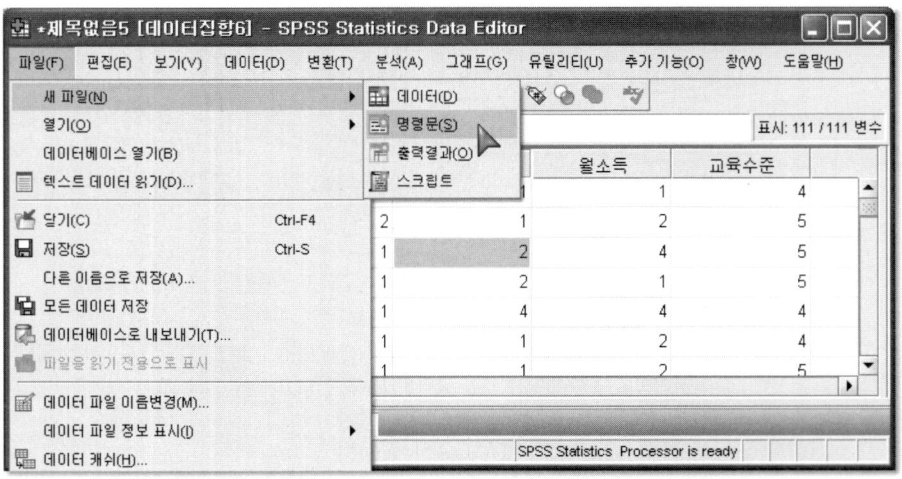

SPSS 실행한 후 새로운 명령문 편집기를 열고 승용차 데이터의 설명 붙이기 명령문을 작성한다.

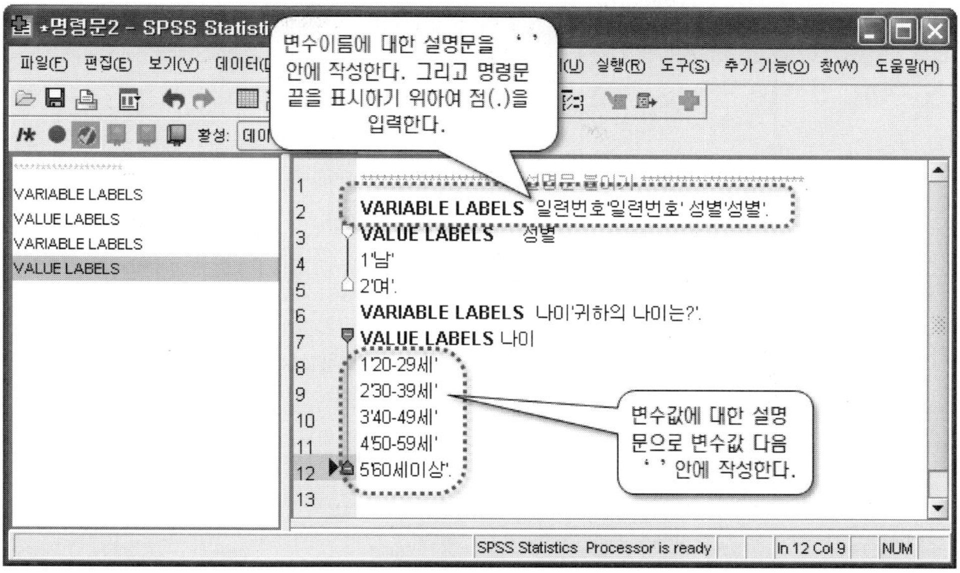

SPSS 명령문 편집기에 변수 및 변수값 설명에 대한 명령문 작성을 완료한 후 '승용차.SPS'로 저장한다.

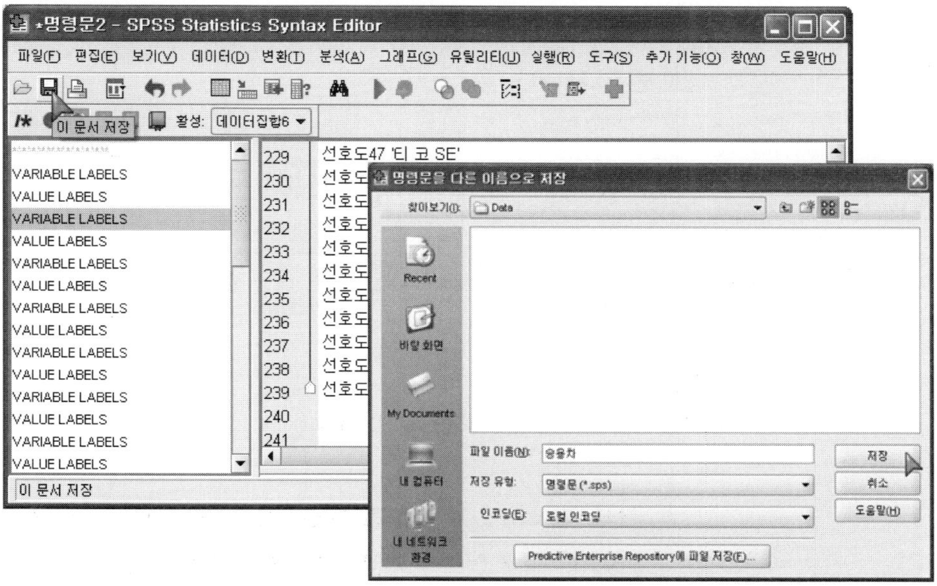

이제 작성된 명령문 전체를 실행하기 위하여 다음과 같이 선택한다.

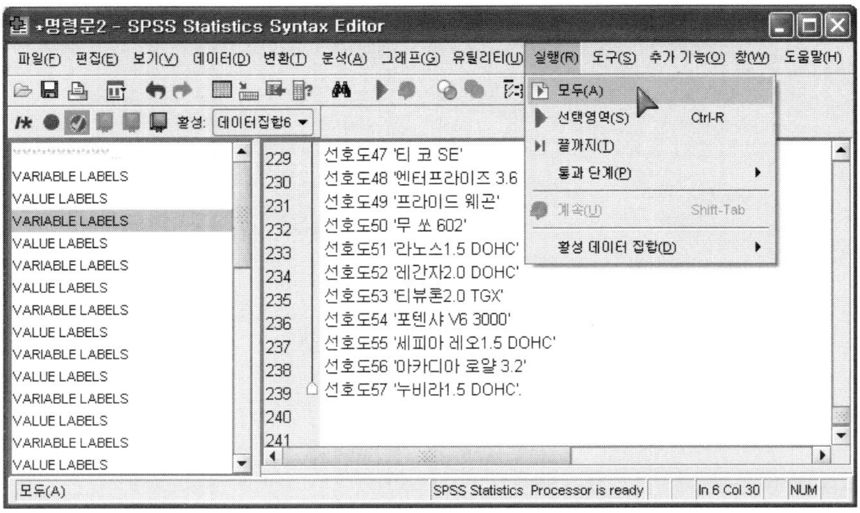

만일 명령문 실행 중에 에러 메시지가 나타나면 명령문 용법과 다르게 입력된 부분이 있으므로 편집기에 입력한 명령문을 세밀히 검토하여 입력 오류를 찾아 수정하고 다시 상기의 절차를 반복한다. 보통 명령문 작성시에 발생하는 오류는 명령문의 철자가 잘못 입력되었거나 마침표(.) 또는 설명에 따옴표(')가 빠져있는 경우가 대부분이므로 이러한 부분이 있는지를 면밀히 검토하기 바란다.

[SPSS 명령문 편집기의 도구모음]

데이터 편집기 창으로 이동한다.

현재 커서가 있는 하나의 명령문을 실행한다. 그러므로 여러 명령문을 실행할 경우 여러 명령문을 블록으로 선택한 후 사용한다.

현재 커서가 있는 명령문에 관련된 도움말을 참조할 수 있다.

표시 창, 현재 작업 창을 지정할 때 사용한다.

에러 없이 실행되면 도구를 클릭하여 데이터 편집기로 이동하고 지정한 변수의 변수값에 설명이 데이터 편집기에 나타나 있는지를 확인한다. 만일 에러없이 실행되었는데도 불구하고 데이터 편집기 상에 설명이 나타나 있지 않다면 도구모음에서 도구를 클릭해 본다.

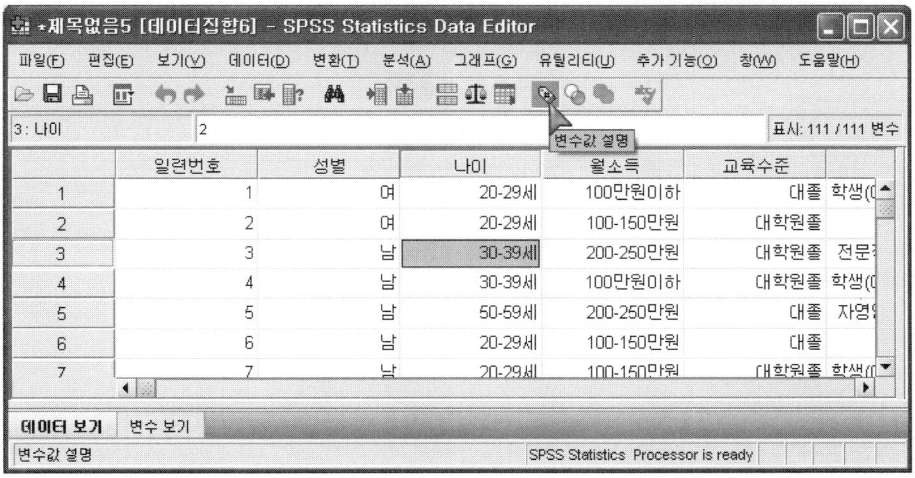

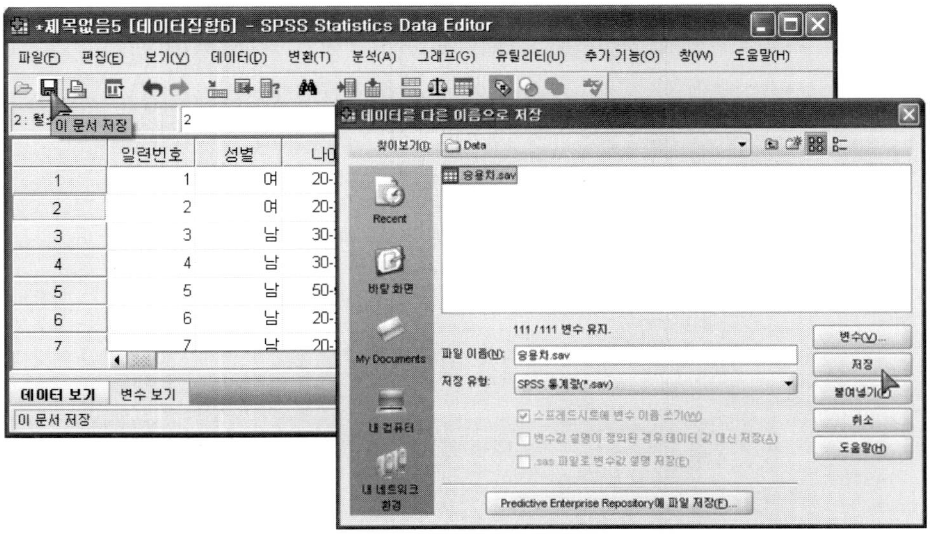

이제 를 클릭하고 파일이름을 지정한 다음 저장 을 클릭하여 SPSS 작업 데이터 파일을 저장한다.

SPSS 작업환경 설정

7.1 SPSS 작업환경 설정

SPSS 아이콘 바탕화면에 끌어놓기

SPSS 사용자라면 매번 [시작]에서 다시 프로그램으로 그리고 SPSS 메뉴를 선택하여 실행하는 것은 다소간에 불편함을 느낄 수 있다. 그러므로 SPSS를 실행할 수 있는 단축 아이콘을 윈도우 바탕화면에 끌어 놓고 실행한다면 보다 간편해 질 것이다.

[시작] 단추를 클릭하고 '프로그램 ▸ SPSS Inc ▸ Statistics 17.0 ▸ SPSS Statistics 17.0'에 마우스 포인터를 위치시킨 후 오른쪽 단추를 클릭하면 단축메뉴가 나타난다. 이 단축메뉴에서 '복사'를 선택하고 클릭한다. 그리고 바탕화면에서 마우스 오른쪽 단추를 클릭한 후 '붙여넣기'를 클릭한다. 이제 SPSS Statistics 17.0 아이콘이 바탕화면에 나타났을 것이다.

SPSS Statistics 17.0 시작위치 지정하기

바탕화면에 붙여넣기한 SPSS 단축아이콘에 마우스 포인터를 위치시킨 후 오른쪽 단추를 클릭하면 위와 같이 단축메뉴가 나타나며 여기에서 '속성'을 선택하면 다음과 같은 '등록 정보' 대화상자가 나타난다.

여기에서 '시작 위치'의 "C:\Program Files\SPSSInc\Statistics17\"을 다음과 같이 "D:₩Data₩"으로 변경한다. 물론 현재 하드디스크(D:)에 'Data'라는 폴더(디렉토리)가 만들어져 있음을 가정한다.

이제 [확인] 단추를 클릭한다. SPSS를 실행하여 보면 지정한 사항이 잘 적용되는지를 알 수 있다. SPSS 단축아이콘을 더블클릭하여 실행해 보자.

도구모음에서 열기를 선택하면 다음과 같은 파일 열기 대화상자가 나타나며 현재 작업 위치가 'Data'라는 폴더에서 이루어지고 있음을 알 수 있다.

그러므로 일정기간 동안 어떤 특정 데이터를 분석할 경우 해당되는 폴더를 작성하고 SPSS 단축아이콘의 등록정보에서 시작위치를 해당하는 폴더로 지정하는 것이 작업하기가 좋다.

7.2 SPSS 시스템 설정하기

SPSS 작업을 보다 용이하게 하기 위해서는 SPSS 시스템의 환경을 미리 사용자에 맞게 설정하는 것이 좋다. SPSS 환경설정은 '**편집**' 메뉴에서 다음과 같이 옵션을 선택하면 된다.

편집 ☞ **옵션...**

SPSS 옵션 대화상자는 여러 가지 탭으로 구성된다. 이 탭 중에서 사용자가 원하는 탭을 마우스로 클릭하고 원하는 옵션을 설정하면 된다.

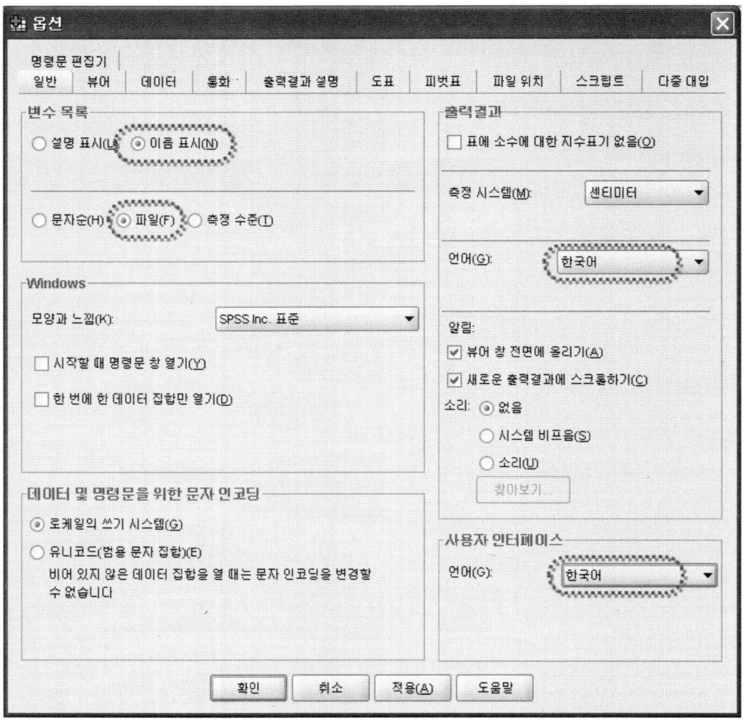

일반 탭에서 변수목록 표시는 '설명 표시'가 디폴트로 되어 있다. 이렇게 설명표시로 되면 분석 대화상자의 변수목록 상자에 변수 설명문이 나타나는데 일반적으로 그 설명이 긴 경우가 많아 변수를 즉각적으로 알아보기가 쉽지 않으며 장시간 작업할 경우 피로도 상승될 수 있으므로 변수의 이름

만 나타나도록 하는 것이 유리하다. 표시순서는 각 대화상자에 변수목록을 표시하는 방법을 지정하는데 '**문자순**'은 변수이름의 문자순서에 따라 차례대로 표시한다. '**파일**' 순서는 데이터를 읽어들 일 때 지정한 변수의 순서대로 목록을 표시한다. 이는 디폴트를 사용하는 것이 편리하다.

언어는 '한국어'로 지정하는 것이 좋겠다. 이 경우 모든 출력결과가 한글로 번역된 상태로 출력된다. 다른 옵션은 디폴트로 남겨두는 것이 좋다.

도표 탭은 SPSS 도표의 상태를 지정할 수 있는 옵션들이 있다. 여기에서 글꼴을 '굴림체'로 지정한다. 물론 다른 글꼴을 지정해도 무방하나 한글 글꼴을 지정하는 것을 잊지 않기 바란다. 그리고 도표의 비율은 1.25 지정하고 도표의 집단별 유형 및 패턴은 색상만을 적용하도록 지정한다. 그러나 상황에 따라 패턴을 적용해야 될 경우도 종종 발생한다.

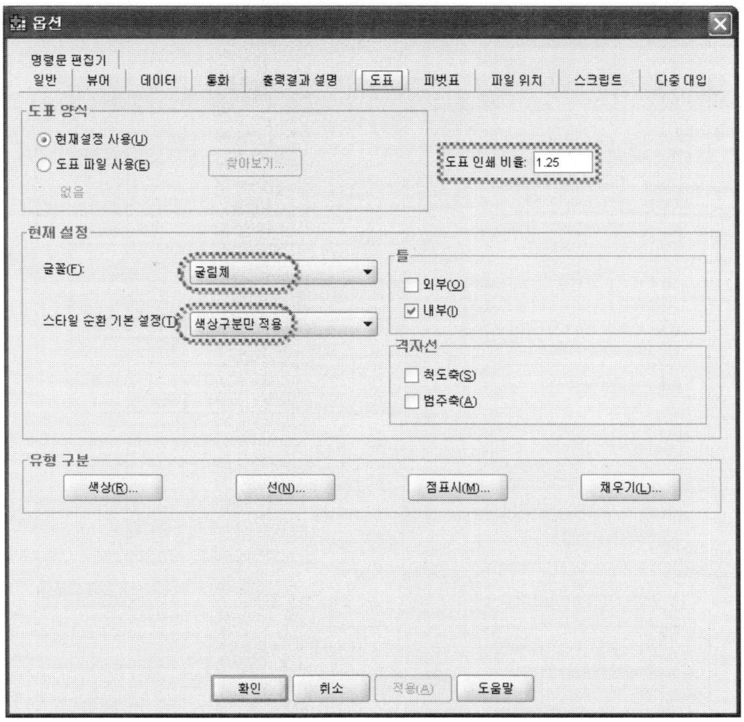

그러나 집단별로 선도표나 산점도를 그릴 경우 색상뿐만 아니라 패턴(모

양)도 집단별로 구분하여 적용할 경우는 적용되지 않는다. 그러므로 그래프 양식을 미리 작성해 놓은 후에 그때그때 적절하게 적용하는 것이 최선이라 하겠다. 이는 아직은 SPSS 12버전 이후 새롭게 이식된 그래프 모듈의 불완전성 때문이다. 버그(bugs)가 무척 많았으나 17버전에서는 비약적으로 많은 부분이 개선되었음을 볼 수 있다. 앞으로의 개정판에서는 보다 향상되기를 기대해 본다.

이제 마지막으로 '피벗표' 탭에서 12버전에서는 표의 모양을 한국형으로 지정하기 위해 'korean.tlo'를 선택했었다. 그러나 16이후버전에서는 기존의 *.tlo 파일을 사용할 수 없다. 새롭게 *.stt라는 파일을 도입하였다. 앞으로 출력되는 모든 피벗표는 이 양식을 적용하여 출력된다. 몇 가지 다른 표모양도 있으므로 적절한 표모양을 찾고 자신에 맞게 수정 편집하고 표모양 파일로 저장하여 지속적으로 사용할 수도 있다. 여기에서는 디폴트를 사용하기로 한다.

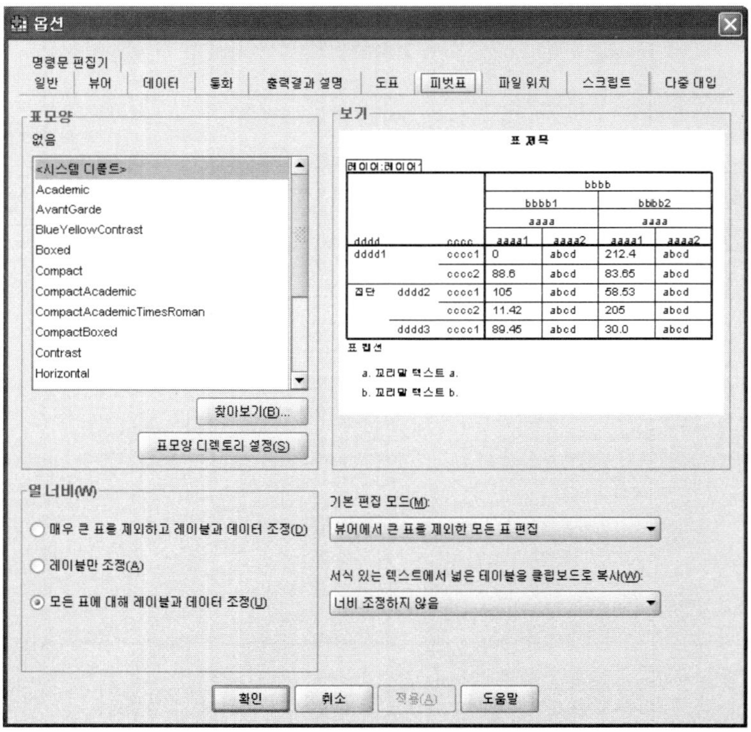

기타 옵션들은 필요에 따라 추가로 지정하여 사용하기 바란다.

SPSS 10k는 지정한 옵션들 중 일부는 SPSS 종료한 다음 다시 시작해야만 적용되는 옵션들이 있었으나 SPSS 12k 이후 버전에서는 다시 시작할 필요가 없이 옵션을 변경하고 적용하는 즉시 옵션이 적용된다.

7.3 데이터 편집기의 구성

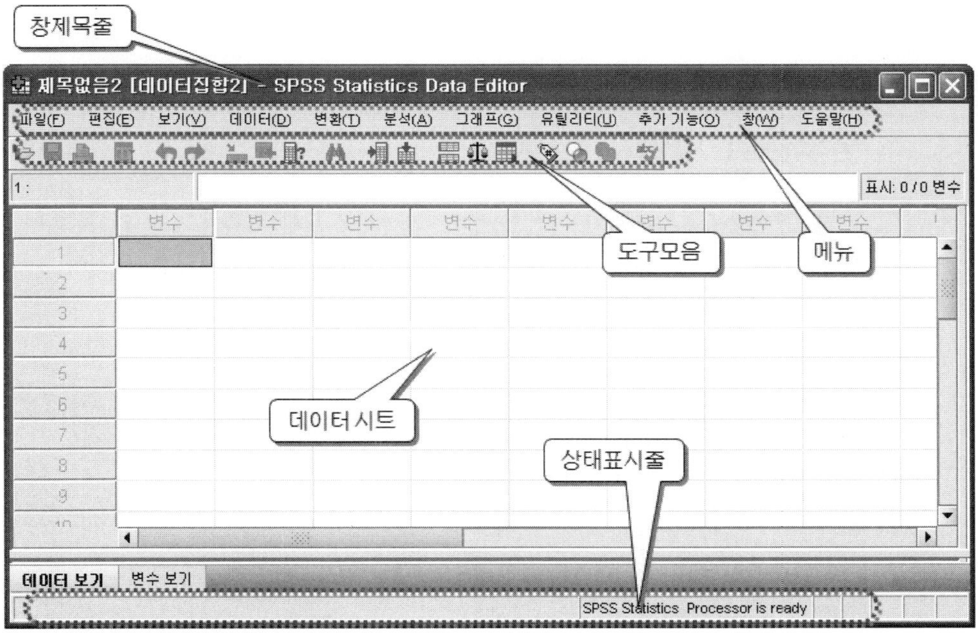

창제목줄

새로운 데이터 파일을 작성할 때는 이곳에 '제목없음#'으로 표시되고, 이미 작성된 파일을 읽었을 때는 데이터 파일의 이름이 출력된다.

메뉴

데이터 편집기에서 사용할 수 있는 대부분의 기능이 나열되어 있는 곳이다.

도구모음

자주 사용되는 메뉴의 기능이 등록된 도구단추들을 모아 놓은 곳이다.

데이터 시트

데이터의 내용이 표시되는 부분으로 엑셀의 시트와 유사하다.

상태표시줄

SPSS가 동작하는 각종 상태를 표시하는 곳이다. SPSS가 아무런 작업을 수행하지 않고 정상 작동중임을 나타낼 때에는 이곳에 'SPSS Processor is ready'가 표시된다.

7.4 도구모음의 이동

도구모음은 위치이동이 가능하므로 마우스의 끌기 기능을 사용하면, 화면의 상단, 하단, 왼쪽 끝, 오른쪽 끝 및 중앙 어느 곳에도 위치시킬 수 있다.

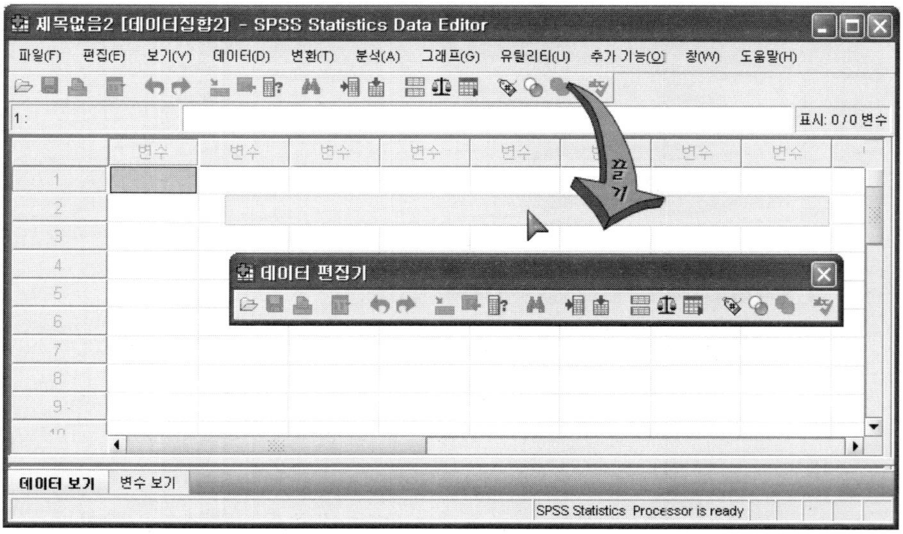

도구모음을 화면에서 나타나지 않게 할 수도 있다. 메뉴에서 "보기 ▷ 도구모음 ▷ 사용자 정의(C)..."을 선택하면 도구막대의 표시상태를 지정할 수 있다.

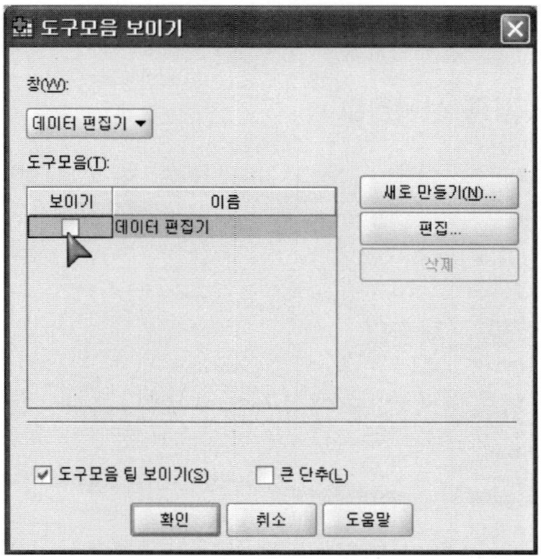

7.5 SPSS 분석의 기본절차

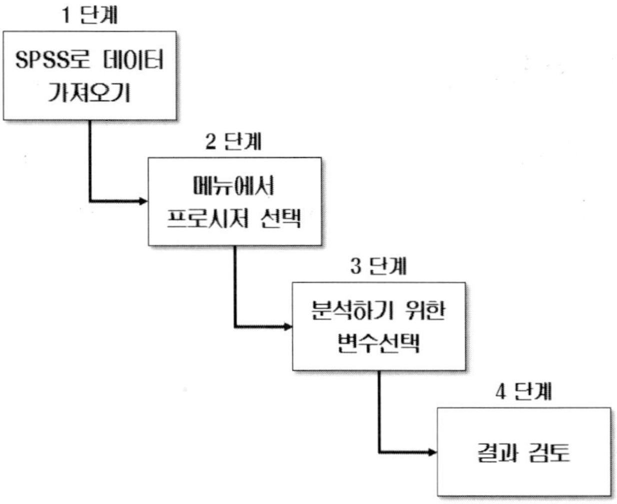

1단계 SPSS로 데이터를 불러들인다.

SPSS 데이터 파일을 불러오거나 엑셀 등의 스프레드시트 파일이나 데이터베이스 파일, 아스키 파일을 읽어 들이거나, SPSS의 데이터 편집기에서 직접 데이터를 입력한다.

2단계 메뉴에서 분석 프로시저를 선택한다.

메뉴에서 통계분석을 수행하는 프로시저나 고해상도 도표를 작성하는 프로시저를 선택한다.

3단계 분석하고자 하는 변수를 선택한다.

데이터 파일의 변수들이 프로시저의 대화상자에 나타나는데, 분석에 적용시키고자 하는 변수를 선택한다.

4단계 프로시저를 수행하고 결과를 검토한다.

수행된 결과는 "출력결과#[문서#] -SPSS Statistics Viewer"라는 창에 나타나는데, 이곳에서 결과를 검토한다.

7.6 데이터 파일의 구조

데이터 편집기의 메뉴에서 '파일 ▷ 열기 ▷ 데이터(A)' 을 선택하거나 'Ctrl + O'를 누르거나,  단추를 클릭하면 '파일 열기' 대화상자가 열린다.

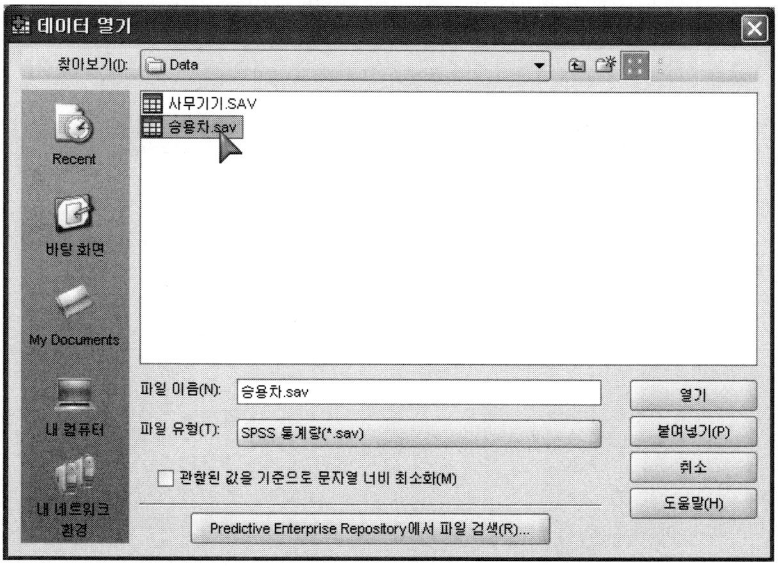

읽어 들이고자 하는 데이터 파일을 선택하고 열기 단추를 클릭하면, 데이터 편집기에 그 내용이 나타난다. 다음은 '승용차.SAV'라는 SPSS 데이터 파일을 읽어 들인 경우이다.

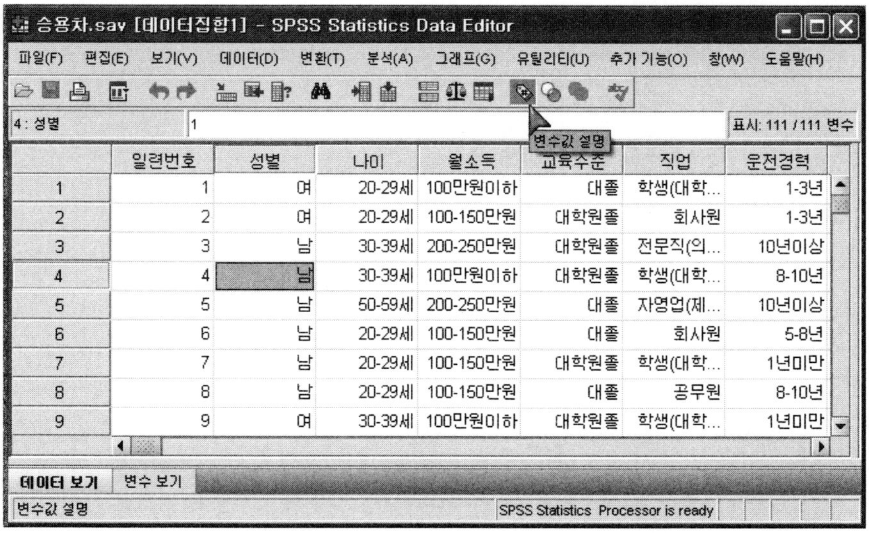

하단 상태표시줄 바로 위에 '변수 보기' 탭을 클릭하면 입력되어 있는

변수이름과 각 유형, 너비, 소수점 이하자리수, 설명문, …, 척도 등의 변수들의 등록정보를 한 눈에 알아 볼 수 있으며 수정 및 편집도 할 수 있다.

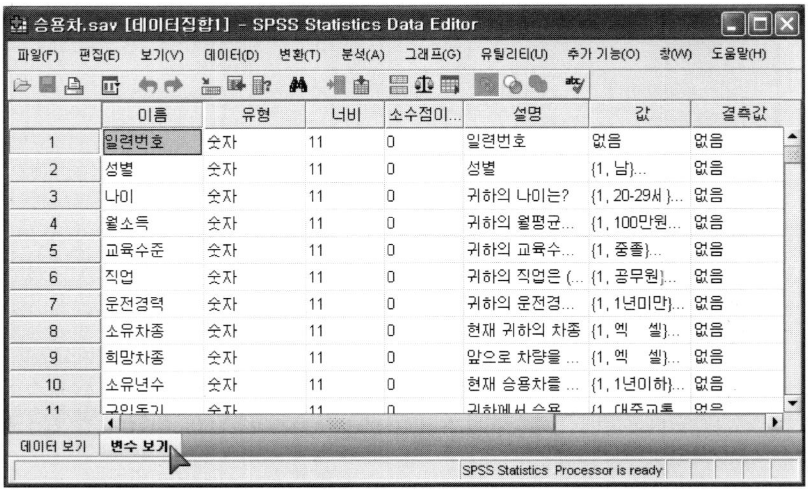

7.7 데이터 시트

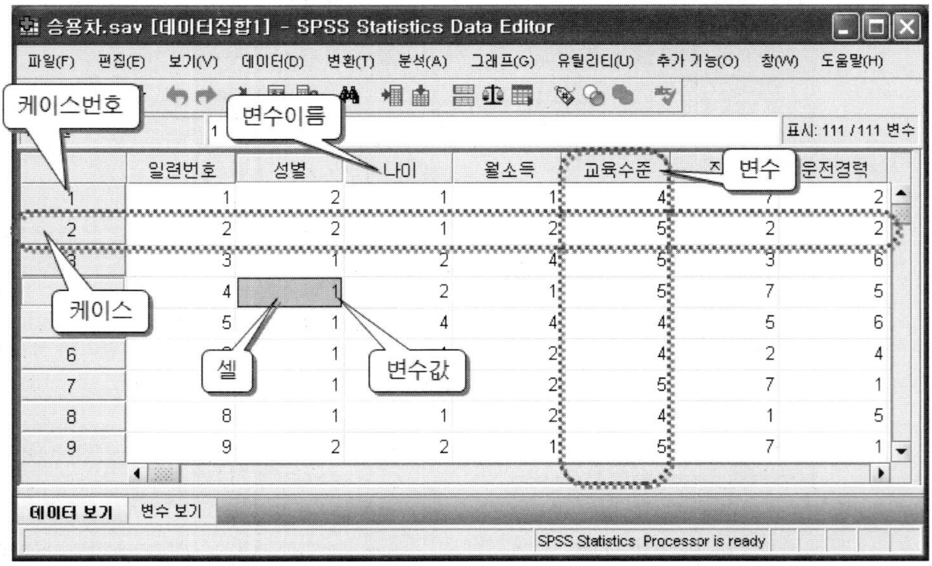

열(column)은 변수를 의미한다.

각 열을 변수(variable)라 한다. 설문조사에서 설문지의 각 문항이 변수가 된다. 일반적으로 다중응답 문항이 아닌 한 20개의 문항이 포함된 설문지를 작성하여 조사를 하였을 경우에 변수의 수는 20개가 된다.

행(row)은 케이스를 의미한다.

각 행을 케이스(case) 또는 관측값(observations)이라고 한다. 설문조사에서 응답자들이 작성한 각 설문지가 케이스가 된다. 1,000명의 응답자로부터 1,000매의 설문지를 회수하였을 경우에 케이스의 수는 1,000이 된다. 총 케이스의 수를 통계용어로 표본크기(sample size)라고 하며 표본수(number of sample)라고 표현해서는 안 된다. 주의하기 바란다. 차라리 더 쉽게 표현한다면 '응답자 수'나 '관측값의 수'라고 표현하는 것이 더 현명하다고 할 수 있다.

셀(cell)은 변수값이 된다.

행과 열이 교차되는 부분을 셀이라고 하는데, 각 셀에 나타나는 값을 변수값이라 한다.

데이터 파일은 직사각형의 구조를 갖는다.

데이터 파일의 크기는 케이스의 수와 변수의 수에 의하여 결정되며 직사각형의 구조를 갖게 된다. 그리고 이러한 데이터 자체를 행렬(matrix)로 취급할 수도 있음을 알아두자.

데이터 편집기의 메뉴에서 '유틸리티 ▷ 변수...'를 선택하면 변수정보를 확인할 수 있는 대화상자가 열린다.

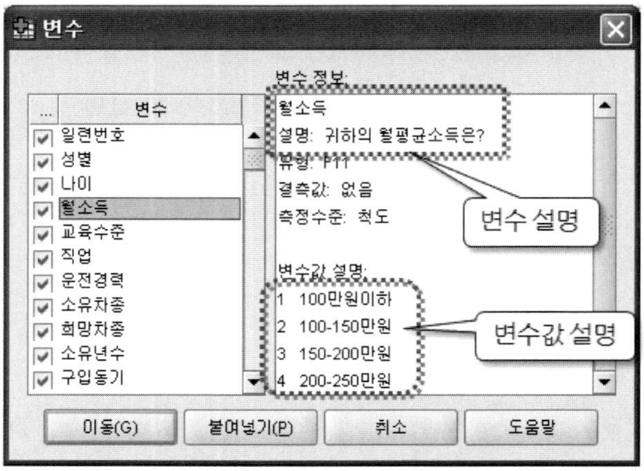

7.8 대화상자

대화상자는 사용자가 SPSS에게 작업을 지시할 때 사용하는 기본적인 매개체 역할을 한다. 예를 들어 빈도분석을 하고자 한다면, 메뉴에서 '분석 ▷ 기술통계량 ▷ 빈도분석...'을 선택하면 빈도분석(Frequencies) 대화상자가 나타난다.

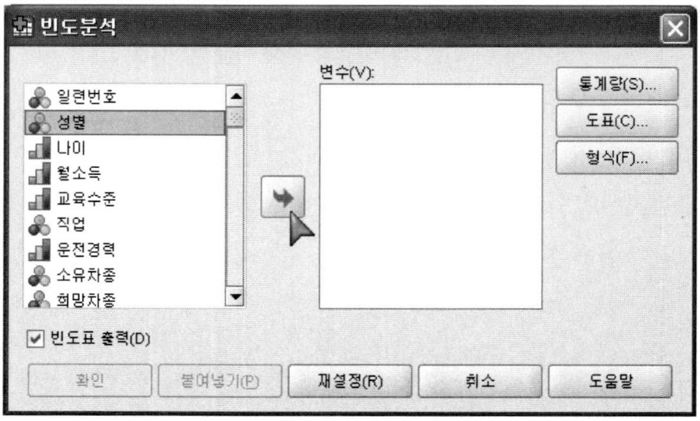

분석을 수행하는 모든 대화상자의 왼쪽 부분의 변수목록 상자에 현재 데이터 파일의 변수이름들이 나타난다. 분석하고자 하는 변수를 선택하려면 변수이름을 마우스 왼쪽버튼을 클릭하여 선택한 후 ➡ 단추를 클릭하면 된다.

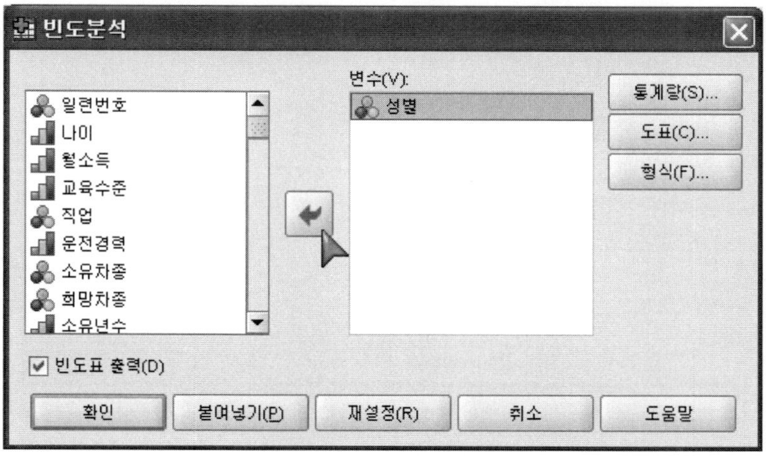

여러 변수를 선택하려면 한 변수이름을 마우스 왼쪽버튼으로 클릭한 상태에서 끌기를 하거나 첫 번째 변수를 선택하고 Shift 키를 누른 상태에서 마지막 변수를 선택하면 중간의 변수들도 같이 선택된다.

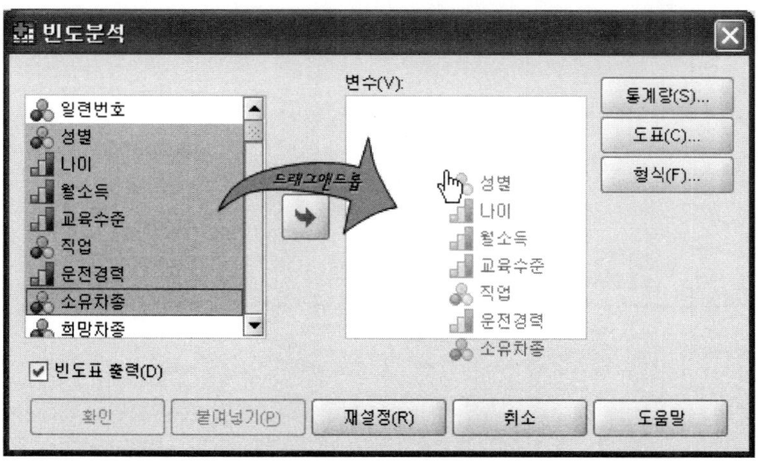

변수이름 목록에서 이어져 있지 않은 변수들을 선택하려면 키보드의 Ctrl키를 누르고 있는 상태에서 마우스를 사용하여 해당 변수들을 선택하면 된다.

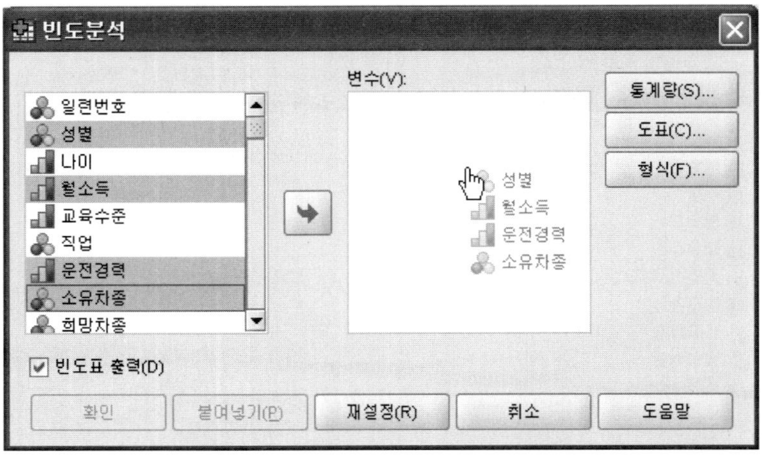

모든 주대화상자는 아래 부분이나 오른쪽 측면에 부대화상자를 여는 단추가 배열되어 있다. 예를 들어 형식(F)... 단추를 클릭하면, “빈도분석: 형식”이라는 부대화상자가 열린다

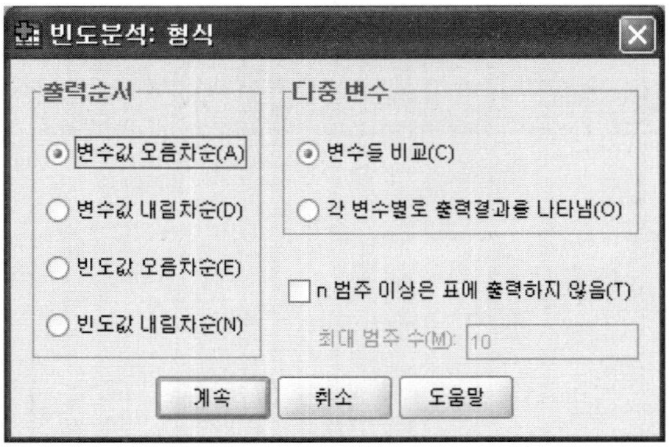

7.9 SPSS Statistics Viewer

변수를 선택한 후, [확인] 단추를 클릭하면 SPSS Statistics Viewer라 불리는 창이 자동으로 열리고 이곳에 수행결과가 출력된다.

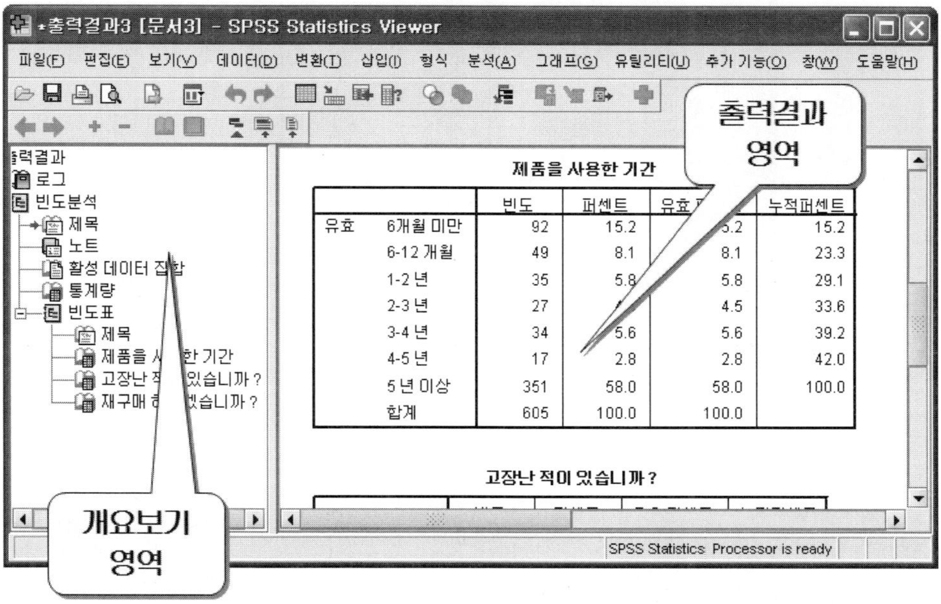

SPSS Statistics Viewer는 윈도우 기본 프로그램 중의 하나인 윈도우 탐색기와 유사한 구조를 갖고 있다. SPSS Statistics Viewer의 중앙이 개요보기와 출력결과 영역으로서 두 부분으로 나뉘는데, 개요보기는 수행결과의 제목들이 나무구조의 계층적 구조로 나타나고, 출력결과 영역은 실제 수행결과가 피벗표, 텍스트 박스, 도표의 형태로 나타난다.

개요보기 영역의 특정한 제목을 마우스로 선택하면 그에 상응하는 출력결과 영역의 수행결과가 선택되고, 개요보기 영역의 각 수행결과 제목들 앞의 아이콘을 더블클릭하면 출력결과의 수행결과가 감추어지고 다시 더블클릭하면 수행결과가 나타난다. 또한 개요보기 영역과 출력결과 영역을 나누는 창틀을 마우스로 끌기하면 영역의 크기를 변경할 수 있다.

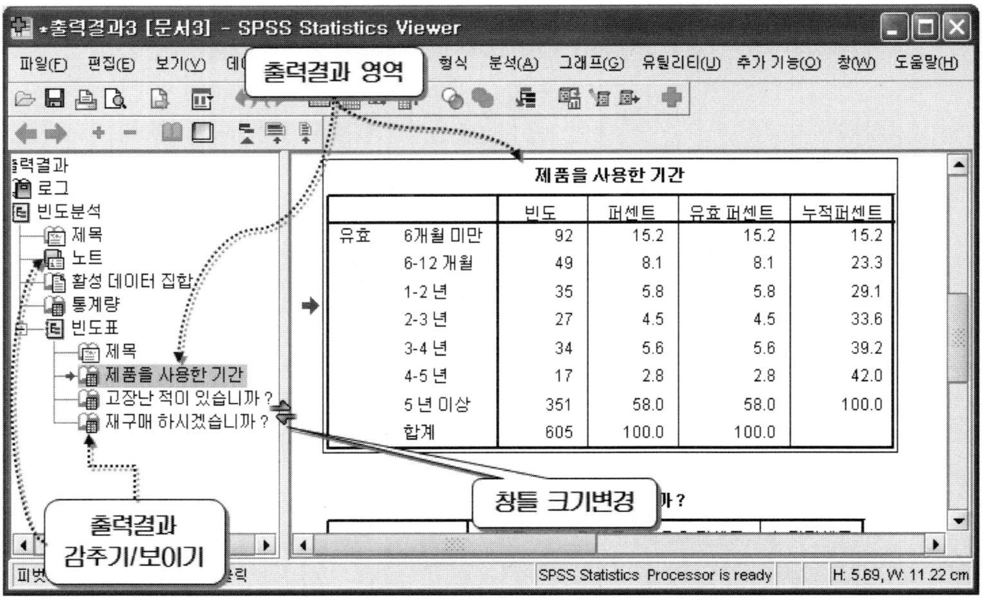

7.10 피벗표의 수정

SPSS 뷰어에 출력된 표를 피벗표라 부르는데, 피벗표를 마우스로 더블 클릭하면 해당 피벗표를 수정할 수 있다.

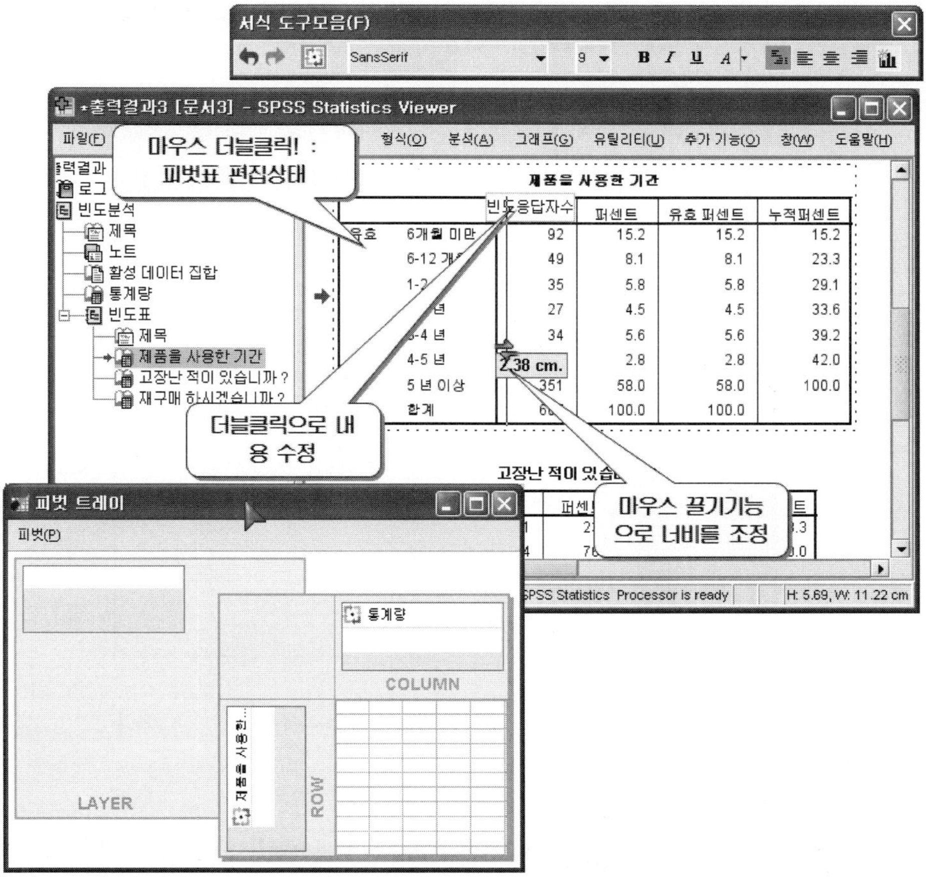

피벗표의 열의 크기를 변경하려면, 각 열의 경계부분에 마우스 끌기를 하면 된다. 특정한 문자열을 수정하려면, 문자열 부분을 더블클릭하고 그 내용을 수정하면 된다. 예를 들어 피벗표의 '빈도'를 '응답자 수'로 바꾸려면 '빈도'를 마우스로 더블클릭한 후 '응답자 수'를 입력하면 된다.

SPSS에는 사전에 정의된 여러 가지 피벗표 모양이 있다. 메뉴에서 '형식 ▷ 표모양...'을 선택하면 이러한 피벗표 모양을 적용시킬 수 있다.

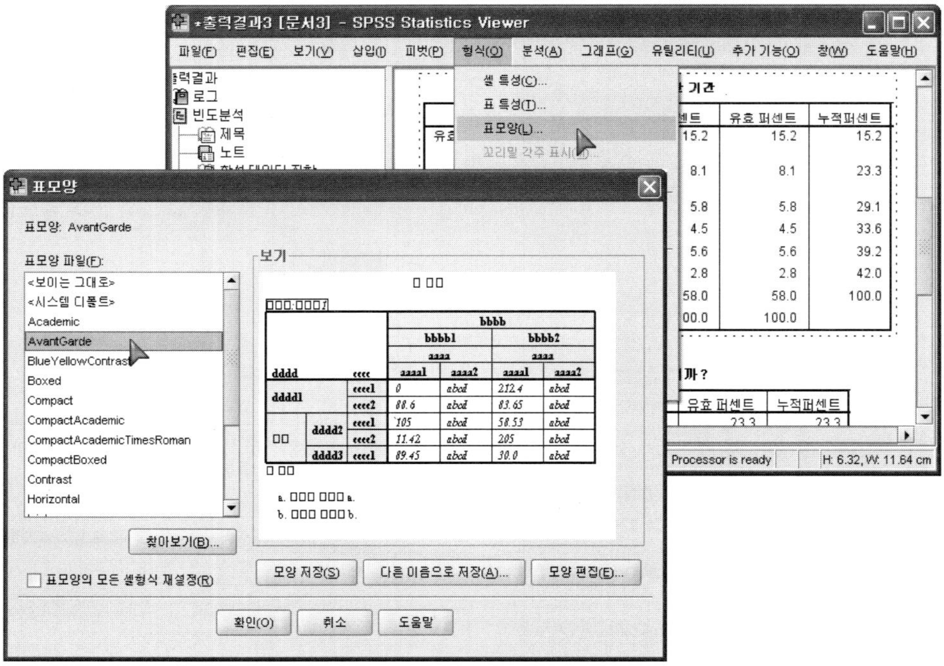

예를 들어 'AvantGrade'이란 모양을 적용시키면 피벗표가 다음과 같이 된다.

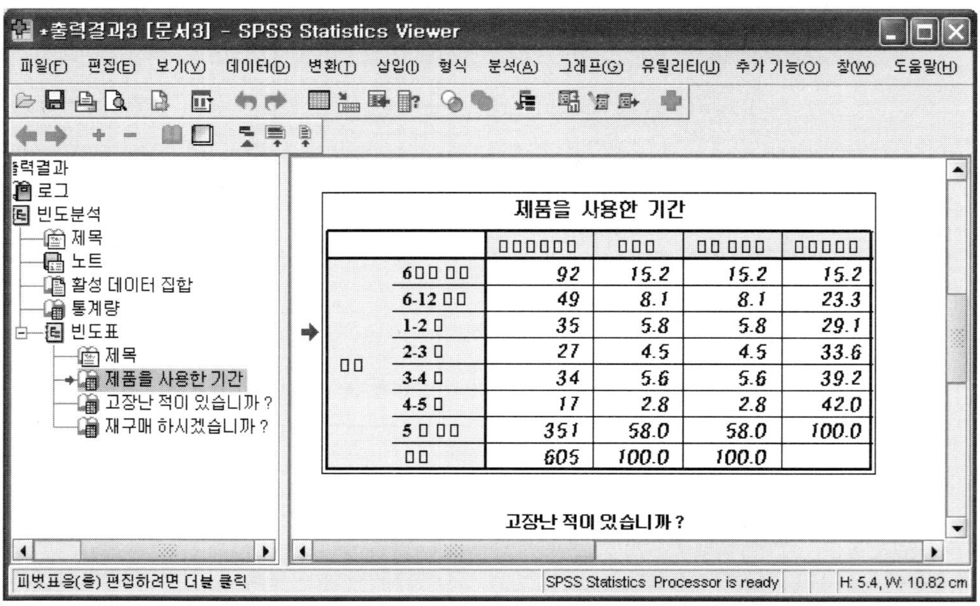

7.11 도표 편집기

SPSS는 통계분석을 수행하면서 동시에 수반된 도표를 간편하게 작성할 수 있다. 가령 빈도분석을 하면서 막대도표를 작성하고자 할 경우, 빈도분석 대화상자에서 도표(C)... 단추를 클릭하면 '빈도분석: 도표'라는 부대화상자가 열린다. 도표 유형의 막대도표(Bar charts)를 선택하고 계속 단추를 클릭하고, 다시 주대화상자에서 확인 단추를 클릭하면, 빈도분석의 결과와 함께 막대도표가 출력된다.

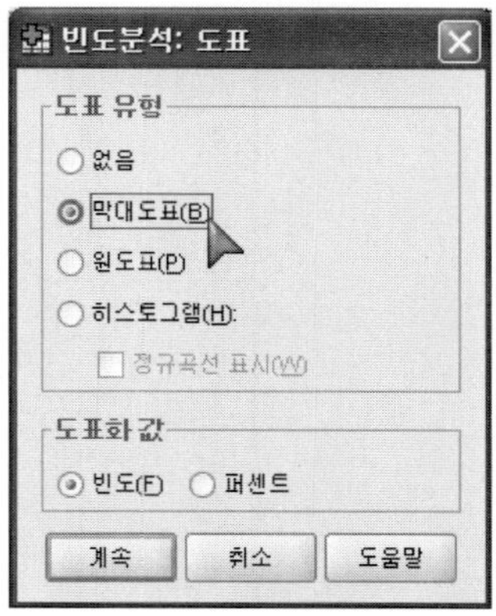

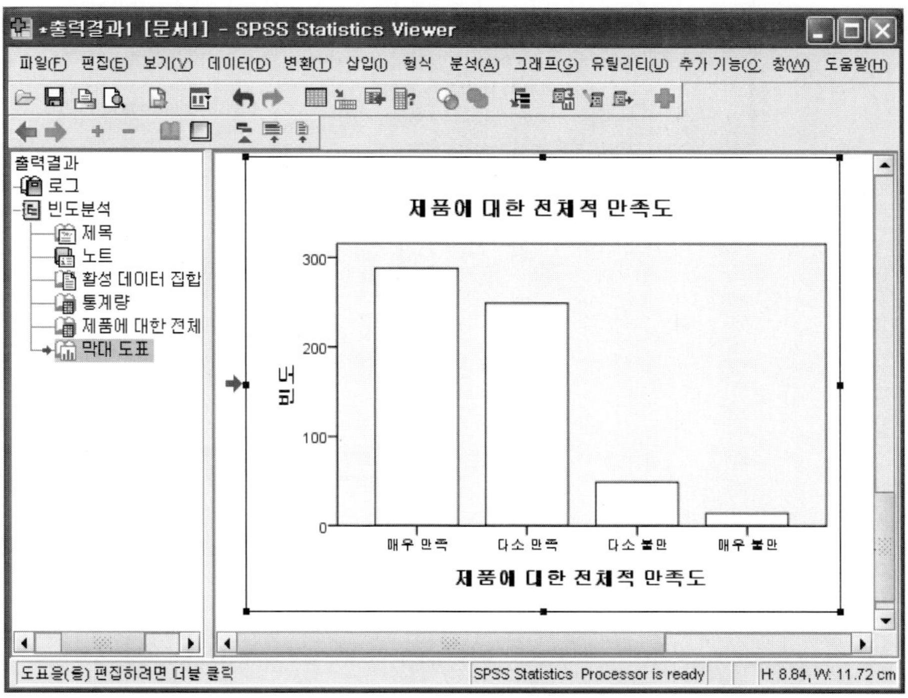

SPSS Viewer에서 도표를 마우스로 더블클릭하면, 도표편집기가 열리며

이곳에서 도표를 수정할 수 있다. 도표의 X축과 Y축을 서로 바꾸려면, 도표편집기 메뉴에서 '도표 ▷ 도표 전치'를 선택하거나 도구모음의 을 클릭하면 된다.

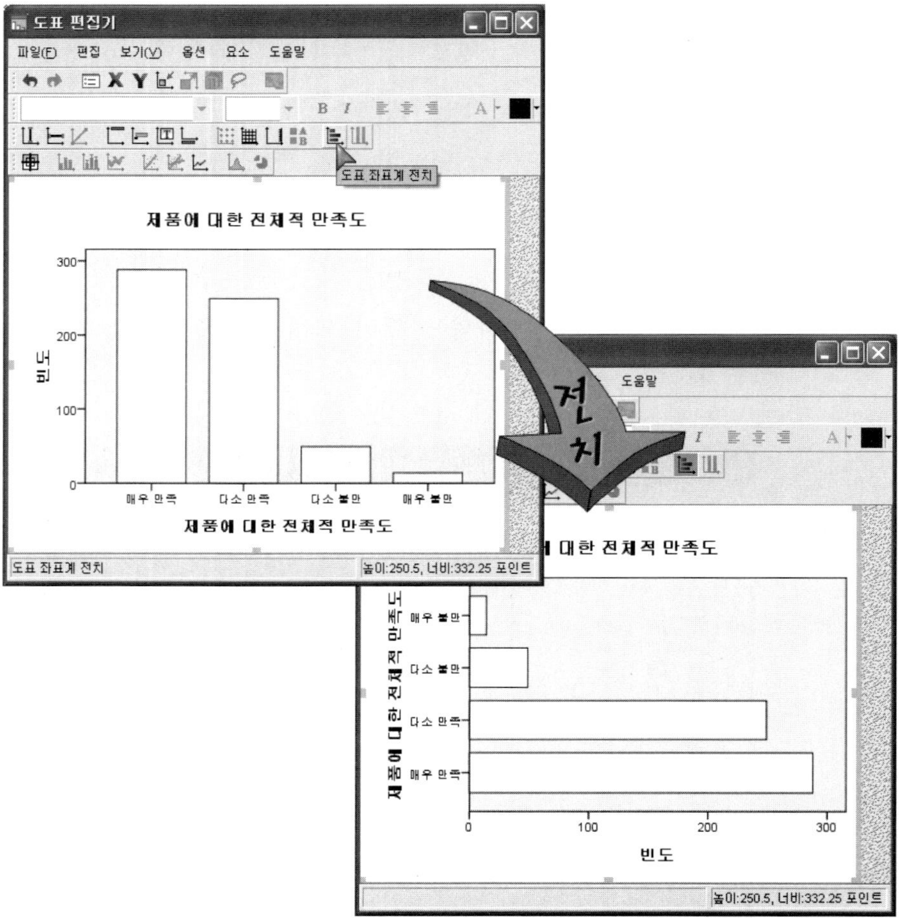

7.12 SPSS의 창 종류

데이터편집기(Data Editor)

새로운 데이터의 작성은 물론이고 기존의 데이터파일을 읽어 들여서 데이터를 삭제, 수정, 추가할 수 있다. 데이터편집기는 SPSS 실행시 자동으로 열리며, 동시에 2개 이상의 데이터 셋을 사용할 수 있다.

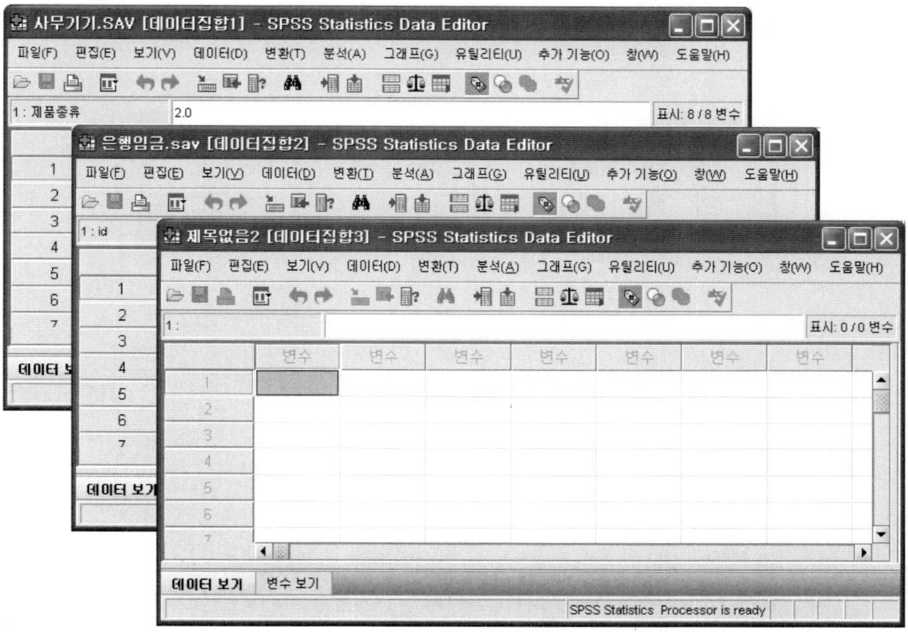

SPSS 출력결과(SPSS Statistics Viewer)

SPSS 수행결과가 저장되는 창으로 처음으로 결과가 출력될 때 자동으로 SPSS Statistics Viewer가 열린다. SPSS Statistics Viewer는 동시에 2개 이상을 열 수 있다. 특별히 구분할 필요가 없는 한 앞으로 '출력결과 창'이라고 하기로 한다.

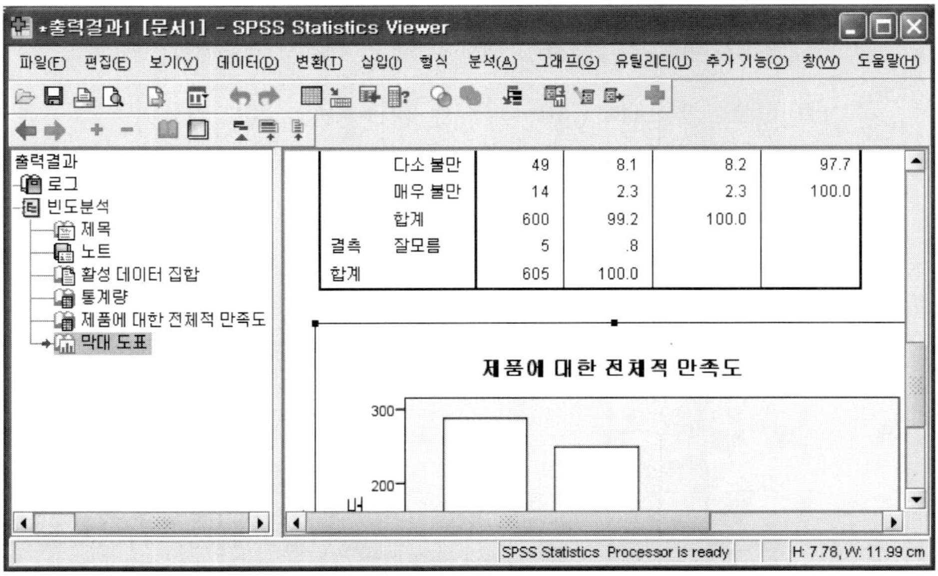

피벗표 편집기(Pivot Table Editor)

SPSS Viewer의 특정한 출력물을 편집, 수정할 때 사용되는 창으로 문자열을 편집하거나, 행과 열을 바꾸거나, 색상 등을 변경할 수 있다. 피벗표 편집기는 동시에 2개 이상을 열 수 없다.

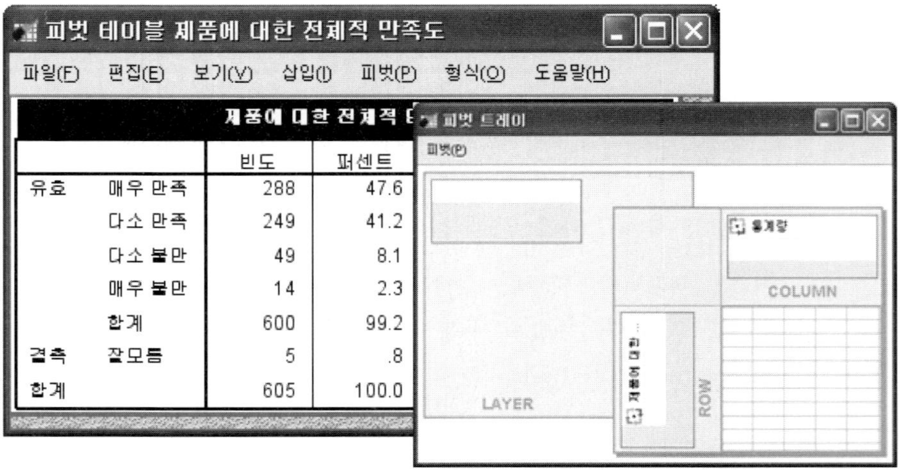

도표편집기(Chart Editor)

표를 다양하게 편집할 때 사용되는 창으로 'Viewer'에서 특정한 도표를 더블클릭하면 자동으로 도표편집기가 열린다.

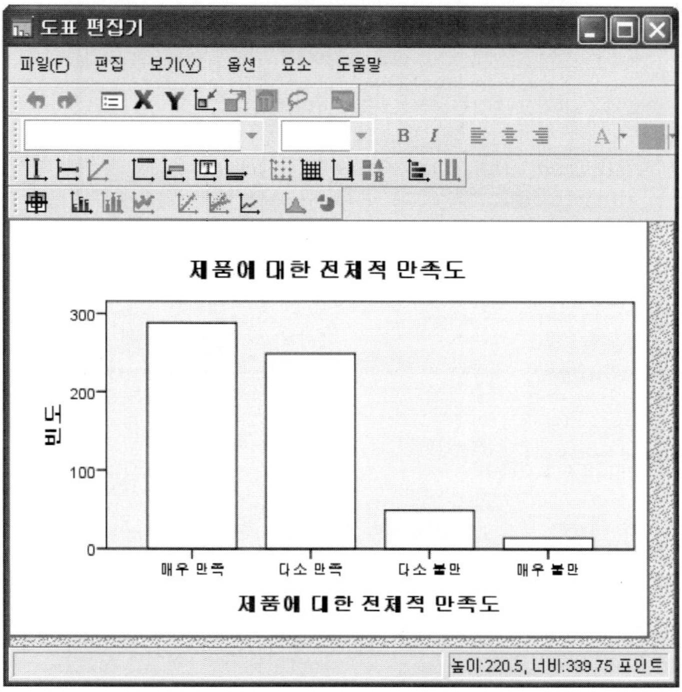

텍스트 출력결과(Text Output)

피벗표로 나타낼 수 없는 출력결과를 편집할 때 사용되는 창이다.

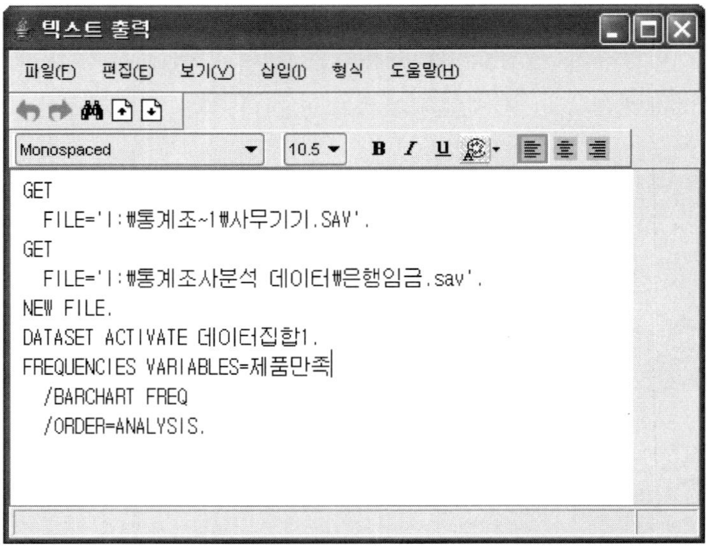

명령문 편집기(Syntax Editor)

SPSS 명령문을 작성, 편집 및 수행을 위한 창으로, 명령문 편집기에서 직접 SPSS 명령문을 입력하거나 대화상자에서 붙여넣기(P) 단추를 클릭하면 해당되는 SPSS 명령문이 자동으로 명령문 편집기에 작성된다.

7.13 SPSS의 취급파일

데이터파일(Data File)

데이터가 보관된 파일(확장자 *.sav)로 데이터 편집기로 읽어올 수 있다.

출력결과 파일(Viewer File)

SPSS 수행결과가 보관된 파일(확장자 *.spv)로 SPSS Statistics Viewer로 읽어올 수 있다.

명령문파일(Syntax File)

SPSS 명령문이 보관된 파일(확장자 *.sps)로 명령문 편집기로 읽어올 수 있다.

표모양파일(Table Template File)

피벗표의 표모양이 보관된 파일(확장자 *.stt)이다. 이전 버전에서 작성한 표모양은 16.0 이후 버전에서는 사용할 수 없다.

도표양식파일(Graph Template File)

도표양식이 보관된 파일(확장자 *.sgt)이다. Release 12.0 이전 버전에서 작성된 도표 양식은 Release 12.0 이후 제품에서 사용할 수 없고 새로운 도표 양식을 작성해야 한다. 이제 확장자가 .sct인 도표 양식은 더 이상 사용할 수 없으며 새로운 도표 양식의 확장자를 가지는 *.sgt 파일을 사용해야 한다.

메모

빈도분석

8.1 범주형 변수의 빈도분석

하나의 범주형 변수(명목 또는 서열척도)에 대한 분석은 빈도표를 작성해 보는 것이다. 이는 범주형 변수가 가지는 각 변수값에 따라 표본에서 차지하는 빈도와 퍼센트(비율)를 계산하는 것이다. 특히 표본에서 차지하는 퍼센트는 모집단에서 차지하는 퍼센트(모비율)를 추정한 것으로 곧 표본의 비율은 모비율의 추정값으로 판단하게 된다. 설문조사에서 빈도분석은 기본적으로 실시해야 하며 표본을 통하여 모집단의 여러 집단 구성비를 파악하는데 매우 중요한 역할을 한다. 또한 데이터를 코딩입력하고 SPSS 작업 데이터 파일로 읽어 들인 후 데이터 입력 에러나 설문지 상의 잘못 표기된 경우를 쉽게 찾을 수 있는 도구로서 활용할 수 있다. 예를 들어 성별에 대해 빈도표를 작성하여 보면 남자는 '1'이고 여자는 '2'인데도 불구하고 '3' 또는 그밖에 다른 변수값이 빈도표에 출력될 수도 있다. 그렇다면 이를 어떻게 처리할 것인가? 이는 간단하다. 가능하지 않은 변수값이 '3'이라면 성별이 '3'인 케이스만을 선택하여 설문지의 '일련번호'를 출력한다. 그런 다음 각 일련번호에 해당하는 설문지를 찾아 확인하고 해당된 변수값을 수정하면 된다. 이러한 방법으로 모든 범주형 변수에 대해 빈도표를 작성하고 검토해 보면 여러 가지 다른 문제점도 발견할 수 있다. 예를 들어 결측값으로 처리되어야 하는 변수값이 결측값으로 처리되지 않았거나 유효값이 결측값으로 처리되었거나 등등... 이 책의 저자 또한 빈도분석을 이용하여 데이터를 논리적으로 이상이 없도록 깨끗하게 정리하는 방법(data cleaning)을 주로 애용하고 있다.

8.1.1 성별분포

성별분포를 파악하기 위하여 빈도분석을 수행해 보도록 하자. 우선 다음과 같이 주메뉴에서 **분석** ☞ **기술통계량** ☞ **빈도분석...**을 선택한다.

빈도분석 주대화상자의 변수목록에서 변수 **'성별'**을 선택하고 이동 단추 ➜ 을 클릭하여 변수상자로 이동시킨다.

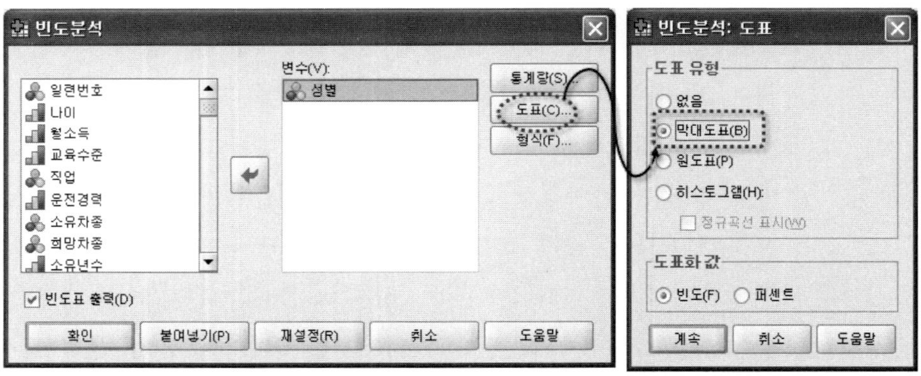

성별에 대한 막대도표(bar chart)를 작성하기 위하여 [도표(C)...]를 클릭하면 부대화상자가 나타난다. 도표 유형 상자에서 막대도표를 선택하고 막대도표에 나타나는 수치적 정보는 일반적으로 빈도를 표시함으로 디폴트를 유지한다. 그리고 [계속]를 클릭하고 주대화상자에서 [확인]를 클릭한다.

통계량

성별

N	유효	215
	결측	0

성별

		빈도	퍼센트	유효 퍼센트	누적퍼센트
유효	남	178	82.8	82.8	82.8
	여	37	17.2	17.2	100.0
	합계	215	100.0	100.0	

빈도분석의 결과 중 빈도표를 보면 남자 응답자는 178명으로 82.8%, 여자 응답자는 37명으로 17.2%를 차지하고 있다. 조사된 표본에 여성 운전자가 남성 운전자에 비해 상대적으로 비율이 낮음을 알 수 있다.

다음의 결과는 성별에 따른 막대도표이다. 보통 단일 범주형 변수에 대한 빈도분석의 결과로서 그림으로 나타낼 때 막대도표를 주로 사용한다.

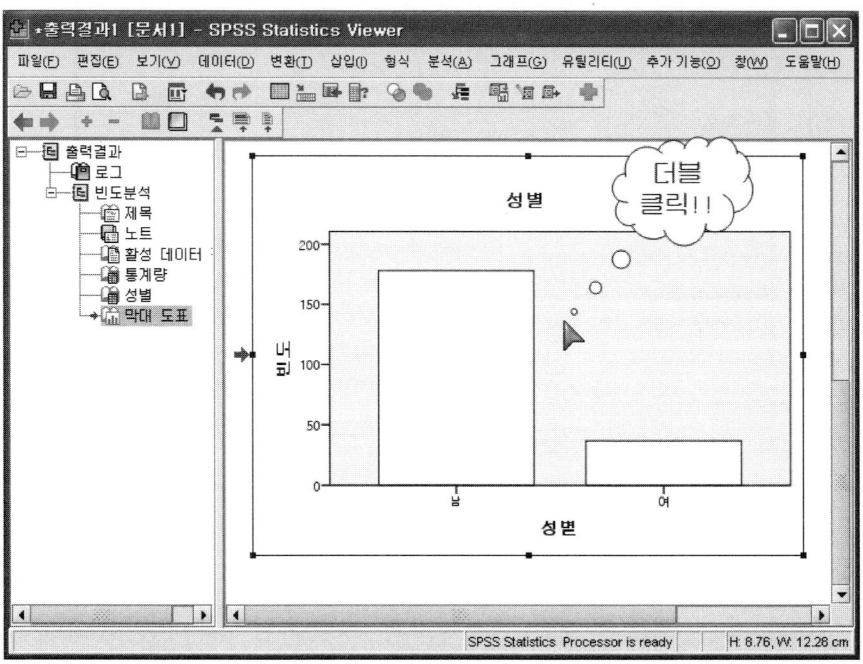

이제 막대도표를 보다 확인하기 좋게 편집해 보기로 한다. 막대도표 상

에 마우스 포인터를 위치시킨 후 더블클릭하면 다음과 같은 도표편집기가 나타나며, 여기에서 막대위에 마우스 포인터를 위치시키고 오른쪽 단추를 누르면 다음과 같은 팝업메뉴가 나타난다. 팝업메뉴에서 '**데이터 설명 보이기**(Show Data Labels)'를 선택하면 막대 위에 수치적 정보인 빈도값이 나타난다.

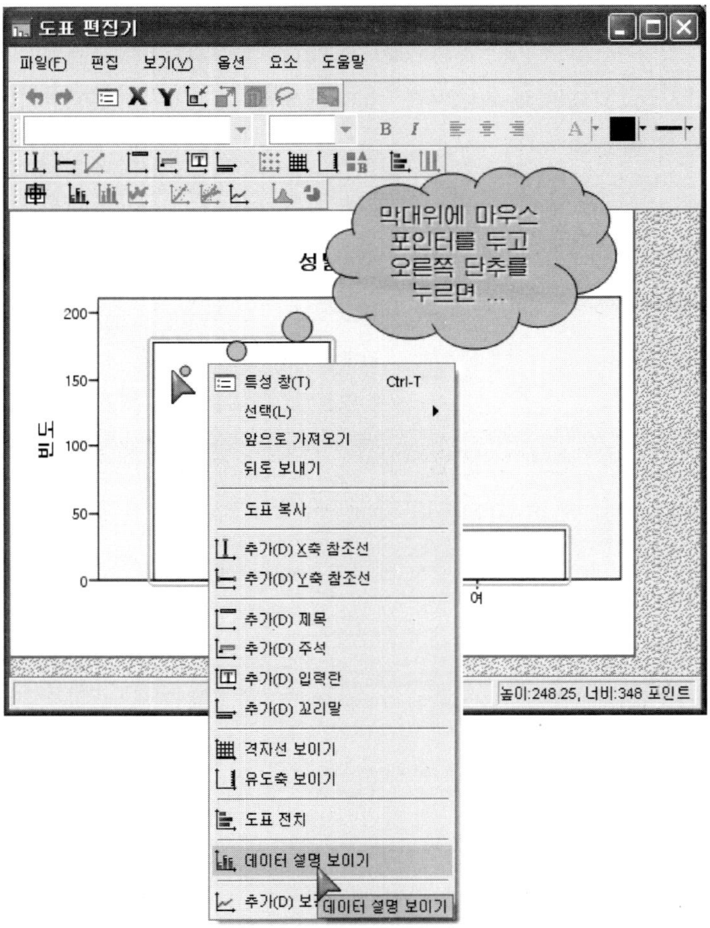

막대도표 상에 나타난 빈도에 클릭하면 이에 해당하는 도표편집 대화상자가 나타난다. 이들 대화상자의 사용법은 도표의 변경하고자 하는 부분을 클릭하면 이에 해당하는 대화상자가 열리며 옵션을 바꾼 후 적용 단추를 클릭하여 변경된 내용을 갱신한다. 여기에서 대화상자의 다른 탭으로 이동하기 전에 변경된 내용을 반드시 [적용] 단추를 클릭하여 갱신하고 이동해야 한다.

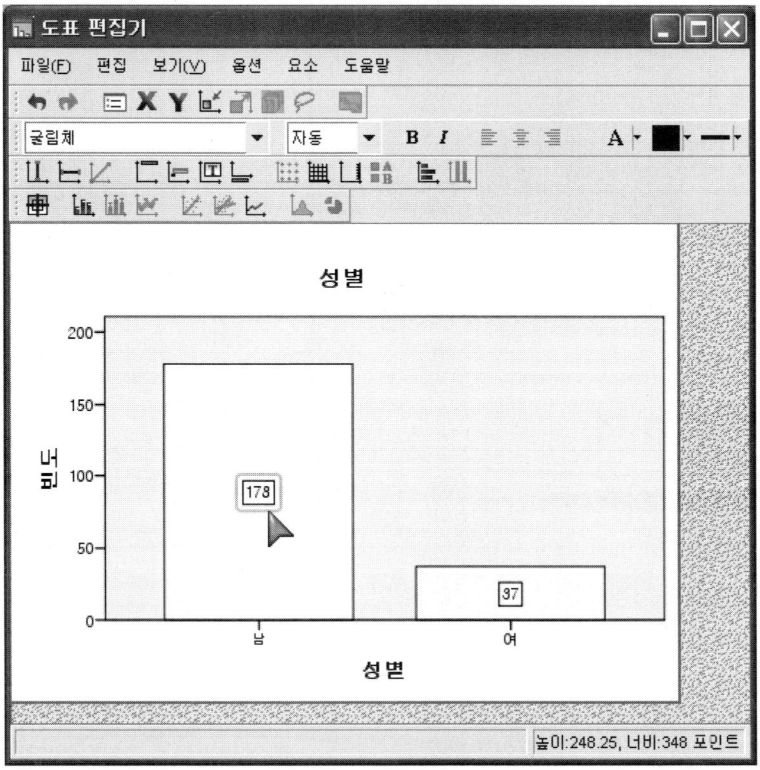

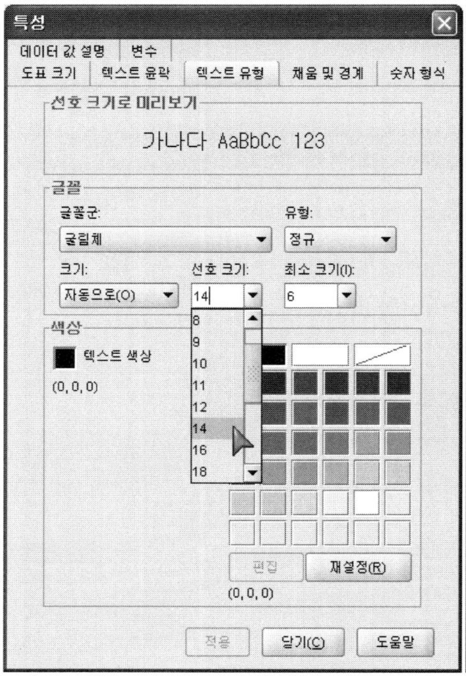
특성
데이터 값 설명
변수
도표 크기
텍스트 윤곽
텍스트 유형
채움 및 경계
숫자 형식
선호 크기로 미리보기
가나다 AaBbCc 123
글꼴
글꼴군:
굴림체
유형:
정규
크기:
자동으로(O)
선호 크기:
14
최소 크기(I):
6
색상
텍스트 색상
(0, 0, 0)
8
9
10
11
12
14
16
18
편집
재설정(R)
(0, 0, 0)
적용
닫기(C)
도움말

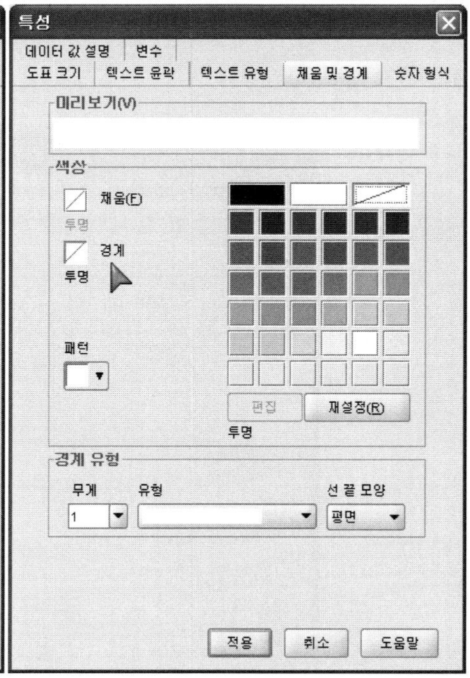
특성
데이터 값 설명
변수
도표 크기
텍스트 윤곽
텍스트 유형
채움 및 경계
숫자 형식
미리보기(V)
색상
채움(F)
투명
경계
투명
패턴
편집
재설정(R)
투명
경계 유형
무게
1
유형
선 끝 모양
평면
적용
취소
도움말

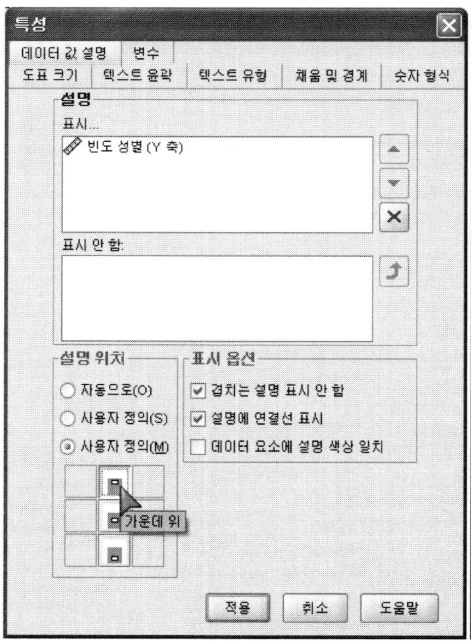
특성
데이터 값 설명
변수
도표 크기
텍스트 윤곽
텍스트 유형
채움 및 경계
숫자 형식
설명
표시...
빈도 성별 (Y 축)
표시 안 함:
설명 위치
자동으로(O)
사용자 정의(S)
사용자 정의(M)
가운데 위
표시 옵션
겹치는 설명 표시 안 함
설명에 연결선 표시
데이터 요소에 설명 색상 일치
적용
취소
도움말

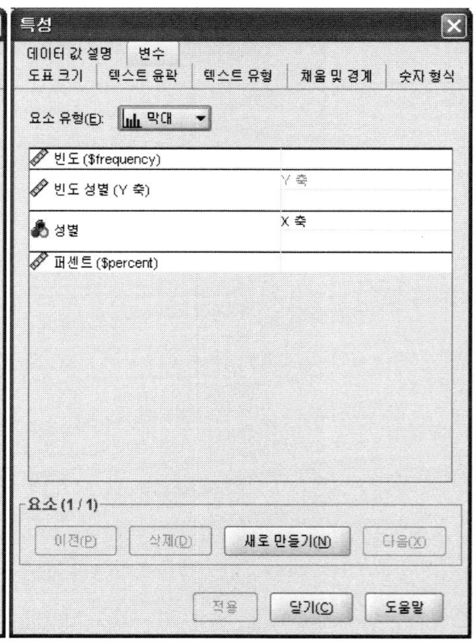
특성
데이터 값 설명
변수
도표 크기
텍스트 윤곽
텍스트 유형
채움 및 경계
숫자 형식
요소 유형(E):
막대
빈도 ($frequency)
빈도 성별 (Y 축)
Y 축
성별
X 축
퍼센트 ($percent)
요소 (1 / 1)
이전(P)
삭제(D)
새로 만들기(N)
다음(X)
적용
닫기(C)
도움말

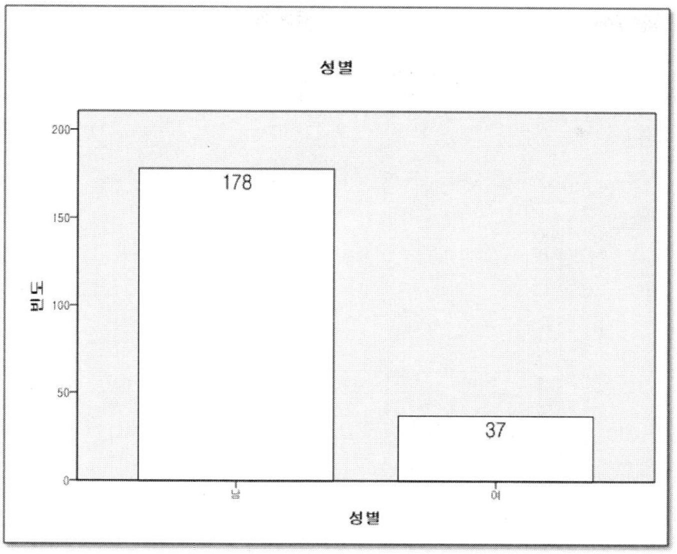

다양한 도표편집 기능을 제공하므로 대화상자의 여러 가지 옵션들을 변경해 가면서 도표가 갱신되는 과정을 일일이 해보고 편집에 자신감이 생기도록 연습하기 바라며, 이상의 도표는 개성에 따라 적절하게 디자인하도록 한다.

8.2 일반사항 질문의 빈도 통계표 작성

일반 사항에 대한 문항들을 빈도표를 작성하면 각 문항에 대해 빈도, 퍼센트, 유효 퍼센트, 누적퍼센트가 출력된다. 그러나 일반적으로 빈도와 유효퍼센트만을 필요로 한다. 그러므로 빈도분석에서 출력되는 빈도표는 필요하지 않은 통계값들이 출력되므로 SPSS의 통계표 작성을 사용하여 출력에 필요한 통계값만을 출력해 보기로 한다. 통계표를 작성하기 위하여 다음과 같이 메뉴를 선택한다.

분석 ☞ 표 ☞ 통계표 작성...

다음과 같은 주대화상자가 나타나면 '행'에 성별 변수를 끌어놓기(drag

and drop)한다.

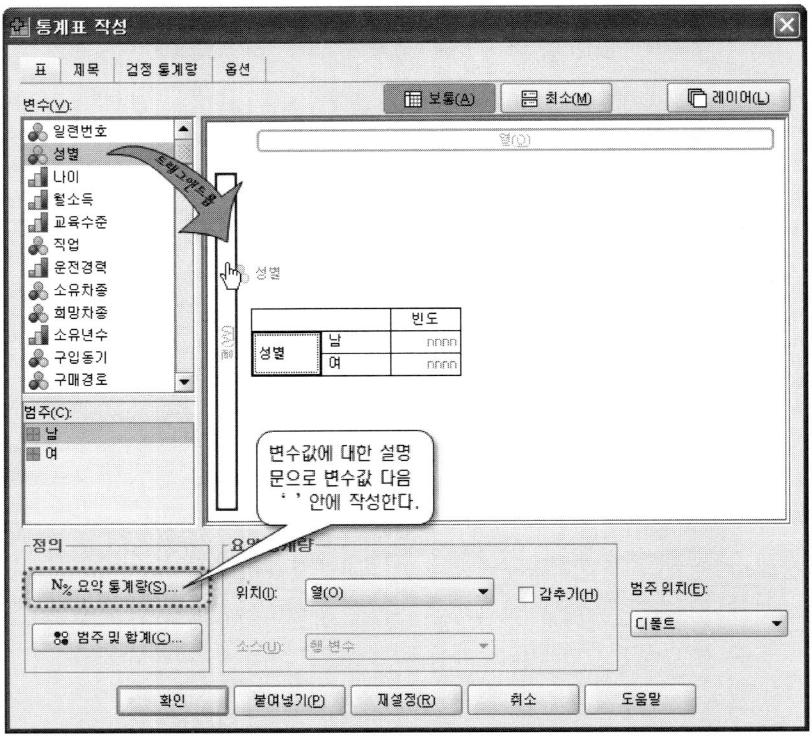

그리고 왼쪽하단의 [N% 요약 통계량(S)...]을 클릭하여 다음과 같이 "열 N%"를 지정하고 반드시 [선택한 항목에 적용(S)]을 클릭하여 새로 변경한 설정을 적용하도록 한다.

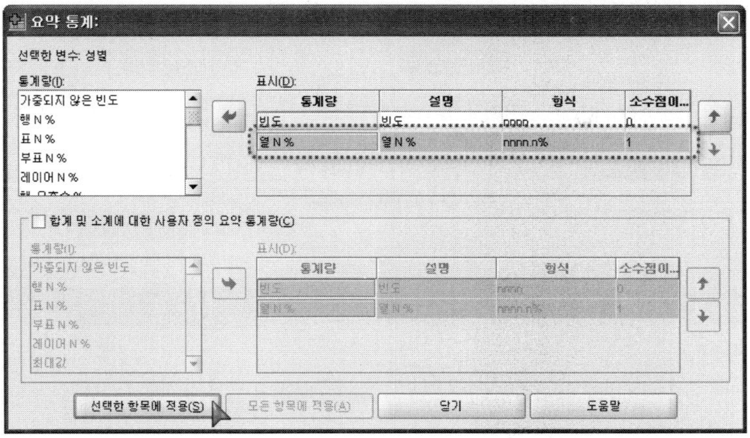

다시 주대화상자가 나타난다. 여기에서 합계를 표시하기 위하여 주대화상자에서 왼쪽하단의 [범주 및 합계(C)...]를 클릭한다.

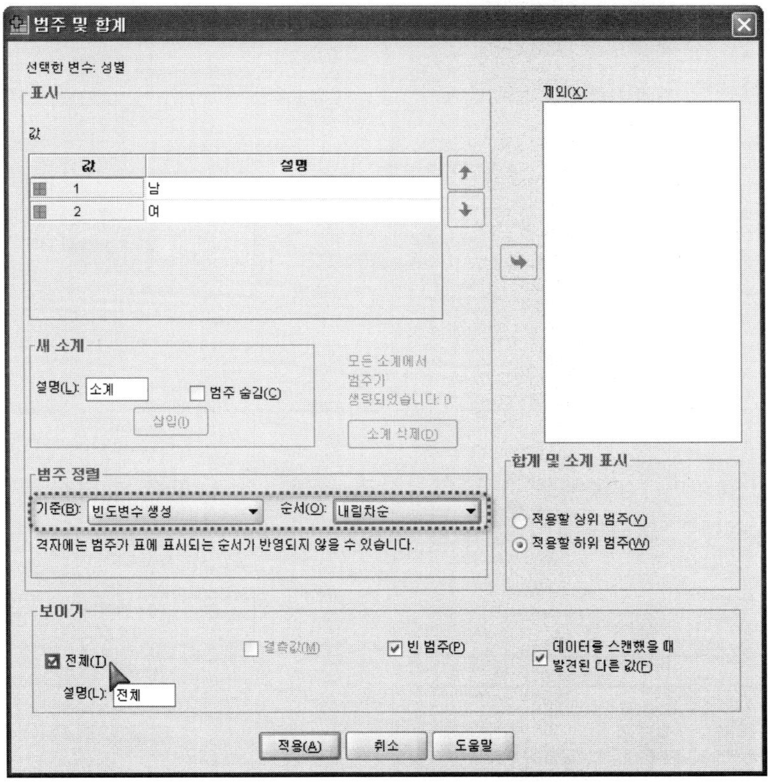

여기에서 '**전체**'를 체크하고 그리고 빈도가 큰 범주부터 작은 범주 순으로 나타내기 위하여 '**범주 정렬**' 상자에서 정렬기준을 빈도변수 생성, 내림차순으로 선택하고 [적용(A)] 단추를 클릭하면 다시 주대화상자가 나타난다. 출력될 피벗표에 제목을 붙이기 위하여 주대화상자에서 "Titles" 탭을 클릭한다.

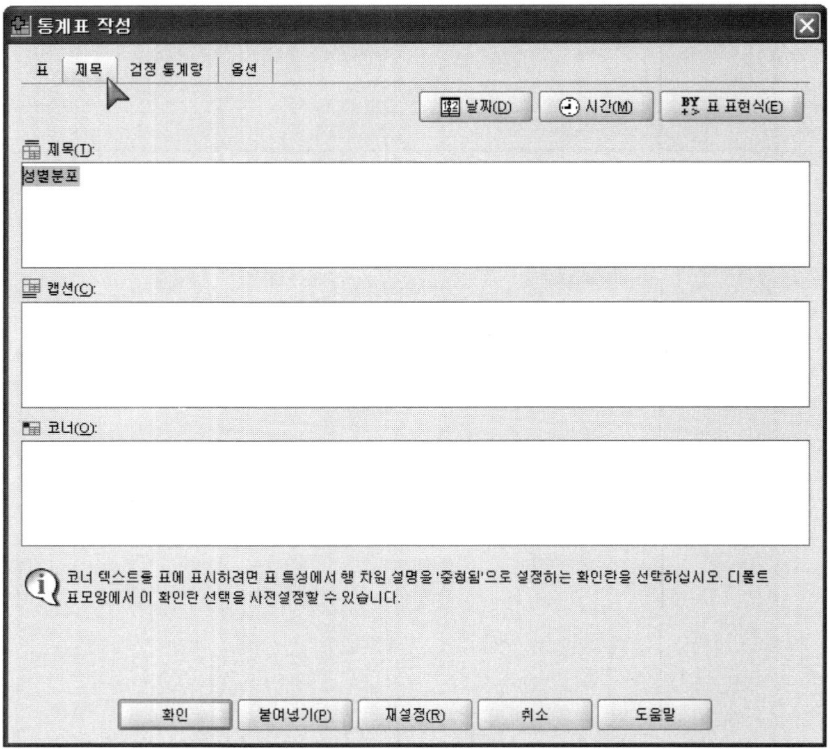

제목에 '**성별분포**'라고 입력하고 [확인] 단추를 클릭하면 다음과 같은 피벗표가 출력결과 항해사에 나타난다.

성별분포

		빈도	열 N %
성별	남	178	82.8%
	여	37	17.2%
	합계	215	100.0%

이와 같이 동일한 방법으로 다른 문항에 대해서도 피벗표를 작성할 수 있다. 그러나 많은 변수들을 각각 이와 같은 동일한 방법으로 대화상자를 열어 매번 변수를 바꾸어 가며 작업하는 것은 그다지 효율적이지 못하며, 변수의 수가 많을 때는 더욱 더 비효율적이다. 물론 한 번에 많은 변수를 지정하여 빈도에 대한 피벗표를 작성할 수도 있으나 그렇게 되면 피벗표가 너무 커지므로 보고서로 작성하는데 어려움이 있다. 그러므로 다음과 같은 방법을 제시한다.

기초적 통계표 주대화상자에서 모든 지정사항을 설정한 다음 [확인] 단추를 클릭하지 않고 [붙여넣기(P)] 단추를 클릭하면 SPSS는 명령문 창에 명령문을 작성해 준다.

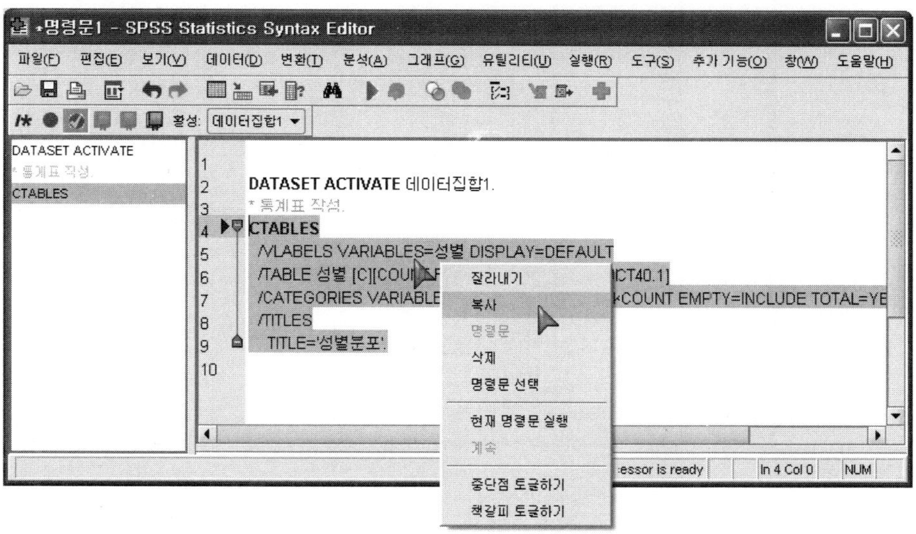

이와 같은 명령문 창에 작성된 명령문을 반복적으로 복사하여 변수이름과 제목을 바꾸어 주기만 하면 된다.

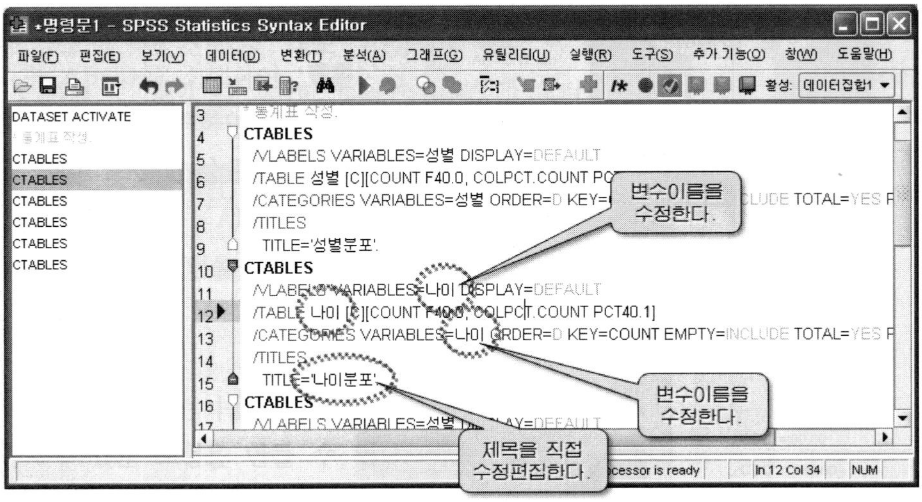

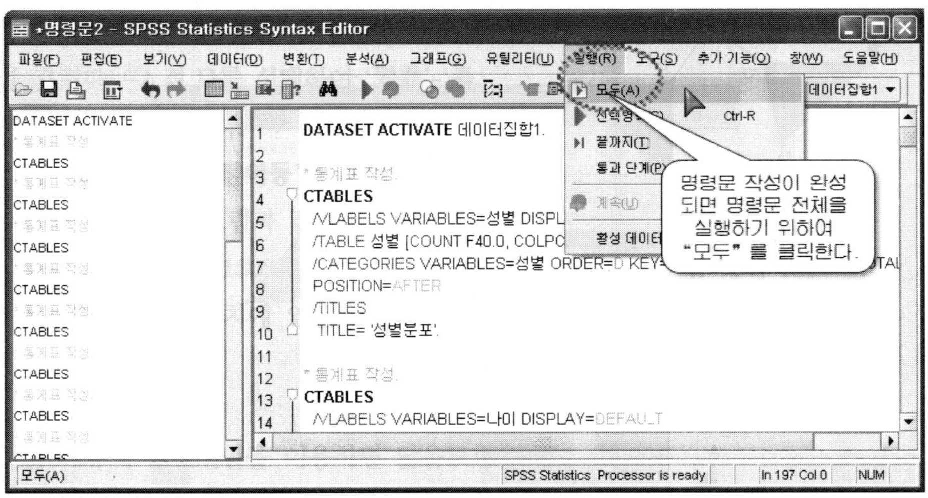

분석할 변수들을 모두 지정하였다면 주메뉴의 '**편집**'에서 '**전체선택**'을 한 다음 도구모음에서 명령문 실행 ▶를 클릭하면 각 변수에 대한 빈도 피벗표가 출력된다.

성별분포

		빈도	열 N %
성별	남	178	82.8%
	여	37	17.2%
	합계	215	100.0%

연령분포

		빈도	열 N %
귀하의 나이는?	30-39세	95	44.2%
	20-29세	70	32.6%
	40-49세	29	13.5%
	50-59세	21	9.8%
	60세이상	0	.0%
	합계	215	100.0%

전체 215명의 응답자 중에서 남자가 82.8%로 여자에 비해 높은 비율을 차지하고 있다. 그리고 연령은 30대와 20대가 76.8%를 차지하고 있다.

월소득 분포

		빈도	열 N %
귀하의 월평균소득은?	100만원이하	73	34.0%
	150-200만원	53	24.7%
	100-150만원	35	16.3%
	200-250만원	27	12.6%
	300만원이상	15	7.0%
	250-300만원	12	5.6%
	합계	215	100.0%

교육수준 분포

		빈도	열 N %
귀하의 교육수준은?	대졸	100	46.5%
	고졸	55	25.6%
	대학원졸	54	25.1%
	전문대졸	6	2.8%
	중졸	0	.0%
	합계	215	100.0%

학력은 대졸이 46.5%로서 가장 많은 퍼센트를 차지하고 있다.

직업별 분포

		빈도	열 N %
귀하의 직업은 (본인 또는 가장)	회사원	85	39.5%
	학생(대학원생 등)	51	23.7%
	자영업(제조,상업,유통업등)	39	18.1%
	전문직(의사,교수,변호사 등)	20	9.3%
	공무원	10	4.7%
	교사,학원강사	7	3.3%
	기타	3	1.4%
	운수업	0	.0%
	합계	215	100.0%

운전경력

		빈도	열 N %
귀하의 운전경력은?	5-8년	48	22.3%
	10년이상	35	16.3%
	3-5년	34	15.8%
	1-3년	34	15.8%
	1년미만	34	15.8%
	8-10년	30	14.0%
	합계	215	100.0%

회사원 및 학생이 각각 39.5%, 23.7%로 많은 퍼센트를 차지하고 있다. 운전경력은 5년에서 8년이 22.3%로 가장 많은 퍼센트를 차지하고 있다.

소유차종

		빈도	열 N %
현재 귀하의 차종	쏘 나 타	29	13.5%
	티 코	27	12.6%
	엑 셀	27	12.6%
	엘란트라	19	8.8%
	아 반 떼	17	7.9%
	세 피 아	14	6.5%
	프라이드	13	6.0%
	르 망	12	5.6%
	무 쏘	11	5.1%
	프 린 스	8	3.7%
	에스페로	7	3.3%
	엑 센 트	7	3.3%
	그 랜 저	5	2.3%
	코란도	4	1.9%
	캐 피 탈	4	1.9%
	마 르 샤	4	1.9%
	외산	3	1.4%
	콩 코 드	2	.9%
	엘란 스포츠카	1	.5%
	씨 에 로	1	.5%
	기타	0	.0%
	엔터프라이즈	0	.0%
	포 텐 샤	0	.0%
	크레도스	0	.0%
	아 벨 라	0	.0%
	아카디아	0	.0%
	레 간 자	0	.0%
	브 로 엄	0	.0%
	로얄시리즈	0	.0%
	라 노 스	0	.0%
	누 비 라	0	.0%
	넥 시 아	0	.0%
	다이너스티	0	.0%
	티 뷰 론	0	.0%
	합계	215	100.0%

희망차종

		빈도	열 N %
앞으로 차량을 바꾸거나 새로 구입하게 될 경우 차종은?	레 간 자	41	19.1%
	티 뷰 론	31	14.4%
	쏘 나 타	30	14.0%
	무 쏘	15	7.0%
	기타	11	5.1%
	마 르 샤	10	4.7%
	엑 센 트	9	4.2%
	아카디아	8	3.7%
	그 랜 저	8	3.7%
	외산	7	3.3%
	코란도	7	3.3%
	엔터프라이즈	6	2.8%
	누 비 라	6	2.8%
	크레도스	5	2.3%
	엘란트라	5	2.3%
	티 코	4	1.9%
	콩 코 드	3	1.4%
	아 벨 라	3	1.4%
	브 로 엄	3	1.4%
	아 반 떼	3	1.4%
	포 텐 샤	0	.0%
	엘란 스포츠카	0	.0%
	캐 피 탈	0	.0%
	세 피 아	0	.0%
	프라이드	0	.0%
	로얄시리즈	0	.0%
	프 린 스	0	.0%
	라 노 스	0	.0%
	에스페로	0	.0%
	넥 시 아	0	.0%
	씨 에 로	0	.0%
	르 망	0	.0%
	다이너스티	0	.0%
	엑 셀	0	.0%
	합계	215	100.0%

소유차종의 빈도표를 보면 가장 큰 빈도를 차지하는 차종이 현대의 쏘나타(13.5%)임을 알 수 있으며 다음으로 엑셀(12.6%), 티코(12.6%), 엘란트라(8.8%), 아반떼(7.9%)의 순으로 현대의 차종이 많은 빈도를 차지하여 소유차종 대부분을 점유하고 있는 것으로 나타났다. 앞으로 구입을 희망하는 차종은 대우의 레간자로 19.1%를 차지하고 있으며 다음으로 티뷰론(14.4%), 쏘나타(14%), 무쏘(7%) 등으로 나타났다.

소유년수			
		빈도	열 N %
현재 승용차를 몇 년 소유하셨습니까?	1-2년	67	31.2%
	2-3년	48	22.3%
	5년이상	43	20.0%
	1년이하	42	19.5%
	4-5년	15	7.0%
	3-4년	0	.0%
	합계	215	100.0%

승용차의 소유년수를 보면 1년에서 2년 사이가 31.2%로 가장 높은 비율을 차지하고 있으며 4년에서 5년 사이가 가장 낮은 비율로 7%를 해당한다.

구입동기			
		빈도	열 N %
귀하께서 승용차를 구입하게 된 가장 큰 이유는?	대중교통 수단이 불편해서	106	49.3%
	생활수단,업무	68	31.6%
	레저활동을 위하여	24	11.2%
	생활에 여유가 있어서	10	4.7%
	지위에 알맞는 품위유지를 위해서	5	2.3%
	동료 및 후배가 구입해서	2	.9%
	신제품을 갖고 싶어서	0	.0%
	합계	215	100.0%

승용차를 구입하게 된 동기는 대중 교통수단이 불편해서가 49.3%, 생활수단 및 업무가 31.6%로서 80.9%를 차지하고 있음을 알 수 있다.

구매경로			
		빈도	열 N %
귀하께서 구입하신 차의 구매경로는?	친구,친지의 소개로	65	30.2%
	가족의 결정으로	61	28.4%
	광고를 보고	53	24.7%
	기 타	20	9.3%
	영업사원 소개로	15	7.0%
	회사의 결정으로	1	.5%
	합계	215	100.0%

승용차의 구매경로는 친구와 친지의 소개가 30.2%, 가족의 결정으로가 28.4%로 대부분을 차지하고 있다.

정보경로			
		빈도	열 N %
귀하께서 자동차 구입전에 가격,디자인,경제성,안전성,기능조건들을 어떤 경로를 통해서 알게 되었습니까?	카다로그(인쇄물)	66	30.7%
	가족,친척	40	18.6%
	직장동료	38	17.7%
	TV	27	12.6%
	신문	25	11.6%
	영업사원	12	5.6%
	기 타	5	2.3%
	운전기사	2	.9%
	옥외광고	0	.0%
	라디오	0	.0%
	합계	215	100.0%

승용차에 대한 정보는 대부분이 카탈로그, 즉 인쇄물을 통하여 정보를 입수하고 있음을 알 수 있다.

교체이유			
		빈도	열 N %
승용차를 교체하신다면 중요한 이유는?	폐차시기가 되어서	115	53.5%
	오래 보유해 싫증이 나서	29	13.5%
	새로운 신모델 차종이 나와서	26	12.1%
	경제적 여건이 좋아져서	25	11.6%
	휘발유 소모가 많아서	10	4.7%
	수리비가 많이 들어서	8	3.7%
	할부기간이 완료되어서	2	.9%
	합계	215	100.0%

승용차를 교체하는 이유로는 폐차시기가 되어서가 53.5%로 가장 큰 퍼센트를, 오래 보유해 싫증이 나서가 13.5%, 새로운 신모델이 나와서가 12.1%를 차지하고 있다.

평가시 중요요소(1순위)

		빈도	열 N %
승용차 평가시 가장 중요하게 여기는 요소 (1순위)	안정성	112	52.1%
	경제성	39	
	디자인 및 스타일	26	
	성 능	23	
	가 격	13	
	상 표	2	
	아프터서비스	0	
	색 상	0	
	합계	215	

평가시 중요요소(2순위)

		빈도	열 N %
승용차 평가시 가장 중요하게 여기는 요소 (2순위)	성 능	77	35.8%
	경제성	57	26.5%
	가 격	30	14.0%
	디자인 및 스타일	22	10.2%
	안정성	22	10.2%
	색 상	4	1.9%
	아프터서비스	3	1.4%
	상 표	0	.0%
	합계	215	100.0%

평가시 중요요소(3순위)

		빈도	열 N %
승용차 평가시 가장 중요하게 여기는 요소 (3순위)	아프터서비스	51	23.7%
	디자인 및 스타일	39	18.1%
	가 격	35	16.3%
	성 능	35	16.3%
	경제성	28	13.0%
	안정성	16	7.4%
	색 상	11	5.1%
	상 표	0	.0%
	합계	215	100.0%

승용차를 평가할 때 중요하게 생각하는 요소는 안정성으로 52.1%의 응답자가 안정성에 대한 중요성을 인식하고 있음을 알 수 있다. 또한 순위에 따라 분석하면 첫 번째로 중요한 요소는 안전성(52.1%), 두 번째로 중요한 요소는 성능(35.8%), 세 번째로 중요한 요소는 아프터서비스(23.7%)로 나타났다.

지불방법

		빈도	열 N %
귀하는 승용차를 구입할 때 어떤 지불방법을 사용하셨습니까?	현 금	75	34.9%
	24개월할부구매	61	28.4%
	36개월할부구매	34	15.8%
	30개월할부구매	28	13.0%
	카드사용	14	6.5%
	기타	3	1.4%
	합계	215	100.0%

승용차 구입시 지불방법은 현금이 34.9%로 가장 많은 퍼센트를 차지하고 있으며, 다음으로 할부구매 24개월이 28.4%로 차지하고 있다.

다각차이

		빈도	열 N %
각 회사 차종의 제품다각화에서 실제 많은 차이가 있다고 생각하십니까?	거의 없다	148	68.8%
	있다	60	27.9%
	전혀없다	7	3.3%
	합계	215	100.0%

승용차의 다각화에 따른 차이에 대하여 68.8%의 응답자가 차이가 거의 없다고 응답하여 다각화에 따른 승용차의 구분에 대한 구매자의 의식을 반영하고 있다.

소형차 선호회사

		빈도	열 N %
소형차중 같은 가격, 같은 조건의 차량이라면 어느 회사의 차를 구입하시겠습니까?	현대	120	55.8%
	기아	41	19.1%
	대우	26	12.1%
	삼성	24	11.2%
	쌍용	4	1.9%
	합계	215	100.0%

중형차 선호회사

		빈도	열 N %
중형차중 같은 가격, 같은 조건의 차량이라면 어느 회사의 차를 구입하시겠습니까?	현대	121	56.3%
	삼성	41	19.1%
	대우	22	10.2%
	기아	20	9.3%
	쌍용	11	5.1%
	합계	215	100.0%

같은 조건, 같은 가격이라면 소형차와 중형차의 경우 모두 현대가 생산한 자동차(소형차 55.8%, 중형차 56.3%)를 구매하겠다고 응답한 것을 알 수 있다. 그러나 중형차의 경우 현대 다음으로 삼성의 자동차가 19.1%로 2위를 점유하고 있음을 알 수 있다.

tv광고에 대한 평가

		빈도	열 N %
귀하께서는 TV의 승용차광고에 대하여 어떻게 생각하십니까?	약간 과장된 내용이다	95	44.2%
	대부분 과장된 내용이다	86	40.0%
	보통이다	21	9.8%
	어느 정도 사실이다	13	6.0%
	대부분 사실이다	0	.0%
	합계	215	100.0%

광고의 내용은 거의 84.2%의 많은 응답자가 과장된 것으로 생각하고 있음을 알 수 있다.

A/S에 대한 평가

		빈도	열 N %
아프터서비스(A/S)가 가장 좋다고 생각되는 회사는?	현대	177	82.3%
	대우	22	10.2%
	기아	12	5.6%
	쌍용	4	1.9%
	합계	215	100.0%

A/S는 현대, 대우, 기아, 쌍용의 순으로 현대의 A/S에 대한 평가가 82.3%로 단연 1위임을 알 수 있다.

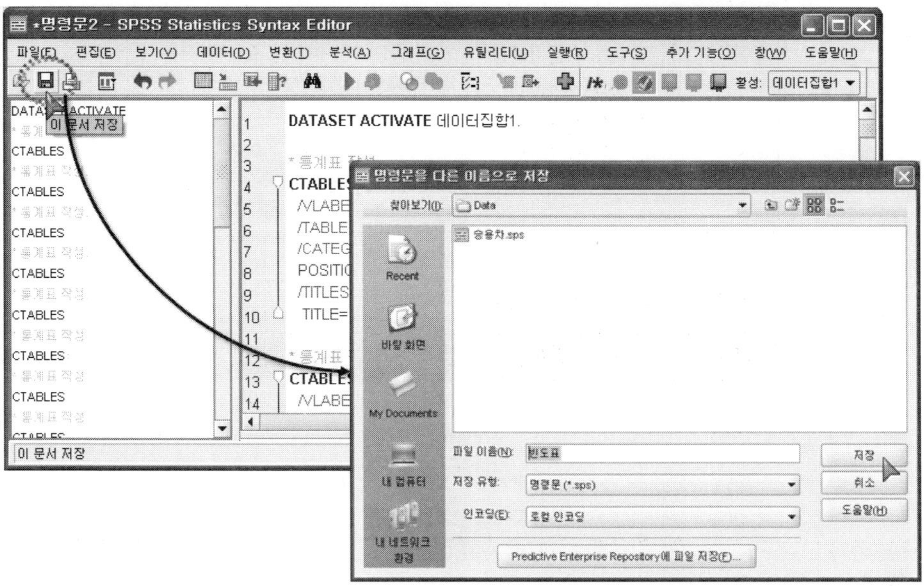

이 명령문은 차후에 다시 사용하거나 수정하여 다시 사용할 수 있으므로 반드시 명령문을 [저장] 단추를 클릭하여 저장하기 바란다.

8.3 다중응답문항 빈도분석

다중응답(multiple response)은 하나의 질문으로 여러 가지의 응답을 유도하는 경우를 말하는데, 이러한 질문을 다중응답문항이라 한다. 이러한 다중응답문항을 코딩하는 방법은 크게 이분법(multiple dichotomy method)과 중복법(multiple response method)의 두 가지 방법이 있다. 이분법은 질문에서 응답할 수 있는 각 항목에 대해 응답여부로 코딩한다. 즉 다중응답 문항의 항목의 수만큼 변수를 할당하고 항목에 응답한 경우는 '1'로 응답하지 않은 경우는 '0'으로 입력한다. 예를 들어 첫 번째 응답자(일련번호 001)가 다음 예문과 같이 응답하였다면 이분법 코딩은 <표 8-1>과 같이 입력한다.

예 귀하는 승용차 평가시 가장 중요하게 여기는 요소를 모두 고르시오.

1) 안정성 (✓)	2) 경제성 ( )
3) 성 능 (✓)	4) 가 격 (✓)
5) 상 표 ( )	6) 디자인 및 스타일 ( )
7) 색 상 ( )	8) 아프터서비스 (✓)

<표 **8-1**> 이분법 코딩 보기

일련번호	안정성	경제성	성능	가격	상표	디자인	색상	A/S
001	1	0	1	1	0	0	0	1
002	1	0	1	1	0	0	1	0
003	0	1	0	0	0	1	0	0
004	1	0	1	0	1	1	0	1

중복법은 응답자들 중에서 가장 많은 응답항목의 수만큼 변수를 할당하고 각 변수에 항목의 값을 입력하는 방법이다. 다음 <표 8-2>를 보면 응답자들 중 가장 많이 응답한 항목수가 5개로 가정하고 변수의 수도 5개로 할당하였으며 각 변수값은 질문의 항목번호로 입력한다.

<표 8-2> 중복법 코딩 보기

일련번호	평가1	평가2	평가3	평가4	평가5
001	1	3	4	8	
002	1	3	4	7	
003	2	6			
004	1	3	5	6	8

<표 8-2>에서 비어있는 셀은 결측값으로 처리하므로 분석에서는 제외된다. 그러나 이러한 중복법의 코딩방식은 미리 응답자의 최대 반응수를 알아야만 변수의 수를 결정할 수 있기 때문에 수거된 설문지 전체를 살펴보지 않는 한 반응수를 알기 어렵다. 그러므로 연구자는 코딩작업을 수행할 때 중복법보다는 이분법을 사용하는 것이 편리하다. 물론 이 2가지 코딩방법에 따른 분석결과는 동일하다.

자동차 설문지의 13번 문항은 다중응답의 일종으로 응답의 수를 3으로 제한하여 중요순위를 부여하도록 요구하고 있다. 이러한 질문은 중복법에 의해 코딩해야 한다. 변수이름을 평가 1, 평가 2, 평가 3으로 지정하고 평가 1은 1순위, 평가2는 2순위, 평가3은 3순위로 할당하여 코딩 입력한다.

13. 귀하는 승용차 평가시 가장 중요하게 여기는 요소는 어느 것입니까?
(중요한 순서로 1.2.3 만 기록하여 주십시오)

1) 안정성 ( )	2) 경제성 ( )
3) 성 능 ( )	4) 가 격 ( )
5) 상 표 ( )	6) 디자인 및 스타일 ( )
7) 색 상 ( )	8) 아프터서비스 ( )

이 문항에서 각 중요순위에 대한 정보는 평가순위를 부여한 각 변수에 대해 빈도분석을 수행하여 분석해 한다. 이는 앞 절에서 분석하였다. 그러므로 다중응답분석을 시도하면 중요순위에 대한 정보는 고려할 수 없으며

단지 8가지 응답항목의 응답비율에 대한 정보만을 알아보고자 한다.

다중응답 문항을 분석하기 위해서는 우선 다중응답 변수군을 지정한 후 이 변수군에 대해 다중응답 빈도분석을 수행하면 된다. 그러므로 변수군을 지정하기 위해 메뉴에서 다음과 같이 선택한다.

분석 ☞
다중응답분석 ☞
변수군 정의...

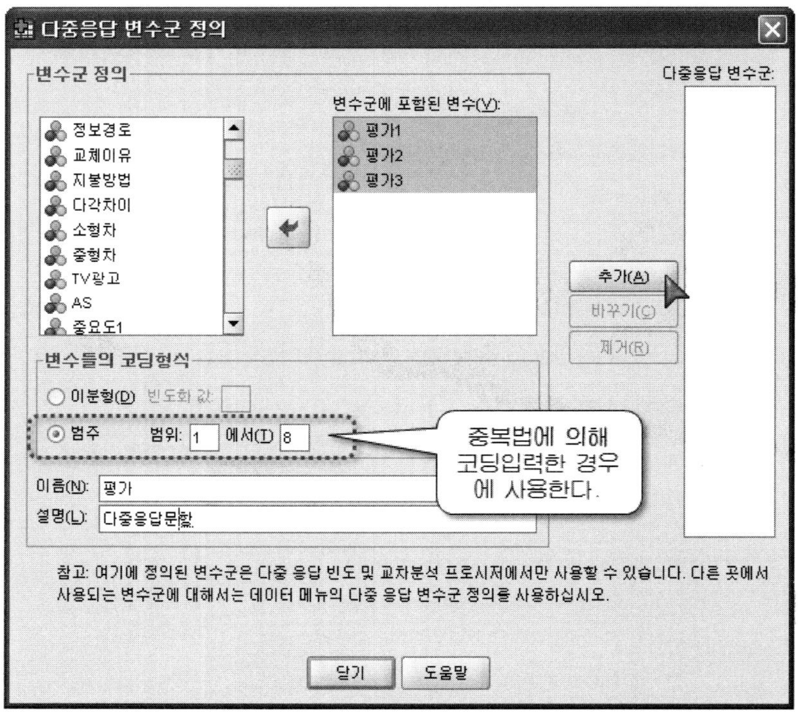

변수 평가 1, 평가 2, 평가 3을 선택 이동시키고 중복법으로 코딩하였기 때문에 '**범주**(Categories)'을 선택하고 값의 범위를 1~8로 지정한다. 이름을 '**평가**'로 입력하고 이에 따른 설명도 입력한다. 그리고 입력이 완료되어 [추가(A)] 단추를 클릭하면 변수군이 다음과 같이 $표시가 지정한 이름 앞에 붙여서 지정됨을 알 수 있다.

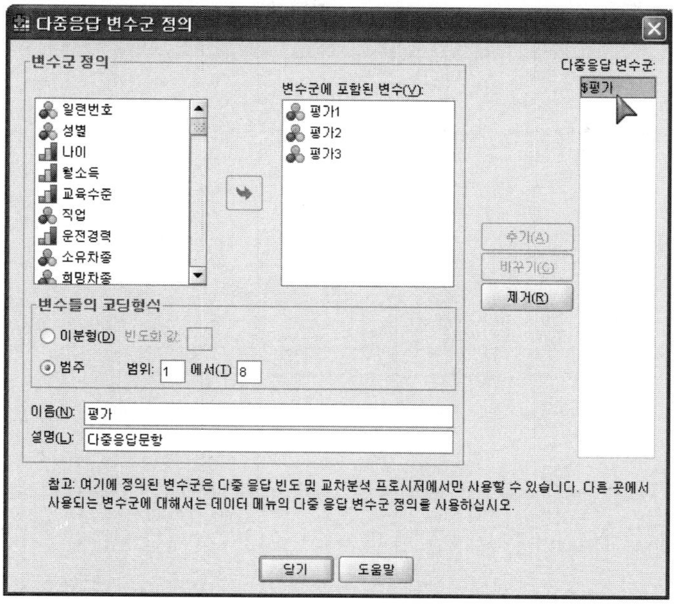

이제 [닫기] 단추를 클릭하면 변수군의 지정이 완료된다. 빈도분석을 수행하기 위하여 다시 메뉴에서 다음과 같이 선택한다.

분석 ☞
  다중응답분석 ☞
    빈도분석...

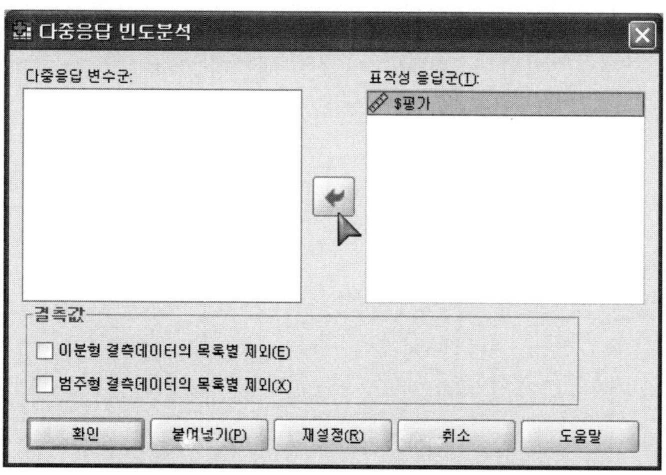

변수군 '**$평가**'를 선택 이동한 다음 [확인] 단추를 클릭한다.

$평가 빈도		응답 N	응답 퍼센트	케이스 퍼센트
다중응답문항[a]	안정성	150	23.3%	69.8%
	경제성	124	19.2%	57.7%
	성 능	135	20.9%	62.8%
	가 격	78	12.1%	36.3%
	상 표	2	.3%	.9%
	디자인 및 스타일	87	13.5%	40.5%
	색 상	15	2.3%	7.0%
	아프터서비스	54	8.4%	25.1%
합계		645	100.0%	300.0%

a. 집단 설정

출력결과를 보면 각 응답항목의 빈도(N), 응답퍼센트(Pct of Responses), 케이스퍼센트(Pct of Cases)가 출력되어 있다. 전체반응수를 기준으로 볼 때 가장 많은 반응은 23.3%로 안전성임을 알 수 있으며 다음으로 20.9%로 성능, 19.2%로 경제성을 중요하게 평가하고 있음을 알 수 있다. 또한 자동차의 제조사나 색상은 다른 항목에 비해 낮은 반응을 나타내고 있다. 케이스퍼센트는 전체 응답자의 수에 대한 백분비를 계산한 결과이다. 그러므로 전체응답자보다 반응의 수가 많으므로 100%를 기준으로 표시된 것이 아니라 300%를 기준으로 계산되어 있음을 알 수 있다. 즉 반응의 수가 전체 응답자의 수의 3배에 해당하며 이는 평균적으로 보아 한 응답자가 3가지 항목에 응답한 것을 의미한다. 이는 각 응답자에게 3가지만 응답하도록 요구하였기 때문에 당연한 결과이다.

8.4 10가지 중요 요소의 빈도분석

승용차에 대한 10가지 중요 요소에 대한 문항은 다음과 같다.

20. 다음에 제시되어 있는 자동차의 정보들에 대해 여러분께서 자동차를 평가할 때 중요하다고 느끼는 정도를 눈금 위 숫자에 ✓표시하여 주십시오.

	전혀 중요 하지 않다			중간정도 중요하다			매우 중요하다
* 품 격 :	①	②	③	④	⑤	⑥	⑦
* 크 기 :	①	②	③	④	⑤	⑥	⑦
* 실내공간 :	①	②	③	④	⑤	⑥	⑦
* 호화정도 :	①	②	③	④	⑤	⑥	⑦
* 색 상 :	①	②	③	④	⑤	⑥	⑦
* 연 비 :	①	②	③	④	⑤	⑥	⑦
* 승 차 감 :	①	②	③	④	⑤	⑥	⑦
* 배 기 량 :	①	②	③	④	⑤	⑥	⑦
* 안 전 도 :	①	②	③	④	⑤	⑥	⑦
* 차량성능 :	①	②	③	④	⑤	⑥	⑦

기본적으로 설문조사에서는 이와 같은 7점 척도문항에 대한 응답값을 연속형으로 취급한다. 특히 연속형의 등간척도와 비율척도 중에서 등간척도로 보는 경향이 있다. 그러나 엄밀하게 말하면 이는 범주형인 서열척도인 것이다. 그러므로 이러한 7점 척도 문항은 서열척도로 보고 빈도분석이나 교차분석을 수행할 수 있으며, 또한 등간척도로 본다면 연속형 변수로서 기술통계분석이나 더 나아가 T-검정, 분산분석 등의 연속형 변수에 해당하는 통계적 분석방법을 적용할 수 있다.

8.4.1 중요요소 빈도분석

우선 10가지 승용차의 중요 요소들에 대한 빈도분석을 수행해 보자. 앞 절에서 빈도표를 작성할 때, 빈도분석 대화상자를 이용하지 않고 통계표를 사용하였다. 역시 주메뉴의 **분석** ☞ **표** ☞ 에서 '**통계표 작성**'를 사용하여 빈도에 대한 퍼센트를 통계표로 작성하여 보자.

주메뉴에서 다음과 같이 선택하면 통계표 작성 대화상자가 나타난다.

분석 ☞ 표 ☞ 통계표 작성...

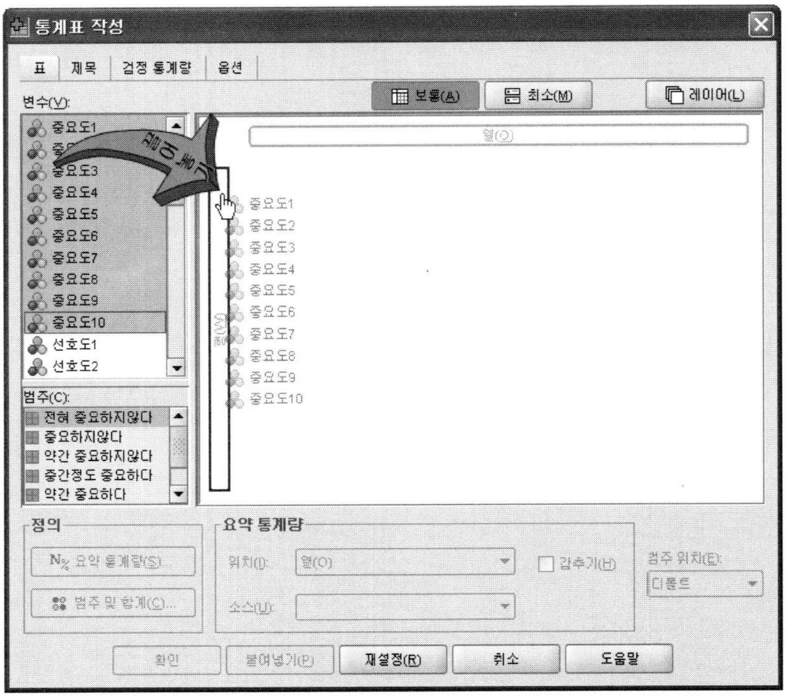

빈도기준 통계표 대화상자에서 '**중요도#**' 변수들을 선택하여 빈도변수 상자로 이동시킨다.

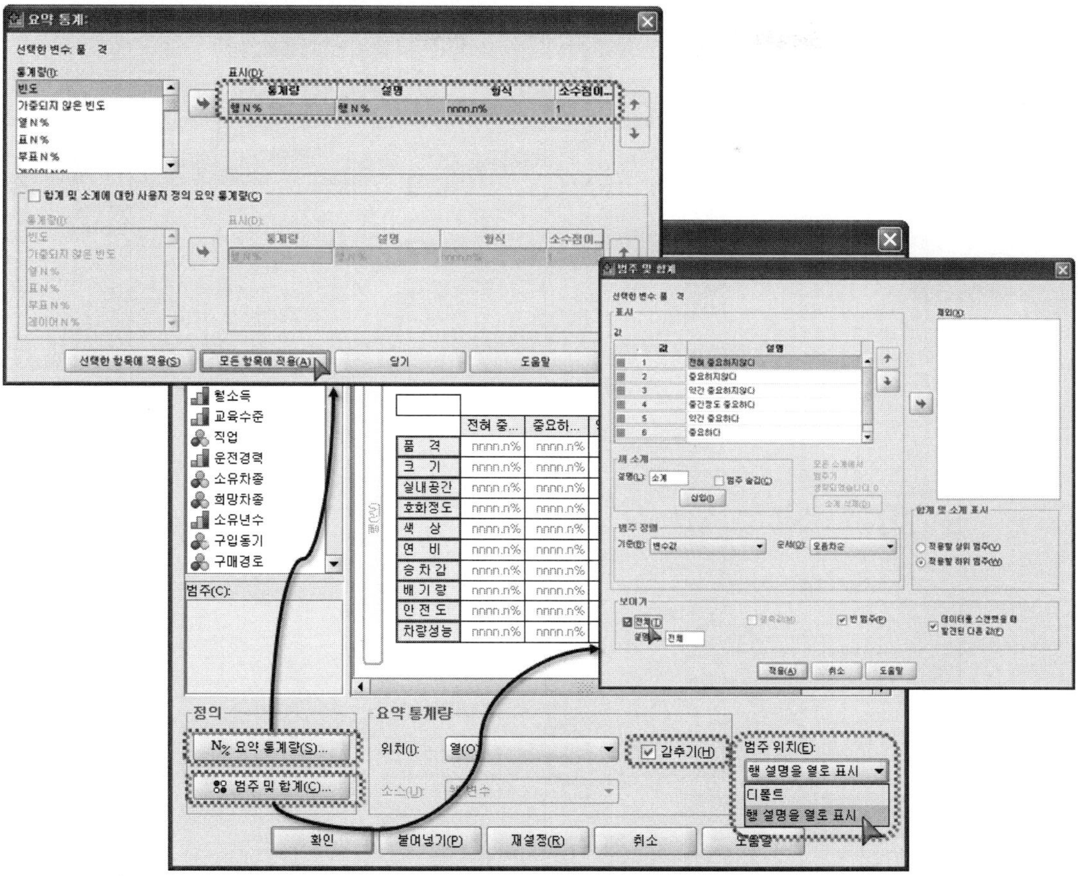

여기에서 왼쪽 하단에서 [N% 요약 통계량(S)...]를 클릭하여 '행 N%'를 선택하고 기존의 '빈도'는 제거한다. 그리고 [모든 항목에 적용(A)] 단추를 클릭한다. 그 마음 행 합계를 출력하기 위하여 [범주 및 합계(C)...]를 클릭하고 하단의 '전체(Total)'를 체크하고 [적용(A)] 단추를 클릭한다.

다음으로 출력될 통계표에 제목을 붙이기 위하여 주대화상자에서 '제목' 탭을 클릭하여 제목에 '요소별 중요도'라고 제목을 입력한다. 그리고 빈도가 없는 셀은 0%로 출력되지 않고 공백(blank)으로 출력하기 위하여 '옵션' 탭에서 다음과 같이 지정한다. 이제 [확인] 단추를 클릭하면 지정한 상태대로 통계표가 출력된다.

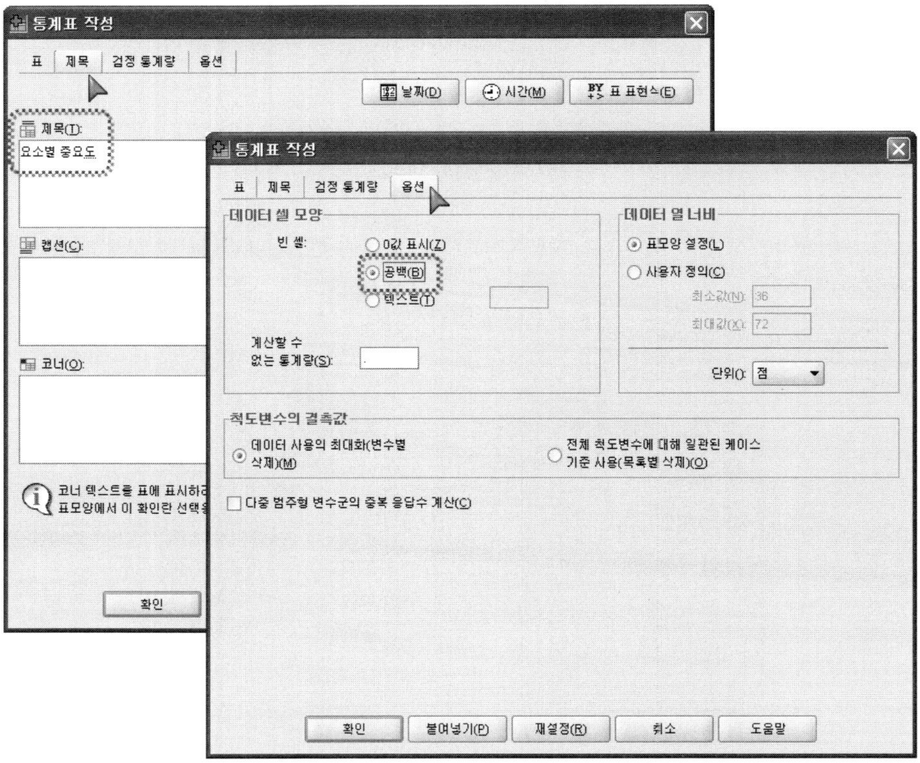

요소별 중요도								
	전혀 중요하지않다	중요하지않다	약간 중요하지않다	중간정도 중요하다	약간 중요하다	중요하다	매우 중요하다	합계
품 격	2.8%	8.8%	14.4%	32.6%	31.2%	4.2%	6.0%	100.0%
크 기	2.8%	5.6%	14.0%	36.3%	31.6%	6.5%	3.3%	100.0%
실내공간		2.3%	6.5%	24.2%	46.5%	14.4%	6.0%	100.0%
호화정도	5.6%	27.4%	30.7%	27.4%	6.0%	1.4%	1.4%	100.0%
색 상	1.4%		14.9%	18.1%	27.9%	21.9%	15.8%	100.0%
연 비		3.7%		7.9%	13.5%	36.7%	38.1%	100.0%
승 차 감		4.7%	4.2%	4.7%	20.9%	28.8%	36.7%	100.0%
배 기 량		5.6%	18.6%	14.4%	28.8%	19.1%	13.5%	100.0%
안 전 도				2.8%	11.6%	14.9%	70.7%	100.0%
차량성능		1.4%	2.3%	5.1%	11.2%	28.4%	51.6%	100.0%

출력된 통계표를 보면 '전혀 중요하지 않다'의 열에는 비어 있는 칸이 다른 척도에 비해 많음을 알 수 있다. 반대로 안전도의 경우 '매우 중요하다'는 70.7%로 다른 요소들에 비해 매우 중요시하고 있음을 알 수 있다. 물론 당연한 결과라 할 수 있다. 그리고 일반적으로 차량의 호화정도, 품격, 크기, 색상, 배기량, 실내공간 등은 다른 요소 즉 안전도, 차량성능, 승차감,

연비 등에 비하여 중요도가 낮은 것으로 판단할 수 있다. 이와 같이 숫자로 표현된 통계표는 정확한 숫자로 표현되어 있기 때문에 정확성은 있으나 표를 읽기가 복잡하고 전체적인 정보의 윤곽을 파악하기가 쉽지 않다. 그러므로 이와 같은 표는 그림으로 표현하면 보다 쉽게 중요 요소에 대한 판단을 내릴 수 있으며 많은 사람들의 흥미와 관심을 끌 수 있다.

8.4.2 그래프 표현

승용차의 10가지 중요 요소를 그림으로 표현한다면 어떻게 표현하는 것이 10가지 요소의 상대적인 중요도를 한 눈에 알아볼 수 있는가를 생각해 보자. 물론 그림으로 표현하는 방법은 여러 가지 방법을 생각할 수 있으나 7점 척도의 중요점수에서 5점 이상의 점수에 반응한 케이스들만을 고려하여 하나의 막대도표로 표현하면 '중요하다' 이상의 사람들의 퍼센트를 비교할 수 있을 것이다.

그래프 ☞
 레거시 대화상자 ☞
  막대도표...

막대도표를 작성하기 위하여 메뉴에서 막대도표를 선택하면 다음과 같은 대화상자가 나타난다.

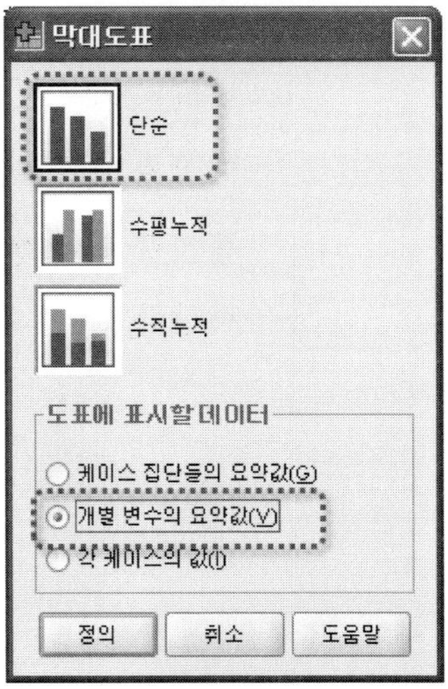

10가지 중요도 변수들에 대한 5점 이상의 점수를 부여한 사람들의 수를 기준으로 퍼센트를 계산하여야 하므로 **'개별변수(들)의 요약값'**을 선택하고 정의 단추를 클릭하면 다음의 대화상자가 나타난다.

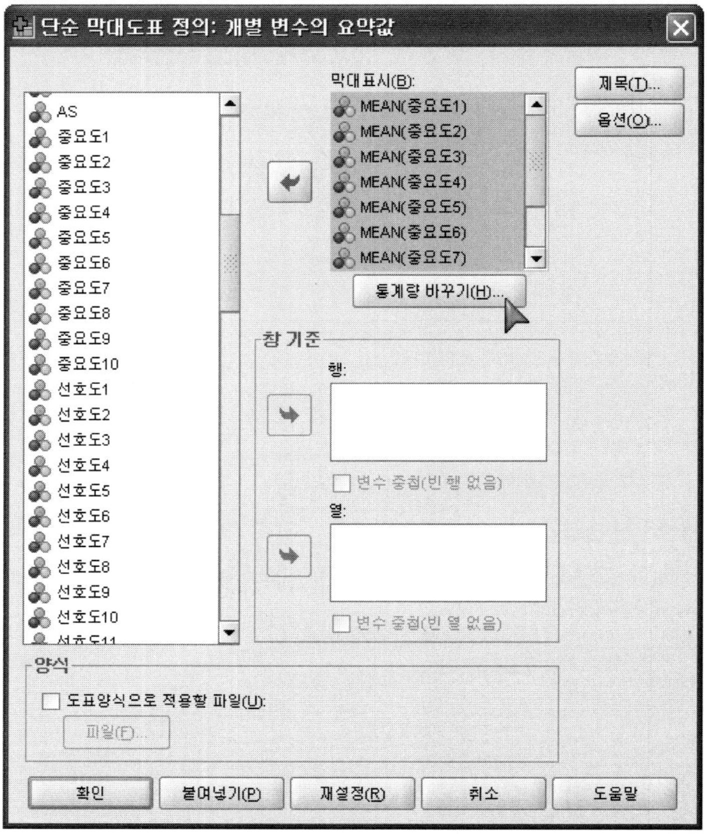

대화상자에서 중요도 변수들을 선택하여 이동시키면 SPSS는 기본적으로 각 변수의 변수값의 합계를 계산하는 함수가 표시되어 이동된 상자에 나타난다. 그러나 우리는 합계를 기준으로 원도표를 작성하는 것이 아니라 4점 이상의 값을 기준으로 top 3%라는 통계량을 막대도표에 나타내야 함으로 통계량 함수를 변경해야 한다. 함수를 변경하기 위하여 [통계량 바꾸기(H)...]를 클릭한다.

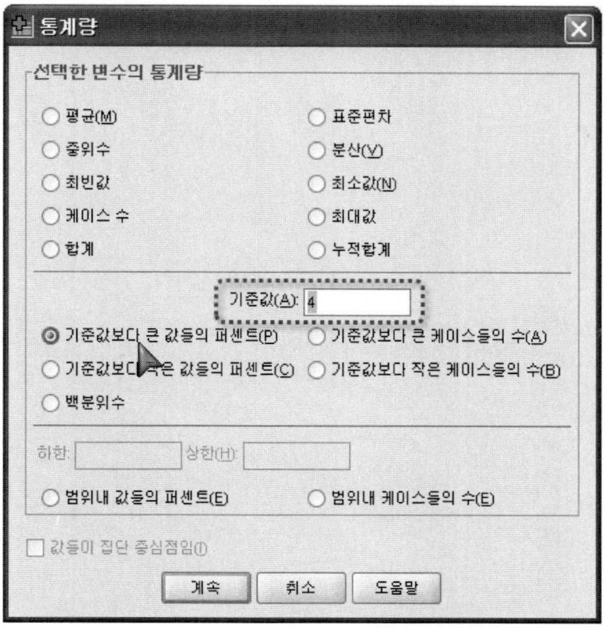

요약함수 대화상자에서 '기준값보다 큰 값들의 퍼센트(Percentage above)'를 선택하면 바로 위에 입력란이 커진다. 여기에 '4'를 입력하면 4보다 큰 값들의 퍼센트이므로 4는 포함되지 않아 결국 5, 6, 7점에 반응한 사람들의 퍼센트를 계산해준다. 이제 계속 단추를 클릭한다.

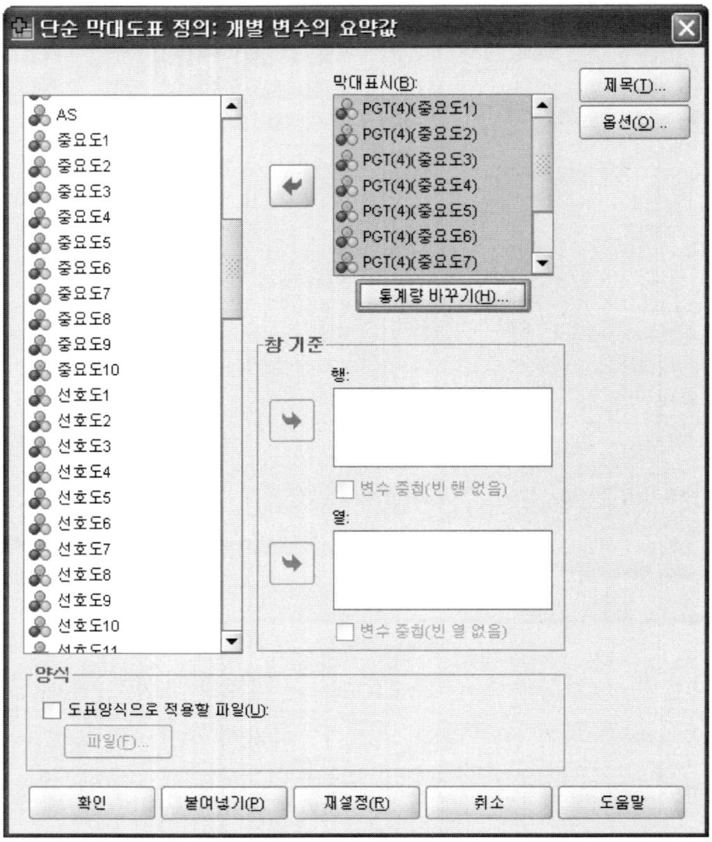

다시 주대화상자에서 [확인] 단추를 클릭하면 5점 이상에 반응한 백분비를 계산하여 막대도표를 작성해 준다.

이제 작성된 막대도표를 보다 시각적으로 확인하기 좋게 편집해 보자. 일단 SPSS 뷰어에 출력된 막대도표를 더블클릭하여 다음과 같은 도표편집기에서 수정하도록 한다.

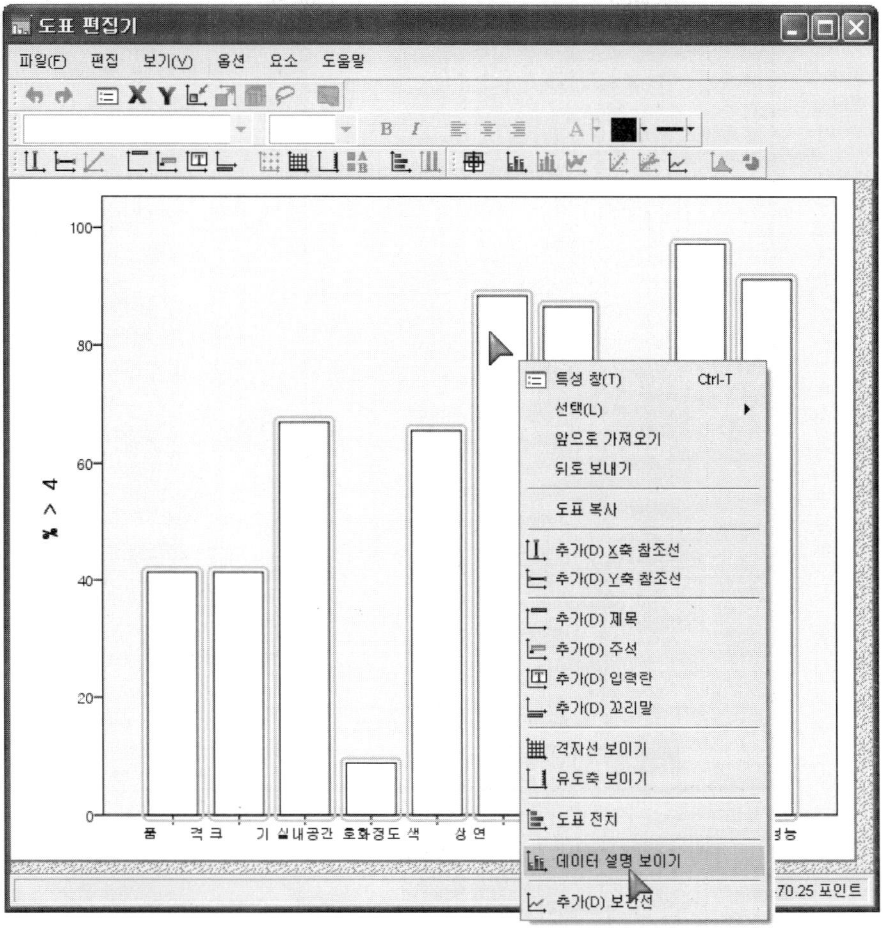

막대도표 위에 5, 6, 7점에 반응한 사람들의 퍼센트가 수치로 나타났다. 그런데 이러한 수치를 가장 큰 수치에서 작은 수치로(내림차순으로) 막대를 정렬하고 싶다면 어떻게 할 수 있는가? 막대를 클릭(또는 더블클릭)하면 다음과 같은 대화상자가 나타나고 '**범주**' 탭에서 범주의 정렬기준(Sort by:)을 '**통계량**'으로 지정하고 방향을 '**내림차순**'으로 지정한 다음 [적용] 단추를 클릭하면 막대가 내림차순(Descending)으로 정렬된다.

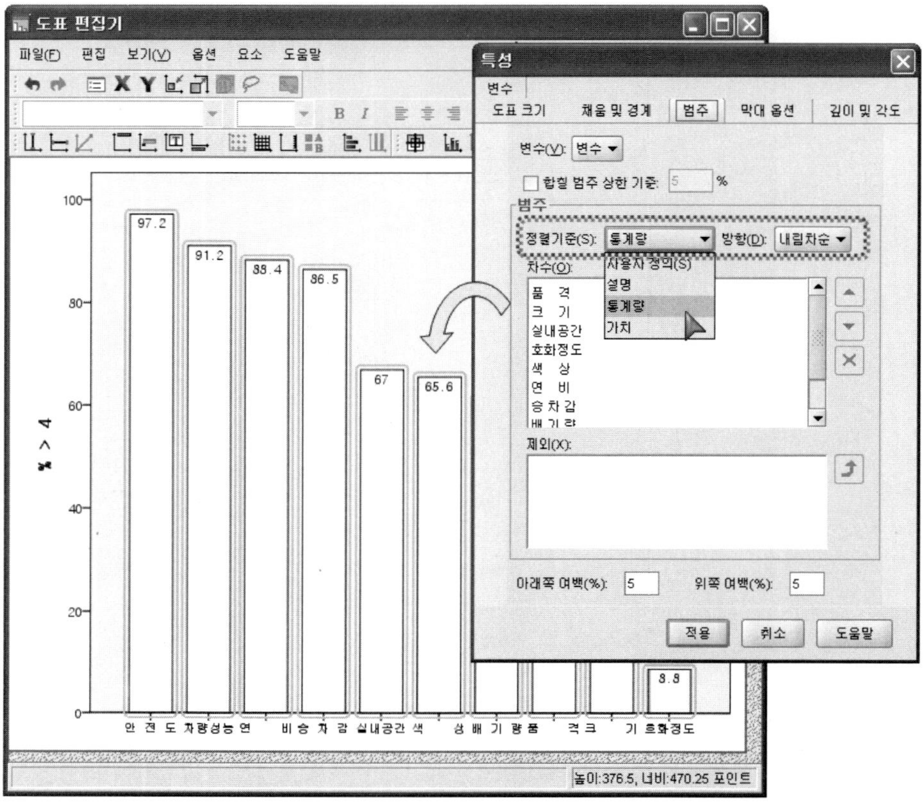

이제 최종적으로 작성된 막대도표를 보면 10가지 중요 요소들 중에서 가장 중요하게 생각하는 요소는 차량의 **'안전도'**임을 알 수 있으며 그 다음으로 **'차량성능'**과 **'연비'**를 중요하게 생각하고 있음을 알 수 있다. 그리고 다른 요소에 비해 가장 중요도가 낮은 요소는 **'호화정도'**임을 알 수 있고, **'품격'** 또는 **'크기'** 등도 중요도가 낮은 요소임을 알 수 있다.

이 도표의 x축에 해당하는 범주축의 설명이 서로 교차되어 보기가 쉽지 않다. 그러므로 축을 서로 뒤집어서 x축을 y축에 표현하려면 막대도표의 막대에 오른쪽 단추를 클릭하면 다음과 같이 팝업메뉴가 나타나며 여기에서 **'도표 전치**(Transpose Chart)'를 선택하면 된다. 또는 도구모음에서 도표전치 아이콘을 클릭한다.

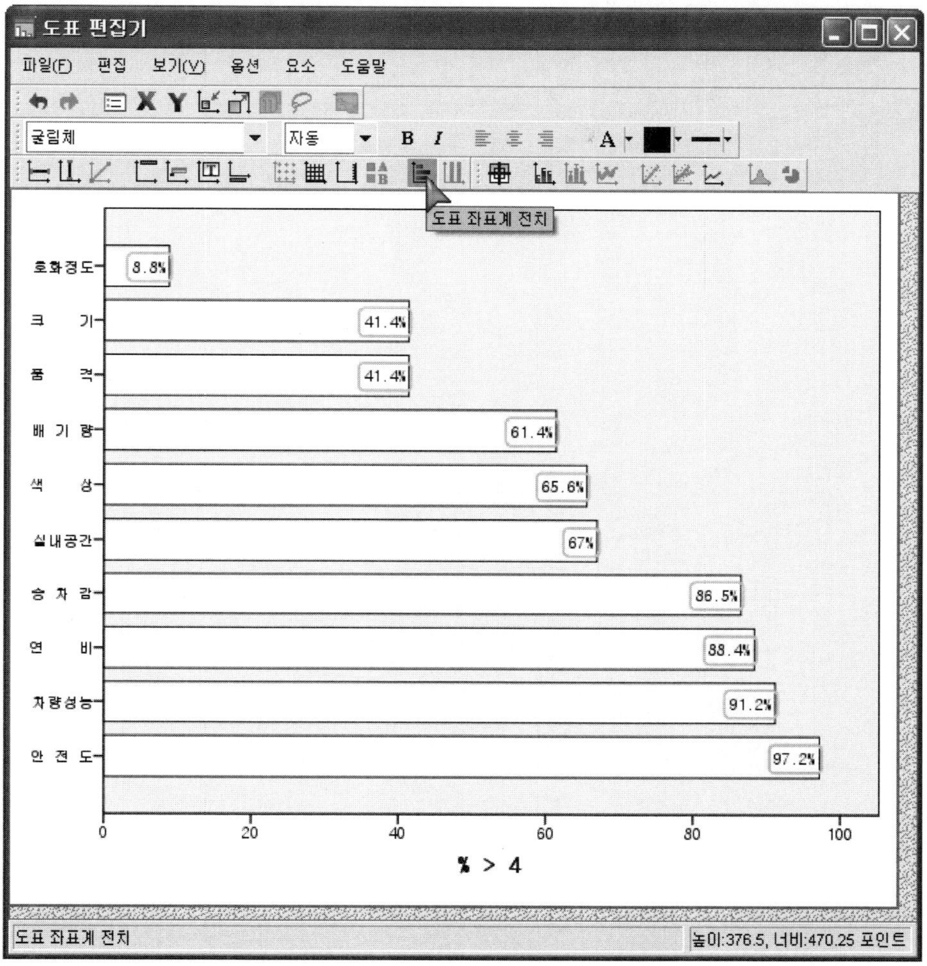
도표 편집기
파일(F) 편집 보기(V) 옵션 요소 도움말
도표 좌표계 전치
호화정도
크 기
품 격
배 기 량
색 상
실내공간
승 차 감
연 비
차량성능
안 전 도
8.8%
41.4%
41.4%
61.4%
65.6%
67%
86.5%
88.4%
91.2%
97.2%
0
20
40
60
80
100
% > 4
도표 좌표계 전치
높이:376.5, 너비:470.25 포인트

메모

제 9 장 교차분석

9.1 일반문항의 교차분석

앞장에서 단일변수에 대한 빈도분석을 수행해 보았다. 그러한 단일변수의 분석법이 널리 사용되고 있기는 하나, 두 가지 이상의 변수를 결합하여 분석하면 보다 유용한 정보를 얻을 수 있는 경우가 많다. 이렇게 두 가지 이상의 범주형 변수를 분석하는 방법을 교차분석이라 한다. 이러한 교차분석은 한 변수의 빈도표를 작성하는 것과는 달리, 두 개 이상의 행과 열을 갖는 교차표(crosstables)를 작성하게 된다. 예를 들어 성별에 따라 운전경력의 분포를 알고자 할 경우 교차분석을 수행하면 쉽게 요약된 정보를 확인할 수 있다. 더 나아가 두 범주형 변수간의 관련정도를 분석하는 독립성 검정도 수행할 수 있다. 이러한 독립성 검정 방법을 카이제곱 검정(χ^2-test)이라 한다. 이 장에서는 일반문항에 대한 교차표를 작성하는 방법과 검정할 만한 의미를 내포하고 있는 문항에 대해 독립성 검정을 수행하고 분석하는 절차를 설명하기로 한다.

우선 성별에 따른 운전경력의 분포를 알아보도록 하자. SPSS에서 교차표를 작성하려면, 주메뉴에서

분석 ☞ **기술통계량** ☞ **교차분석...**

을 선택하면 다음과 같은 "**교차분석**(Crosstabs)" 대화상자가 열린다.

교차분석을 수행하고자 하는 변수들을 선택하고 수평누적 막대도표를 출력을 체크하고 각 셀에 출력할 통계량을 지정하기 위하여 [셀(E)...] 단추를 클릭한다.

'퍼센트' 에서 행(Row), 열(Column), 전체(Total) 퍼센트를 지정한 후 [계속] 단추를 클릭한 후, 주대화상자에서 [확인] 단추를 클릭하면 출력항해사에 교차표와 수평누적 막대도표가 출력된다.

귀하의 운전경력은? * 성별 교차표

			성별		전체
			남	여	
귀하의 운전경력은?	1년미만	빈도	28	6	34
		귀하의 운전경력은? 중 %	82.4%	17.6%	100.0%
		성별 중 %	15.7%	16.2%	15.8%
		전체 %	13.0%	2.8%	15.8%
	1-3년	빈도	21	13	34
		귀하의 운전경력은? 중 %	61.8%	38.2%	100.0%
		성별 중 %	11.8%	35.1%	15.8%
		전체 %	9.8%	6.0%	15.8%
	3-5년	빈도	26	8	34
		귀하의 운전경력은? 중 %	76.5%	23.5%	100.0%
		성별 중 %	14.6%	21.6%	15.8%
		전체 %	12.1%	3.7%	15.8%
	5-8년	빈도	48	0	48
		귀하의 운전경력은? 중 %	100.0%	.0%	100.0%
		성별 중 %	27.0%	.0%	22.3%
		전체 %	22.3%	.0%	22.3%
	8-10년	빈도	20	10	30
		귀하의 운전경력은? 중 %	66.7%	33.3%	100.0%
		성별 중 %	11.2%	27.0%	14.0%
		전체 %	9.3%	4.7%	14.0%
	10년이상	빈도	35	0	35
		귀하의 운전경력은? 중 %	100.0%	.0%	100.0%
		성별 중 %	19.7%	.0%	16.3%
		전체 %	16.3%	.0%	16.3%
전체		빈도	178	37	215
		귀하의 운전경력은? 중 %	82.8%	17.2%	100.0%
		성별 중 %	100.0%	100.0%	100.0%
		전체 %	82.8%	17.2%	100.0%

운전경력은 행변수에 출력되고, 성별은 열변수에 나타났다. 행변수는 6가지, 열변수는 2가지의 응답범주를 가지고 있으므로, 6×2=12가지 경우로서 두 변수의 응답범주의 각 교차영역을 가리켜 셀(cell)이라 하며 12개의 셀이 존재한다.

각 셀에는 빈도, 행 퍼센트(**귀하의 운전경력은?**의 %), 열 퍼센트(**성별의** %), 전체 퍼센트(**전체** %)가 출력되어 있다.

남자의 경우 운전경력이 5~8년인 응답자가 48명으로 가장 많은 빈도를 차지하고 있으며 이는 남자만을 기준으로 27%가 5년에서 8년 사이의 운전경력을 가지고 있음을 알 수 있다. 또한 여자를 기준으로 보면 운전경력이

1년에서 3년 사이가 37명중 13명으로 35.1%를 차지하고 있음을 알 수 있다.

퍼센트를 계산할 때 어떠한 합계를 기준으로 계산하였는가에 따라 행 퍼센트, 열 퍼센트, 전체 퍼센트 등 3가지가 출력될 수 있는데, 먼저 첫 번째 행 퍼센트는 첫 번째 행을 기준으로 한, 빈도합계에 대한 각각의 셀빈도 28, 6에 대한 퍼센트로서, 운전경력이 1년 미만인 응답자 중에서 남자는 82.4%이고 여자는 17.6%이다. 열 퍼센트는 열을 기준으로 한 열기준 셀 퍼센트를 계산한 것이다. 각 셀에서 마지막 출력된 전체 퍼센트는 전체 215명의 응답자를 기준으로 계산된 각 셀에 소속된 퍼센트이다.

이와 같이 요약된 정보는 다음의 도표를 보면 보다 쉽게 확인할 수 있다.

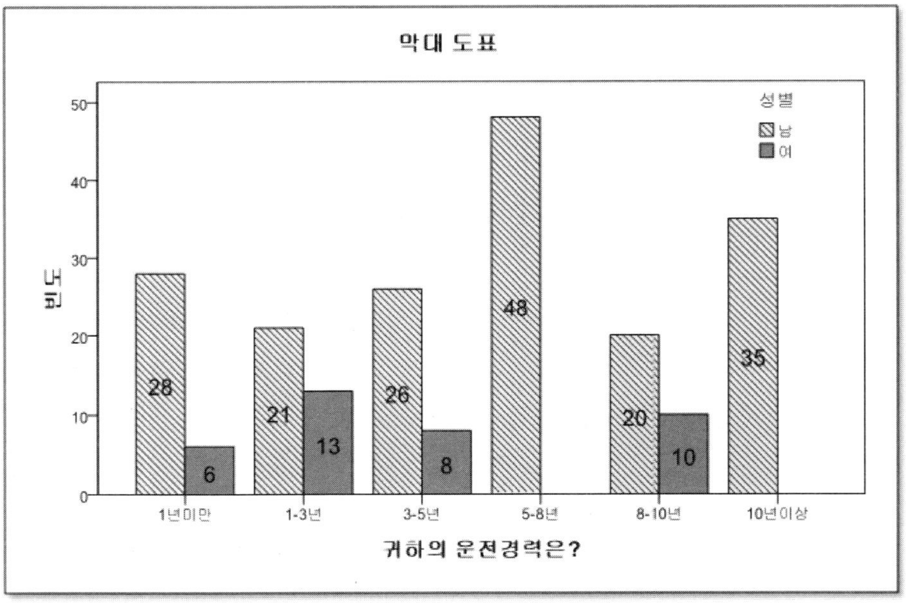

남자가 여자에 비해 표본의 수가 월등히 많음을 시각적으로도 알 수 있으며 특히 운전경력이 5~8년과 10년 이상의 경우 여자는 표본에서 하나의 케이스도 없음을 알 수 있다. 이 경우 남자의 빈도는 다른 년수에 비해 상대적으로 빈도가 높음을 알 수 있다.

9.2 소유차종 제조사와 희망차종 제조사의 교차분석

다음은 7번 문항인 소유차종과 희망차종에 대하여 교차분석을 수행해 보도록 하자. 7번 문항은 다음과 같다.

7-1. 현재 귀하의 차종에 해당하는 번호를 표시해 주세요 (   )
7-2. 앞으로 차량을 바꾸거나 새로 구입하게 될 경우 차종은? (   )

현 대	대 우	기 아	쌍 용	기 타
1. 엑 셀	10. 티 코	22. 프라이드	31. 코란도	33. 외산
2. 엑 센 트	11. 르 망	23. 아 벨 라	32. 무 쏘	34. 기타
3. 엘란트라	12. 씨 에 로	24. 세 피 아		( )
4. 티 뷰 론	13. 넥 시 아	25. 캐 피 탈		
5. 아 반 떼	14. 에스페로	26. 콩 코 드		
6. 쏘 나 타	15. 누 비 라	27. 크레도스		
7. 마 르 샤	16. 라 노 스	28. 엘란 스포츠카		
8. 그 랜 저	17. 프 린 스	29. 포 텐 샤		
9. 다이너스티	18. 로얄시리즈	30. 엔터프라이즈		
	19. 브 로 엄			
	20. 레 간 자			
	21. 아카디아			

이 두 문항을 교차표로 작성하면 행과 열의 칸수가 최대 34개의 셀로서 너무 커지므로 분석하기가 다소 어려운 점이 있다. 즉 데이터를 요약하여 분석하기가 쉽지 않으며 전체적으로 요약된 정보를 얻어내기가 힘들다. 그러므로 7번 문항은 각 제조사별로 분석하는 것이 보다 요약된 정보를 얻는데 도움이 된다. 결국 두 문항을 각 차종의 제조사별로 코딩을 변경하여 교차표를 작성하는 것이 좋다. 문항 [7-1]은 소유하고 있는 차종의 제조회사명인 현대, 대우, 기아, 쌍용을 1, 2, 3, 4로 다시 코딩하고 문항 [7-2]는 희망하는 차종의 제조회사별로 역시 문항 [7-1]과 같은 방식으로 코딩을 변경한다. 이렇게 새롭게 작성된 두 변수의 교차표를 작성하면 4×4인 교차표로 작성할 수 있으며, 분석을 무난히 수행할 수 있게 된다.

9.2.1 코딩변경

분석에 앞서 두 변수의 변수값을 각 자동차 제조사별로 코딩을 변경하여 현재 보유하고 있는 자동차의 제조사와 앞으로 희망하는 차종의 제조사 간의 교차분석을 시도해 보기로 한다. 우선 제조사별로 코딩을 변경하기 위하여 메뉴에서

변환 ☞
다른 변수로 코딩변경...

을 선택하면 다음과 같은 주대화상자가 나타난다. 여기에서 **'다른 변수로 코딩변경**...(Recode into Different Variables...)'를 선택하는 이유는 기존의 변수를 보존하기 위하여 새로운 변수를 만들어 교차분석을 수행하기 위함이다.

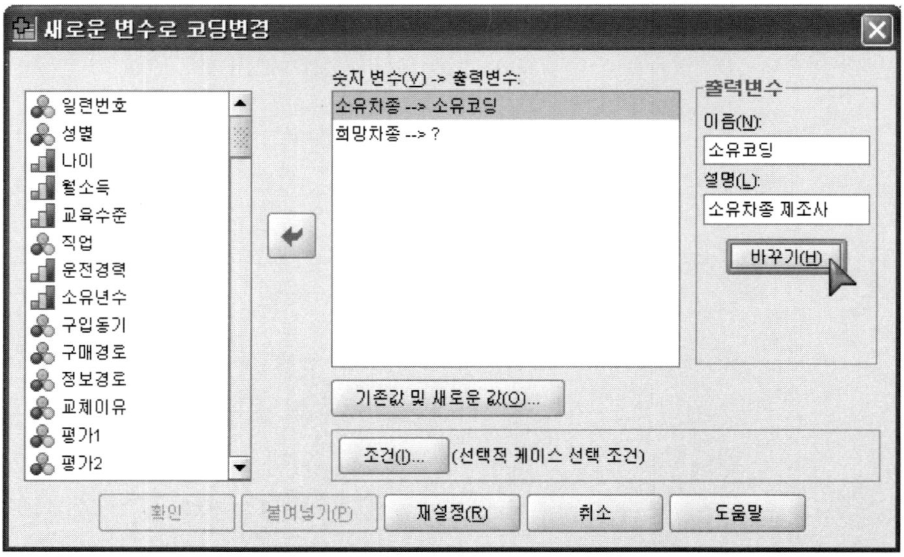

두 변수 소유차종과 희망차종을 선택한 후 소유차종을 선택하고 **'출력변수**'에서 변수이름과 변수설명을 입력하고 바꾸기(H) 단추를 클릭하면 변수 입력란에 새로운 변수이름이 입력된다.

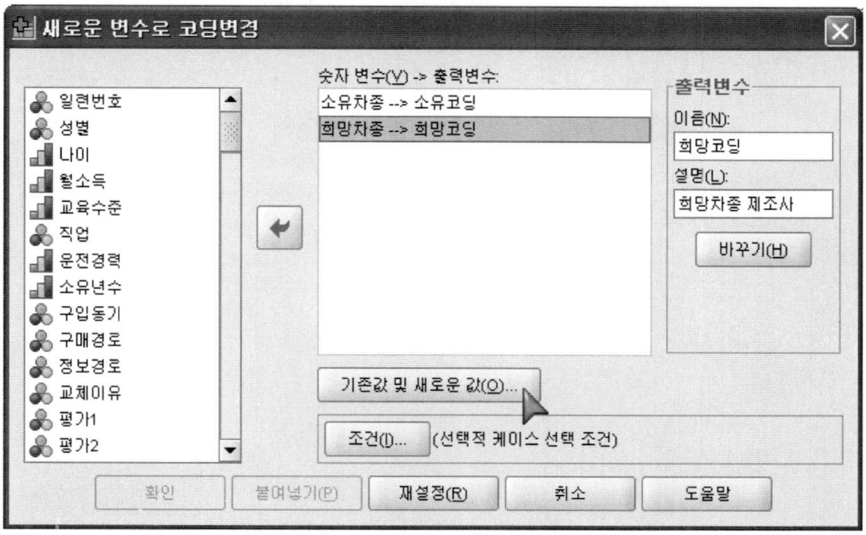

역시 희망차종에 대해서도 동일하게 입력을 완료한 후 코딩 변경을 지정하기 위하여 [기존값 및 새로운 값(O)...]를 클릭하면 변수값의 변경사항을 지정하는 다음과 같은 부대화상자가 나타난다.

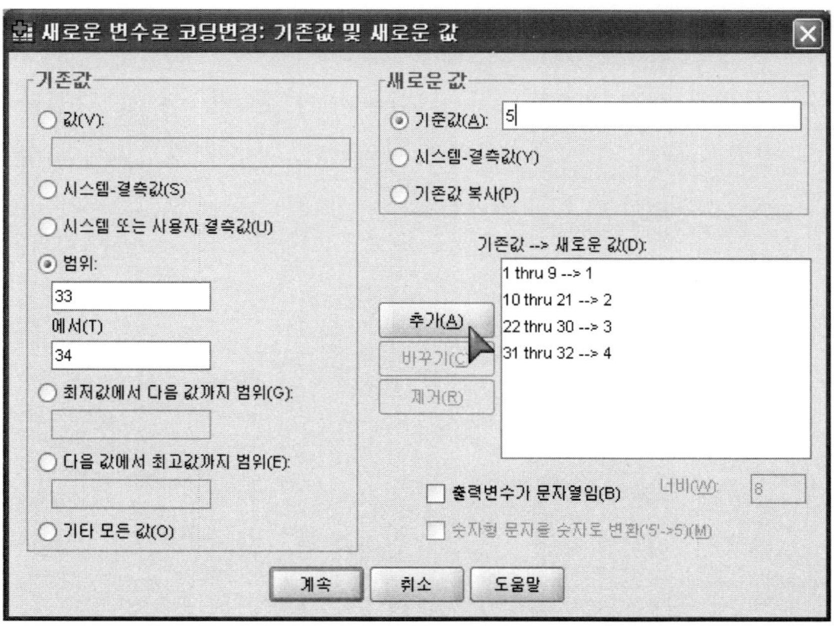

위의 부대화상자에서 '범위:'를 선택하고 1에서 9까지 입력하고 '새로운 값' 상자에서 '기준값:'에 '1'을 입력한 다음 [추가(A)] 단추를 클릭하면 상자에 등록된다. 이와 같은 방법으로 10에서 21은 '2'로, 22에서 30은 '3'으로, 31에서 32는 '4'로, 33에서 34는 '5'로 입력하고 [계속] 단추를 클릭한다. 다음으로 주대화상자에서 [확인] 단추를 클릭하면 두 제조사 변수가 데이터 편집기에 나타난다.

9.2.2 변수설명 작성

이 두 변수의 변수값 1은 '현대', 2는 '대우', 3은 '기아', 4는 '쌍용', 5는 '기타'로 설명을 붙이기로 한다. 두 변수의 변수값 설명을 동일하게 붙여야 함으로 각 변수를 두 번에 걸쳐 변수값 설명을 입력할 수도 있으나 여기에서는 한 변수만 변수값 설명을 붙이고 다른 변수는 복사하여 붙여넣기 하면 된다.

여러 변수의 동일한 변수값 설명을 붙이기 위하여 SPSS 데이터 편집기 상 '변수 보기' 탭으로 이동한 다음 일단 한 변수의 값 칼럼의 단추를 클릭하면 변수값 설명 대화상자가 나타난다. 이 대화상자에서 다음과 같이 입력하고 [확인] 단추를 클릭한다.

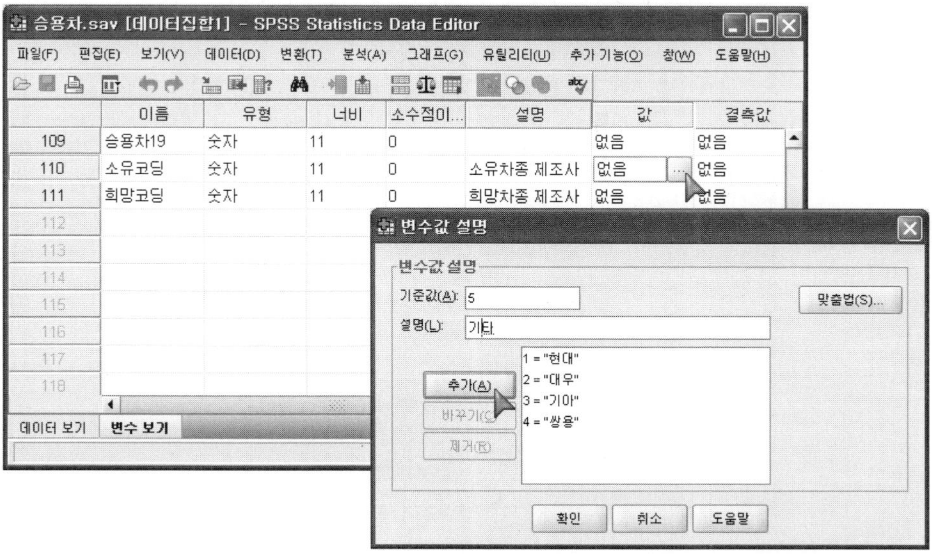

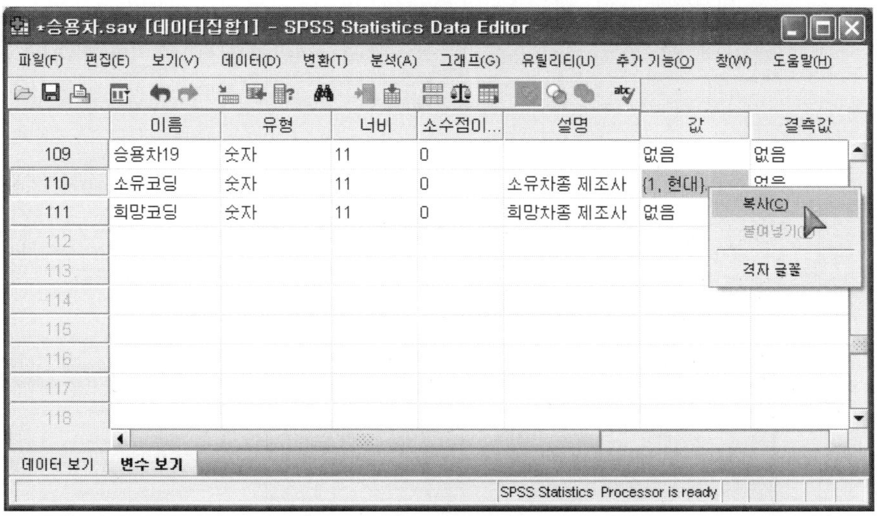

이제 복사하여 희망코딩 변수의 값 셀을 선택하고 마우스 오른쪽 버튼을 클릭하여 붙여넣기 한다.

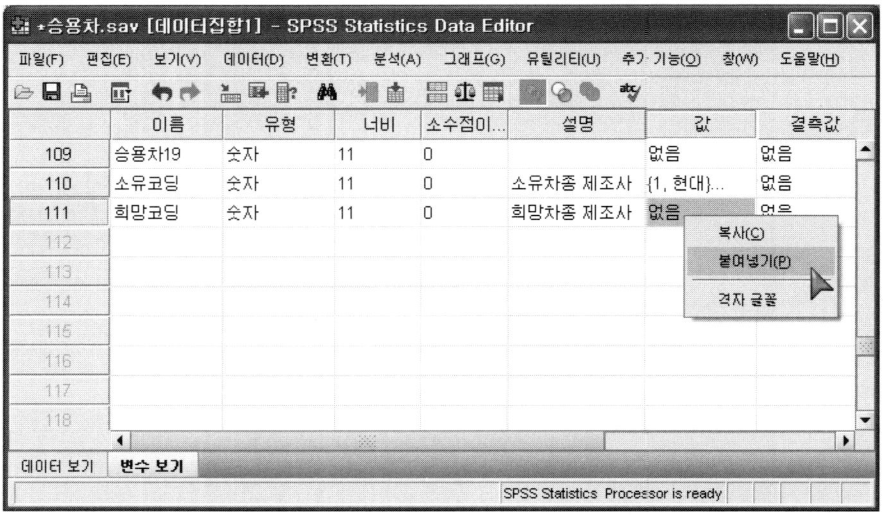

만일 동일한 설명을 입력해야 할 변수들이 많다면 해당된 값 셀들을 한꺼번에 다 끌기하여 선택한 후 붙여넣기 하면 된다. 한번 실습해 보기 바란다.

그리고 기타는 분석할 때 제외하고 분석하기로 한다면 결측값으로 선언하면 되는데 역시 앞에서 설명한 변수값 설명과 동일한 방법으로 한번 지정하고 나머지는 복사하여 붙여넣기 한다.

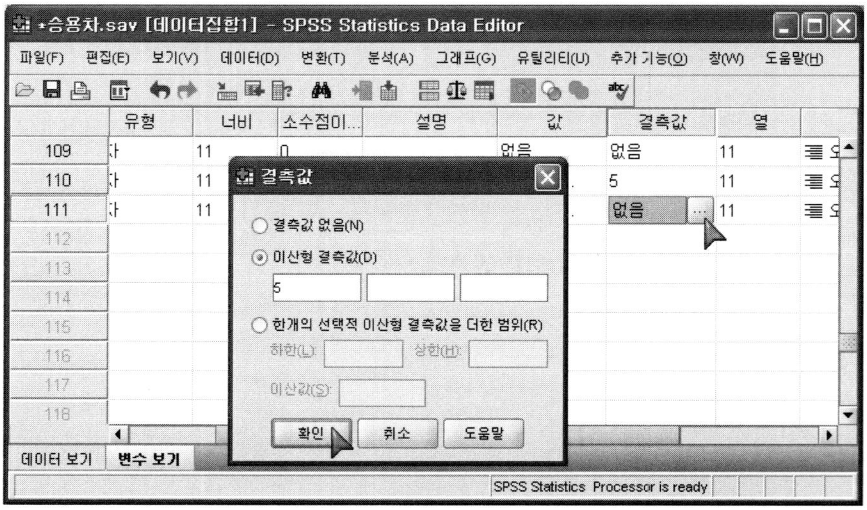

이제 새로 만들어진 두 변수에 대해 교차분석을 실시해 보자. 메뉴에서 교차분석을 선택한다.

분석 ☞
기술통계량 ☞
교차분석...

교차분석 대화상자에서 두 변수 소유코딩과 희망코딩을 선택하고 '수평누적 막대도표 출력'을 체크한다.

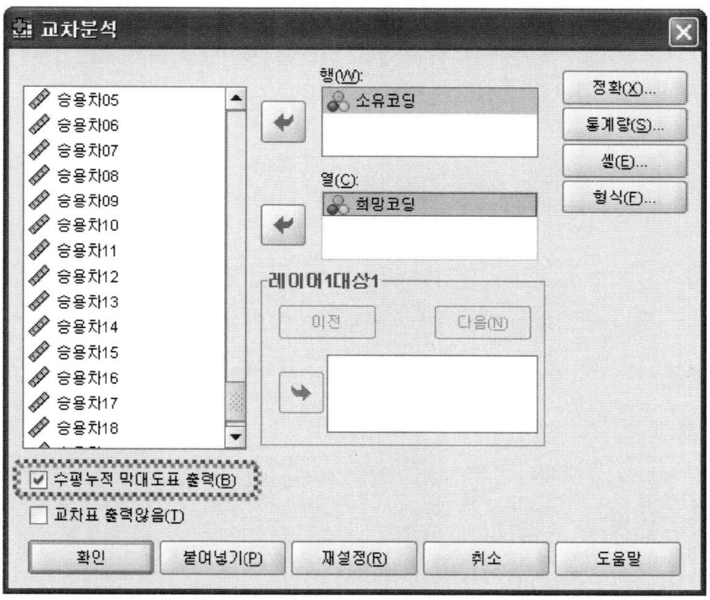

교차분석 주대화상자에서 [셀(E)...] 단추를 클릭하여 다음의 부대화상자에서 '**기대빈도**(Expected)'와 '**행**(Row)' 퍼센트를 체크한다.

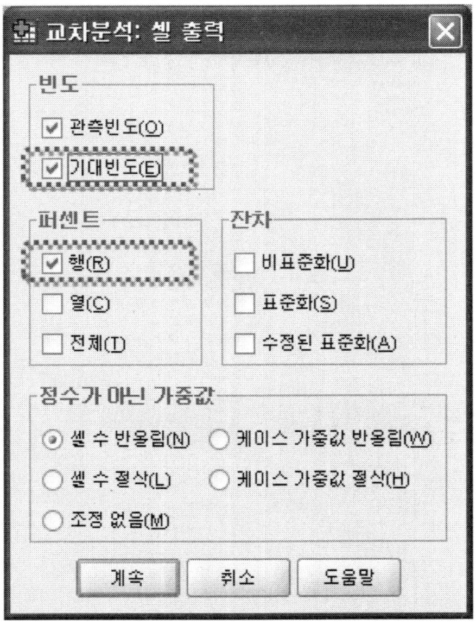

여기에서 '퍼센트' 상자에서 **'행'** 퍼센트만을 체크하는 이유는 현재 보유하고 있는 차종의 제조사에서 미래에 희망하는 차종의 제조사가 어떻게 변화되는가를 보기 위하여 분석하는 것으로 **'열'** 퍼센트는 의미가 없다. 즉 행변수가 설명변수(소유코딩)이고 열변수가 반응변수(희망코딩)이기 때문에 설명변수인 행변수를 기준으로 퍼센트를 계산하는 것이 타당하다. 다음으로 [계속] 단추를 클릭한다. 다시 주대화상자에서 [확인] 단추를 클릭하면 교차분석이 수행된다.

케이스 처리 요약

	케이스					
	유효		결측		전체	
	N	퍼센트	N	퍼센트	N	퍼센트
소유차종 제조사 * 희망차종 제조사	197	91.6%	18	8.4%	215	100.0%

상기의 출력결과는 전체 215개 케이스 중에서 18개 케이스가 결측되어 197개의 유효 케이스만을 가지고 교차분석을 수행함을 알 수 있다.

소유차종 제조사 * 희망차종 제조사 교차표

			희망차종 제조사				전체
			현대	대우	기아	쌍용	
소유차종 제조사	현대	빈도	62	29	3	5	99
		기대빈도	48.2	31.2	8.5	11.1	99.0
		소유차종 제조사 중 %	62.6%	29.3%	3.0%	5.1%	100.0%
	대우	빈도	21	28	5	0	54
		기대빈도	26.3	17.0	4.7	6.0	54.0
		소유차종 제조사 중 %	38.9%	51.9%	9.3%	.0%	100.0%
	기아	빈도	13	2	9	5	29
		기대빈도	14.1	9.1	2.5	3.2	29.0
		소유차종 제조사 중 %	44.8%	6.9%	31.0%	17.2%	100.0%
	쌍용	빈도	0	3	0	12	15
		기대빈도	7.3	4.7	1.3	1.7	15.0
		소유차종 제조사 중 %	.0%	20.0%	.0%	80.0%	100.0%
전체		빈도	96	62	17	22	197
		기대빈도	96.0	62.0	17.0	22.0	197.0
		소유차종 제조사 중 %	48.7%	31.5%	8.6%	11.2%	100.0%

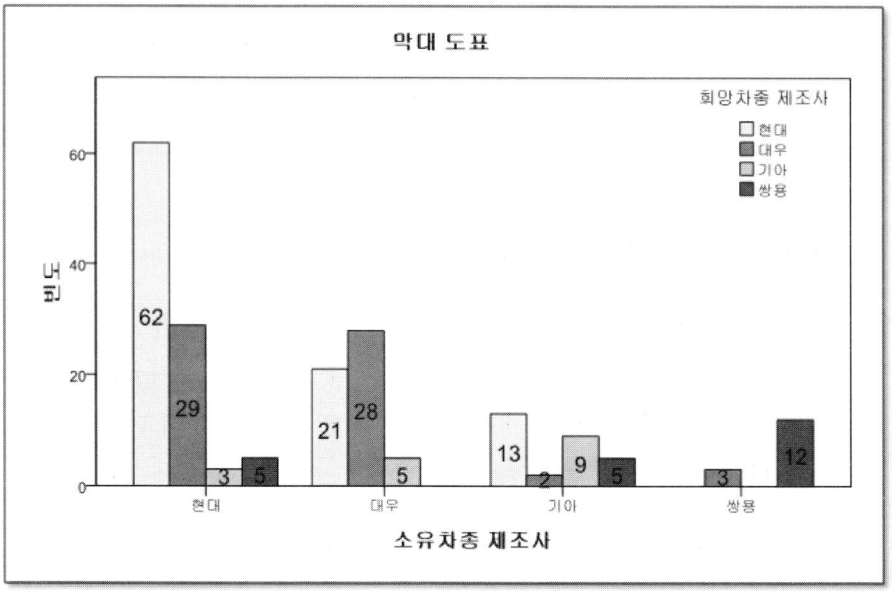

9.3 독립성 검정

두 범주형 변수의 연관성을 검토하기 위한 통계적 방법으로 가장 대표적인 검정 방법은 독립성 검정이다. 두 범주형 변수가 서로 종속관계(연관성이 있는지)인지 독립인지를 판단하는 통계적 검정방법을 카이제곱검정(Chi - Square Test)이라 한다. 즉 여기에서 영가설(귀무가설: H_0)과 연구가설(대립가설: H_a)은 다음과 같다.

H_0 : 두 범주형 변수는 서로 연관성이 없다.(즉, 통계적으로 독립이다.)
H_a : 두 범주형 변수는 서로 연관성이 있다.(즉, 통계적으로 종속이다.)

만일 통계적으로 종속인 연구가설이 채택되면 '두 범주형 변수는 서로 연관성이 있다'라는 결론을 내리게 된다. 그렇다면 과연 '어느 정도 연관성이 있는가?'라는 의문을 가지게 된다. 바로 이러한 의문에 답이 결합도(measures of association)이다. 결합도는 두 범주형 변수가 어느 정도 결합되어 있는가를 재는 측도(measure)이다.

9.3.1 결합도(measures of association)

카이제곱검정에서 현재 소유한 차종의 제조사와 앞으로 희망하는 차종의 제조사와는 연관성이 있다. 즉, 통계적으로 종속이라고 판단하였다면 우리의 다음 관심사는 소유차종 제조사와 희망차종 제조사의 반응의 차이가 얼마나 있는가를 측정하는 것이다.

결합도를 측정하는 데는 칼피어슨의 분할계수 C(contingency coefficient), 크레머의 V, 굿만과 크루스칼의 람다(lambda), 감마(gamma), 쏨머스의 d(D), 켄달의 타우(BTAU, CTAU) 등이 있다. 이중에서 C와 V 등은 행태적 해석(operational interpretation)의 어려움이 있고 타우는 몇 가지 기술적인 문제점으로 근래에는 자주 사용하지 않고 있다. 행태적인 해석이 용이하여 많이 사용되고 있는 결합도만을 정리하면 다음과 같다.

명목 데이터인 경우 : 람다 (lambda)
서열 데이터인 경우 : 감마 (gamma), Somers의 d

일반적으로 결합도는 상관계수와 유사하게 다음과 같은 값의 범위를 가진다.

두 변수가 명목 데이터일 경우(람다계수)
$0 \leq$ 결합도 ≤ 1
결합도=0 ; 두 개의 변수가 통계적으로 독립일 때
결합도=1 ; 두 개의 변수가 완전 의존적일 때

두 변수가 서열 데이터일 경우(감마계수, Somers의 d)
$-1 \leq$ 결합도 ≤ 1
결합도= 0 ; 두 개의 변수가 통계적으로 독립일 때
결합도=+1 ; 두 개의 변수가 같은 방향으로 완전 의존적일 때
결합도=-1 ; 두 개의 변수가 반대 방향으로 완전 의존적일 때

또한 두 범주형 변수간에 시간적 우선이 존재하거나, 인과관계의 방향이 존재하는 경우를 비대칭적(asymmetric) 관계라 하고 시간적으로 후에 반응하거나 인과관계에서 결과에 해당하는 변수가 종속변수가 된다. 시간적 우선이나 인과관계의 방향이 존재하지 않는 경우를 대칭적(symmetric) 관계라고 하며 이는 시간적 우선이 존재하지 않거나 원인과 결과를 판단하기 쉽지 않아 종속변수를 정하기 어려운 경우를 말한다.

다시 교차분석 주대화상자에서 [통계량(S)...] 단추를 클릭한다. 독립성 검정을 하기 위해서 '**카이제곱**(Chi-square)'을 체크한다. 결합도는 교차시키는 두 범주형 변수의 측정수준에 따라 종류를 달리한다. 통계량 부대화상자를

보면 각각 측정수준에 따라 상자로 분리하여 표시되어 있다. 그러면 여기에서 사용한 두 범주형 변수는 둘 다 명목 데이터이므로 명목 데이터 상자에 표시된 결합도 중에서 람다(lambda) 계수를 선택한다.

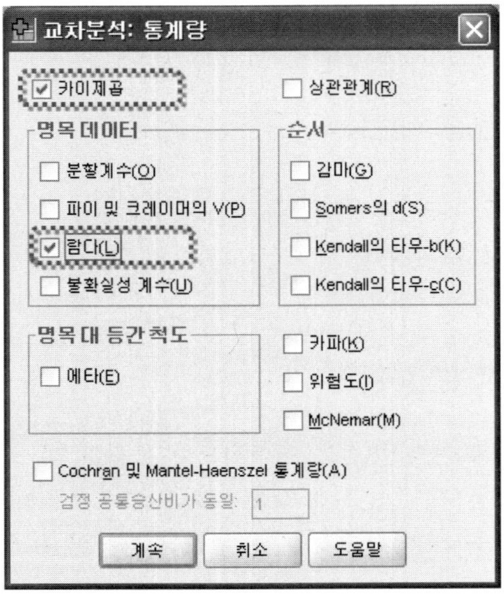

상기와 같이 지정한 다음 [계속] 단추를 클릭하고 교차분석 주대화상자에서 [확인] 단추를 클릭한다.

카이제곱 검정

	값	자유도	점근 유의확률 (양측검정)
Pearson 카이제곱	121.594[a]	9	.000
우도비	95.596	9	.000
선형 대 선형결합	51.441	1	.000
유효 케이스 수	197		

a. 6 셀 (37.5%)은(는) 5보다 작은 기대 빈도를 가지는 셀입니다. 최소 기대빈도는 1.29입니다.

H_0 : 현재 소유한 차종의 제조사와 앞으로 희망하는 차종의 제조사와는 연관성이 없다. (즉, 통계적으로 독립이다.)

H_a : 현재 소유한 차종의 제조사와 앞으로 희망하는 차종의 제조사와는 연관성이 있다.

(즉, 통계적으로 종속이다.)

Pearson 카이제곱의 점근 유의확률(p-값=0.000)이 유의수준 0.05보다 작으므로 영가설을 기각하게 된다. 그러므로 연구가설을 채택하여 유의수준 5% 하에서 '현재 소유한 차종의 제조사와 앞으로 희망하는 차종의 제조사와는 연관성이 있다'는 결론을 내리게 된다. 이와 같이 가설을 설정하고 검정하는 자세한 내용은 '통계적 가설검정'을 학습하기 바란다.

일반적으로 Pearson의 카이제곱 통계량은 기대빈도가 5미만인 셀이 전체 셀에 대략 20% 이상이면 통계량의 검정력(power) 매우 떨어져 검정의 결과를 신뢰하기 힘든 것으로 알려져 있다. 그러므로 카이제곱검정 피벗표 하단에 'a'로 표시된 주석을 보면 기대빈도가 5미만인 셀이 6개로 전체 셀의 37.5%를 차지하고 있음을 알 수 있으며, Pearson의 카이제곱통계량만을 가지고 검정하는 것은 위험한 일이라 할 수 있다. 즉 독립성 검정을 할 수 없는 상황이다. 그렇다면 이러한 경우 어떻게 독립성 검정을 수행할 것인가? 이는 가장 이상적인 대책은 기대빈도가 5미만인 셀을 5이상이 되도록 하는 것이다. 즉 표본의 크기를 늘려 주어야 한다. 처음 표본조사를 실시할 때 이러한 경우를 고려해야 할 것이다. 그러나 이는 실제 표본을 조사할 때 이러한 점을 고려한다는 것은 여러 가지 상황이 매우 힘들며 거의 불가능한 경우도 있을 수 있다. 이미 수집된 데이터의 수를 늘이기 위하여 다시 설문조사를 한다는 것은 시간과 비용의 문제가 심각해질 뿐만 아니라 현실적으로 어떤 연구자도 추가조사를 고려하지 않을 것이다. 그렇다고 분석을 포기할 것인가? 현재 수집된 표본만을 가지고 검정을 할 수 있어야 할 것이다. Pearson 카이제곱을 비롯한 우도비 통계량과 선형 대 선형결합 통계량도 참조하여 종합적으로 판단할 것을 제안한다. 물론 이들의 통계량은 약간의 성격이 다르지만 수집된 데이터의 전반적인 상황을 어느 정도는 반영하고 있으므로 세 가지 통계량을 보고 판단한다. 즉 유의수준 0.05일 때 세 가지 통계량의 점근유의확률이 모두 0.000으로 유의수준 보다 작다. 그러므로 귀무가설을 기각하게 되고 두 범주형 변수의 관련성을 인정하게 된다.

방향성 측도

			값	점근 표준오차[a]	근사 T 값[b]	근사 유의확률
명목척도 대 명목척도	람다	대칭적	.161	.048	3.068	.002
		소유차종 제조사 종속	.133	.051	2.451	.014
		희망차종 제조사 종속	.188	.070	2.470	.014
	Goodman과 Kruskal 타우	소유차종 제조사 종속	.145	.034		.000[c]
		희망차종 제조사 종속	.161	.031		.000[c]

a. 영가설을 가정하지 않음.
b. 영가설을 가정하는 점근 표준오차 사용
c. 카이제곱 근사법을 기준으로

두 변수 모두 명목데이터이고, 시간적 우선이 존재하므로(소유차종 제조사가 먼저 정해지고 희망차종 제조사가 차후에 반응으로 나타남) 두 변수는 비대칭적이다. 즉 희망차종 제조사가 종속변수가 되므로 결합도 람다는 0.188이다. 람다계수 0.188은 소유차종 제조사가 어느 회사인지를 알고 있다면 소유차종 제조사를 모르는 경우에 비해 합리적인 추측이 잘못될 확률을 18.8% 정도 감소시켜 준다는 것을 의미한다. 즉 합리적인 추측의 오류율을 약 18.8% 감소시켜 준다는 말이다. 이 말이 과연 무엇을 의미하는가? 아직은 쉽게 이해되지 않을 것이다.

그렇다면 여기에서 '**합리적인 추측**'이란 무엇을 의미하는가? 이를 이해하기 위해서는 람다 계수의 계산과정을 이해할 필요가 있다.

어떤 낯선 사람이 길을 지나가고 있다. 연구자는 표본으로부터 계산된 교차표를 가지고 있고 그 낯선 사람이 어떤 차종을 희망하는가를 추측해야 한다고 하자. 이러한 상황은 표본으로부터 추출된 정보를 이용하여 모집단을 예측하는 것과 같다. 우선 두 가지 상황을 설정해 보도록 하자.

상황 1 낯선 사람이 소유한 차종의 제조사에 대한 정보를 모를 때 희망하는 차종의 제조사는 무엇인가에 대한 합리적인 추측

상황 2 낯선 사람이 소유한 차종의 제조사에 대한 정보를 알고 있을 때 희망하는 차종의 제조사는 무

엇인가에 대한 합리적인 추측

그렇다면 [상황 1]의 경우는 어떻게 합리적인 추측을 하는 것일까? 교차표를 보면서 설명하기로 한다.

소유차종 제조사 * 희망차종 제조사 교차표

			희망차종 제조사				전체
			현대	대우	기아	쌍용	
소유차종 제조사	현대	빈도	▶▼ 62	▼ 29	3	5	◆ 99
		기대빈도	48.2	31.2	8.5	11.1	99.0
		소유차종 제조사 중 %	62.6%	29.3%	3.0%	5.1%	100.0%
	대우	빈도	21	▶ 28	5	0	54
		기대빈도	26.3	17.0	4.7	6.0	54.0
		소유차종 제조사 중 %	38.9%	51.9%	9.3%	.0%	100.0%
	기아	빈도	▶ 13	2	▼ 9	5	29
		기대빈도	14.1	9.1	2.5	3.2	29.0
		소유차종 제조사 중 %	44.8%	6.9%	31.0%	17.2%	100.0%
	쌍용	빈도	0	3	0	▶▼ 12	15
		기대빈도	7.3	4.7	1.3	1.7	15.0
		소유차종 제조사 중 %	.0%	20.0%	.0%	80.0%	100.0%
전체		빈도	◆ 96	62	17	22	● 197
		기대빈도	96.0	62.0	17.0	22.0	197.0
		소유차종 제조사 중 %	48.7%	31.5%	8.6%	11.2%	100.0%

▶: 행 기준 최대빈도 ▼: 열 기준 최대빈도 ◆: 행/열 주변 최대빈도 ●: 전체빈도

[상황 1]의 경우 소유차종 제조사에 대한 정보를 모르므로 희망차종 제조사인 열의 주변분포를 보고 판단한다. 즉 현대는 96, 대우는 62, 기아는 17, 쌍용은 22개의 케이스로 가장 큰 빈도는 현대(96 케이스/197)라고 합리적인 추측을 할 수 있다. 낯선 사람이 희망하는 차종의 제조사는 현대일 확률이 가장 크기 때문에 현대로 판단하는 것이다. 이와 같은 판단은 표본으로부터 가장 합리적인 추측을 행하는 것이다.

[상황 2]의 경우 소유차종 제조사에 대한 정보를 알고 있다고 가정하였기 때문에 소유차종 제조사가 어느 곳이냐에 따라 합리적인 추측은 달라진다. 즉 낯선 사람의 소유차종이 현대 것이라면 희망차종 역시 현대(62 케이스/99)일 것이다. 또한 소유차종이 대우라면 희망차종은 대우(28 케이스/54)일 것이고, 소유차종이 기아라면 희망차종은 현대(13 케이스/29)일 것이고, 소유차종이 쌍용이라면 희망차종 역시 쌍용(12 케이스/15)일 것이다. 4개 제

조사에 따라 합리적인 추측을 할 수 있다.

9.3.2 람다계수의 계산과정

이제 람다(λ_a) 계수를 계산하는 방법을 알아보자. 공식은 다음과 같다.

$$\lambda_a = \frac{[\text{상황 1}]\text{에서 오류를 일으킬 확률} - [\text{상황 2}]\text{에서 오류를 일으킬 확률}}{[\text{상황 1}]\text{에서 오류를 일으킬 확률}}$$

$$, [\text{상황 1}]\text{에서 오류를 일으킬 확률} \neq 0$$

여기에서 '0'으로 나눌 수 없기 때문에 [상황1]에서 오류를 일으킬 확률은 '0'이 아니어야 한다. 이제 람다계수의 의미를 파악해 보고 계산 과정을 설명하기로 한다. 람다계수의 값은 '0'과 '1' 사이의 값을 가지는데 $\lambda_a=1$이 되려면

[상황2]에서 오류를 일으킬 확률 = 0

이 되어야 한다. 즉 낯선 사람이 소유한 차종의 제조사에 대한 정보를 알고 있을 때 희망하는 차종의 제조사에 대한 합리적인 추측이 잘못될 확률이 '0'이라는 의미이다. 다시 말해 결합도 '1'이란 소유한 차종의 제조사를 알고 있다면 100% 정확하게 희망하는 차종의 제조사를 알 수 있다는 의미이며 이러한 상태를 **'완전결합'**이라 한다.

반대로 $\lambda_a=0$이 되려면

{[상황1]에서 오류를 일으킬 확률} - {[상황2]에서 오류를 일으킬 확률} = 0

∴ [상황1]에서 오류를 일으킬 확률 = [상황2]에서 오류를 일으킬 확률

을 만족하여 [상황 1]에서 오류를 일으킬 확률과 [상황2]에서 오류를 일으킬 확률이 동일해야 한다. 이는 낯선 사람이 소유한 차종의 제조사에 대한 정

보를 모를 때와 알고 있을 때의 합리적인 추측이 오류를 일으킬 확률이 같다는 것은 소유차종의 제조사를 알고 있음으로 해서 합리적인 추측에 도움이 되지 않는다는 것을 의미한다. 일반적으로 두 범주형 변수가 서로 연관이 있다면 한 범주형 변수에 대한 정보를 알고 있음으로 해서 다른 범주형 변수의 정보를 추측하는데 도움이 된다. 그러나 이러한 상태는 전혀 합리적인 추측에 도움이 되지 않음을 뜻한다. 즉 $\lambda_a = 0$은 두 변수가 **'전혀 결합되어 있지 않음'**을 의미하며 통계적으로 독립임을 의미한다.

이제 람다계수의 공식에 표본으로부터 작성된 교차표의 빈도값을 대입하여 계산해 보기로 하자. 희망차종의 제조사가 종속변수인 경우를 가정한다.

$$[\text{상황1}]\text{에서 오류를 일으킬 확률} = 1 - \frac{96}{197}$$

[상황 1]에서 오류를 일으킬 확률은 전확률 법칙(law of total probabilities)을 사용하여 구할 수 있다. [상황 2]에서 오류를 일으킬 사상을 E라고 하면 [상황 2]에서 오류를 일으킬 확률 $P(E)$는 다음과 같이 계산된다.

$$\begin{aligned}
\begin{matrix}[\text{상황 2}]\text{에서} \\ \text{오류를} \\ \text{일으킬 확률}\end{matrix} &= P(E) \\
&= P(E|\text{현대}) \cdot P(\text{현대}) + P(E|\text{대우}) \cdot P(\text{대우}) \\
&\quad + P(E|\text{기아}) \cdot P(\text{기아}) + P(E|\text{쌍용}) \cdot P(\text{쌍용}) \\
&= \left(1 - \frac{62}{99}\right)\frac{99}{197} + \left(1 - \frac{28}{54}\right)\frac{54}{197} + \left(1 - \frac{13}{29}\right)\frac{29}{197} + \left(1 - \frac{12}{15}\right)\frac{15}{197}
\end{aligned}$$

이상의 결과를 람다 공식에 대입하여 계산하면 다음과 같다.

$$\lambda_a = \frac{[\text{상황 1}]\text{에서 오류를 일으킬 확률} - [\text{상황 2}]\text{에서 오류를 일으킬 확률}}{[\text{상황 1}]\text{에서 오류를 일으킬 확률}}$$

$$= \frac{\left(1-\frac{96}{197}\right) - \left[\left(1-\frac{62}{99}\right)\frac{99}{197} + \left(1-\frac{28}{54}\right)\frac{54}{197} + \left(1-\frac{13}{29}\right)\frac{29}{197} + \left(1-\frac{12}{15}\right)\frac{15}{197}\right]}{\left(1-\frac{96}{197}\right)}$$

$$= \frac{(62+28+13+12)-96}{197-96}$$

$$= \frac{19}{101}$$

$$= 0.188$$

참고로 소유차종 제조사가 종속변수일 때 람다계수 λ_b=0.133과 대칭적 람다계수 λ_{sym}=0.161의 계산과정을 알아보자. 물론 이 두 람다계수는 현재 교차표로 작성된 두 변수 소유차종의 제조사와 희망차종의 제조사의 관계에 있어서 행태적인 해석을 내리는데 도움이 되지는 않는다.

소유차종 제조사가 종속변수일 때 람다 계수 λ_b는 행과 열의 기준을 바꾸어 생각하면 다음과 같이 계산된다.

$$\lambda_b = \frac{(62+29+9+12)-99}{197-99}$$

$$= \frac{13}{98}$$

$$= 0.133$$

대칭적 람다는 앞에서 계산한 두 가지의 비대칭 람다의 분모는 분모끼리 분자는 분자끼리 더하여 분수를 이룬 값인

$$\lambda_{sym} = \left(\frac{19+13}{101+98}\right)$$
$$= 0.161$$

과 같이 계산할 수 있으며, 또 두 비대칭 람다의 합을 2로 나눈 값인

$$\lambda_{sym} = \left(\frac{\lambda_a + \lambda_b}{2}\right)$$
$$= \left(\frac{0.188+0.133}{2}\right)$$
$$= 0.161$$

으로도 계산할 수 있다. 이렇게 계산된 두 람다 계수 값과 출력결과의 람다 계수의 값이 동일함을 알 수 있다.

메모

기술통계분석과 탐색적 데이터분석

10.1 기술통계 개요

많은 경우 주어진 데이터를 적절히 요약할 필요가 있다. 이러한 요약성은 주어진 데이터를 간단하게 표시하는 이점이 있는 반면에 데이터를 요약하는 과정은 필연적으로 정보의 손실(loss of information)을 동반하게 되어 정확성을 상실하게 된다. 그러나 대부분의 경우 요약성이 정확성보다 더욱 중요한 의미를 갖는다.

정보의 손실을 최대로 줄이면서 주어진 데이터를 가장 효과적으로 요약할 수 있는 몇 개의 요약값을 찾아내는 분석방법이 바로 기술통계분석이다. 이러한 기술통계값의 계산은 차후에 보다 차원 높은 데이터분석을 하기 위한 준비과정이라 할 수 있다.

대표적인 기술통계값은 크게 분포의 중심을 나타내는 중심경향값, 분포의 퍼짐정도를 나타내는 산포도, 분포의 모양을 나타내는 분포도 등으로 나누어 볼 수 있다. 중심경향값으로는 평균, 중위수, 최빈값 등을 많이 사용하며, 산포도는 표준편차, 분산, 범위, 사분위범위 등이 있으며, 분포도로서 왜도와 첨도가 있다.

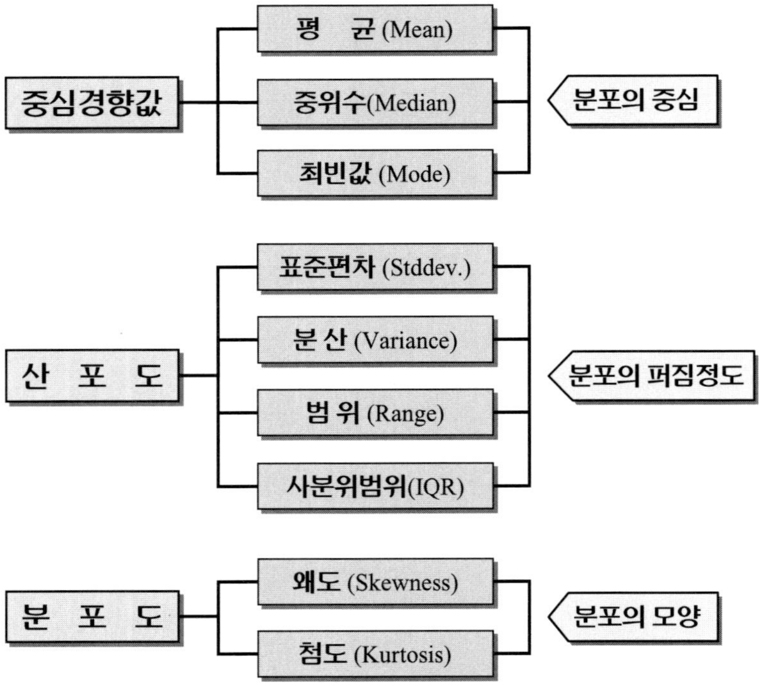

[그림 10-1] 기술통계값

모집단으로부터 추출된 n개의 표본(sample)을 $X_1, X_2, \cdots, X_n$으로 표기하면, X_i는 i번째로 뽑힌 표본의 값이 되며, n을 표본크기(sample size)라고 한다. 이제 여러 기술통계량에 대한 특성을 살펴보기로 한다.

10.1.1 표본평균(sample mean)

$X_1, X_2, \cdots, X_n$이 표본 데이터일 때 표본평균은 다음과 같이 $\overline{X}$로 정의된다.

$$\overline{X} = \frac{1}{n}\sum_{i=1}^{n} X_i$$

표본평균은 모든 관측값을 합하고 전체 관측값의 수로 나누어주기 때문에 수학적으로 다루기 편하고 계산이 쉬운 장점이 있으나 극단값(extreme values)에 대하여 민감하기 때문에 몇 개의 극단값들만 있어도 표본의 크기가 작을 경우 대표값으로서의 기능을 상실하는 단점을 지니고 있다. 이러한 경우의 예로 웃지 못 할 이야기가 있다.

평균 깊이가 1미터가 되는 강을 건너다가 익사한 병사의 이야기

대열로부터 이탈한 한 병사가 부대로 복귀하다가 강을 접하게 되었다. 강에서 낚시를 즐기고 있는 노인에게 '강의 깊이가 얼마나 됩니까?'라고 물어 보았다. 이러한 질문은 강의 평균 깊이를 물어본 것이라 할 수 있다. 그러자 노인은 '대략 1미터 정도 될 거요'라고 대답하자 병사는 자신의 키가 175임을 감안하고 자신 있게 강을 건너기 시작했다. 처음 강으로 들어가자 병사의 무릎 밑에 물이 흐르고 있었다. 그러나 강의 중간쯤에 다다르자 병사는 외마디와 함께 사라지고 말았다. 강의 가장자리의 수심은 1미터를 훨씬 밑도는 정도이었으나 강의 중간 지점의 수심이 약 5미터(극단값) 정도 되었던 것이다.

10.1.2 중위수(median)

중위수는 데이터를 크기순으로 정렬하였을 때 가운데 위치한 관측값을 의미한다. 즉 데이터를 크기순으로 나열하여 i 번째로 관측값을 $X_{(i)}$, $(i=1,2,\cdots,n)$로 표시하면

$$X_{(1)} < X_{(2)} < \cdots < X_{(n)}$$

을 얻는다. 그리고 이 때 $X_{(1)}, X_{(2)}, \cdots, X_{(n)}$을 순서통계량(order statistics)이라 하며, $X_{(1)}$은 최소값, $X_{(n)}$은 최대값이 되고 중위수 M은 다음과 같이 계산된다.

$$M=\begin{cases} X_{(\frac{n+1}{2})} & ,\ n\text{이 홀수일 때} \\ \dfrac{X_{(\frac{n}{2})}+X_{(\frac{n}{2}+1)}}{2} & ,\ n\text{이 짝수일 때} \end{cases}$$

중위수는 중앙값이라고도 하며 관측값의 수가 홀수개 일 때는 정확하게 중간에 위치한 값이 존재하므로 쉽게 중위수를 찾을 수 있지만 관측값의 수가 짝수개 일 때는 중앙에 위치한 하나의 관측값이 존재하지 않는다. 이러한 경우는 통상적으로 중앙에 위치한 2개의 관측값의 평균을 중위수로 사용한다. 또한 대표값으로서 중위수의 장점은 극단값에 민감한 반응을 보이지 않는다. 그러므로 관측값의 수가 작고 극단값이 존재하는 경우에도 대표값으로서 그 기능을 상실하지 않는다. 예를 들어 어느 아파트의 5가구의 월별소득이 100만원, 150만원, 200만원, 250만원, 3,000만원이라면 평균 740만원으로 극단값 3,000만원에 민감한 반응을 보여 대표값으로서 기능이 상실되었음을 알 수 있다. 그러나 중위수는 200만원으로 5가구 중 4가구가 대표값으로서 설득력이 있는 것으로 인정할 것이다. 그러므로 관측값의 수가 작고 극단값이 존재하는 경우에 중위수는 대표값으로서 제대로 기능을 다하고 있음을 알 수 있다.

10.1.3 최빈값(mode)

최빈값은 가장 빈도가 많은 관측값(observations)을 의미한다. 최빈값은 존재하지 않을 수도 있으며, 또 존재한다 하더라도 유일하지 않을 수도 있다. 예로 다음을 참고하면 쉽게 이해할 수 있을 것이다.

(예 1) 22, 23, 32, 40, 79 ⇒ 최빈값이 존재하지 않음

(예 2) 2, 3, 7, 7, 7, 7, 8, 9, 9, 9, 9 ⇒ 최빈값은 7과 9가 됨

(예 3) 2, 3, 7, 7, 7, 8, 9, 9 ⇒ 최빈값은 7임

이상의 예로 볼 때 최빈값은 존재하지 않을 수도 있으며 존재한다면 유일한 값이거나 여러 개의 최빈값이 존재할 수 있음을 알 수 있다. 일반적으로 최빈값은 대표값으로서 단독으로 사용하기에는 부족하므로 대체로 평균이나 중위수의 보조용으로 사용한다.

10.1.4 표준편차(standard deviation)와 분산(variance)

표준편차와 분산은 가장 널리 사용되는 분산도로써 $X_1, X_2, \cdots, X_n$이 주어진 표본관측값일 때 표본표준편차는 S로 표시되며 표본분산은 S^2으로 표시된다.

표본표준편차: $S=\sqrt{\frac{1}{n-1}\sum_{i=1}^{n}(X_i-\overline{X})^2}$

표 본 분 산 : $S^2=\frac{1}{n-1}\sum_{i=1}^{n}(X_i-\overline{X})^2$

10.1.5 범위(range)

범위는 가장 단순한 형태의 분산도로서 다른 분산도의 보조용으로 쓰이고 있으며 관측값의 최대값에서 최소값을 뺀 값으로 순서통계량을 사용하여 나타내면 다음과 같다.

$$R = X_{(n)} - X_{(1)} = \text{최대값} - \text{최소값}$$

10.1.6 사분위범위(interquartile range : IQR)

사분위범위는 상위 25%에 해당하는 관측값과 하위 25%에 해당하는 관측값을 제외하고 범위를 구한 값으로 $Q_{0.75} - Q_{0.25}$로 정의된다.

$Q_{0.75}$; 관측값을 크기순으로 나열했을 때 전체의 75%보다 큰 값 중 제일 작은 값(三四分位 ; third quartile)

$Q_{0.25}$; 관측값을 크기순으로 나열했을 때 전체의 25%보다 큰 값 중 제일 작은 값(一四分位 ; first quartile)

즉, IQR은 중위수($=Q_{0.5}$)를 중심으로 상위(上位) 25%에 해당하는 관측값과 하위(下位) 25%에 해당되는 관측값과의 차이를 말한다.

10.1.7 왜도(skewness)

왜도란 분포가 기울어진 방향과 정도를 나타내는 양으로서 분포의 비대칭 정도를 나타내는 척도를 말한다.

· 왜도 ⇒ 비대칭의 정도

$$S_k = \frac{n}{(n-1)(n-2)} \cdot \sum_{i=1}^{n} \frac{(X_i - \overline{X})^3}{S^3}$$

$S_k = 0$, 좌우대칭

$S_k < 0$, 왼쪽으로 긴 꼬리(음수)

$S_k > 0$, 오른쪽으로 긴 꼬리(양수)

S_k값이 크면 클수록 분포의 모양이 왼쪽 또는 오른쪽으로 기울어진다. 정규분포의 왜도는 '0'이다. 그러므로 왜도가 '0'에 가까운 값을 가질수록 정규분포와 비슷하다고 할 수 있다.

10.1.8 첨도(kurtosis)

첨도는 분포의 모양이 얼마나 뾰쪽한가를 나타내는 양을 말한다.

· 첨도 ⇒ 뾰쪽함의 정도

$$K = \frac{n(n+1)}{(n-1)(n-2)(n-3)} \cdot \sum_{i=1}^{n} \frac{(X_i - \overline{X})^4}{S^4} - \frac{3(n-1)^2}{(n-2)(n-3)}$$

$K = 0$, 표준정규분포와 분포모양이 동일

$K < 0$, 표준정규분포보다 납작함.

$K > 0$, 표준정규분포보다 뾰족함

K의 값이 클수록 분포의 모양이 뾰쪽해지고 작을수록 분포의 모양이 편편한 모양을 나타낸다. 정규분포의 첨도는 '0'이다. 그러므로 첨도가 '0'에 가까운 값을 가질수록 정규분포와 비슷하다고 할 수 있다.

10.2 중요도 평가점수의 기술통계분석

자동차 설문에서 등간척도로서 연속형 변수로 볼 수 있는 문항은 20번 문항으로 다음과 같다.

20. 다음에 제시되어 있는 자동차
의 정보들에 대해 여러분께서 자동차를 평가할 때 중요하다고 느끼는 정도를 눈금
위 숫자에 ✓표시하여 주십시오.

	전혀 중요 하지 않다	중간정도 중요하다	매우 중요하다

* 품 격 : 1----2----3----4----5----6----7
* 크 기 : 1----2----3----4----5----6----7
* 실내공간 : 1----2----3----4----5----6----7
* 호화정도 : 1----2----3----4----5----6----7
* 색 상 : 1----2----3----4----5----6----7
* 연 비 : 1----2----3----4----5----6----7
* 승 차 감 : 1----2----3----4----5----6----7
* 배 기 량 : 1----2----3----4----5----6----7
* 안 전 도 : 1----2----3----4----5----6----7
* 차량성능 : 1----2----3----4----5----6----7

이 문항의 값은 등간척도로 볼 수 있으므로 연속형 변수를 처리하는 프로시저인 기술통계분석을 수행할 수 있다. 20번 문항을 분석하여 보자.

단일변수에 대한 기술통계값을 계산하려면 주메뉴에서 다음과 같이

분석 ☞
기술통계량 ☞
기술통계...

을 선택하면 "기술통계(Decriptives)" 주대화상자가 열린다.

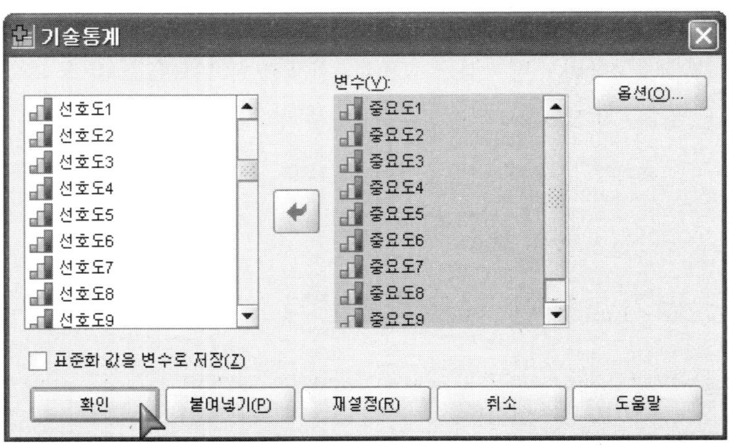

기술통계값을 계산하고자 하는 변수를 선택한 후 [확인]를 클릭하면, SPSS 뷰어에 기술통계량 피벗표가 출력된다.

기술통계량

	N	최소값	최대값	평균	표준편차
품 격	215	1	7	4.17	1.323
크 기	215	1	7	4.21	1.203
실내공간	215	2	7	4.82	1.035
호화정도	215	1	7	3.11	1.165
색 상	215	1	7	5.00	1.364
연 비	215	2	7	5.94	1.196
승 차 감	215	2	7	5.75	1.353
배 기 량	215	2	7	4.78	1.442
안 전 도	215	4	7	6.53	.807
차량성능	215	2	7	6.18	1.113
유효수 (목록별)	215				

이상의 결과 중에서 안전도를 보면 응답자가 자동차를 평가할 때 중요하다고 느끼는 정도는 최소값 4점에서 최대값 7점 사이의 점수를 부여하였음을 알 수 있으며, 평균이 6.53으로 다른 요소들의 평균값보다 크게 나타났음을 알 수 있다. 이는 다른 요소들에 비해 많은 사람들이 안전도를 중요하게 생각하고 있음을 알 수 있다. 안전도의 표준편차(=0.807) 역시 다른 요소들에 비해 작게 나타나 있다. 이는 평균 6.53을 기준으로 데이터가 주변에 가깝게 모여 있음을 의미한다. 다시 말해 대다수의 사람들이 5점, 6점, 7점 부분에 응답하였을 것으로 판단할 수 있을 것이다. 그러나 이는 평균의 성질을 감안한 판단으로 실제로 응답이 5, 6, 7점에 모여 있는지는 알 수 없다. 평균이 대표값으로서 설득력을 가지는 지를 판단하기 위하여 중요도9 반응점수에 대한 막대도표를 그려 보기로 한다.

그래프 ☞ 레거시 대화상자 ☞ 막대도표...

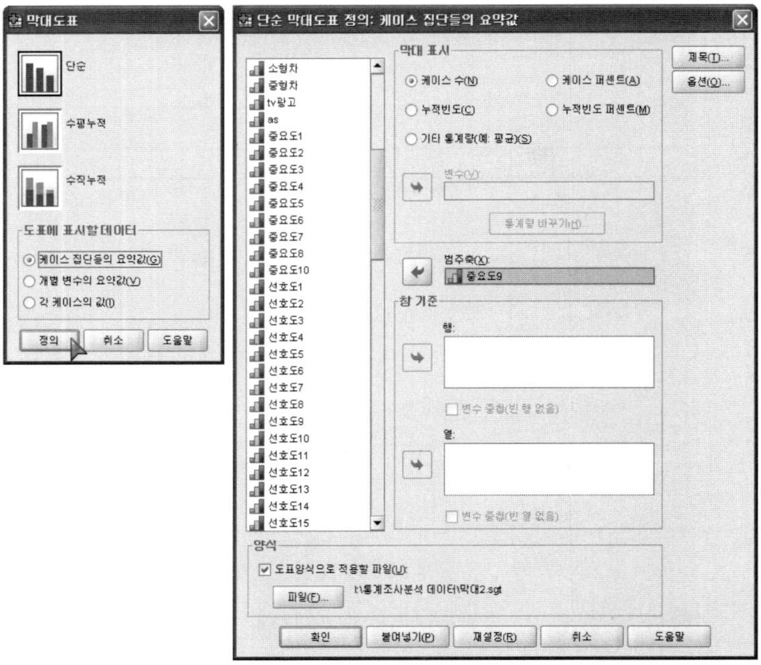

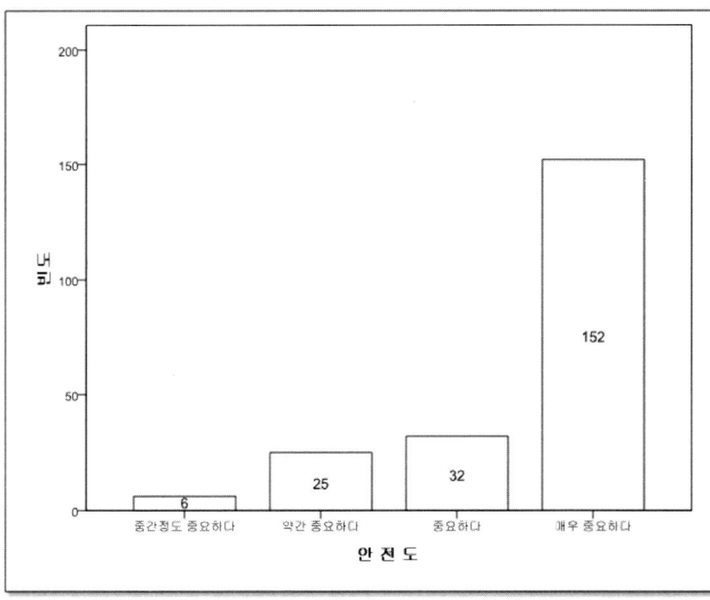

4개의 막대만이 표시되었다. 이는 최소값이 4에서 최대값 7까지의 반응값

을 나타내고 이 막대도표의 막대를 보면 7점에 152명이 반응하였다. 즉 5, 6, 7 점에서 6점을 중심으로 반응값이 모여 있는 그런 형상의 그림이 아니다. 단연 7점에 집중적으로 모여 있다는 것을 알 수 있다. 안전도에 대해서는 매우 중요하게 생각하고 있다는 것을 알 수 있다. 그러므로 앞에서 평균이 6.53이라는 결과는 중심경향값으로서의 설득력이 그다지 강해 보이지는 않는다. 물론 그다지 약한 것은 아니지만 어떤 경우에는 평균이 중심경향값으로서의 설득력을 상실하는 경우도 왕왕 있을 수 있다. 그러므로 이러한 반응척도점수에 평균을 통계량으로 사용할 경우 주의를 요한다.

10.3 요소별 중요도 평균점수의 시각화 분석

요소별 중요도 평균점수를 막대도표로 나타내 보자. 주메뉴에서 다음과 같이 '그래프 ☞ 레거시 대화상자 ☞ 막대도표(Bar...)'를 선택한다.

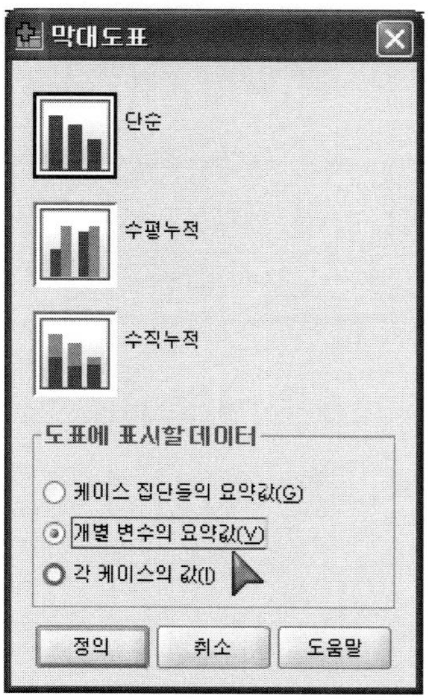

막대도표 대화상자에서 단순도표를 선택하고 중요요소 10개 변수들 각각에 대한 평균점수를 계산하여야 함으로 '⊙개별 변수(들)의 요약값'을 선

택하고 [정의] 단추를 클릭한다.

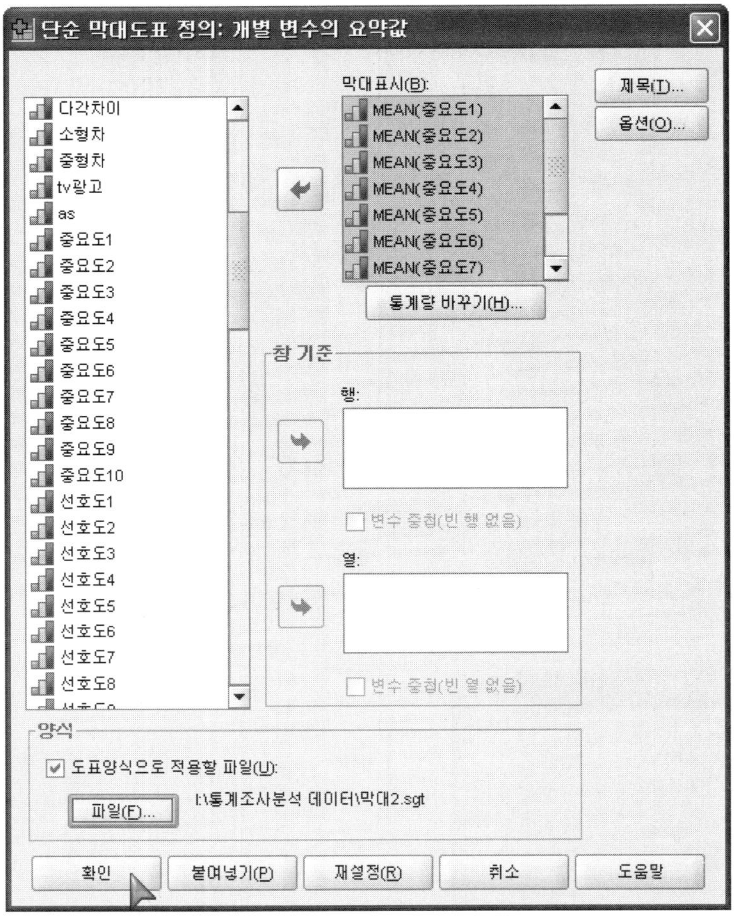

10개의 중요요소 변수들을 선택하여 이동시키면 SPSS는 디폴트로 평균함수를 MEAN(·)을 사용하게 된다. 이제 [확인]을 클릭한다.

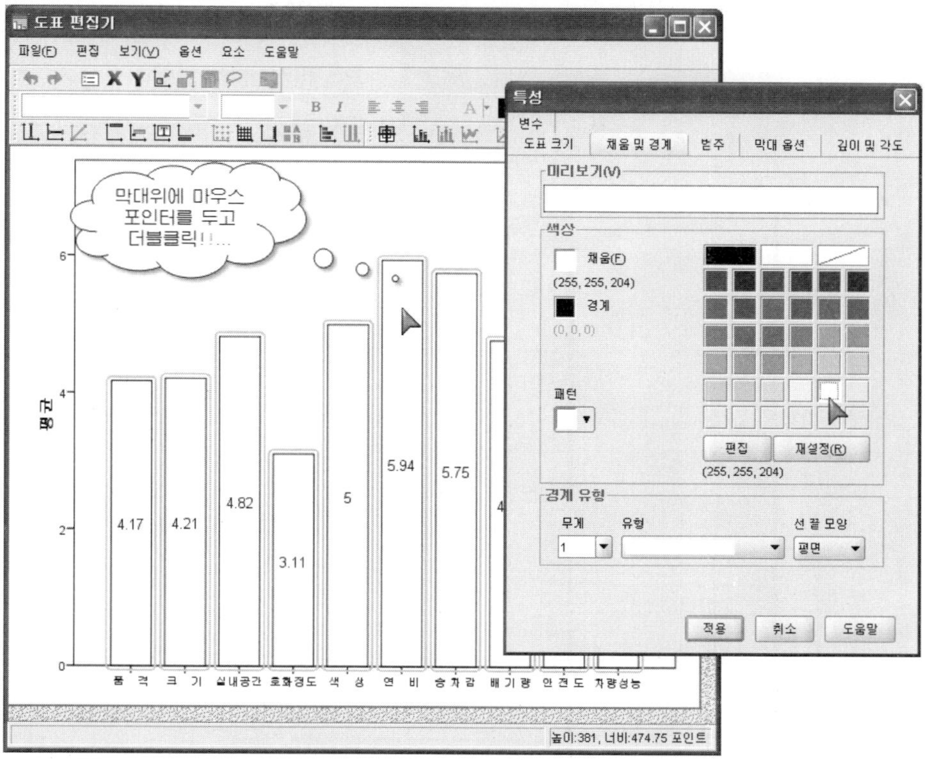

SPSS 뷰어에 막대도표가 출력되면 도표 위에 마우스 포인터를 위치시킨 후 더블클릭하면 SPSS 도표 편집기가 나타난다. 이 도표 편집기에서 막대를 더블클릭하면 막대표시 가장자리가 두꺼운 선으로 표시되고 다음과 같은 대화상자가 나타난다.

막대표시를 편집하기 위하여 패턴 도구를 클릭하여 채움모양을 지정할 수도 있으며 막대의 경계선 및 색상도 변경할 수 있다. 반드시 변경 후에는 적용 단추를 클릭하여야 한다. 이러한 작업을 통해 사용자의 취향에 따라 적절하게 도표를 꾸밀 수 있을 것이다.

이제 각 막대 위에 수치적 정보를 나타내기 위하여 막대위에 포인터를 위치시킨 후 오른쪽 단추를 클릭하면 다음과 같은 팝업메뉴가 나타나는데 여기에서 '데이터 설명 보이기(Show Data Labels)'를 선택하면 막대 위에 평균값들이 출력된다.

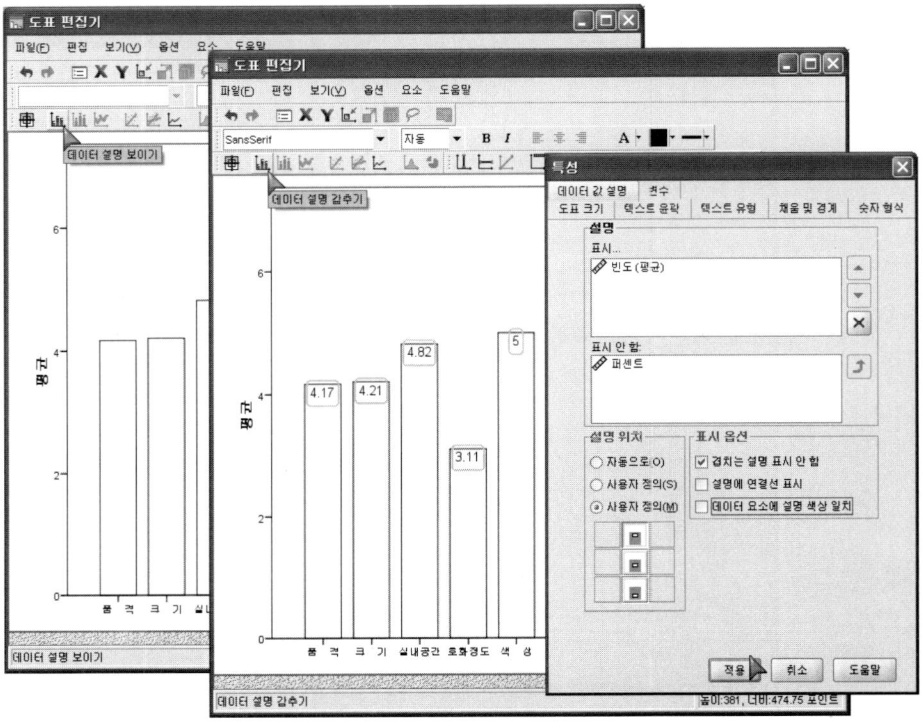

이와 같이 척도가 같은 변수들의 평균을 막대로 표현할 경우 수직적 표현보다는 수평적 표현이 시각적으로 피로도를 적게 할 수도 있다. 그러므로 X축과 Y축을 바꾸어 표현하기로 한다. 축을 바꾸기 위하여 막대위에 포인터를 위치시킨 후 오른쪽 단추를 클릭하여 다음과 같은 팝업메뉴에서 '도표 전치(Transpose Chart)'를 선택하면 축이 서로 바뀌어 막대가 수평으로 표시된다.

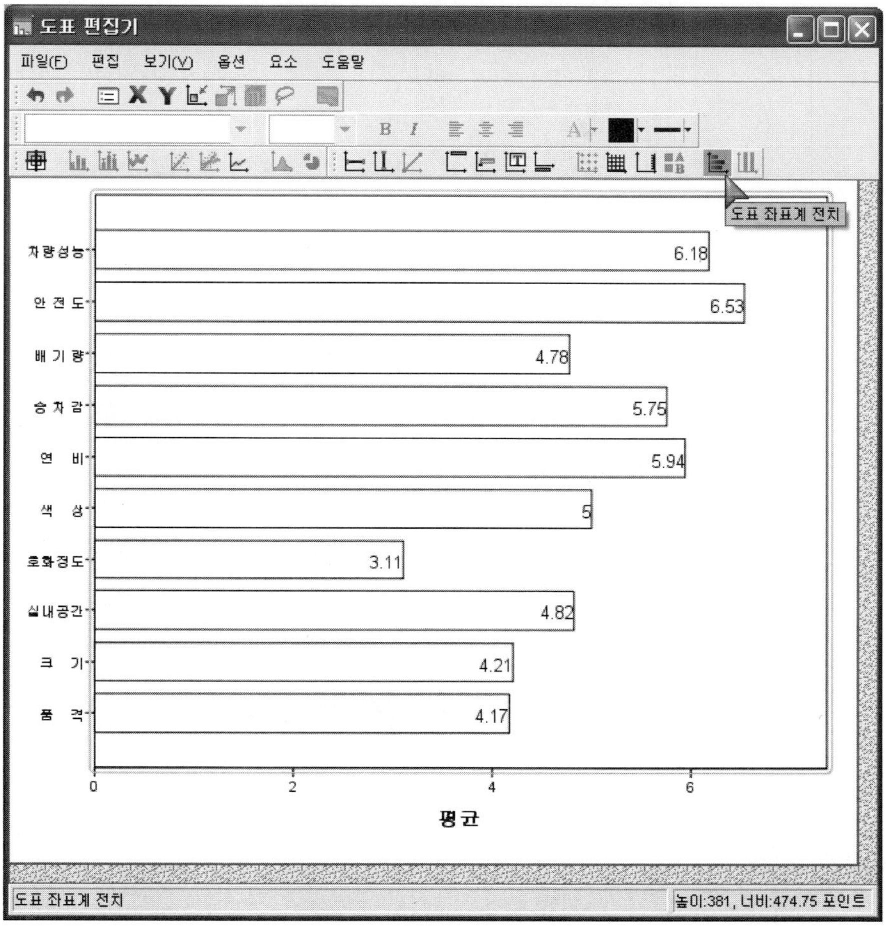

도표에서 안전도의 중요도 점수가 가장 크며, 호화정도가 가장 작게 나타나 있음을 쉽게 확인할 수 있다. 이와 같은 막대도표는 직관적으로 막대의 높이에 초점을 맞추게 되어 있다. 즉 각 10가지 중요요소의 평균점수가 상대적으로 어느 요소가 높거나 낮거나 하는 경향은 쉽게 파악할 수 있으나 서로 간에 증감을 파악하는 데는 그다지 좋지 않은 표현 방법이다. 그러므로 10가지 중요요소의 평균점수의 증감을 쉽게 보여주기 위하여 보간선을 나타내 보기로 하자.

막대위에서 오른쪽 단추를 클릭하면 팝업메뉴가 나타나고 여기에서 '추가 보간선(Add Interpolation Line)'를 선택하면 보간선이 표시된다. 이제 표시된 보간 꺽은선은 각 중요도 변수의 평균값을 나타낸 선이므로 각 평균에 점표시(markers)를 나타내기 위하여 선위에서 오른쪽 단추를 눌러 팝업메뉴에서 '선 표시 보이기(Add Markers)'를 선택하면 점표시가 나타난다. 점을 클릭하고 점표시의 모양을 편집하기 바란다. 응답값은 7점 척도로 측정한 것이므로 Y축의 스케일 범위는 1점에서 7점으로 조정하기로 한다. 역시 Y축을 더블클릭하여 나타나는 대화상자의 '척도화분석(Scale)' 탭에서 축의 최소값 및 최대값을 조정하고 '주눈금 증가분(Major Increment)'을 '1'로 수정한다. 이외에도 한 번에 한 옵션씩 변경하면서 무엇이 어떻게 바뀌는지를 보면서 도표 편집 및 활용 방법을 꾸준히 익히되 시각적으로 이해하기 좋게 예쁘고 산뜻하게 그리고 핵심이 잘 전달되도록 편집하는 기능들을 손에 익히시길 빈다.

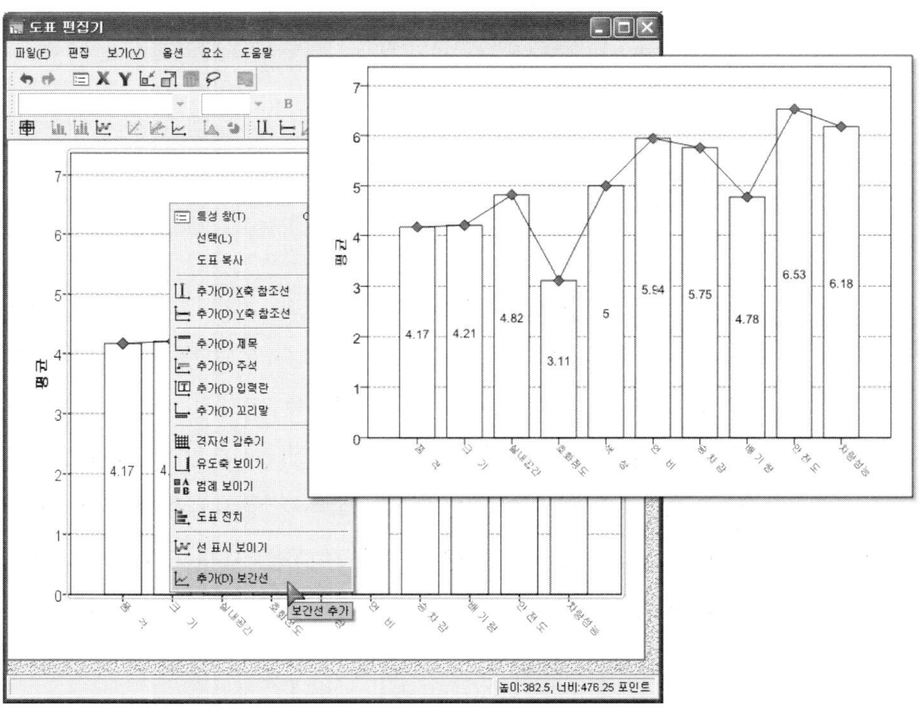

10.4 탐색적 데이터 분석

데이터분석의 초기단계에서 각각의 데이터를 면밀히 검토하여야 한다. 이 단계에서 데이터에 입력오류가 있는지 혹은 데이터가 매우 특이한 형태를 이루고 있는지를 개략적으로 판단하여야 한다. 이는 차후에 수행할 "고급통계분석"의 기초정보가 되는데, 이와 같은 기술통계분석의 한 분야를 가리켜 "탐색적 데이터 분석(Exploratory Data Analysis; EDA)"이라 한다.

탐색적 데이터 분석은 데이터의 구조와 특징을 알아내기 위한 분석방법들을 통칭한다. 이는 전통적인 기술통계분석 분야와 많은 유사점을 가지고 있지만, 한 걸음 더 나아가 데이터가 내포하고 있는 구조적 특성을 가려낼 뿐만 아니라, 기대했던 구조에서 벗어나는 점들을 가려내어, 그 구조의 특성을 더욱 명확히 전시할 수 있다는데 큰 차이가 있다. 탐색적 데이터 분석에서는 데이터에 내포되어 있는 기본적인 정보를 쉽게 전달하기 위하여 여러 통계값들을 형상화하여 표현하는 그래프 표현법을 많이 사용한다. SPSS에서 탐색적 데이터분석을 수행하려면, 주메뉴에서 "분석 ☞ 기술통계량 ☞ 데이터 탐색..."을 선택하면 다음과 같은 "**데이터 탐색**(Explore)" 대화상자가 열린다.

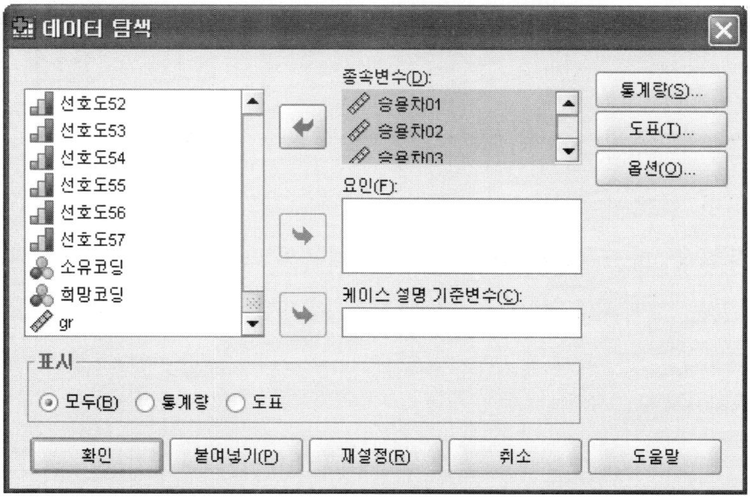

탐색적 데이터분석을 수행하고자 하는 변수를 선택하여 종속변수 상자에 이동시킨 후 [확인] 단추를 클릭하면, SPSS Statistics Viewer에 기술통계값이 출력된다. 출력된 기술통계 피벗표 위에 마우스 포인터를 위치시킨 후 오른쪽 단추를 클릭하면 다음과 같은 팝업메뉴가 나타나고 여기에서 '**내용편집 ☞ 별도의 창에서...**'를 선택하면 피벗표를 편집할 수 있는 SPSS 피벗표 창이 열린다.

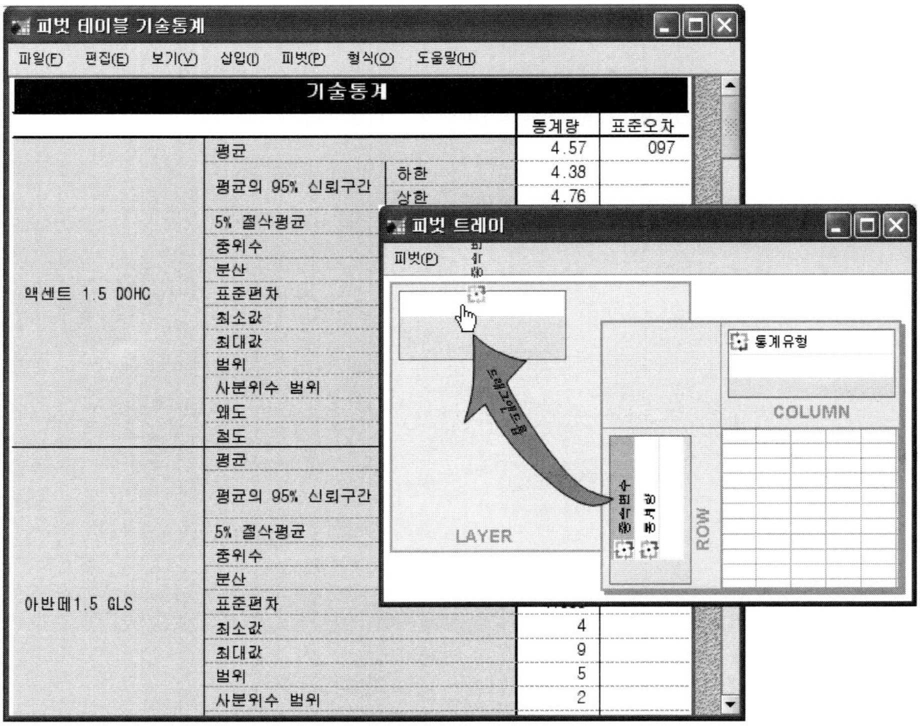

피벗 트레이에서 레이어, 행과 열에 다음과 같이 마우스를 끌어놓기하여 리사이클 마크(⚙)를 이동시킨다. 메뉴의 피벗표의 상단에 변수를 선택할 수 있는 드롭다운 메뉴가 나타난다. 여기에서 보고 싶은 차종으로 변경하면 된다.

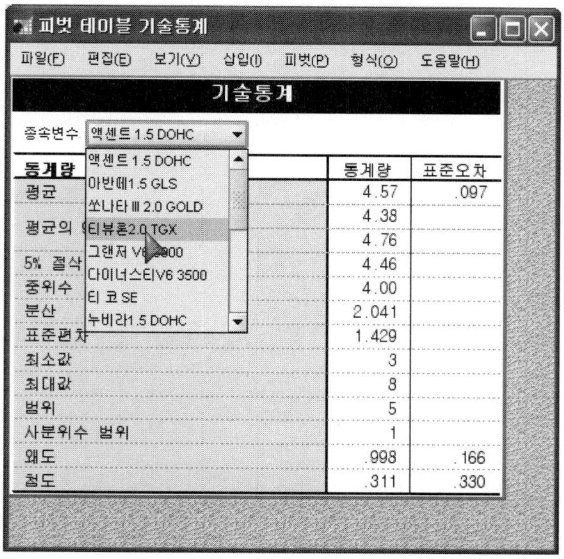

통계량	통계량	표준오차
평균	4.57	.097
평균의	4.38	
	4.76	
5% 절삭	4.46	
중위수	4.00	
분산	2.041	
표준편차	1.429	
최소값	3	
최대값	8	
범위	5	
사분위수 범위	1	
왜도	.998	.166
첨도	.311	.330

각 차종의 이름이 하나의 줄에 표시되지 않을 경우에 하나의 줄에 표시되도록 하기 위하여 다음과 같이 차종이름과 평균 사이의 수직선에 마우스 포인터를 위치시키면 마우스 포인터가 ⟺으로 바뀌며 마우스를 끌기하면 차종이름의 셀 폭을 늘리거나 줄일 수 있게 된다. 다음과 같이 117 포인트까지 늘려 차종이름이 한 줄에 나타나도록 한다.

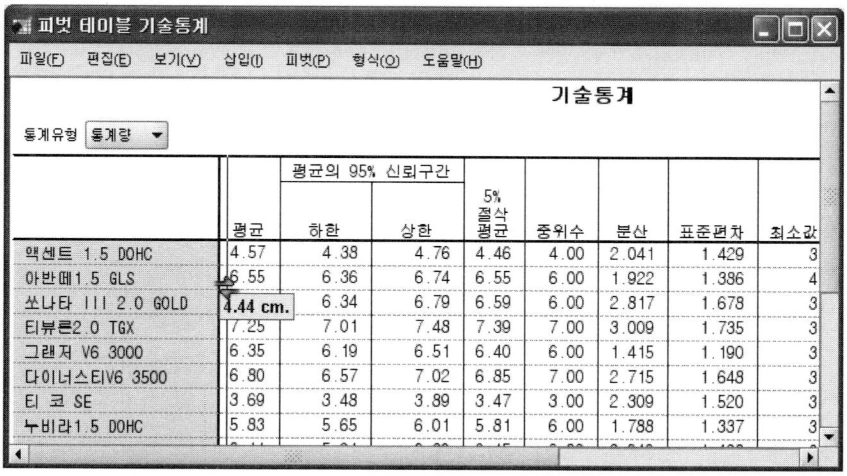

	평균	평균의 95% 신뢰구간 하한	평균의 95% 신뢰구간 상한	5% 절삭 평균	중위수	분산	표준편차	최소값
액센트 1.5 DOHC	4.57	4.38	4.76	4.46	4.00	2.041	1.429	3
아반떼1.5 GLS	6.55	6.36	6.74	6.55	6.00	1.922	1.386	4
쏘나타 III 2.0 GOLD		6.34	6.79	6.59	6.00	2.817	1.678	3
티뷰론2.0 TGX	7.25	7.01	7.48	7.39	7.00	3.009	1.735	3
그랜저 V6 3000	6.35	6.19	6.51	6.40	6.00	1.415	1.190	3
다이너스티V6 3500	6.80	6.57	7.02	6.85	7.00	2.715	1.648	3
티 코 SE	3.69	3.48	3.89	3.47	3.00	2.309	1.520	3
누비라1.5 DOHC	5.83	5.65	6.01	5.81	6.00	1.788	1.337	3

기술통계

통계유형=통계량

	평균	평균의 95% 신뢰구간		5% 절삭 평균	중위수	분산	표준편차	최소값	최대값	범위	사분위수 범위	왜도	첨도
		하한	상한										
액센트 1.5 DOHC	4.57	4.38	4.76	4.46	4.00	2.041	1.429	3	8	5	1	.998	.311
아반떼1.5 GLS	6.55	6.36	6.74	6.55	6.00	1.922	1.386	4	9	5	2	.243	-.810
쏘나타 III 2.0 GOLD	6.56	6.34	6.79	6.59	6.00	2.817	1.678	3	9	6	3	.138	-1.055
티뷰론2.0 TGX	7.25	7.01	7.48	7.39	7.00	3.009	1.735	3	9	6	3	-.825	-.118
그랜저 V6 3000	6.35	6.19	6.51	6.40	6.00	1.415	1.190	3	9	6	1	-.300	-.244
다이너스티V6 3500	6.80	6.57	7.02	6.85	7.00	2.715	1.648	3	9	6	3	-.453	-.823
티 코 SE	3.69	3.48	3.89	3.47	3.00	2.309	1.520	3	9	6	0	2.113	3.220
누비라1.5 DOHC	5.83	5.65	6.01	5.81	6.00	1.788	1.337	3	9	6	2	.141	-.448
라노스1.5 DOHC	6.11	5.91	6.30	6.15	6.00	2.040	1.428	3	9	6	2	-.501	-.061
레간자2.0 DOHC	6.39	6.21	6.58	6.38	6.00	1.893	1.376	4	9	5	2	.084	-.595
뉴프린스1.8 DOHC	6.27	6.04	6.50	6.30	6.00	2.880	1.697	3	9	6	2	-.279	-.567
뉴브로엄2200 DOHC	6.19	5.96	6.42	6.21	6.00	2.912	1.706	3	9	6	3	.047	-1.063
아카디아 로얄 3.2	6.45	6.24	6.66	6.49	7.00	2.398	1.549	3	9	6	3	-.319	-.574
프라이드 웨곤	4.59	4.38	4.80	4.49	5.00	2.420	1.556	3	8	5	2	.615	-.589
세피아 레오1.5 DOHC	4.48	4.27	4.70	4.36	4.00	2.485	1.576	3	9	6	2	1.111	.448
크레도스2.0 EXCESS	6.05	5.83	6.26	6.05	6.00	2.615	1.617	3	9	6	2	-.063	-.774
포텐샤 V6 3000	6.04	5.79	6.29	6.05	6.00	3.536	1.880	3	9	6	2	-.006	-.858
엔터프라이즈 3.6 CEO	7.10	6.87	7.33	7.18	7.00	2.892	1.701	3	9	6	3	-.516	-.814
무 쏘 602	6.74	6.53	6.96	6.83	7.00	2.518	1.587	3	9	6	2	-.536	-.263

5% 절삭평균(Trimmed Mean)은 상위 5%의 큰 값과 하위 5%의 작은 값을 제외(절삭)하고 계산한 평균을 의미하며, **'평균의 95% 신뢰구간'**은 평균에 대한 95% 신뢰하한과 신뢰상한을 나타낸다.

10.2.1 줄기-잎 그림 (Stem-and-Leaf Plot)

히스토그램과 상당히 유사한 표현방법이 바로 "줄기-잎 그림"이다. 이는 히스토그램에서 막대로 빈도를 표시하는 대신에 실제적인 수치를 사용하여 그림을 그린다. 이렇게 함으로써 히스토그램에서 보다 많은 실제 정보를 제공할 수 있다.

```
아반떼1.5 GLS Stem-and-Leaf Plot

 Frequency    Stem &  Leaf

     9.00        4 .  000000000
      .00        4 .
    47.00        5 .  00000000000000000000000000000000000000000000000
      .00        5 .
    55.00        6 .  0000000000000000000000000000000000000000000000000000000
      .00        6 .
    51.00        7 .  000000000000000000000000000000000000000000000000000
      .00        7 .
    27.00        8 .  000000000000000000000000000
      .00        8 .
    26.00        9 .  00000000000000000000000000

 Stem width:     1
 Each leaf:        1 case(s)
```

10.2.2 상자도표(Boxplot)

히스토그램과 줄기-잎 그림은 수집된 데이터가 어떠한 분포를 이루고 있는가에 대한 유용한 정보를 제공하여 준다. 즉, 데이터들이 어떤 정점을 기준으로 조밀하게 또는 넓게 분포되어 있는지를 판단할 수 있으며, 개개의 데이터의 분포 정점이 하나인지 또는 두개인지를 파악할 수 있고 이상값(outlier)이나 극단값 등이 존재하는 지를 아울러 살펴볼 수 있다. 이러한 두 가지의 데이터 표현방법보다 좀 더 요약된 통계값을 제시하여 주는 표현방법이 바로 "상자도표"이다. 원래의 명칭은 상자-수염도표(box and whisker plot)라고 하나 편의상 줄여서 상자도표라고 한다.

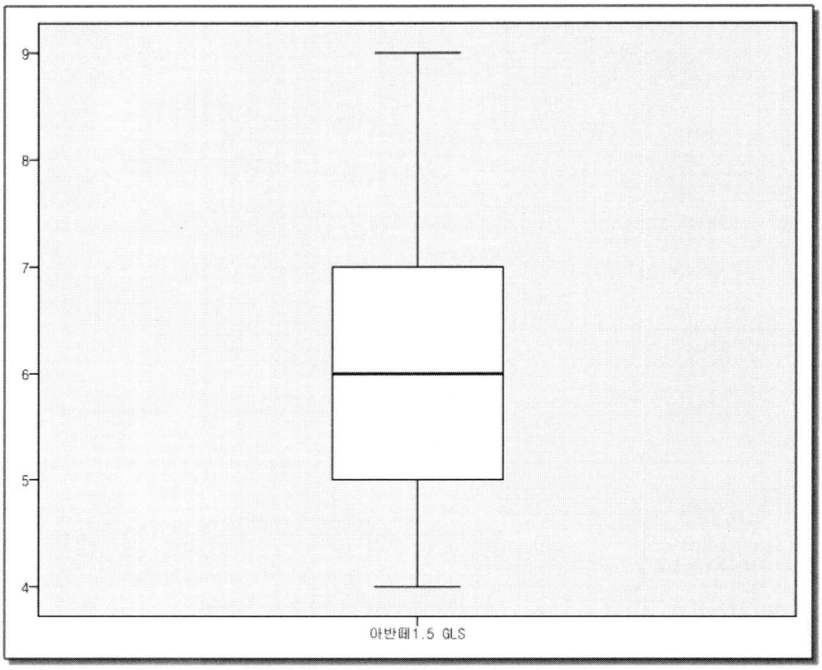
9
8
7
6
5
4
아반떼1.5 GLS

상자도표

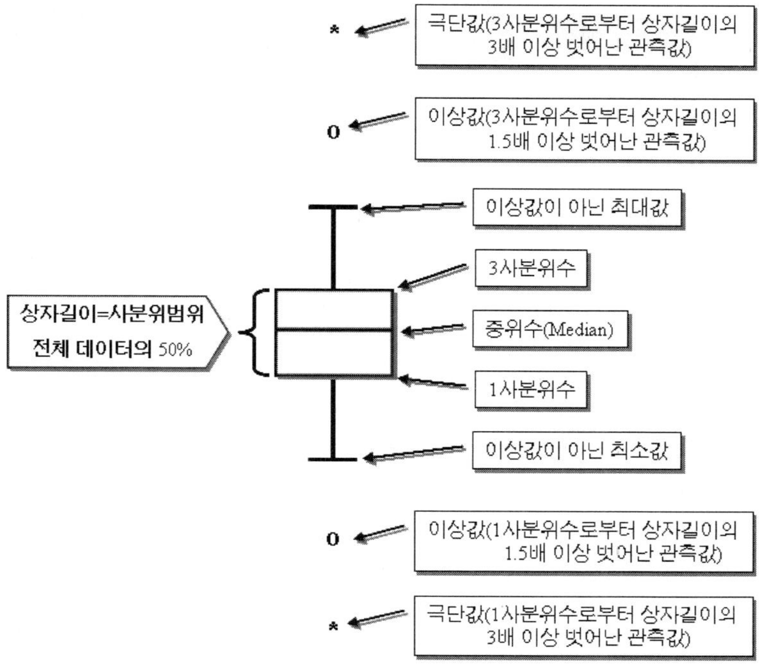

10.5 집단별 평균분석

앞에서 단일변수에 대한 기술통계분석을 수행하였는데, 집단별로 평균값들을 알아보기 위해서는 각 집단별로 기술통계값을 계산하여야 한다. 이와 같이 집단별로 평균의 값을 표로 작성하기 위하여 주메뉴에서

분석 ☞
  평균 비교 ☞
    집단별 평균분석...

을 선택하면 '평균(Means)' 대화상자가 열린다.

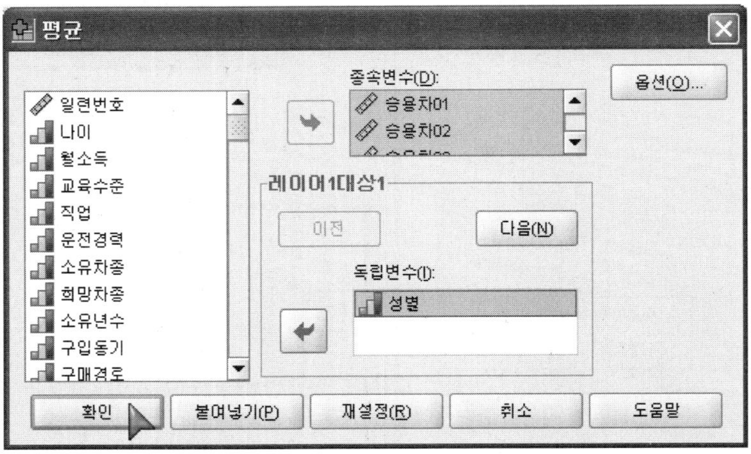

집단별 평균분석을 수행하고자 하는 변수들을 선택한 후 확인 단추를 클릭하면 교차표가 출력된다.

집단을 구분하는 변수를 "**독립변수**(Independent List):" 상자에 선택 이동시키고, 기술통계값을 구하고자 하는 변수를 "**종속변수**(Dependent List):" 상자에 선택 이동시켜야 한다.

독립변수는 "범주형 데이터"이어야 하며, 종속변수는 "연속형 데이터"이어야 한다.

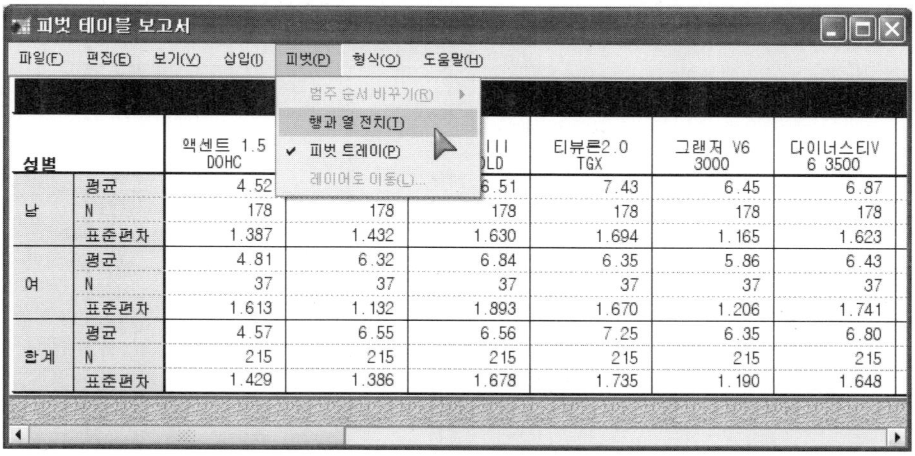

출력된 교차피벗표 위에 마우스 포인터를 두고 왼쪽단추를 클릭하여 팝업메뉴를 사용하거나 더블클릭하여 편집상태로 만들고 '피벗'메뉴에서 '피벗'를 선택하여 행과열을 전치한 피벗표로 만든다. 그리고 피벗트레이에서 그리고 레이어에 통계량 을 끌어놓기하면 통계량별로 피벗표를 참고할 수 있게 된다.

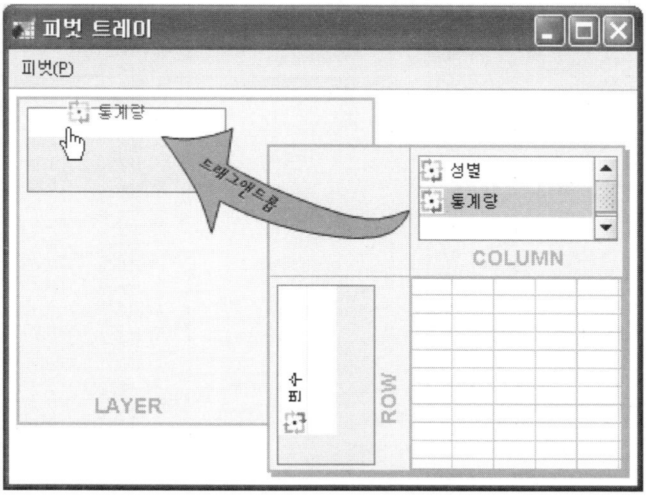

보고서

통계량=평균

	성별		
	남	여	합계
액센트 1.5 DOHC	4.52	4.81	4.57
아반떼1.5 GLS	6.60	6.32	6.55
쏘나타 III 2.0 GOLD	6.51	6.84	6.56
티뷰론2.0 TGX	7.43	6.35	7.25
그랜저 V6 3000	6.45	5.86	6.35
다이너스티V6 3500	6.87	6.43	6.80
티 코 SE	3.58	4.22	3.69
누비라1.5 DOHC	5.74	6.24	5.83
라노스1.5 DOHC	6.07	6.27	6.11
레간자2.0 DOHC	6.39	6.38	6.39
뉴프린스1.8 DOHC	6.20	6.62	6.27
뉴브로엄2200 DOHC	6.14	6.43	6.19
아카디아 로얄 3.2	6.42	6.62	6.45
프라이드 웨곤	4.55	4.78	4.59
세피아 레오1.5 DOHC	4.40	4.89	4.48
크레도스2.0 EXCESS	6.13	5.65	6.05
포텐샤 V6 3000	5.94	6.51	6.04
엔터프라이즈 3.6 CEO	7.21	6.54	7.10
무 쏘 602	6.85	6.22	6.74

보고서

통계량=표준편차

	성별		
	남	여	합계
액센트 1.5 DOHC	1.387	1.613	1.429
아반떼1.5 GLS	1.432	1.132	1.386
쏘나타 III 2.0 GOLD	1.630	1.893	1.678
티뷰론2.0 TGX	1.694	1.670	1.735
그랜저 V6 3000	1.165	1.206	1.190
다이너스티V6 3500	1.623	1.741	1.648
티 코 SE	1.343	2.123	1.520
누비라1.5 DOHC	1.235	1.706	1.337
라노스1.5 DOHC	1.370	1.694	1.428
레간자2.0 DOHC	1.419	1.163	1.376
뉴프린스1.8 DOHC	1.667	1.816	1.697
뉴브로엄2200 DOHC	1.697	1.757	1.706
아카디아 로얄 3.2	1.600	1.277	1.549
프라이드 웨곤	1.623	1.182	1.556
세피아 레오1.5 DOHC	1.613	1.329	1.576
크레도스2.0 EXCESS	1.529	1.961	1.617
포텐샤 V6 3000	1.904	1.710	1.880
엔터프라이즈 3.6 CEO	1.636	1.909	1.701
무 쏘 602	1.533	1.750	1.587

상단 왼쪽의 평균 ▼ 을 클릭하여 원하는 통계량으로 피벗표의 데이터 내용을 변경할 수 있으며 '표준편차'를 선택하면 집단별 표준편차 피벗표를 볼 수 있다.

메모

통계적 가설검정

11.1 가설검정의 개요

가설검정이란 모집단에 대한 어떤 가설을 설정한 뒤에 표본관찰을 통하여 그 가설의 채택여부를 결정하는 분석방법이다.

일반적으로 가설을 모수에 대하여 설정하는데, 다음과 같은 3가지 사례에 대한 통계적 추론에 대하여 생각해 보기로 한다.

사례1 1995년도 회사의 신제품의 월평균판매량 3,000개 정도였다. 매년 이 제품의 월평균판매량이 증가하였다고 할 수 있는가? 서울의 강남지역과 강북지역의 제품 구매량은 같은가?

사례2 새로운 방법으로 제작된 자동차 타이어의 평균수명이 재래식 방법으로 제작된 타이어보다 더 길다고 할 수 있는가?

위와 같은 문제들에 대하여 통계적 결론을 유도하는 과정을 가설검정이라고 하는데 각각의 문제에 대한 접근방법은 다음과 같다.

[사례 1]의 경우는 “1996년도 신제품의 월평균 판매량이 1995년도 신제품

의 월평균 판매량에 비하여 증가하였다고 할 수 있는가?"의 문제로 이를 수리적으로 표현하면 'μ = 1996년도 신제품의 월평균 판매량'이라고 할 때, $\mu = 3000$인가? (즉 1995년도 신제품의 월평균 판매량과 같은가?) 또는 $\mu > 3000$인가? (즉 1995년도 신제품의 월평균 판매량에 비하여 증가하였는가?)를 알고자 하는 것이다. 이 문제에 대한 답을 구하기 위하여 1996년도 신제품의 월평균 판매량을 조사하기 위하여 몇 개의 점포를 표본으로 추출하여 월평균 판매량을 조사하여야 한다. 예를 들어 100개의 점포를 무작위로 선발하여 월평균 판매량을 조사한 결과 표본평균 $\overline{X}$와 S^2을 구하였다면 이 두 통계량을 이용하여 1996년도 제품의 월평균 판매량이 1995년도와 같이 3,000개라 할 수 있는지 또는 1995년도보다는 증가하였다고 할 수 있는지를 판단한다.

[사례 2]의 경우에는 서울의 강남지역과 강북지역의 제품 구매량을 비교하기 위하여 두 지역에서 각각 50개의 대리점을 '무작위로' 추출하여 제품에 대한 고객의 구매량을 조사한 후 구매량을 비교할 수 있다. 이 경우 비교의 초점은 "강남지역과 강북지역의 제품 구매량은 같은가? 또는 다른가?"인데, 이를 수리적으로 표현하면

μ_1 = 강남지역에서 제품 구매량의 평균

μ_2 = 강북지역에서 제품 구매량의 평균

이라고 할 때, 각 지역에서 표본으로 추출된 대리점의 고객의 제품 구매량에 의하여 $\mu_1 = \mu_2$ 인가 또는 $\mu_1 \neq \mu_2$인가를 알고자 하는 것이다.

[사례 3]의 경우에는 두 제조방법에 의하여 제조된 타이어의 수명을 비교하는 문제로 과거의 재래식 제조방법으로 제조된 타이어 n_1개와 새로운 제조방법에 의하여 제조된 타이어 n_2개를 '무작위로' 표본으로 추출하여 동일

한 차종을 이용하여 타이어의 수명을 조사한다. 이렇게 조사된 표본결과를 이용하여 "새로운 제조방법에 의하여 만들어진 타이어의 수명이 더 긴가? 또는 두 제조방법에 차이가 없는가?"를 결정하게 되는데, 이를 수리적으로 표현하면

μ_1 =재래식 제조방법에 의하여 만들어진 타이어의 평균수명
μ_2 =새로운 제조방법에 의하여 만들어진 타이어의 평균수명

이라고 할 때, 표본관측에 의하여 "$\mu_1=\mu_2$인가 또는 $\mu_1<\mu_2$인가"를 결정하는 것이다.

위의 3가지 사례 모두 표본관측을 통하여 모집단의 모수에 대한 어떤 결론을 유도하는 가설검정의 문제인데, 표본추출에서 표본이 '무작위로' 선택되어야 함은 당연하다. 그러나 표본이 무작위로 추출되지 않을 경우 가설검정의 결과는 진실을 왜곡하는 결과를 도출할 수도 있다. 예를 들어 [사례 2]의 경우 실제로는 강남지역의 고객의 제품 구매량이 높다고 가정한다면 조사자의 편의에 따라 조사하거나 또는 우연한 실수로 인해 강남지역에서 제품 구매량이 작은 50개의 대리점을 추출하고 강북지역에서 제품 구매량이 많은 50개의 대리점을 추출하여 구매량을 조사하였다고 하자. 이러한 경우 전반적으로 강남지역 제품 구매량이 많은데도 불구하고 검정결과는 강북지역 제품 구매량이 많은 것으로 잘못 판단하게 된다.

11.2 가설의 설정

가설검정에서 가장 기본적인 사항은 검정하고자 하는 모집단의 모수에 대하여 가설을 설정하는 것이다. 가설(hypothesis)은 항상 귀무가설(null hypothesis;H_0)과 대립가설(alternative hypothesis;H_1)의 2가지로 설정하며 가설검정이란 표본관찰 또는 실험을 통하여 귀무가설과 대립가설 중에서 하나를 선택하는 과정이라고 할 수 있다. 두 가설 H_0碓樬H_1읭 각각 서 결정되어지는데 모수에 대한 가설 중에서 **'항상 간단하고 구체적인 표현'**을 귀무

가설로 설정한다.

[사례 1]의 경우 "μ=3000인가 또는 μ>3000인가"를 판단하고자 하므로 H_0와 H_1은 각각

H_0 : μ =3000 (1995년도 월평균 판매량이 3000개이다)

H_1 : μ > 3000 (1995년도 월평균 판매량이 3000개보다 많다)

와 같이 설정하며, [사례 2]의 경우 "$\mu_1 = \mu_2$인가 또는 $\mu_1 \neq \mu_2$인가"를 판단하고자 하므로 H_0와 H_1은 각각

H_0 : $\mu_1 = \mu_2$
(강남지역의 제품 구매량 평균과 강북지역의 제품 구매량 평균이 같다)

H_1 : $\mu_1 \neq \mu_2$
(강남지역의 제품 구매량 평균과 강북지역의 제품 구매량 평균이 같지 않다)

와 같이 설정하며, [사례 3]의 경우 "$\mu_1 = \mu_2$인가 또는 $\mu_1 < \mu_2$인가"를 판단하고자 하므로 H_0와 H_1은 각각

H_0 : $\mu_1 = \mu_2$ (재래식 제조 방법과 새로운 제조방법에 의한 타이어의 평균수명이 같다)

H_1 : $\mu_1 < \mu_2$ (새로운 제조방법에 의한 타이어의 평균수명이 재래식 방법에 의한 타이어 의 평균수명보다 길다)

와 같이 설정한다.

가설검정이란 두 가설 H_0와 H_1 중에서 하나를 선택하는 과정이므로 H_0을 채택(accept)하면 H_1을 기각(reject)하게 되고 H_0을 기각하면 H_1을 채택하게 된다. 따라서 가설검정이란 '귀무가설 H_0을 채택하든지 또는 기각하는 과정'이라고 이해할 수 있다.

가설의 설정

가설검정에서 가설은 귀무가설(H_0)과 대립가설(H_1)로 설정하는데, 귀무가설은 "모수가 특정한 값이다" 또는 "두 모수의 값이 같다" 과 같이 간단하고 구체적인 경우를 지정하며 대립가설은 "모수가 특정한 값이 아니다" 또는 "한 모수의 값이 다른 모수의 값보다 크다" 또는 "두 모수의 값이 다르다" 등과 같이 모수에 대한 관심의 영역 중에서 귀무가설로 지정되지 않은 모든 경우를 포괄적으로 지정한다.

11.3 검정통계량

가설검정은 모수에 대한 가설을 설정한 후에 표본관찰을 통하여 검정에 필요한 통계량을 구한다. 이와 같이 검정에 이용되는 통계량을 검정통계량(test statistic; $T(X)$)이라고 하는데, 검정통계량의 분포는 항상 가설에서 주어지는 모수를 갖는 분포를 따른다. 예를 들면 [사례 1]에서 $(X_1, X_2, \cdots, X_{100})$을 표본으로 추출된 점포들의 월평균 판매량이라고 할 때 표본평균과 표본분산은 각각

$$\overline{X} = \frac{1}{n}\sum_{i=1}^{n} X_i$$

$$S^2 = \frac{1}{n-1}\sum_{i=1}^{n} (X_i - \overline{X})^2, \quad n = 100$$

과 같으며, 여기에서 가설 $H_0 : \mu = 3000$과 $H_1 : \mu > 3000$ 에 대한 검정통계량은 표본평균 $\overline{X}$ 이다. $\overline{X}$ 의 분포는 모집단 분포가 $N(\mu, \sigma^2)$이라고 할 때, $\overline{X} \sim N(\mu, \sigma^2/n)$이며, 표준화 공식에 의하여

$$\frac{\overline{X} - \mu}{\sigma / \sqrt{n}} \sim N(0, 1)$$

이다. 가설검정이란 귀무가설이 옳다는 전제하에서 검정통계량의 값을 구한 후에 이 값이 나타날 가능성의 크기에 의하여 귀무가설의 채택여부를 결정하는 것이다. 다시 말하면 모평균 μ가 귀무가설에서 주어진 특정값 μ_0이라고 할 때, 검정통계량

$$T(X) = \frac{\overline{X} - \mu_0}{\sigma / \sqrt{n}}$$

의 값이 표준정규분포에서 나타날 가능성의 크기에 의하여 귀무가설의 채택여부를 결정한다.

앞의 문제에서 표본평균과 표본분산이 각각 $\overline{X} = 3100$, $S^2 = 500$ 이라고 할 때, 모분산 σ^2을 알지 못하므로 σ^2을 표본분산 S^2으로 대치하면, 검정통계량은

$$t = \frac{\overline{X} - \mu}{S / \sqrt{n}} \sim t_{n-1}, \quad n = 100$$

으로 자유도가 $n-1=99$인 t-분포를 따른다. 자유도 99는 30보다 크므로 위의 t-값은 근사적으로 표준정규분포 $N(0,1)$을 따른다(이는 중심극한정리에 의해)고 할 수 있다. 귀무가설에서 $\mu = 3000$으로 주어져 있으므로, 귀무가설에서 검정통계량의 값은

$$t = \frac{\overline{X} - \mu_0}{S / \sqrt{n}} = \frac{3100 - 3000}{\sqrt{500/100}} = \frac{100}{2.2361} = 44.72$$

가 된다. 이 값은 귀무가설이 옳다는 전제하에서 구한 검정통계량의 값인데, 이 t-값은 표준정규분포를 따름을 알고 있다. 표준정규분포에서 위의 t-값 44.72가 나타날 가능성이 거의 0과 같음을 알 수 있는데 이에 근거하여 귀무가설의 채택여부를 다음과 같이 결정한다. "귀무가설이 옳다는 전제하에서, 즉 모평균이 $\mu = 3000$이라는 가정 하에서 구한 검정통계량의 분포에

의할 때 표본관측에 의한 값은 나타날 가능성이 거의 없다는 것이다. 즉 실제로 $\mu=3000$이 옳다면 표본관측에 의한 표본평균 $\overline{X}=3100$은 나타날 수 없는 값인데, 실제 관측에서 이 값이 나타났다는 사실은 확률변수 X에 주어진 전제조건(즉 X분포의 평균이 $\mu=3000$이다)이 잘못되었다는 증거이다. 따라서 귀무가설 $H_0:\mu=3000$은 받아들일 수 없다."

즉, 가설검정에서는 귀무가설이 옳다는 전제하에서 표본관찰에 의하여 구한 검정통계량의 값이 나타날 가능성이 크면 귀무가설을 채택하고 가능성이 작으면 귀무가설을 기각하게 되는데, '**가능성이 크다**' 또는 '**가능성이 작다**'의 판단기준이 다음에 설명하는 유의수준이다.

검정통계량

검정통계량이란 가설검정에서 관찰된 표본으로부터 구하는 통계량으로 분포가 가설에서 주어지는 모수에 의존한다. 귀무가설이 옳다는 전제하에서 구한 검정통계량의 값이 나타날 가능성이 크면 귀무가설을 채택하고 나타날 가능성이 작으면 귀무가설을 기각한다.

11.4 유의수준과 기각역

가설검정은 항상 귀무가설이 옳다는 전제하에서 검정통계량의 분포를 구하고, 실제 표본관측으로부터 구한 검정통계량의 값이 나타날 가능성에 의하여 귀무가설의 채택여부를 결정한다. 앞에서 설명한 바와 같이 검정통계량이 나타날 가능성이 큰 경우에는 귀무가설을 채택하고 나타날 가능성이 작은 경우에는 귀무가설을 기각하게 되는데, 여기에서 가능성이 '크다' 또는 '작다'의 판단기준을 유의수준(significance level;α)이라고 한다. 유의수준α는 일반적으로 0.01, 0.05, 0.10을 주로 사용하며 이를 백분비로 1%, 5%, 10%등으로도 표현하기도 한다. 이를테면 한 검정에서 유의수준 α를 5%로

정한다면, 귀무가설 하에서 구한 검정통계량의 값이 나타날 가능성이 5%이하면 귀무가설을 기각하고 5% 이상이면 귀무가설을 채택하게 된다. 다시 말하면 나타날 가능성이 5%이하일 때 '가능성이 작다'라고 판단한다는 것이다. 따라서 유의수준이란 귀무가설을 기각하게 되는 확률의 크기로 '**귀무가설이 옳은데도 불구하고 이를 기각하는 확률의 크기**'로 정의한다.

기각역(critical region; C)이란 귀무가설이 옳다는 전제하에서 구한 검정통계량의 분포에서 확률이 유의수준 α인 부분을 말하는데, 검정통계량이 나타날 가능성이 유의수준 α보다 작은 경우에 귀무가설을 기각한다는 것은 곧 검정통계량의 값이 기각역에 속하면 귀무가설을 기각한다는 것과 같은 의미이다. 즉 기각역이란 귀무가설이 옳다는 전제하에서 검정통계량이 기각역에 속할 확률이 유의수준 α인 검정통계량 분포의 일부영역이다.

유의수준과 기각역

유의수준 α란 귀무가설이 옳은데도 불구하고 이를 기각하는 '확률의 크기'를 말하며 검정통계량을 구하는 것과는 무관하게 검정을 실시하는 사람의 판단에 따라 결정한다. 기각역이란 가설검정에서 유의수준 α가 정해졌을 때, 검정통계량의 분포에서 이 유의수준의 크기에 해당하는 영역을 말하는데, 검정통계량의 분포에서 이 영역의 위치는 대립가설의 형태에 따라 다르다. 기각역 C와 유의수준 α의 관계는 다음과 같이 표현할 수 있다.

$$P\{\mathrm{T(X)} \in \mathrm{C} \mid \mathrm{H_0}\} = \alpha$$

11.5 대립가설과 기각역

검정통계량의 분포에서 유의수준 α에 의하여 기각역의 크기가 결정되는데 기각역의 위치는 대립가설 H_1의 형태에 의하여 결정된다. 대립가설의 형태는 가설검정의 목적에 의하여 결정되는데 가설검정은 대립가설의 형태에 따라 양쪽검정과 한쪽검정으로 나누어지고, 한쪽검정은 다시 왼쪽 한쪽검정과 오른쪽 한쪽검정으로 분류된다. 여기에서 양쪽검정이란 귀무가설이 "모수가 특정값이다"라고 할 때, 대립가설이 "모수가 특정값이 아니다"라고 주어지는 경우로

$$H_0 \ : \mu = \mu_0 \ ; \ \mu_0 \text{은 고정된 상수}$$
$$H_1 \ : \mu \neq \mu_0$$

과 같이 표현할 수 있고, 왼쪽 한쪽검정은 위와 동일한 귀무가설 H_0에 대하여 대립가설 H_1이 "모수가 μ_0보다 작다"로 주어지는 경우로

$$H_0 \ : \mu = \mu_0$$
$$H_1 \ : \mu < \mu_0$$

과 같이 표현할 수 있고, 오른쪽 한쪽검정은 위와 동일한 귀무가설 H_0에 대하여 대립가설 H_1이 "모수가 μ_0보다 크다"로 주어지는 경우로

$$H_0 \ : \mu = \mu_0$$
$$H_1 \ : \mu > \mu_0$$

과 같이 표현할 수 있다. 두 모집단의 모평균의 동일성 검정에 있어서도 귀무가설 H_0: $\mu_1 = \mu_2$에 대하여 다음과 같이 세 가지 경우를 정의할 수 있다.

양쪽검정	$H_1 \ : \mu_1 \neq \mu_2$
왼쪽 한쪽검정	$H_1 \ : \mu_1 < \mu_2$
오른쪽 한쪽검정	$H_1 \ : \mu_1 > \mu_2$

앞에서 주어진 [사례 1]~[사례 3] 에 있어서 [사례 2]는 양쪽검정이고, [사례 1]과 [사례 3]은 오른쪽 한쪽검정에 해당된다. 위와 같이 대립가설의 형태에 따라 세 가지 서로 다른 검정을 정의할 수 있는데, 각각의 검정에 있어서 기각역 C는 유의수준 α가 주어졌을 때 검정통계량 $T(X)$의 분포에서 다음과 같이 결정된다.

양측검정 : $C = \{ \mathrm{T(X)} \leq -c_1 \text{ 또는 } \mathrm{T(X)} \geq -c_1 \}$

왼쪽 한쪽검정 : $C = \{ \mathrm{T(X)} \leq c_2 \}$

오른쪽 한쪽검정 : $C = \{\mathrm{T(X)} \geq \mathrm{c}_3\}$

위에 정의된 기각역에서 c_1, c_2, c_3의 값은 귀무가설 하에서 $P\{\mathrm{T(X)} \in \mathrm{C}\} = \alpha$에 의하여 결정된다. 이를테면 유의수준 α=0.05일 때 검정통계량의 분포가 n이 클 때 다음을 만족한다.

$$T(X) = \frac{\overline{\mathrm{X}} - \mu}{S/\sqrt{n}} \sim N(0, 1)$$

이라면, 표준정규분포에서

$$P(Z \geq 1.96) = P(Z \leq -1.96) = 0.025$$
$$P(Z \geq 1.645) = P(Z \leq -1.645) = 0.05$$

에 의하여 기각역은 [그림 11-1]과 같이 표현할 수 있다.

A. 양쪽검정($H_1 : \mu \neq \mu_0$)

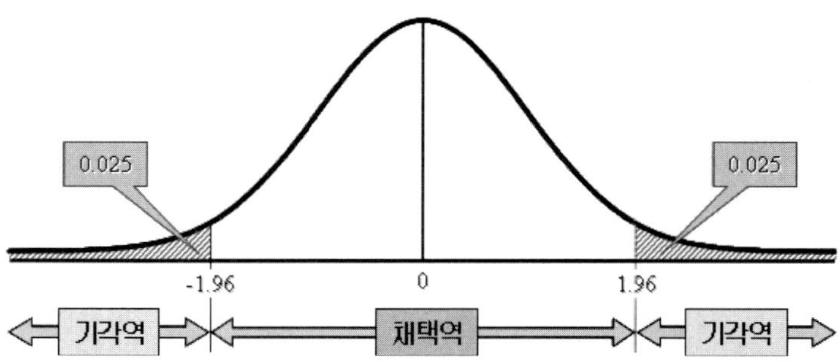

B. 왼쪽 한쪽검정($H_1 : \mu < \mu_0$)

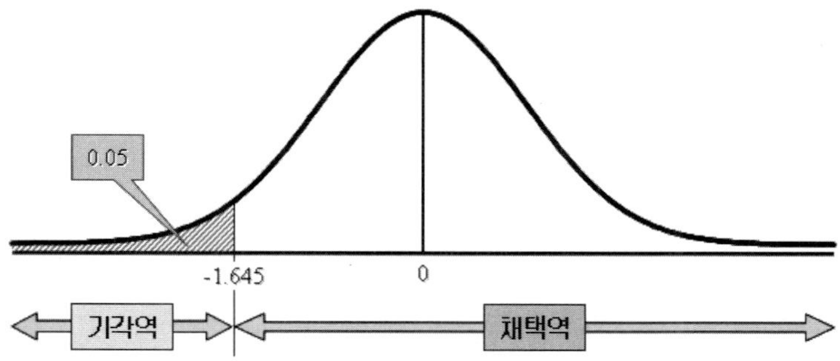

C. 오른쪽 한쪽검정($H_1 : \mu > \mu_0$)

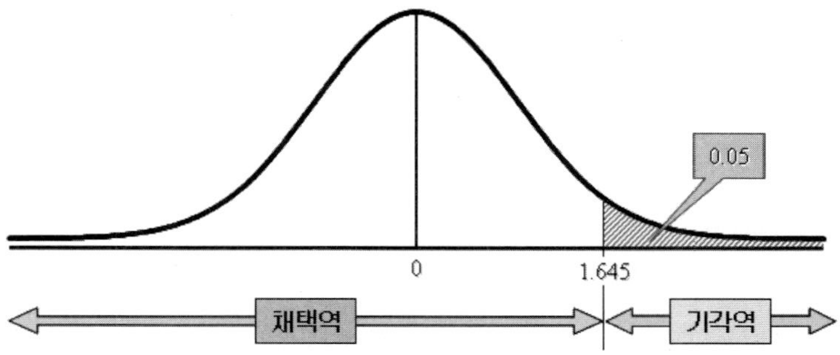

[그림 11-1] 대립가설과 기각역 (α=0.05)

가설검정단계

위에 설명한 가설검정에 대한 과정을 단계적으로 설명하면 다음과 같다.

단계 1. 검정하고자 하는 목적에 따라서 귀무가설과 대립가설을 설정한다.
단계 2. 검정방법을 결정하고 실행(검정통계량을 계산)한다.
단계 3. 유의수준 α를 결정한다.
단계 4. 귀무가설이 옳다는 전제하에서 표본관측에 의한 검정통계량의 값의 꼬리확률인 p-값을 확인한다.
단계 5. 단계 4에서 구한 p-값이 유의수준 α보다 작으면 기각역에 속하므로 귀무가설 H_0을 기각하고 그렇지 않으면 귀무가설 H_0을 채택한다.

11.6 제1종 오류와 제2종 오류

가설검정에서는 두 가지 가설 H_0와 H_1을 설정하며, 표본관찰을 통하여 둘 중 하나를 채택하게 된다. 이와 같은 가설검정과정에서는 다음과 같은 두 가지 오류(error)가 발생될 수 있는데, 첫째는 귀무가설 H_0이 옳은데도 불구하고 H_0을 기각하게 되는 오류이고, 둘째는 귀무가설 H_0이 옳지 않은데도 H_0을 채택하는 오류(즉 대립가설이 옳은데도 귀무가설을 채택하는 오류)이다.

처음 오류의 크기, 즉 H_0이 옳은데도 불구하고 H_0을 기각하는 오류를 제 1 종 오류(type I error)라고 하며, 제 1 종 오류를 일으킬 확률을 α라고 하는데, 이는 앞에서 정의된 유의수준 α와 같으며, 두 번째 오류는 제 2 종 오류(type II error)라고 하며, 제 2 종 오류를 일으킬 확률을 β로 표현한다. 가설검정에서는 두 가지 오류가 모두 작은 경우가 바람직한데, 기각역의 크기를 작게 하면 제 1 종 오류는 작아지나 제 2 종 오류는 커지며, 기각역을 크게 하면 제 2 종 오류는 작아지나 제 1 종 오류가 커진다. 따라서 가설검정에서는 제 1 종 오류확률 α의 크기를 0.1, 0.05, 0.01 등으로 고정시킨 뒤에 제 2 종 오류확률 β가 최소가 되도록 기각역을 설정한다. 가설검정의 판정과 오류와의 관계는 <표 11-1>과 같다.

<표 11-1> 가설검정 결과와 오류

가설검정 결과와 오류

정확한 사실 \ 가설검정결과	영가설 채택	영가설 기각
영가설 사실	옳은 결정 신뢰수준(1-α)	제 1 종 오류 유의수준(α)
영가설 거짓	제 2 종 오류 (β)	옳은 결정 검정력(1-β)

11.7 유의수준과 p-값

앞 절에서 여러 가지 모수에 대한 가설검정에 대하여 설명하였다. 가설검정이란 기본적으로 귀무가설의 채택여부를 결정하는 것으로 귀무가설 하에서(즉 귀무가설이 옳다는 전제하에서) 구한 검정통계량의 값이 통계적으로 거의 나타날 수 없는 값이라면 이는 귀무가설을 기각할 수 있는 증거가 될 것이다. 즉 가설검정이란 귀무가설 하에서 구한 검정통계량 값의 희귀성에 의하여 귀무가설의 기각 및 채택여부를 결정하는데 이 희귀성이 어느 정도일 때 귀무가설을 기각할 것인가를 판단하는 기준이 유의수준 α 이다. 귀무가설 하에서 구한 검정통계량의 값이 나타날 가능성(확률)이 α 보다 작으면 귀무가설을 기각하고 α 보다 크면 귀무가설을 채택하는데 유의수준 α 는 0.1, 0.05, 0.01 등의 값을 많이 사용하고 있으나 어떤 획일적인 규칙에 의하여 결정되는 것이 아니라 그 때 그 때의 상황에 맞게 선택하여 사용한다. 따라서 모든 가설검정에서 귀무가설의 채택여부를 결정하는 경우에는 항상 유의수준이 제시되어야 한다.

다음 예와 같은 가설검정문제를 생각해 보기로 한다.

예제 $H_0 : \mu_1 = \mu_2$, $H_1 : \mu_1 \neq \mu_2$의 검정통계량의 값이 $T(X) = 2.05$이며,

$T(X) \sim N(0,1)$이라고 할 때 귀무가설은 기각될 수 있는가 ?

풀이 정답은 '예'와 '아니오' 모두 맞는다. 이 검정은 양측검정이므로 표준정규분포에 의하여 유의수준 α와 기각역은 다음과 같은 관계가 있다.

$$\alpha = 0.05 \Leftrightarrow \text{기각역} : \ | T(X) | > 1.96$$

$$\alpha = 0.01 \Leftrightarrow \text{기각역} : \ | T(X) | > 2.57$$

또한 이를 그림으로 표현하면 [그림 11-2]와 같다.

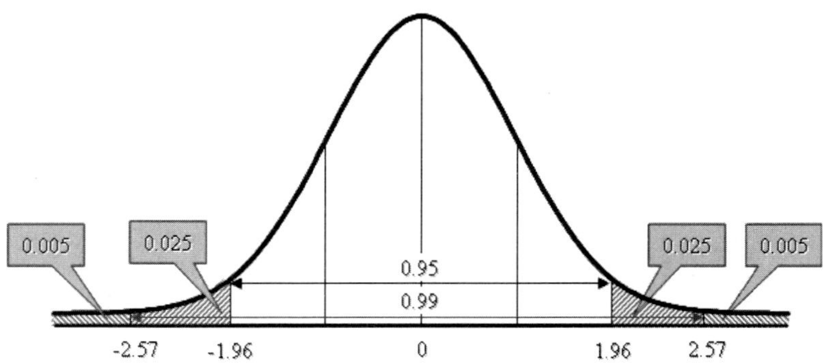

[그림 11-2] $N(0, 1)$의 확률분포

따라서 $\alpha = 0.05$인 경우에는 귀무가설은 기각되지만 $\alpha = 0.01$인 경우에는 귀무가설은 기각되지 않는다.

위의 [예제]에서와 같이 귀무가설의 기각여부는 유의수준 α와 직접적인 관련이 있으며 동일한 검정통계량의 경우에도 유의수준의 크기에 따라 귀

무가설을 기각할 수도 있고 기각하지 않을 수도 있다. 따라서 실제 가설검정을 실시하는 경우에는 귀무가설의 채택여부가 아니라 다음과 같이 정의되는 p-값(p-value)이 주어진다. 즉 p-값이란 귀무가설 하에서 검정통계량의 값이 나타날 가능성을 측정하는 확률로서 귀무가설의 채택여부를 결정하는 기준인 유의수준 α와는 직접적인 관계가 있다. 만약에 검정에서 p-값이 α보다 작으면 귀무가설 하에서 그 검정통계량의 값이 나타날 가능성이 희귀하다고 판단되므로 귀무가설은 기각되며, p-값이 α보다 크면 귀무가설 하에서 그 검정통계의 값이 나타날 가능성이 크다고 판단되므로 귀무가설은 기각되지 않는다. 예를 들면 [예제]에서 귀무가설 하에서의 검정통계량의 값이 $t(x) = 2.05$이고 양측검정이므로 표준정규분포표를 이용하여 p-값은 p-값 $= P(|T(X)| \geq 2.05) = 0.0404$ 임을 알 수 있다.

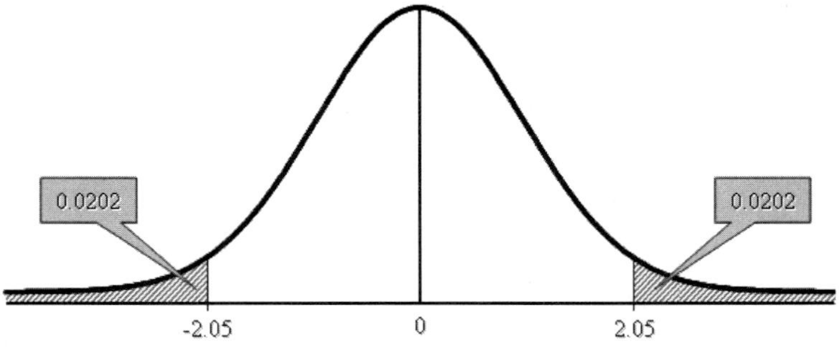

따라서 α =0.05인 경우에는 p-값 〈α 이므로 귀무가설은 기각되고, α =0.01인 경우에는 p-값〉 α 이므로 귀무가설은 기각되지 않는다. 유의수준이 달라지면 신뢰수준 $1-\alpha$가 달라진다. α =0.05인 경우에는 95%의 신뢰수준을 가지는 검정이 되며, α=0.01인 경우에는 99%의 신뢰수준을 가지는 검정이 된다.

p-값과 유의수준

가설검정에서 p-값(유의확률)과 유의수준 α 와는 다음과 같은 관계가 있다.

p-값$\geq \alpha$: 귀무가설 채택

p-값 $< \alpha$: 귀무가설 기각

A. 양쪽검정($H_1 : \mu_1 \neq \mu_2$), $P-$값 $= \Pr(|T(x)| \geq t(x))$

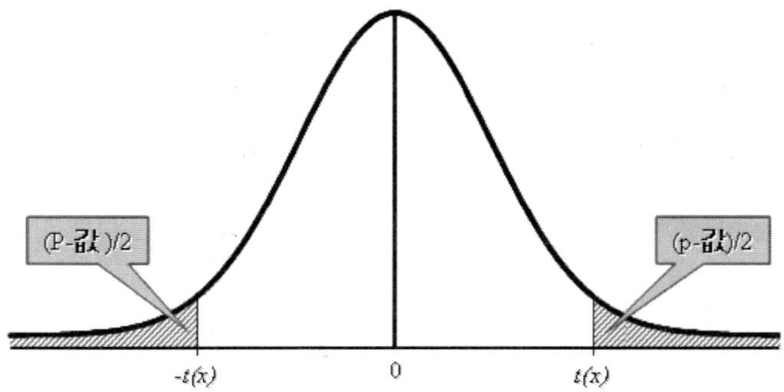

검정통계량 $T(X)$의 분포

B. 왼쪽 한쪽검정($H_1 : \mu_1 < \mu_2$), $P-$값 $= \Pr(T(x) \leq t(x))$

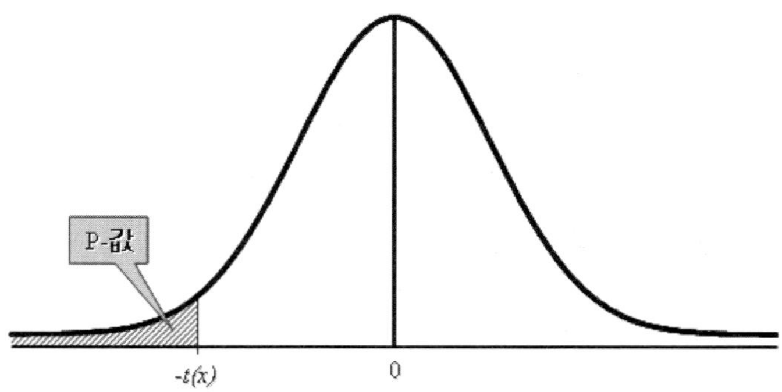

검정통계량 $T(X)$의 분포

C. 오른쪽 한쪽검정($H_1 : \mu_1 > \mu_2$), $P-$값 $= \Pr(\ T(x) \geqq t(x)\ )$

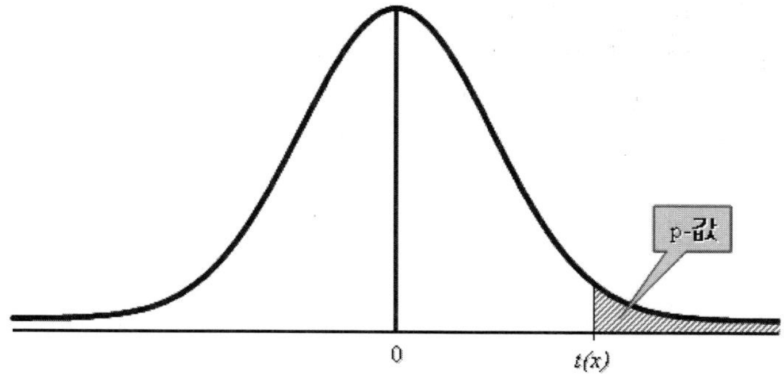

검정통계량 $T(X)$의 분포

메모

2-집단 평균비교

12.1 T-검정의 개요

T-검정이란 두 모집단의 평균의 차이유무를 판단하는 통계적 검정방법으로, "두 모집단의 평균간의 차이는 없다"라는 영가설과 "두 모집단의 평균간에 차이가 있다"라는 대립가설 중에 하나를 선택하는 통계적 검정방법이다.

모든 통계적 검정방법과 마찬가지로, T-검정은 영가설이 옳다는 가정 하에 두 모집단으로부터 추출된 표본들로부터 계산된 검정통계량에 근거하여 영가설을 부정할 수 있는 상당한 근거를 보이면 영가설을 기각하고, 그렇지 않은 경우에는 영가설을 채택하게 된다.

좀 더 통계적인 표현으로 검정절차를 묘사하면, 영가설 하에 두 모집단의 표본평균(sample mean)간의 차이는 표본오차(sampling error)에서 기인한 것이라고 간주한다. 즉, 두 표본평균간의 차이가 표본을 잘못 추출한 데서 비롯된 것이라고 가정한다. 그런 후 T-검정통계량을 계산하여 두 표본평균간의 차이가 영가설 하에 있을 확률, 즉 표본오차로 인해 차이가 발생할 확률(유의확률: P-값)을 계산한다.

만약 계산된 확률이 영가설을 기각하기로 설정한 유의수준(통상적으로 5%)과 같거나 작다면 영가설을 기각하고 대립가설(연구가설)을 채택하게 된다.

T-통계량을 간략하게 정리해 보자. 두 집단의 모평균을 각각 μ_1, μ_2라고 할 때 가설은 다음과 같이 설정된다.

귀무가설: $\mu_1 = \mu_2$ (두 집단의 모평균의 차이가 없다)
대립가설: $\mu_1 \neq \mu_2$ (두 집단의 모평균의 차이가 있다)

또한 두 집단의 평균의 차이를 검정하는 T-통계량은 다음과 같다.

$$T = \frac{\overline{X}_1 - \overline{X}_2 - (\mu_1 - \mu_2)}{S_p\sqrt{\frac{1}{n} + \frac{1}{m}}} \sim T_{n+m-2}$$

$$\text{단, } S_p^2 = \frac{(n-1)S_1^2 + (m-1)S_2^2}{n+m-2} = \frac{\sum_{i=1}^{n}(X_{1i} - \overline{X}_1)^2 + \sum_{i=1}^{m}(X_{2i} - \overline{X}_2)^2}{n+m-2}$$

여기에서 각 집단의 표본분산은 S_1^2, S_2^2, 표본평균은 $\overline{X}_1, \overline{X}_2$, 각 집단의 i번째 관측값은 X_{1i}, X_{2i}로 표현하였다. 그리고 S_p^2는 통합분산(pooled variance)이라 한다. T-통계량을 계산하기 위해서는 모평균 μ_1과 μ_2을 알아야만 가능하다. 그러나 모평균은 전수조사를 하지 않는 한 알 수 없는 미지의 모수이며, 또한 전수조사를 하였다면 이러한 가설검정을 할 필요가 없어진다. 결론적으로 T-통계량을 계산하기 위해서는 반드시 $\mu_1 - \mu_2$를 계산해야 하는데 이러한 이유로 가설검정을 할 때 '귀무가설이 사실일 때' 또는 '귀무가설하에서'라는 가정을 하게 된다. 즉 귀무가설이 사실이라고 가정하면 $\mu_1 - \mu_2 = 0$이 되어 T-통계량은

$$T=\frac{\overline{X}_1-\overline{X}_2}{S_p\sqrt{\frac{1}{n}+\frac{1}{m}}}$$: 등분산을 가정함

$$T=\frac{\overline{X}_1-\overline{X}_2}{\sqrt{\frac{S_1^2}{n}+\frac{S_2^2}{m}}}$$: 등분산을 가정하지 않음

으로 계산할 수 있게 된다. 그러므로 가설검정문제에서 항상 '귀무가설 하에서'라는 말을 사용하게 되고 이는 또한 '유의수준 0.05(또는 0.1, 0.01) 하에서'라는 말과 같은 의미가 된다. 즉 유의수준 5%하에서 검정통계량이 기각역에 포함(p-값이 0.05보다 작음)되면 귀무가설이 사실이라고 가정한 상황이 거짓이 되어 귀무가설을 기각하게 되고 이는 곧 반대가설인 대립가설을 채택하게 된다. 반대로 검정통계량이 채택역에 포함(p-값이 0.05보다 큼)되면 귀무가설이 사실이라고 가정한 상황이 참이 되어 귀무가설을 채택하게 된다. 이와 같이 통계학에서는 대립가설이 아닌 귀무가설만을 상대로 언급하여 진의여부를 판단하고 있는 이유를 이제는 이해할 수 있을 것이다.

T-검정은 두 모집단의 독립여부에 따라 "독립 2표본 T-검정"과 "대응 2표본 T-검정"으로 나눌 수 있다. 이제 이 두 가지 분석방법을 체험해 보기로 하자.

12.2 10가지 중요요소의 성별에 따른 독립표본 T-검정

성별에 따라 각 중요도 점수의 차이가 있는가를 검정해 보자. 두 독립인 집단의 모평균에 차이를 검정하는 통계적 방법은 독립표본 T-검정을 이용한다.

이제 SPSS를 사용하여 10가지 중요요소 각 변수들에 대해 남녀집단간의 중

요평가 평균점수의 차이가 있는지에 대한 검정을 실시해 보자. 독립인 2표본의 평균에 대한 T-검정을 하려면 메뉴에서 다음과 같이 선택하면

분석 ☞
  평균 비교 ☞
   독립표본 T **검정**...

다음과 같은 '독립표본 T 검정' 주대화상자가 나타난다.

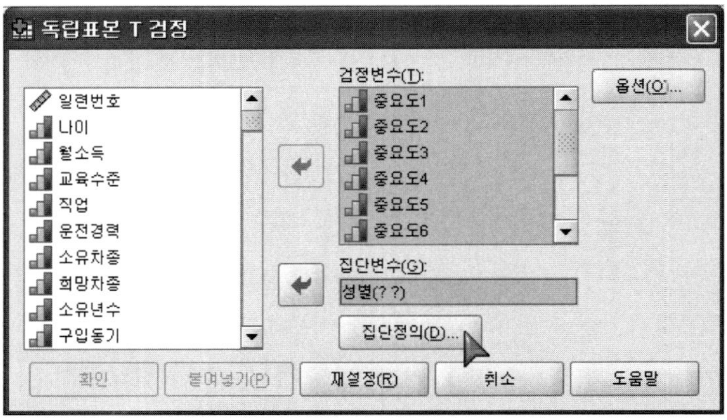

여기에서 '중요도?' 변수들을 선택하여 이동시킨다. 그리고 변수 '**성별**'을 선택하여 집단변수에 이동시킨 후 [집단정의(D)...] 단추를 클릭한다.

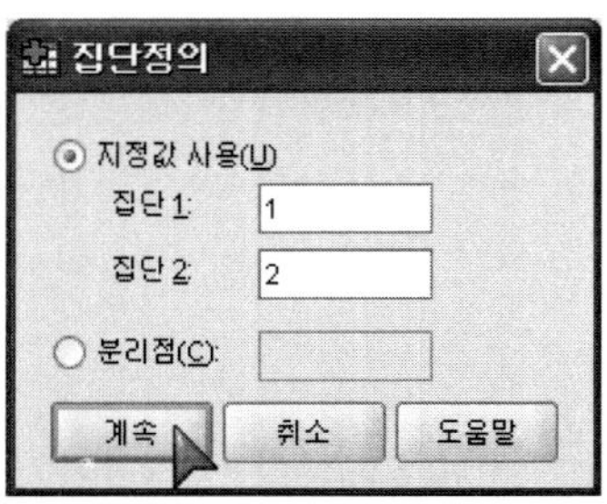

성별 집단인 남과 여를 1과 2로 코딩 입력하였으므로 각각 1과 2를 입력하고 [계속] 단추를 클릭한다.

집단통계량					
	성별	N	평균	표준편차	평균의 표준오차
품 격	남	178	4.22	1.321	.099
	여	37	3.92	1.320	.217
크 기	남	178	4.30	1.188	.089
	여	37	3.76	1.188	.195
실내공간	남	178	4.89	1.052	.079
	여	37	4.51	.901	.148
호화정도	남	178	3.11	1.200	.090
	여	37	3.11	.994	.163
색 상	남	178	4.94	1.345	.101
	여	37	5.30	1.431	.235
연 비	남	178	5.86	1.243	.093
	여	37	6.32	.852	.140
승 차 감	남	178	5.63	1.413	.106
	여	37	6.32	.818	.135
배 기 량	남	178	4.58	1.393	.104
	여	37	5.70	1.331	.219
안 전 도	남	178	6.48	.858	.064
	여	37	6.81	.397	.065
차량성능	남	178	6.33	.912	.068
	여	37	5.46	1.626	.267

10가지 중요도 변수들에 따라 남녀별로 표본크기 N, 평균, 표준편차, 평균의 표준오차가 출력되었다. 여기에서 평균의 크기가 남녀간에 다소간의 차이를 보이고 있으나 아직 통계적인 차이를 검정한 것은 아니므로 평균값의 크기를 비교하여 남자가 더 중요하게 생각한다든지 또는 여자가 더 중요하게 생각한다라고 평가할 수 없다.

다음의 출력결과는 T-검정의 결과를 나타낸다. 검정결과를 자세히 살펴보기로 하자.

독립표본 검정

		Levene의 등분산 검정		평균의 동일성에 대한 t-검정						
									차이의 95% 신뢰구간	
		F	유의확률	t	자유도	유의확률 (양쪽)	평균차	차이의 표준오차	하한	상한
품 격	등분산이 가정됨	.061	.805	1.281	213	.202	.306	.239	-.165	.776
	등분산이 가정되지 않음			1.282	52.089	.206	.306	.239	-.173	.785
크 기	등분산이 가정됨	.226	.635	2.547	213	.012 ◀	.547	.215	.124	.970
	등분산이 가정되지 않음			2.547	52.050	.014	.547	.215	.116	.977
실내공간	등분산이 가정됨	.087	.768	2.015	213	.045 ◀	.374	.186	.008	.740
	등분산이 가정되지 않음			2.229	58.310	.030	.374	.168	.038	.710
호화정도	등분산이 가정됨	.502	.479	-.006	213	.995	-.001	.211	-.417	.415
	등분산이 가정되지 않음			-.007	60.007	.994	-.001	.187	-.374	.372
색 상	등분산이 가정됨	1.327	.251	-1.461	213	.145	-.359	.246	-.844	.125
	등분산이 가정되지 않음			-1.403	50.095	.167	-.359	.256	-.873	.155
연 비	등분산이 가정됨	3.368	.068	-2.169	213	.031 ◀	-.465	.214	-.887	-.042
	등분산이 가정되지 않음			-2.764	72.072	.007	-.465	.168	-.800	-.130
승 차 감	등분산이 가정됨	7.518	.007	-2.867	213	.005	-.689	.240	-1.164	-.215
	등분산이 가정되지 않음			-4.027	87.584	.000 ◀	-.689	.171	-1.030	-.349
배 기 량	등분산이 가정됨	.276	.600	-4.478	213	.000 ◀	-1.118	.250	-1.611	-.626
	등분산이 가정되지 않음			-4.615	53.695	.000	-1.118	.242	-1.604	-.632
안 전 도	등분산이 가정됨	26.480	.000	-2.308	213	.022	-.333	.144	-.618	-.049
	등분산이 가정되지 않음			-3.636	117.384	.000 ◀	-.333	.092	-.515	-.152
차량성능	등분산이 가정됨	67.419	.000	4.496	213	.000	.866	.193	.487	1.246
	등분산이 가정되지 않음			3.140	40.822	.003 ◀	.866	.276	.309	1.424

독립 2표본 T-검정에서 두 집단의 흩어진 정도(분산)가 같은가 혹은 다른가에 따라 T-검정통계량을 계산하는 방법이 달라지므로, 먼저 두 집단의 분산이 같은지 혹은 다른지를 판단하여야 한다. 이는 독립인 두 집단의 T-검정에서 가장 먼저 살펴보아야 할 검정으로 SPSS에서는 Levene의 등분산 검정을 실시한다. 즉 Levene의 등분산 검정의 결과에 따라 T-검정의 결과도 달라진다. 여기에서 첫 번째 품격에서 Levene의 유의확률(p-값)을 보면 0.805로서 유의수준 0.05하에서 두 집단의 모분산이 같다는 영가설을 기각할 수 없다. 즉 등분산을 가정할 수 있게 된다. 그러드로 '등분산이 가정됨'으로 표시된 행을 보고 T-검정을 수행한다. T-통계량은 1.281이며 유의확률은 0.202로서 유의수준 0.05하에서 남녀간의 중요도 평가점수에 차이가 없음을 알 수 있다. 이와 같이 동일한 방법으로 다른 중요도 변수의 남녀간의 중요도 평가 점수의 차이가 있는지를 알아 볼 수 있다. 위의 출력결과에서 유의수준 0.05하에서 남녀 집단 간의 유의한 차이를 나타내는 경우는 ◀으로 표시하였다. 결과적으로 남녀간의 중요도 평가 평균점수의 차이를 보이는 경우는 크기, 실내공간, 연비, 승차감, 배기량, 안전도, 차량성능 등으로 나타났다. 그렇다면 통계적으로 남녀간의 평균차이를 인정하는 중요도 변수

들 중에서 과연 남자의 평균값이 큰지 또는 여자의 평균값이 큰지를 살펴보아야 할 것이다. 이는 출력결과에서 '**평균차**'를 보거나 기술통계량의 각 남녀별로 계산된 평균의 크기를 비교하면 쉽게 확인할 수 있다. 이를 요약하면 다음과 같다.

중요도 평가요소	등분산	T-값	유의확률 (p-값)	평균차이 (남-여)	집단비교
크기	가정	2.547	0.012	0.55	남 〉 여
실내공간	가정	2.015	0.045	0.37	남 〉 여
연비	가정	-2.169	0.031	-0.46	남 〈 여
승차감	가정않음	-4.027	0.000	-0.69	남 〈 여
배기량	가정	-4.478	0.000	-1.12	남 〈 여
안전도	가정않음	-3.636	0.000	-0.33	남 〈 여
차량성능	가정않음	3.140	0.003	0.87	남 〉 여

평균차이는 남자집단의 평균에서 여자집단의 평균을 뺀 값이므로 평균차의 값이 양수면 남자집단의 평균이 크며, 음수면 여자집단의 평균이 크다는 것을 알 수 있을 것이다. 즉, 평균차이는 SPSS의 집단정의 부대화상자에서 지정할 경우 '1'로 지정한 집단에서 '2'로 지정한 집단의 평균을 뺀 값임을 알기 바란다. 이상의 결과를 한 장의 그림으로 표현해 보자. 여러 변수들의 평균을 성별에 따라 나타내야 함으로 그래프 ☞ 레거시 대화상자 메뉴에서 선도표를 선택하여 다음과 같이 지정하고 [정의] 단추를 클릭한다.

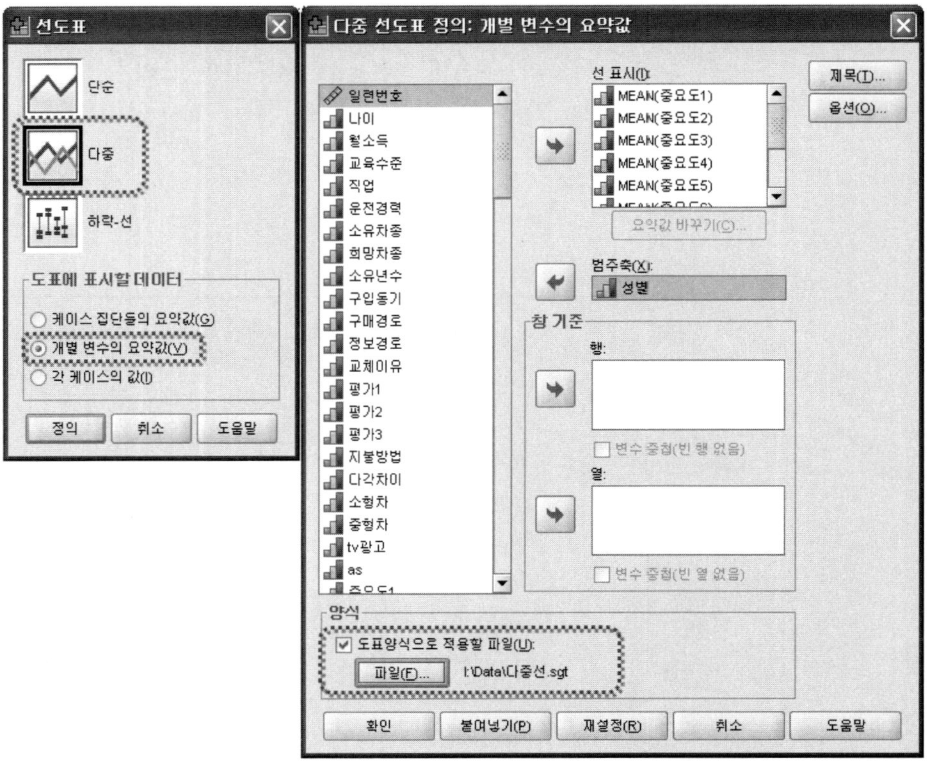

출력된 다중 선도표는 모양자체를 알 수가 없는 형태인데 여기에서 다음과 같이 선위에 더블클릭하여 나타난 대화상자의 '변수' 탭에서 범례가 X축으로 이동시키고 원래 X축의 성별을 집단화기준으로 이동시킨다. 그리고 적용 단추를 클릭하면 성별에 따른 10개 중요도 요소의 평균선이 나타난다. 이제 평균선의 평균값에 점표시를 출력하고 점모양과 색상 등을 바꾸어 성별을 확인할 수 있도록 한다. 그리고 Y축의 범위는 7점 척도이므로 1~7 점으로 조정하고 격자선을 표시한다. 역시 X축도 격자선을 표시한다.

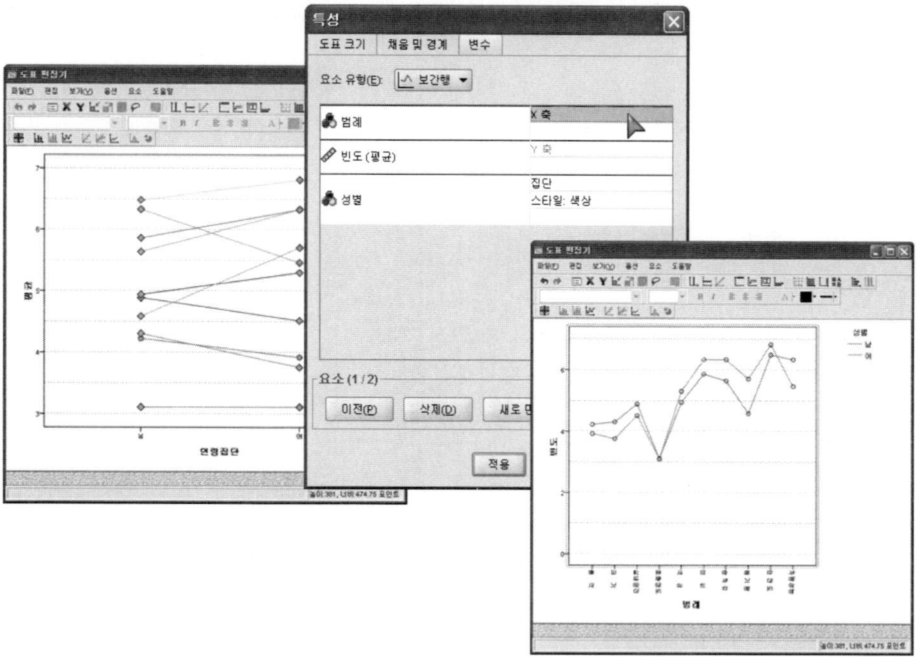
특성
도표 크기
채움 및 경계
변수
요소 유형(E):
보간행
범례
X 축
빈도(평균)
Y 축
성별
집단
스타일: 색상
요소 (1/2)
이전(P)
삭제(D)
적용

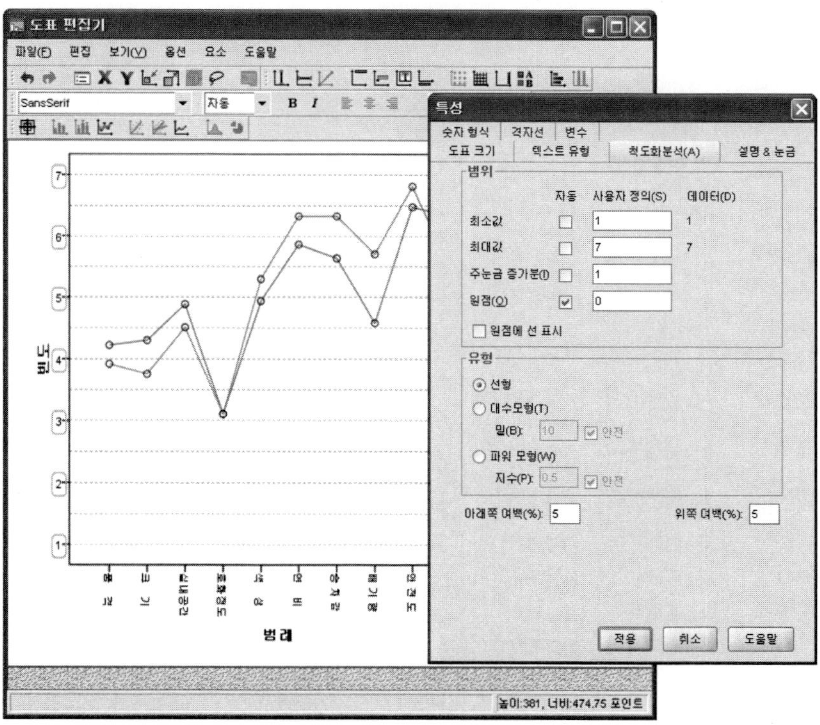
도표 편집기
파일(F)
편집
보기(V)
옵션
요소
도움말
SansSerif
자동
빈도
범례
높이:381, 너비:474.75 포인트
특성
숫자 형식
격자선
변수
도표 크기
텍스트 유형
척도화분석(A)
설명 & 눈금
범위
자동
사용자 정의(S)
데이터(D)
최소값
최대값
주눈금 증가분(I)
원점(O)
원점에 선 표시
유형
선형
대수모형(T)
밑(B):
안전
파워 모형(W)
지수(P):
아래쪽 여백(%):
위쪽 여백(%):
적용
취소
도움말

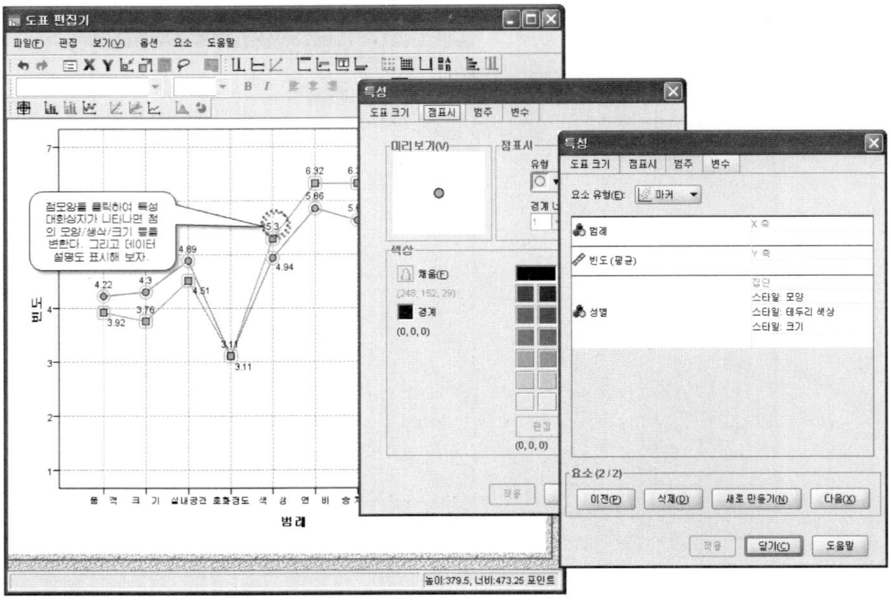

역시 Y축도 격자선을 표시하기 위하여 Y축에 클릭하여 격자표시에 체크하고 격자선은 실선보다는 가는 점선으로 표시하는 것이 좋으므로 격자선을 클릭하고 선유형에서 적용하여 점선으로 변경한다. 마지막으로 점모양과 색상 등을 지정하여 도표를 완성한다.

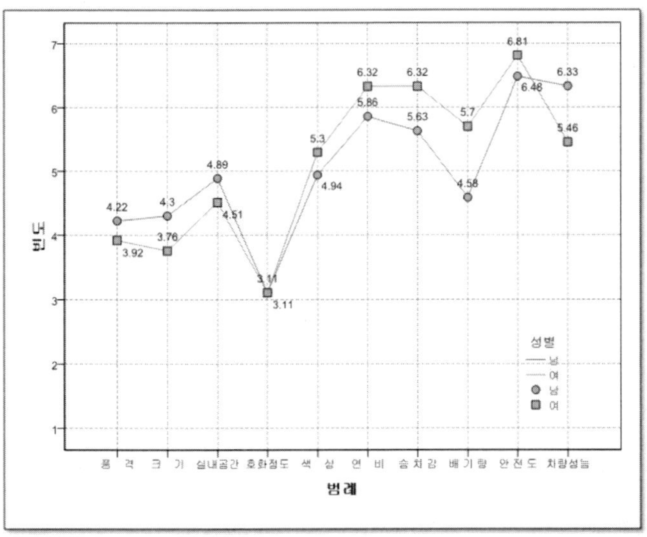

결국 다음과 같은 다중선도표가 작성되었다. 앞에서 가설검정의 결과를 상기하여 최종 그림을 보면 10개의 중요요소에 대한 성별간의 차이를 한눈에 분석할 수 있게 된다.

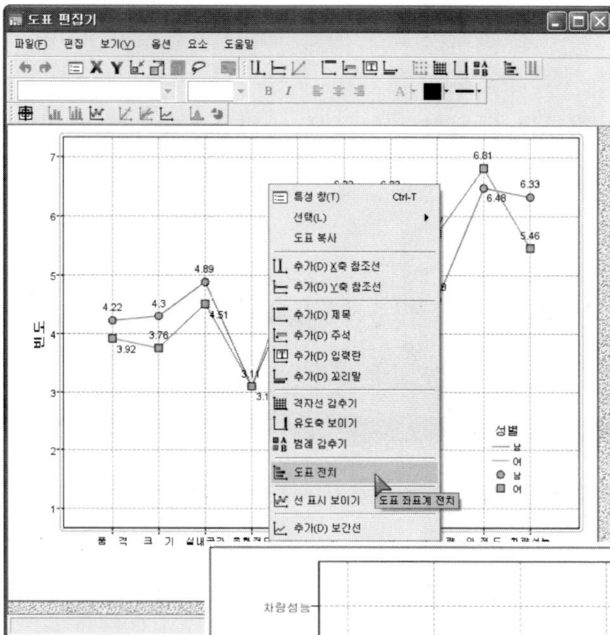

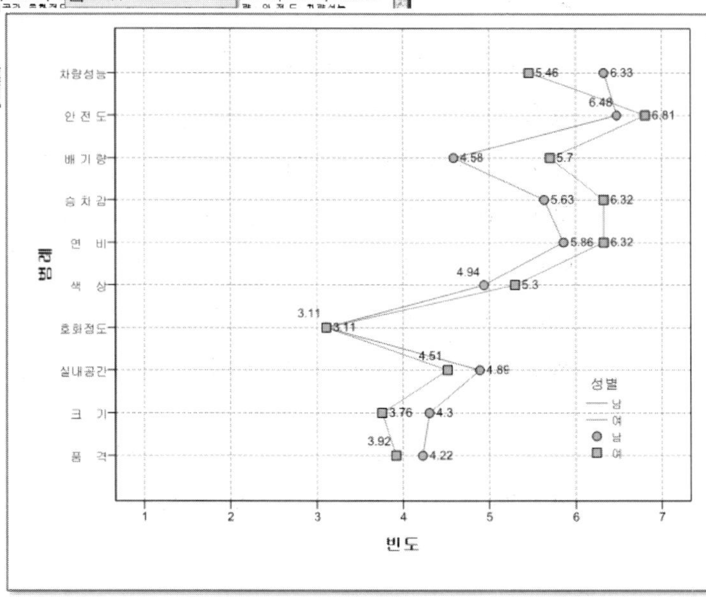

이상의 결론은 차량의 크기, 실내공간, 차량성능 등은 상대적으로 남자(다아몬드)가 여자(원표시)에 비해 중요도를 높게 평가하고 있음을 알 수 있

으며, 연비, 승차감, 배기량, 안전도 등의 요소는 여자가 더 중요도를 높게 평가하고 있다. 여기에서 해석할 때 주의해야 될 점은 반드시 상대적으로 남자 또는 여자가 높게 평가했다는 의미임을 유의하기 바란다. 즉 여자가 높게 평가했다고 해서 남자는 낮게 평가했다는 말은 아니다. 남자에 비해 상대적으로 여자가 높다는 말이다. 앞 절의 기초적인 분석에서 각 중요도 점수의 빈도와 기술통계량을 계산한 결과도 남녀를 구분하지 않고 중요도 요소들에 대한 평가는 대체적으로 높게 나타났음을 기억하기 바란다.

12.3 중형급 차종 선호도의 대응표본 T-검정

19종의 자동차 선호도 측정 문항에서 동급의 차종에 대한 선호도의 차이가 있는가에 대한 분석을 시도해 보자. 즉 현대의 쏘나타 III 2.0 GOLD, 대우의 레간자 2.0 DOHC 그리고 기아의 크레도스 2.0 EXCESS 중에서 2 차종을 택하여 선호도 점수는 어느 차종이 높게 나타났는지 알아볼 수 있을 것이다. 이러한 문제는 각 응답자에 따라 두 차종의 선호점수를 계산하였으므로 두 차종의 선호점수의 차이를 계산하여 그 차이값이 '0'인지를 검정하면 된다. 만일 '0'이라면 두 차종의 선호도 점수의 차이가 없음을 시사하며, '0'이 아니라면 두 차종의 선호도 점수에 차이가 있음을 시사한다. 즉 이렇게 각 응답자에 따라 서로 대응되어있는 데이터를 대응표본(paired sample)이라 한다. 이러한 대응표본의 문제는 독립표본 T-검정의 문제로 분석할 수 없으며 대응표본 T-검정(paired sample T-test)으로 분석할 수 있다.

각 차종에 대한 선호도 계산 방법은 18.3절의 "선호도 측정과 선호점수의 계산"에서 자세하게 설명하였으므로 참조하기 바란다.

대응표본 T-검정을 수행하기 위하여 SPSS 메뉴에서

분석 ☞ 평균비교 ☞ 대응표본 T-검정 …

을 선택하면 다음과 같은 "대응표본 T-검정(Paired-Samples T Test)" 대화상자가 열린다.

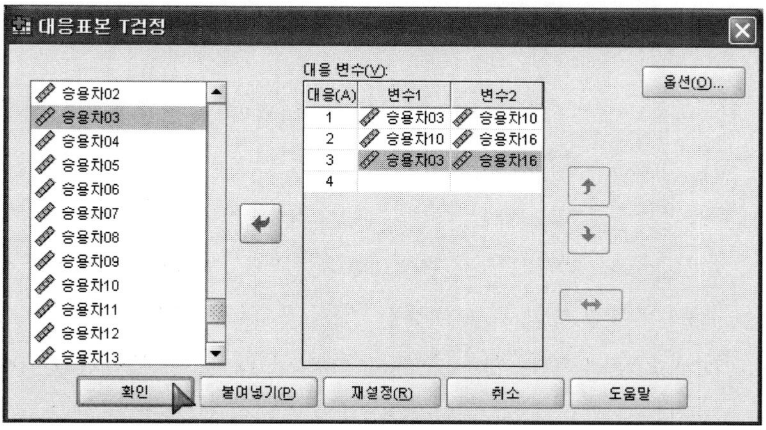

여기에서 변수 승용차3은 현대의 쏘나타 III 2.0 GOLD, 승용차 10은 대우의 레간자 2.0 DOHC, 승용차16은 기아의 크레도스 2.0 EXCESS이므로 이 중에서 조합으로 2 차종의 변수를 선택하고 이동시키면 대응변수 상자에 3가지 대응 변수조합이 입력된다. 다음으로 [확인] 단추를 클릭하여 실행한다.

대응표본 통계량

		평균	N	표준편차	평균의 표준오차
대응 1	쏘나타 III 2.0 GOLD	6.56	215	1.678	.114
	레간자2.0 DOHC	6.39	215	1.376	.094
대응 2	레간자2.0 DOHC	6.39	215	1.376	.094
	크레도스2.0 EXCESS	6.05	215	1.617	.110
대응 3	쏘나타 III 2.0 GOLD	6.56	215	1.678	.114
	크레도스2.0 EXCESS	6.05	215	1.617	.110

대응별로 각 2차종의 평균, 표본크기, 표준편차, 평균의 표준오차가 출력되어 있다.

대응표본 상관계수				
		N	상관계수	유의확률
대응 1	쏘나타 III 2.0 GOLD & 레간자2.0 DOHC	215	-.351	.000
대응 2	레간자2.0 DOHC & 크레도스2.0 EXCESS	215	.103	.132
대응 3	쏘나타 III 2.0 GOLD & 크레도스2.0 EXCESS	215	.199	.003

각 대응변수의 상관계수가 나타나 있으며 유의확률은 모상관계수가 '0'이라는 가설을 검정하는 p-값이다. 여기에서 [대응1]과 [대응3]은 모상관계수가 유의한 것으로 나타났으며 [대응2]는 유의하지 않은 것으로 나타났으나 일반적으로 상관계수에 대한 검정결과는 심각하게 고려하지 않는 것이 좋다. 즉 모상관계수가 '0'이라는 귀무가설을 채택하게 되면 '두 변수간의 상관관계가 존재하지 않는다'라는 의미인데 이는 선형적인 관계를 가정할 수 없다는 뜻이다. 그러므로 현재 대응표본의 T-검정 문제에서는 그다지 심각하게 생각할 필요는 없다. 단순히 두 변수간의 상관관계만을 참고로 이용하기 바란다.

대응표본 검정									
		대응차					t	자유도	유의확률 (양쪽)
					차이의 95% 신뢰구간				
		평균	표준 편차	평균의 표준오차	하한	상한			
대응 1	쏘나타 III 2.0 GOLD - 레간자2.0 DOHC	.172	2.516	.172	-1E-1	.510	1.003	214	.317
대응 2	레간자2.0 DOHC - 크레도스2.0 EXCESS	.344	2.012	.137	.074	.615	2.508	214	.013
대응 3	쏘나타 III 2.0 GOLD - 크레도스2.0 EXCESS	.516	2.087	.142	.236	.797	3.628	214	.000

대응표본 T-검정결과에서 유의확률은 모두 통상적으로 사용하는 유의수준 0.05보다 작으므로 모두 선호도 평균점수의 차이가 '0'이라는 귀무가설을 기각하게 되어 선호도 평균 점수의 차이가 '0'이 아니라는 대립가설을 채택하게 된다. 그러므로 각 대응차의 평균의 값이 음수 또는 양수냐에 따라 어느 차종의 선호도 평균점수가 더 높은지를 판단할 수 있다. 즉 [대응1]에서 p-값이 '0.317'로 유의수준 0.05에서 유의하지 않으므로 대응차 평균이 '0.172'로 현대의 쏘나타 III 2.0가 대우의 레간자 2.0 DOHC보다 더 크게

나타났지만 통계적으로 모평균의 차이가 없는 것으로 판단할 수 있다. 또한 [대응2]는 p-값이 0.013으로 5%에서 유의하고 대응평균차가 '0.334'로 레간자가 기아의 크레도스보다 더 선호하는 것으로 판단할 수 있다. [대응3] 역시 p-값이 0.000으로 5%에서 유의하며 대응차 평균이 양의 값인 '0.516'으로 현대의 쏘나타가 기아의 크레도스보다 더 선호하는 것으로 판단할 수 있다. 이상의 결론으로 유의수준 5%하에서 동급의 세 차종은 크레도스, 레간자, 쏘나타의 순이지만 크레도스와 레간자는 통계적으로 차이가 없고 레간자와 쏘나타는 통계적으로 쏘나타가 더 선호점수의 모평균이 크므로 세 차종 중에서 쏘나타를 더 선호한다고 판단할 수 있다.

메모

3-집단 이상의 평균비교

13.1 확률화 실험의 개요

13.1.1 확률과 실험의 개념

실험계획에 의한 분산분석에서는 각각의 처리를 가한 표본의 관측결과, 즉 반응에 의하여 모평균의 동일성을 검정한다. 여기에서 반응은 처리효과(treatment effect)와 오차효과(error effect)의 결합된 형태로 설명할 수 있는데, 처리효과란 각각의 처리에 의하여 나타난 효과를 말하며 오차효과란 반응 중에서 처리에 의하여 설명되어지지 않는 효과를 말한다.

학생들의 성적은 서로 다른 교육방법에 의한 효과도 있지만 학생들 개개인의 IQ라든지 기타 기본적인 학습능력에도 영향을 받는데, 실험에서는 단지 교육방법에 의한 처리효과를 비교하고자 하므로 다른 요인의 효과를 고려하지 않는다. 따라서 이 실험에서는 서로 다른 3가지 교육방법의 효과가 처리효과이고 다른 모든 요인에 의한 효과를 오차효과라고 할 수 있다.

분산분석에서는 각 처리집단간의 반응의 차이가 실제로 처리수준이 다름으로 하여 발생되었는가를 분석하고자 하므로 반드시 각 처리집단의 오차효과가 각 집단에서 동일하게 나타나도록 실험을 계획하여야 한다. 만약 위의 실험에서 추출된 6개 반이 처음 2개 반에는 우수반, 다음 2개 반은 보통반, 그리고 나머지 2개 반은 열등반이라고 하고 처음 2개 반에는 처리 1,

다음 2개 반에는 처리 2, 나머지 2개 반에는 처리 3을 가한다면 각 처리집단별 학기말고사 성적의 평균이

$$\overline{X}_1 > \overline{X}_2 > \overline{X}_3$$

와 같이 나타난 경우에도 이 결과가 교육방법의 차이에 의하여 나타났는지 또는 우열반 구분에 의한 각 학생들의 기본적인 학습능력의 차이에 의한 것인지를 구분할 수 없게 되어 서로 다른 교육방법의 효과를 분석할 수 없다.

이와 같은 실험에서 실험대상으로 선발된 학생 360명을 '무작위로' 60명씩 6개 반으로 재편성한 후에 2개 반씩 임의로 뽑아서 각각의 교육 방법을 실시하면 각 반에 배정된 학생들의 기본적인 학습능력은 비슷하다고 할 수 있으며 따라서 각 반의 성적의 차이는 서로 다른 교육방법에 의하여 나타난다고 할 수 있다.

이와 같이 처리의 효과를 구분하기 위하여 실험단위들을 각 처리 집단에 '무작위로'(확률적으로) 배정하는 실험계획을 완전확률화 실험계획(completely randomized design)이라고 한다.

13.1.2 실험계획의 과정

실험계획은 분석목적에 적합한 자료의 수집과정이라고 할 수 있고 분산분석은 수집된 자료를 이용하여 처리수준간의 효과의 차이를 분석하는 것이라고 할 수 있는데, 여기에서는 앞에서 설명한 실험계획의 과정을 다음 예를 통하여 요약 정리한다.

예제 의학연구에서 특정한 암에 대한 서로 다른 3가지 치료제 A, B, C

가 있다고 할 때, 이 세 가지 치료제의 효과를 비교하기 위한 실험을 계획하여라.

[풀이] 위에 주어진 3가지 치료제 A, B, C의 효과를 비교하기 위한 실험에서 위의 암에 걸려서 병원에 입원한 환자 30명을 실험대상자로 한다고 하자. 이 경우 30명의 암 환자를 '무작위로' 각각 10명씩 세 집단으로 나눈 후에 첫째 집단에는 치료제 A를, 두 번째 집단에는 치료제 B를, 그리고 세 번째 집단에는 치료제 C를 투여한 후에 병이 치료되는 데까지 걸리는 시간을 관측하여 세 치료제의 효과를 분석하는 실험을 계획할 수 있다. 이 실험에서 모집단은 그 병을 앓는 모든 환자이며, 표본은 실험대상이 된 30명의 환자이고 요인은 치료약이며 요인의 수준은 각각의 치료약 A, B, C를 말한다. 반응은 평균과 분산을 이용하여 각각의 약에 있어서 치료에 소요되는 평균시간이 동일한가를 검정한다. 확률화 실험의 원칙에 의하여 실험대상인 30명의 환자들은 각 실험집단에 '무작위로' 배정되어야 하며 만약에 특정집단에 증세가 심한 환자들이 모여 있게 되면 세 가지 약의 치료효과를 비교 분석할 수 없게 된다.

13.1.3 실험계획의 방법

실험계획에 있어서 실험단위들을 각 처리집단에 배치하는 방법에는 완전확률화 계획법(completely randomized design)과 확률화 블럭계획법(randomized block design)이 있다. 완전확률화 계획법은 실험단위들이 각 처리집단에 '무작위로(확률적으로)' 배치되는 방법으로 실험단위들이 각 처리집단에 배치될 가능성이 균등한 실험계획법을 말하며, 확률화 블럭계확법은 실험단위들이 상당히 이질적일 때 완전확률화계획법에 의한 실험단위들의 배치에서 우연히 나타날 수 있는 실험단위들의 편향적 분포에 대한 가능성을 줄이기 위하여 실험단위들을 유사한 것끼리 묶어서 몇 개의 블록으로 만든 후에 각 블록 내에서 실험단위들을 각각의 처리수준에 확률적으로 배치하는 실험계획법이다.

예를 들어 서로 다르게 포장된 4가지 제품의 A, B, C, D에 대한 고객들의 구매행동에 대한 실험을 한다고 하자. 한 사람의 고객에 대해 포장이 다른 4가지 제품에 대해 구매의사를 5점 척도상에 반응하도록 질문하였다고 가정하자. 비슷한 시기에 서로 다른 3개 지역에서 각각 12명의 고객에게 무작위로 선발하여 모두 36명의 고객을 실험대상으로 할 때 다음과 같이 2가지의 배치방법을 생각할 수 있다.

완전확률화 계획법 :

36명의 고객 이름표를 섞어 놓은 후에 임의로 9개 씩 4개 집단으로 나누고 각 집단에 A, B, C, D의 제품에 대한 구매의사를 5점 척도상에 반응을 측정하여 구매의사 점수가 같은지를 비교한다.

확률화 블록계획법:

구매의사는 지역에 따라 달라질 수 있기 때문에 위와 같은 완전확률화 계획법에 의한 고객들의 배치는 특정처리집단에 특정지역의 고객들이 한쪽으로 치우쳐 많이 배치될 가능성이 있다. 이러한 문제점의 해결방안으로 각 지역으로부터 선정된 12명의 고객을 각각의 블록으로 하여 3개의 블록을 만들고 각 블록 내에서 '무작위로' 각각 3명씩 네 개의 집단을 만든 후에 각 집단에 서로 다르게 포장한 제품에 대한 구매의사를 측정하는 것이다. 역시 이렇게 측정된 구매의사 점수를 포장제품별로 차이가 있는지를 비교할 수 있다. 이와 같이 고객들을 배치하면 각 블록 내에 있는 고객들의 지역적 특성이 같으므로 각 포장제품에 대한 구매의사점수에 대한 효과를 보다 객관적으로 비교할 수 있다.

[그림 13-1] 확률화 블럭계획법의 배치방법

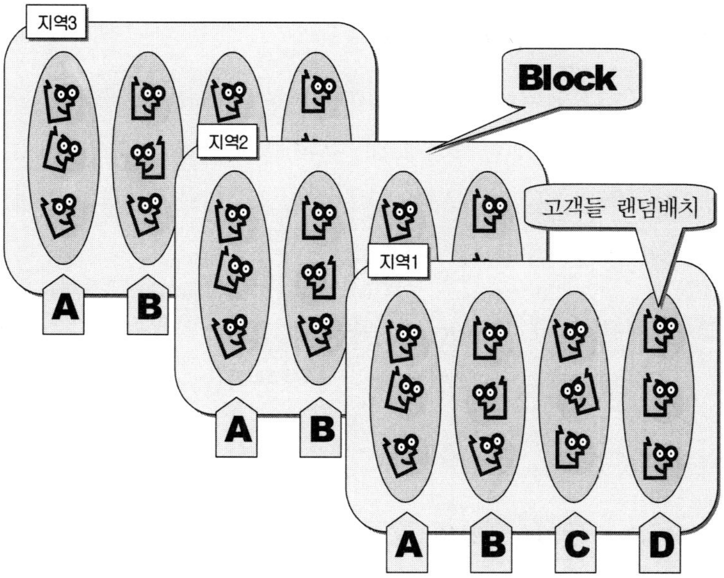

즉, 확률화 블럭계획법은 완전확률화 계획법에서 우연하게 한 지역에 구매의사가 월등한 고객들이 많이 배치되어 실험결과에 영향을 미치는 것을 방지하기 위한 방법이라고 할 수 있으며, 실험단위가 서로 상당히 이질적일 때에는 이와 같이 실험단위를 서로 유사한 것끼리 블록으로 묶은 후에 각 블록 내에서 실험단위들을 각 처리집단에 확률적으로 배치하는 방법이 보다 합리적일 수 있다.

13.2 분산분석의 개요

13.2.1 분산분석 모형의 개요

두 집단에서 나온 자료가 동일한 모평균을 갖는가를 검정하는 T-검정을 확장하여, k개의 표본들이 같은 모평균을 갖는가를 검정하는데 분산분석을 사용하며, 요인이 하나인 실험에 대한 분산분석법을 일원배치분산분석(one-way ANOVA)이라고 한다.

예를 들어 월평균 소득수준에 따라 각 차종의 선호점수에 차이가 있는지를 검정할 경우에 일원배치 분산분석을 적용할 수 있다.

13.2.2 분산분석 모형의 종류

분산분석 모형은 구분 기준을 어떻게 하느냐에 따라, 다음과 같이 나누어 볼 수 있다.

ⓐ 요인의 수에 따라

일원배치모형(one-way), 이원배치모형(two-way), ⋯

예) { 교육수준, 성별 등에 따른 (TV 시청시간의 차이) / 처리방법, 환자나이 }

ⓑ 요인의 형태에 따라

⊙ Fixed effect model(모수효과모형)

⊙ Random effect model(변량효과모형)

⊙ Mixed effect model(혼합효과모형)

등으로 나눌 수 있다. 자세한 내용은 실험계획법에 관한 서적을 참고하기 바란다.

13.3 일원배치 분산분석

월평균 소득수준에 따라 각 차종의 선호도에 차이가 있는지를 알아보자. 월평균소득 문항은 다음과 같다.

> 3. 귀하의 월평균소득은?
> 1) 100만원 이하( ) 2) 100-150만원 ( )
> 3) 150-200만원 ( ) 4) 200-250만원 ( )
> 5) 250-300만원 ( ) 6) 300만원이상 ( )

이 월평균 소득이 요인(factor)이 되며 이 요인은 6개의 수준(level)을 가지고 있다. 각 소득수준에 따라 19개 차종의 선호도 점수에 차이가 있는지를 분석하기 위한 귀무가설과 대립가설은 다음과 같다.

귀무가설 : 월평균 소득 6개 수준에 따른 자동차 선호도의 차이가 없다.

대립가설 : 월평균 소득 6개 수준에 따른 자동차 선호도의 차이가 있다.

이를 통계적 표현을 빌리어 묘사하여 보면 다음과 같다.

H_0 : $\mu_1 = \mu_2 = \cdots = \mu_6$

H_1 : H_0은 사실이 아니다.

단, μ_1은 소득수준 100만원 이하인 경우 자동차 선호도의 모평균

μ_2는 소득수준 100~150만원인 경우 자동차 선호도의 모평균

· · ·

μ_6은 소득수준 300만원 이상인 경우 자동차 선호도의 모평균

즉, 귀무가설 H_0은 모든 처리집단의 모평균이 동일하다는 것을 의미하며 대립가설 H_1은 'H_0이 사실이 아니다'로써 최소한 하나 또는 이상의 모평균의 값이 차이가 있다는 것을 의미한다.

SPSS에서 일원배치 분산분석을 수행하려면 주메뉴에서

분석 ☞ 평균비교 ☞ 일원배치 분산분석 …

을 선택하면 다음과 같은 "**일원배치 분산분석**(One-Way ANOVA)" 대화상자가 열린다.

여기에서 19종의 승용차 선호도 변수들을 종속변수에 이동시키고 요인변수에 '**월소득**' 변수를 지정한다. 옵션(O)... 단추를 클릭하면 다음과 같은 옵션 대화상자가 나타난다.

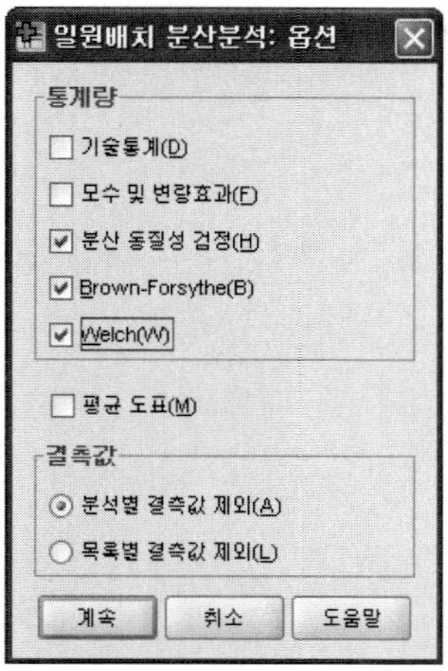

여기에서 각 집단별 분산이 같은지를 검정하기 위하여 "**분산의 동질성** (Homogeneity of variance test)"을 체크하고 만일 분산의 동질성이 위배되는 경우에는 ANOVA 표를 보고 검정할 수 없으므로 이분산인 경우의 평균차이를 검정하는 'Brown-Forsythe'와 'Welch'의 검정도 출력하기로 한다. 이제 [계속] 단추를 클릭한다. 다시 주대화상자에서 [확인] 단추를 클릭하면 실행된다.

분산의 동질성 검정

	Levene 통계량	df1	df2	유의확률
액센트 1.5 DOHC	4.771	5	209	.000
아반떼1.5 GLS	11.229	5	209	.000
쏘나타 III 2.0 GOLD	4.746	5	209	.000
티뷰론2.0 TGX	3.242	5	209	.008
그랜저 V6 3000	.397	5	209	.851 ◀
다이너스티V6 3500	1.325	5	209	.255 ◀
티 코 SE	34.913	5	209	.000
누비라1.5 DOHC	9.524	5	209	.000
라노스1.5 DOHC	6.981	5	209	.000
레간자2.0 DOHC	1.998	5	209	.080 ◀
뉴프린스1.8 DOHC	3.158	5	209	.009
뉴브로엄2200 DOHC	3.116	5	209	.010
아카디아 로얄 3.2	5.587	5	209	.000
프라이드 웨곤	13.408	5	209	.000
세피아 레오1.5 DOHC	4.402	5	209	.001
크레도스2.0 EXCESS	.725	5	209	.606 ◀
포텐샤 V6 3000	6.380	5	209	.000
엔터프라이즈 3.6 CEO	7.955	5	209	.000
무 쏘 602	4.871	5	209	.000

각 집단의 분산이 동일한가를 검정하는 Levene의 통계량과 유의확률을 출력하였다. 여기에서 영가설은 **"각 소득집단별 모분산은 동일하다"**이다. 이러한 등분산의 영가설을 유의수준 0.05하에서 채택하는 경우는 그랜저, 다이너스티, 레간자, 크레도스 등임을 알 수 있고 다른 차종은 소득집단별 분산이 동일하지 않은 것으로 결론을 내릴 수 있다. 그러므로 분산분석표에서 평균간의 차이를 검정할 때는 그랜저, 다이너스티, 레간자, 크레도스 등 등분산을 가정할 수 있는 것들만 보아야 한다. 왜냐하면 븐산분석표는 등분산을 가정하고 전개한 이론이기 때문이다. 출력된 분산분석표에서 이 4가지 차종만을 요약하여 보면 다음과 같다.

분산분석

		제곱합	df	평균 제곱	거짓	유의확률
그랜저 V6 3000	집단-간	25.809	5	5.162	3.894	.002
	집단-내	277.028	209	1.325		
	합계	302.837	214			
다이너스티V6 3500	집단-간	48.647	5	9.729	3.820	.002
	집단-내	532.349	209	2.547		
	합계	580.995	214			
레간자2.0 DOHC	집단-간	5.311	5	1.062	.555	.734
	집단-내	399.870	209	1.913		
	합계	405.181	214			
크레도스2.0 EXCESS	집단-간	33.019	5	6.604	2.621	.025
	집단-내	526.516	209	2.519		
	합계	559.535	214			

이 4가지 차종별로 선호점수의 평균의 차이를 검정하는 분산분석표에서는 가설을 검정하기 위한 검정통계량(F)의 유의확률(p-값)이 나타나 있다. 유의수준 0.05보다 큰 유의확률을 가지는 차종은 레간자(0.734)로 소득수준에 따른 평균의 차이가 없는 것으로 판단할 수 있으며 나머지 차종들은 유의수준 5%하에서 귀무가설을 기각하게 되어 소득수준에 따른 평균의 차이가 있는 것으로 판단할 수 있다. 그러므로 차이가 인정되는 3가지 차종만 사후분석이 필요하다. 그리고 앞에서 등분산을 가정할 수 없는 차종들은 'Brown-Forsythe'와 'Welch'의 검정 결과를 보고 평균의 동일성 검정을 실시해야 한다. (왜냐하면 분산분석표는 등분산인 경우에간 사용함으로) 여기에서 차이가 인정되는 경우의 차종들만 이분산인 경우의 사후분석으로 진행

하여 분석을 완료하면 된다. 이분산인 경우의 평균의 동일성 검정은 'Brown-Forsythe'와 'Welch'로 검정법이 두 가지이므로 둘 중 어느 하나라도 유의하지 않다면 평균의 동일성이 유의하지 않은 것으로 판단하는 것이 좋다. 보수적인 태도로 분석적 선택을 하기를 권하고 싶다.

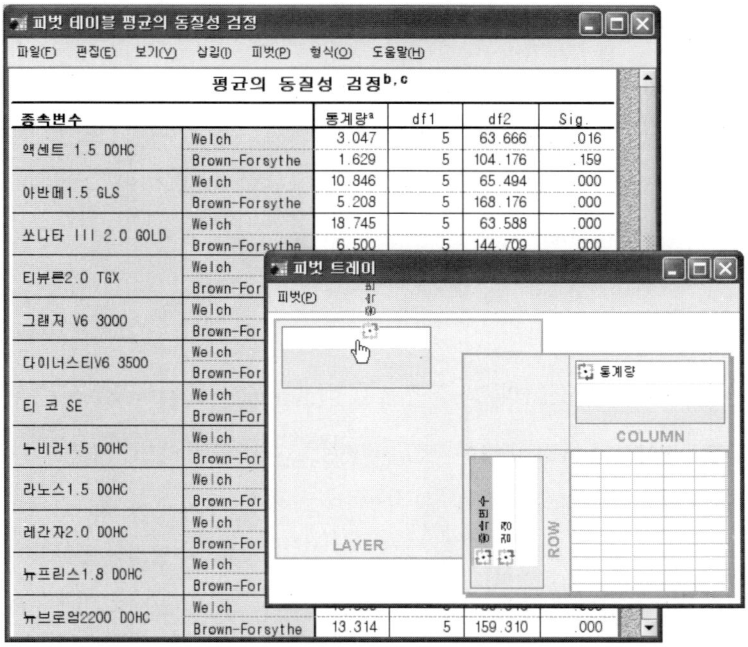

13.4 사후분석

앞 절에서 등분산인 경우에 분산분석표에서 영가설을 기각한 경우 소득수준에 따라 승용차의 평균 선호도의 차이가 있다고 결론을 내렸다. 그렇다면 소득수준에 따라 차이가 나타나는 차종들은 과연 어느 소득수준의 평균이 크고 작은 지를 판단해야 할 것이다. 즉 각 소득수준의 선호도의 평균값들을 서로 비교하여 대소관계를 파악하는 방법을 다중비교(multiple comparison)라고 하며 이는 등분산인 경우 분산분석표에서 검정한 결과가 평균의 차이를 인정한 경우 또는 이분산인 경우 'Brown-Forsythe'와 'Welch'의 검정에서 둘 다 유의한 경우에만 실시하는 절차이다. 일반적으로 등분산이건 이분산이건 간에 평균의 차이가 없다는 영가설을 채택한 경우에는 더 이상 분석을 진행할 필요가 없게 되지만 영가설을 기각한 경우에는 각 집단별 평균을 비교하는 다중비교절차를 수행해야 하기 때문에 이를 사후분석(Post Hoc)이라고도 한다. 이러한 사후분석방법은 SPSS에서는 등분산인 경우 Scheffe, Tukey, S-N-K, LSD, Duncan ... 등이 이분산인 경우에 Tamhane의 T2, Dunnett T3, Games-Howell, Dunnett의 C 등 여러 가지 다중비교방법들을 제공하고 있으며, SPSS R7.5 이후 버전부터 이분산인 경우의 다중비교 방법들이 추가되었다.

이 중에서 Duncan의 다중범위검정(multiple range test)을 수행하려면 **"일원배치 분산분석"** 주대화상자에서 [사후분석(H)...]을 클릭하면 **"일원배치 분산분석: 사후분석 - 다중비교"** 대화상자가 열리며 여기에서 "Duncan"을 선택하면 된다. 그러나 이는 각 집단의 분산이 같다는 등분산을 가정한 경우의 다중비교절차로서 등분산을 만족하지 않는 경우에는 Tamhane의 T2, Dunnett의 T3, Games- Howell, Dunnett의 C 등을 사용한다.

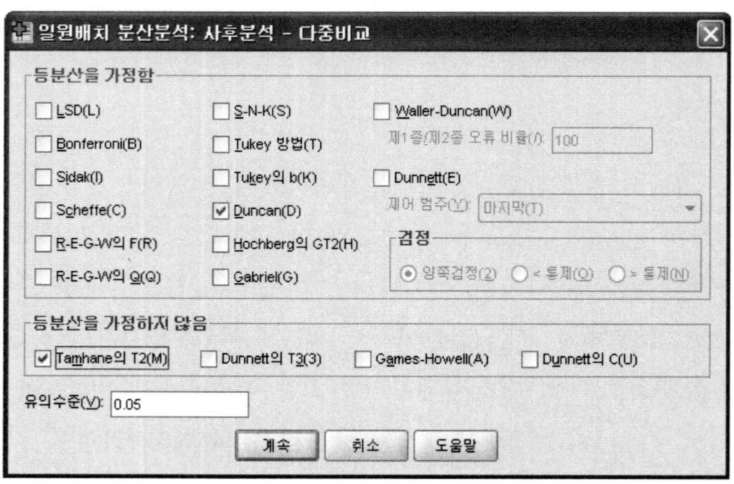

그러므로 **'일원배치 분산분석: 사후분석 - 다중비교'** 대화상자에서 Duncan과 Tamhane의 T2를 체크하고 [계속] 단추를 클릭한다.

이상의 다중비교방법의 출력결과들 중 일부만을 제시하여 설명하기로 한다. 우선 Tamhane의 T2 검정 출력결과 중에서 쏘나타 III 2.0 Gold의 다중비교 결과를 설명하기로 한다. 쏘나타 III 2.0 Gold는 소득집단별 모분산이 동일하다는 영가설을 기각(p-값=0.000)하였으므로 'Brown-Forsythe'와 'Welch'의 검정을 보면 둘 다 p-값이 0.000으로 유의수준 5% 하에서 평균간의 차이가 이전된다. 그러므로 이분산의 다중비교 방법을 사용해야 한다. Tamhane 검정은 보수적인 방법으로 대응집단별 평균차에 대해 유의한지를 검정하고 있다. 결과에서 "**평균차이(I-J)**" 열에 나타난 차이값에 *표시된 경우가 집단간의 차이가 존재하는 경우이다.

다중 비교

종속 변수=쏘나타 III 2.0 GOLD

	(I) 귀하의 월평균소득은?	(J) 귀하의 월평균소득은?	평균차(I-J)	표준 오차 오류	유의확률	95% 신뢰구간 하한값	95% 신뢰구간 상한값
Tamhane	100만원이하	100-150만원	-.560	.338	.797	-1.58	.46
		150-200만원	-.098	.298	1.000	-.99	.79
		200-250만원	-.996	.352	.091	-2.07	.08
		250-300만원	1.661*	.286	.000	.78	2.54
		300만원이상	-.056	.458	1.000	-1.55	1.44
	100-150만원	100만원이하	.560	.338	.797	-.46	1.58
		150-200만원	.462	.323	.923	-.52	1.44
		200-250만원	-.436	.373	.986	-1.58	.70
		250-300만원	2.221*	.311	.000	1.26	3.19
		300만원이상	.505	.475	.995	-1.03	2.04
	150-200만원	100만원이하	.098	.298	1.000	-.79	.99
		100-150만원	-.462	.323	.923	-1.44	.52
		200-250만원	-.898	.338	.146	-1.93	.14
		250-300만원	1.759*	.268	.000	.93	2.59
		300만원이상	.043	.448	1.000	-1.43	1.52
	200-250만원	100만원이하	.996	.352	.091	-.08	2.07
		100-150만원	.436	.373	.986	-.70	1.58
		150-200만원	.898	.338	.146	-.14	1.93
		250-300만원	2.657*	.327	.000	1.63	3.68
		300만원이상	.941	.485	.624	-.62	2.50
	250-300만원	100만원이하	-1.661*	.286	.000	-2.54	-.78
		100-150만원	-2.221*	.311	.000	-3.19	-1.26
		150-200만원	-1.759*	.268	.000	-2.59	-.93
		200-250만원	-2.657*	.327	.000	-3.68	-1.63
		300만원이상	-1.717*	.439	.014	-3.18	-.25
	300만원이상	100만원이하	.056	.458	1.000	-1.44	1.55
		100-150만원	-.505	.475	.995	-2.04	1.03
		150-200만원	-.043	.448	1.000	-1.52	1.43
		200-250만원	-.941	.485	.624	-2.50	.62
		250-300만원	1.717*	.439	.014	.25	3.18

*. 평균차는 0.05 수준에서 유의합니다.

그러므로 출력된 피벗표의 첫 번째 구역(내부수평선으로 구분된 구역)을 보면 (100만원이하)-(250-300만원)인 경우 평균차(1.661*)에 *표시가 되어 있으므로 유의수준 0.05하에서 이 두 집단의 평균차가 유의한 차이를 보이고 있으며 평균차가 1.661이고 양수이므로 100만원이하인 소득집단의 평균 선호도가 250-300만원인 소득집단보다 크며 그 차이는 1.661이 된다. 이와 같이 동일한 방법으로 다른 경우를 모두 해석하면 100만원이하에서 200-250만원인 집단까지는 통계적으로 동일한 집단이며 250만원-300만원인 경우 다른 집단과 차이가 인정되고 마지막으로 300만원 역시 다른 집단들과 차이를 보이고 있다. 그러므로 이 출력결과의 경우 가장 평균 선호점수가 높은 *표시된 대응집단들 중에서 평균차의 절대값이 가장 큰 경우를 보고 판단할 수 있다. 즉 다섯 번째 구역에서 평균차가 -2.657인 경우는 (250-300만원)-(200-250만원) = -2.657이므로 200-250만원인 집단이 평균 선호도가 다른 집단에 비해 상대적으로 높은 것으로 해석할 수 있다.

Duncan의 다중비교방법은 등분산을 가정하는 방법이다. 앞에서 등분산의 가정을 만족하는 차종은 그랜저, 다이너스티, 레간자, 크레도스였으므로 이들 중에서 두 차종에 대해서만 Duncan의 검정결과를 살펴보기로 한다.

다이너스티V6 3500

	귀하의 월평균소득은?	N	유의수준 = 0.05에 대한 부집단 1	2
Duncan[a,b]	250-300만원	12	6.25	
	100만원이하	73	6.29	
	200-250만원	27	6.85	
	100-150만원	35	6.94	6.94
	150-200만원	53	7.19	7.19
	300만원이상	15		7.87
	유의확률		.069	.058

동일 집단군에 있는 집단에 대한 평균이 표시됩니다.
a. 조화평균 표본 크기 24.176을(를) 사용합니다.
b. 집단 크기가 동일하지 않습니다. 집단 크기의 조화평균이 사용됩니다. I 유형 오차 수준은 보장되지 않습니다.

차종 다이너스티에 대한 Duncan의 검정결과를 보면 Subset 1과 2는 각각 유의수준 0.05하에서 선호점수의 평균이 동일한 집단들을 나타내고 있다. 즉 소득수준 250-300만원, 100만원 이하, 200-250만원, 100-150만원, 150-200만원인 수준은 평균이 동일한 집단으로 판단할 수 있으며 또한 100-150만원, 150-200만원, 300만원 이상이 선호점수의 평균이 동일한 집단으로 판단할 수 있다. 단지 평균값의 숫자만을 고려할 때 300만원 이상인 집단의 평균이 7.87로 최대값을 가지나 통계적으로 100-150만원, 150-200만원인 집단도 선호점수의 평균이 같은 것으로 판단할 수 있다.

크레도스2.0 EXCESS

	귀하의 월평균소득은?	N	유의수준 = 0.05에 대한 부집단 1	2	3
Duncan[a,b]	300만원이상	15	5.07		
	250-300만원	12	5.33	5.33	
	200-250만원	27	5.78	5.78	5.78
	100-150만원	35		6.06	6.06
	150-200만원	53		6.09	6.09
	100만원이하	73			6.42
	유의확률		.143	.131	.201

동일 집단군에 있는 집단에 대한 평균이 표시됩니다.

a. 조화평균 표본 크기 24.176을(를) 사용합니다.

b. 집단 크기가 동일하지 않습니다. 집단 크기의 조화평균이 사용됩니다. I 유형 오차 수준은 보장되지 않습니다.

역시 동일한 방법으로 크레도스의 경우 Duncan의 검정결과 중 Subset 3을 보면 100만원 이하, 150-200, 100-150, 200-250만원인 집단이 통계적으로 평균이 동일한 집단으로 판단할 수 있으며, 100만원 이하(6.42)의 소득집단은 250-300만원과 300만원 이상인 집단과는 통계적으로 유의한 차이를 보이고 있다. 즉 250만원 이상인 고소득층의 선호점수의 평균은 100만원 이하 소득집단에 비해 크레도스의 선호경향이 다소 약한 것으로 판단할 수 있다.

이상의 결과를 한 장의 그림으로 시각화해 보기로 한다.

19개 차종에 대해 소득집단별 평균을 한 장의 그림으로 표현할 방법을 생각해 보면 막대도표는 범주별 평균막대가 서로 크고 작음에 따라 겹쳐지므로 적절하지가 않다. 그러므로 선도표를 생각할 수 있는데 선도표는 역시 하나의 선이 아니라 소득집단 수만큼의 선이 필요하고 이는 19개 차종의 각 선호도의 평균점이 표현되면 될 것이다. 그러므로 다중선도표가 적절하다. 일단 그래프 메뉴에서 선도표를 선택하여 다음과 같이 지정하고 [정의]을 클릭한다.

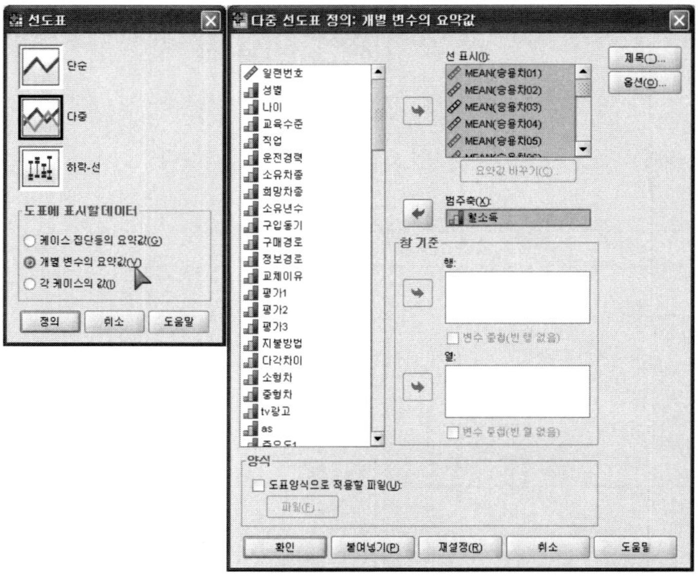

그림이 나타나면 그림을 더블클릭하여 도표편집기에서 다중선도표의 모양을 다듬어 시각적으로 한 눈에 이해할 수 있도록 편집한다.

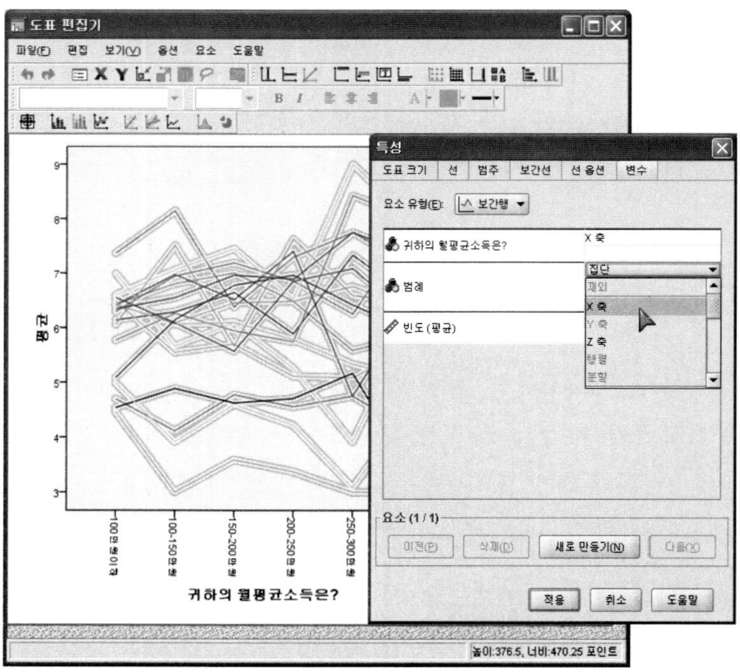

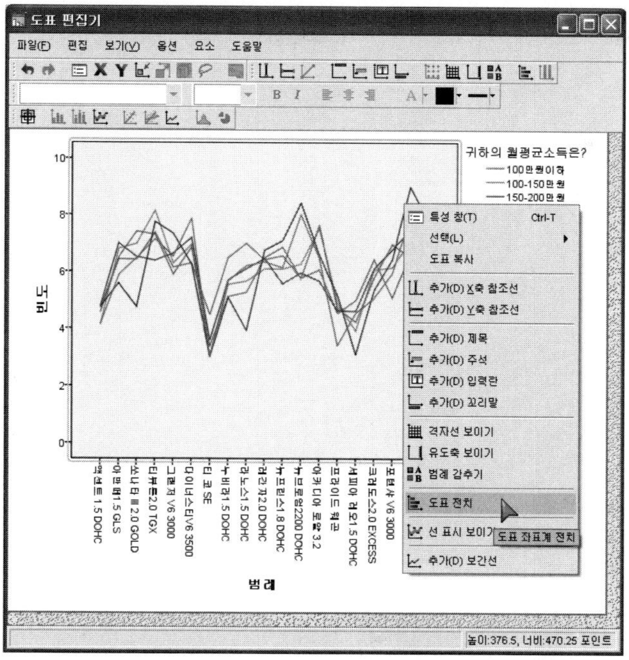

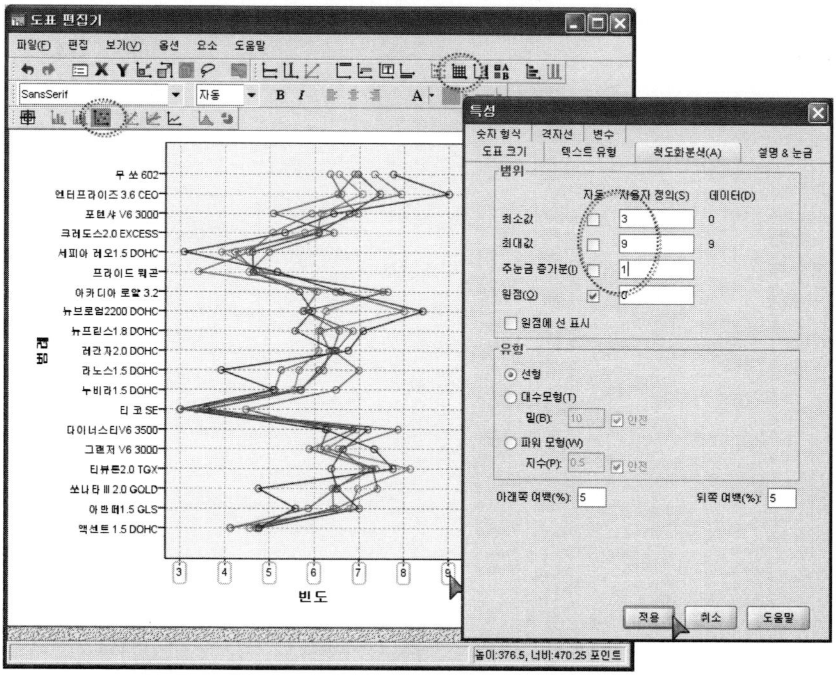

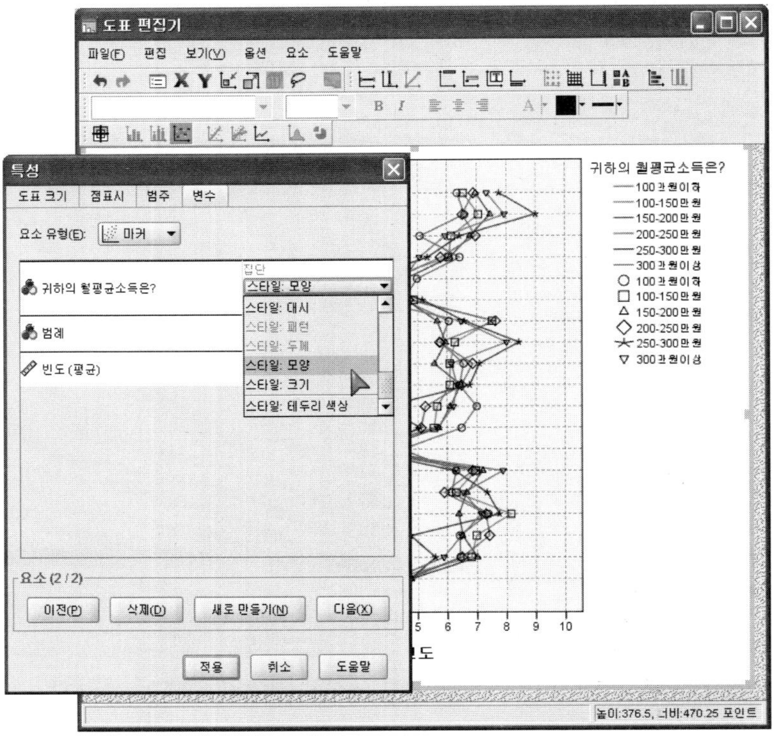

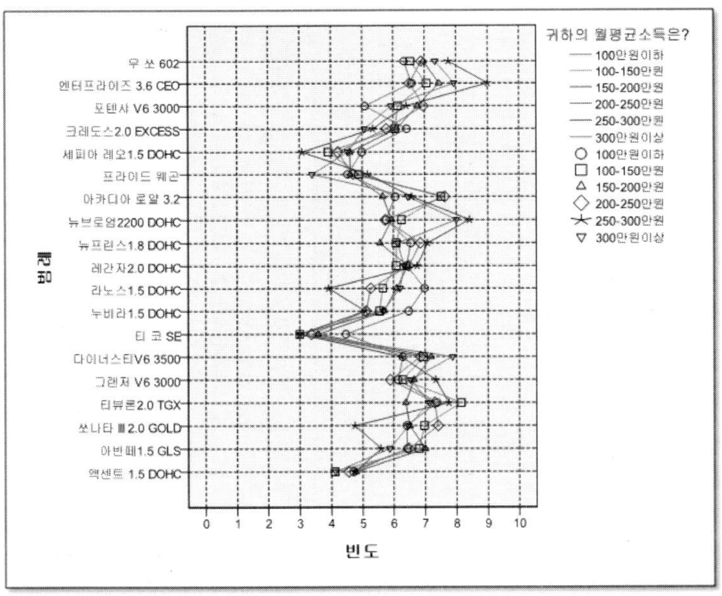

그림에서 소득수준의 범주가 너무 많아 특정 범주를 확인하기 어렵다. 그

러므로 일부 소득집단만을 표시하도록 하자. 아무 선이든 선 위에(점표시가 아니다) 더블클릭하면 다음과 같은 대화상자가 나타난다.

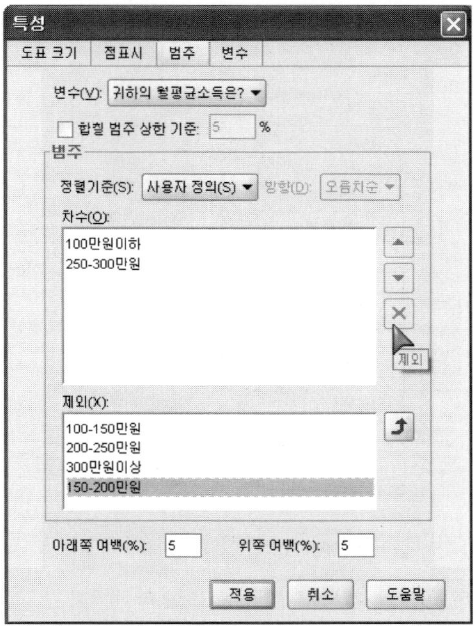

위의 생략하고자 하는 소득수준집단을 모두 선택하고 ×를 클릭하여 제외상자로 이동시킨 다음 적용을 클릭하면 된다. 이와 같이 필요에 따라 선을 추가하기도하고 제거하기도 하여 목적하는 바를 시각적으로 표현하기 바란다. 다음 도표는 '100만원 이하'와 '250-300만원' 소득간의 비교를 위해서 시각화한 도표이다. X축을 보면 레이블이 '빈도'로 되어 있는데 이는 '평균'이라고 해야 한다.

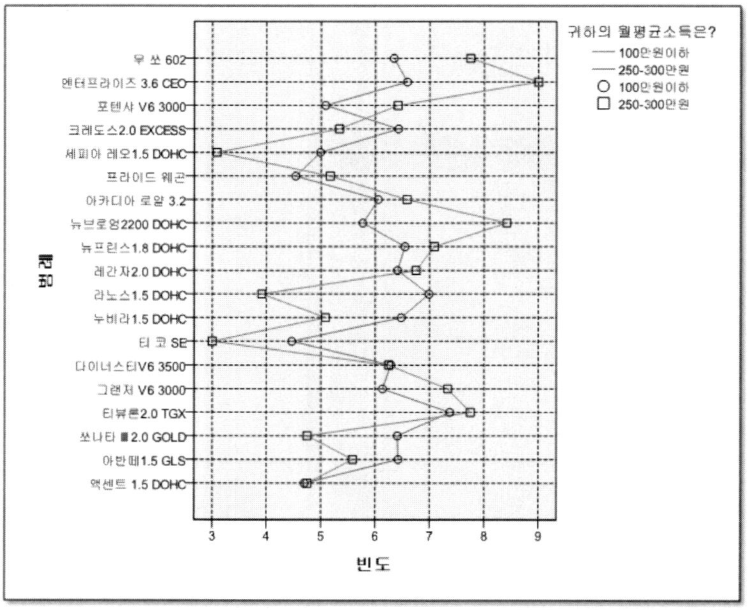

이러한 결과 위에 검정한 결과까지 표현한다면 더욱더 좋을 것이다. 물론 시각적 혼돈을 야기하지 않는 한도 내에서 표현하기 바란다.

13.5 이원배치 분산분석

요인이 둘인 실험에 대한 분산분석법을 이원배치 분산분석(two-way ANOVA)이라고 한다. 이원배치분산분석에서는 우선 모형의 타당성을 검정한 후 모형의 타당성이 인정되면 두 요인에 대한 상호작용효과(interaction effects)가 존재하는가를 검정해야 한다. 이 경우 상호작용이 존재하지 않아야만 각각의 요인의 효과를 따로 떼어서 분석하는 것이 가능해 진다.

예를 들어 상호작용이란 소화제와 두통약을 동시에 먹었을 때 소화도 해결되고 두통도 해결된다면 이 두 약 사이에 상호작용은 없다고 말할 수 있다. 그러나 소화제와 두통약을 동시에 먹었을 때, 두 약 사이에 부작용

때문에 애초에 기대했던 효과, 즉 소화제효과와 두통약효과를 더한 가법효과(加法效果:additive effects)로부터 이탈된다면 바로 이러한 이탈현상이 상호작용이라 할 수 있다. 따라서 이원배치분산분석에서는 두 요인의 각각의 효과 이외에 두 요인간의 상호작용이 추가될 수 있다.

이원배치분산분석의 절차를 요약하면 다음과 같다.

① 이원배치 분산분석 모형의 타당성을 확인한다.
② 모형이 타당하면 두 요인간의 상호작용이 존재하는지 확인한다.
③ 상호작용이 존재하지 않으면 요인효과를 따로 분리하여 각각의 요인에 대하여 다중비교를 실시할 수 있다.
④ 상호작용이 존재한다면 "적절한" 변수변환을 통하여 상호작용을 제거할 수 있는지 시도해 본다.
⑤ "적절한" 변수변환으로 상호작용이 제거된다면 ③으로 되돌아간다.
⑥ "적절한" 변수변환으로도 상호작용이 제거되지 않는다면 두 요인의 효과를 동시에 고려한 처리평균에 대하여 다중비교를 실시한다.

여기에서 "적절한"이라는 용어를 어떻게 생각하는가? 이는 통계학 교과서에서 표현된 것이다. 결국 "적절한" 이란 데이터의 성질과 상황에 따라 변환의 방법도 달라지므로 이런 애매한 표현을 사용한 것이다. 목적은 변환을 통하여 상호작용을 제거하는데 그 목적이 있음을 알 수 있다. 그러나 실전에서 분석을 할 경우는 상호작용을 제거하기 보다는 상호작용이 존재한다면 그 존재하는 상호작용 자체를 분석해야 한다. 그리고 그 상호작용의 정도에 따라 의사결정 또한 매우 상이하게 달라지는 경우가 다반사임을 알아야 한다. 즉 현실에서는 변환을 통하여 존재하는 상호작용을 제거하기 보다는 상호작용 자체가 분석의 주안점이 되어야 한다는 것이다. 물론 실험실이나 의학, 제약 분야에서 일부의 경우 상호작용으로 인해 주효과의 독립적 효과를 알 수 없으므로 변환을 하는 경우도 있을 수 있으나 사람을 측정하는 서베이 분야에서는 필자의 경험상 제거해서는 안 된다.

〔 분산분석 절차 〕

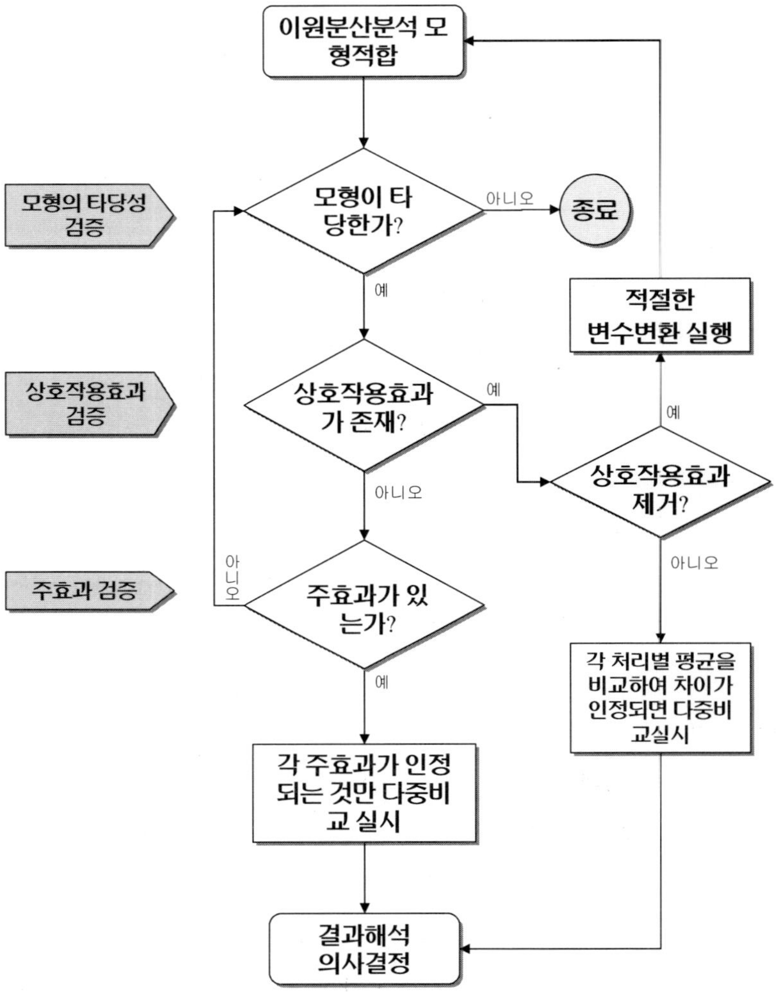

일부 연구분야에서는 상호작용이 존재하면 해석상에 어려운 점이 생기므로 될 수 있는 한 상호작용을 제거하도록 해야 하나 실제 데이터를 분석하는데 상호작용이 존재한다고 해서 적절한 변수변환을 통하여 상호작용을 제거하기에는 불합리하거나 불편한 경우가 많으며 해석뿐만 아니라 행동전략을 수립하는데도 잘못된 전략을 수립할 가능성이 크다. 즉 예를 들어 로

그 변환하여 상호작용이 제거되었다고 가정하면 각 주효과를 분리하여 해석할 수 있게 되지만 해석할 때 "종속변수의 로그 변환된 값이 요인의 수준에 따라 차이가 있다" 라든지 "차이가 없다"라고 해석해야 될 것이다. 이렇게 되면 보통 로그 변환된 값의 의미가 직관적으로 이해하기가 쉽지 않기 때문에 될 수 있는 한 복잡한 변수변환을 통하여 상호작용을 제거하여 해석상에 난해한 점을 유발할 필요는 없다. 그러므로 상호작용이 존재한다면 각 요인의 효과를 동시에 고려한(즉 각 요인의 수준별 조합에 따라) 집단들에 대해 일원배치분산분석을 실시하고 유의한 차이를 인정할 수 있다면 비로소 각 집단들의 처리평균에 대해 다중비교를 실시한다. 그리고 이러한 결과는 반드시 시각적으로 확인하게 좋게 표현하면 된다.

13.6 성별과 희망차종 제조사의 이원배치 분산분석

2개의 요인이 성별과 희망차종 제조사일 때 중요도 평가 점수에 차이가 있는가를 분석해 보자. 중요도 평가 점수가 성별과 희망차종 제조사에 따라 차이가 있는지를 검정하고자 할 때, 이원배치 분산분석(two-way ANOVA)을 적용할 수 있다. 이원배치 분산분석에서는 모형의 타당성을 검정하고 난 다음 모형이 타당하다면 상호작용이 존재하는가를 먼저 검정하고, 상호작용이 존재하지 않아야만 성별과 희망차종 제조사의 효과를 따로 떼어서 분석하는 것이 가능해진다.

13.6.1 상호작용효과가 없는 경우

SPSS에서 이원배치 분산분석을 수행하려면 주메뉴에서

분석 > **일반선형모형** > **일변량...**

을 선택하면 다음과 같은 "**일변량 분석**" 대화상자가 열린다.

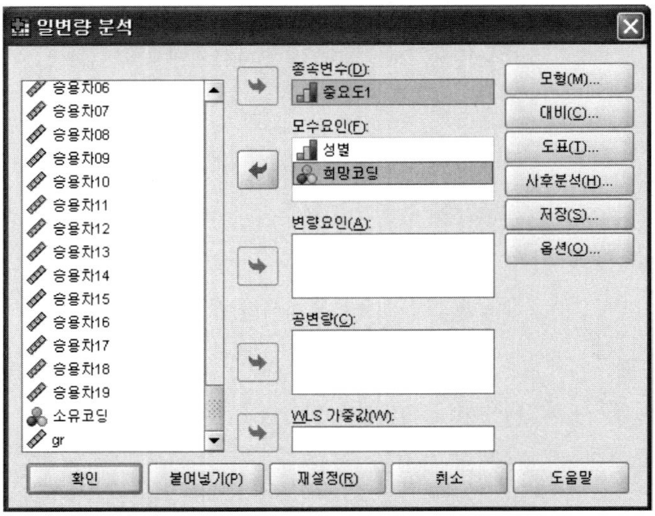

종속변수는 반드시 연속형 변수를 지정해야 하며 여기에서 **'중요도1'**을 지정한다. 요인으로 성별과 희망코딩을 지정하고 확인 단추를 클릭하여 이원배치 분산분석을 수행한다.

개체-간 요인

		변수값 설명	N
성별	1	남	166
	2	여	31
희망차종 제조사	1	현대	96
	2	대우	62
	3	기아	17
	4	쌍용	22

위의 피벗표는 요인으로 지정된 변수의 값과 설명, 그리고 표본크기를 나타낸다. 기본적인 요인들의 정보를 알 수 있다.

(1) 모형의 타당성 검정

분산분석표에서 **"수정 모형"** 부분(◀①)은 각각의 요인효과(성별효과, 희망차종 제조사 효과) 및 상호작용효과(성별효과와 희망차종 제조사 상호작용효과)가 없다는 가설을 검정하는 부분으로 가장 먼저 검정해야 될 부분이다. 만일 가설을 채택하면 이원배치분산분석 모형은 그 타당성을 상실하게 되며, 더 이상의 분석을 할 수 없게 된다. 그러나 여기에서 유의확률이 0.000으로 나타났으므로 귀무가설을 기각하게 된다. 그러므로 품격에 대한 응답자의 평가점수의 이원배치분산분석 모형은 유의수준 5%하에서 타당한 것으로 판단할 수 있다. 즉, 이원배치모형의 종속변수인 **"품격"**의 평가점수의 변화를 두 개의 요인 및 상호작용으로 설명할 수 있다는 결론을 내릴 수 있다.

개체-간 효과 검정

종속 변수:품 격

소스	제 III 유형 제곱합	자유도	평균 제곱	F	유의확률	
수정 모형	50.127[a]	7	7.161	4.685	.000	◀(1)
절편	1266.827	1	1266.827	828.713	.000	
성별	7.490	1	7.490	4.900	.028	◀(3)
희망코딩	29.465	3	9.822	6.425	.000	◀(3)
성별 * 희망코딩	10.160	3	3.387	2.215	.088	◀(2)
오류	288.918	189	1.529			
합계	3836.000	197				
수정 합계	339.046	196				

a. R 제곱 = .148 (수정된 R 제곱 = .116)

(2) 상호작용의 검정

분산분석표에서 두 요인이 복합적으로 작용하여 품격의 평가점수에 영향을 주는가를 알아보기 위한 "**성별 * 희망코딩**"의 검정결과(◀(2))를 보면 유의확률이 0.088로서 유의수준 0.05보다 크므로, "**두 요인의 상호작용효과는 없다**"라는 귀무가설을 채택하게 된다. 결국 상호작용이 존재하지 않으므로 각각의 요인의 효과를 따로 떼어서 분석하는 것이 가능해 진다. 이는 성별과 희망차종의 제조사는 통계적으로 독립임을 의미한다. 다시 말해 성별과 희망하는 차종을 생산하는 회사와는 아무런 관련성이 없다는 의미이다. 그러므로 각 요인의 효과를 따로 떼어서(독립적으로) 해석할 수 있게 되었다.

(3) **주효과 검정**

상호작용 효과가 존재하지 않으므로 각 요인을 따로 떼어서 독립적으로 분석할 수 있게 되었다. 분산분석표에서 "**성별**"과 "**희망코딩**" 부분(◀③)은 각 요인이 종속변수에 독립적으로 작용하는 효과를 계산한 것이다. 우선 성별 효과를 보면 유의확률 0.028로 0.05보다 작으므로 "**유의수준 5%하에서 성별에 따른 품격의 평가점수(평균)에 차이가 있다.**"라는 결론을 내릴 수 있다. 또한 희망차종 제조사의 효과를 보면 유의확률 0.000이 0.05보다 작으므로, "**유의수준 5%하에서 4가지 제조사에 따라 품격에 대한 평가점수에 차이가 있다.**"고 결론을 내린다. 즉, 응답자들의 성별과 희망하는 차종의 제조사에 따라 응답자들의 품격에 대한 평가점수에 차이가 존재하므로 각 요인의 어떤 수준에서 품격의 평가점수에 가장 크게 영향을 미치는지를 분석할 필요가 있다. 이를 수행하는 방법은 일원배치 분산분석에서 논의한 사후분석으로 다중비교(multiple comparison)절차를 수행하면 해결될 것이다. 그리고 성별은 두 집단이므로 이는 독립표본 T-검정을 실시하거나 또는 평균의 값을 비교하여 평균값 큰 집단이 크다고 판단하면 된다.

13.6.2 상호작용효과가 있는 경우

이제 상호작용효과가 존재하는 경우의 예를 살펴보기로 한다. 두 요인, 성별과 희망차종 제조사에 따라 '**크기**'에 대한 응답자의 평가점수에 차이를 분석해 본다. 도구모음에서 [아이콘]을 클릭하고 다시 "**일변량 분석**"을 클릭하면 이전에 사용한 대화상자가 나타난다.

여기에서 종속변수에 **'중요도1'** 변수 제외시키고 대신 **'중요도2'**를 선택 이동시킨 다음 [확인] 단추를 클릭하여 실행한다. 수행결과 중에서 분산분석표는 다음과 같다.

개체-간 효과 검정

종속 변수:크 기

소스	제 III 유형 제곱합	자유도	평균 제곱	F	유의확률	
수정 모형	34.848[a]	7	4.978	3.900	.001	◀(1)
절편	1494.341	1	1494.341	1170.775	.000	
성별	4.950	1	4.950	3.878	.050	
희망코딩	8.145	3	2.715	2.127	.098	
성별 * 희망코딩	10.216	3	3.405	2.668	.049	◀(2)
오류	241.234	189	1.276			
합계	3892.000	197				
수정 합계	276.081	196				

a. R 제곱 = .126 (수정된 R 제곱 = .094)

(1) 모형의 타당성 검정

분산분석표에서 "수정 모형" 부분은 각각의 요인효과 및 상호작용효과가 없다는 가설을 검정하는 부분으로 유의확률이 0.001로 나타났으므로 귀무가설을 기각하게 된다. 그러므로 승용차 '크기'에 대한 응답자의 평가점수의 이원배치분산분석 모형은 유의수준 5%하에서 타당한 것으로 판단할 수 있다.

(2) 상호작용의 검정

분산분석표에서 두 요인에 대한 상호작용효과는 "성별 * 희망코딩"의 유의확률(◀②)이 0.049로서 유의수준 0.05보다 작으므로 "두 요인의 상호작용효과가 없다"라는 귀무가설을 기각하게 된다. 즉, 유의수준 5%하에서 상호작용이 존재하므로 각각의 요인의 효과를 따로 떼어서 분석하는 것이 불가능하다. 이는 성별과 희망차종의 제조사는 통계적으로 종속관계임을 의미한다. 다시 말해 성별과 희망하는 차종을 생산하는 회사와는 어떤 가법효과가 존재하여 관련성이 있다는 결론을 내릴 수 있으며 이렇게 상호작용효과가 존재할 때는 주효과를 검정해서는 안 된다. 그러므로 분산분석표에서는 더 이상 분석을 진행할 수 없다. 앞에서 상호작용효과가 존재할 경우는 적절한 변수변환을 통하여 상호작용효과를 제거할 수 있도록 한다고 했으나 이는 현실적으로 매우 불편한 대안이라 할 수 있다. 여기에서 "적절한" 이란 어떠한 변수변환을 수행할지는 데이터에 따라 달라져 이미 정할 수 없음 시사하며 이는 실제 데이터분석에서 활용하기에 불편한 점이 많다. 그러므로 상호작용효과가 존재할 때 분석을 완료하기 위한 다음과 같은 대안을 제시한다.

성별의 2수준과 희망차종 제조사의 4수준의 조합을 구성하면 8개의 조합이 만들어진다. 이 8개의 조합을 수준(이를 처리(treatment)라고 함)으로 하여 크기에 대한 평가점수의 차이를 검정하면 된다. 즉 8개 집단간의 차이검정은 일원배치 분산분석을 시도하면 된다. 이 8수준을 변수값으로 가지는 새로운 변수를 임의로 'gr'이라 하고 gr 변수를 만들어 보자.

새로운 변수 gr을 만들기 위해 메뉴에서

변환 > **변수 계산**...

을 선택하면 다음과 같은 "**변수 계산**" 대화상자가 나타난다.

대상변수에 gr을 입력하고 숫자표현식에 첫째 집단을 의미하는 코딩값 '1'을 입력한다. 그리고 코딩값 '1'은 어떤 경우인지 조건을 입력하기 위하여 [조건(I)...] 단추를 클릭한다.

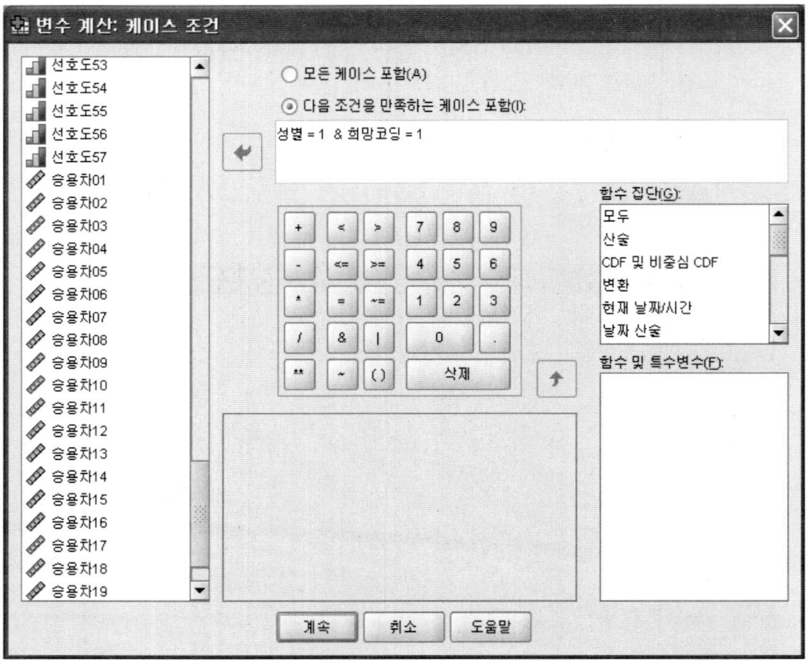

여기에서 "다음 조건을 만족하는 케이스 포함"을 선택하면 밑에 입력란이 사용가능하게 된다. 이 입력란에 "**성별 = 1 & 희망코딩 = 1**"을 입력한다. 이는 성별이 남자이고 희망차종 제조사가 현대인 경우의 응답자는 '1'집단 (gr=1)으로 코딩하겠다는 의미이다. [계속] 단추를 클릭하고 주대화상자에서 [붙여넣기(P)] 단추를 클릭하면 다음과 같은 SPSS 명령문 편집기가 열리며 앞에서 지정한 옵션대로 명령문이 작성되어 있음을 알 수 있다.

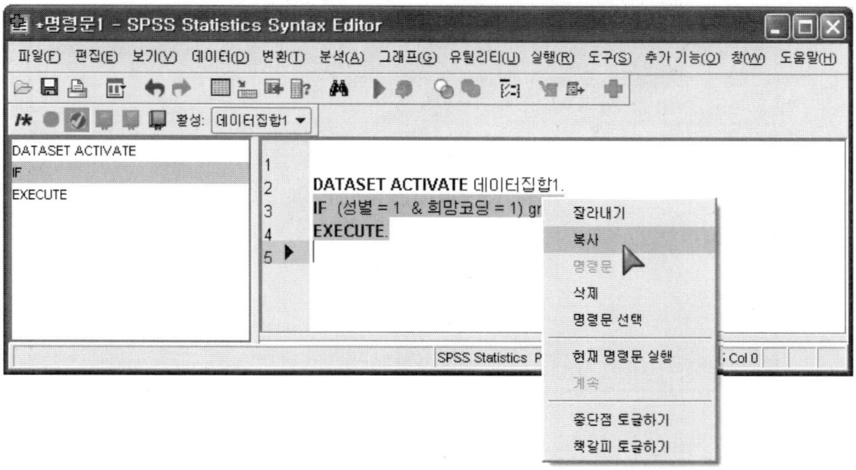

IF 명령문을 블록으로 설정하고 마우스 오른쪽 버튼을 클릭하고 복사(또는 Ctrl+C)를 선택하여 복사준비를 한 후 EXECUTE 명령문 앞에 7번 반복하여 붙여넣기한다. 집단이 8개이므로 총 8개의 IF문이 있어야 한다.

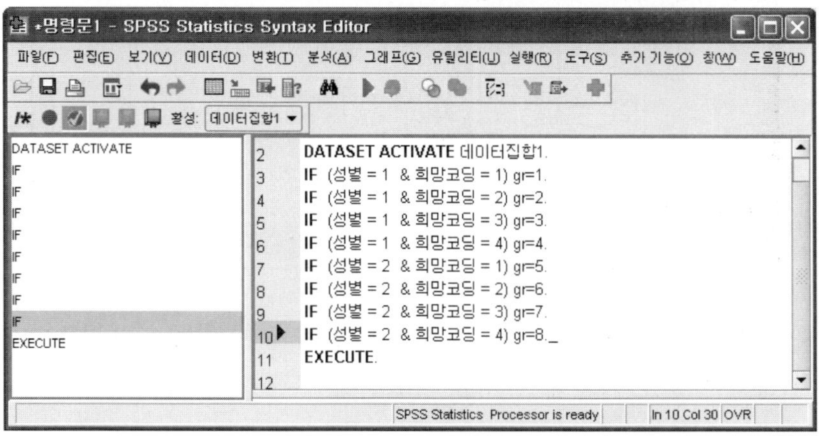

그리고 각 성별과 희망코딩의 값을 조합하여 코딩값을 상기와 같이 입력한다. 마우스 포인터를 첫째 줄에 위치시킨 후 아래로 끌기하여 9개의 명령문을 블록으로 걸쳐 놓이도록 한다(또는 Ctrl+A).

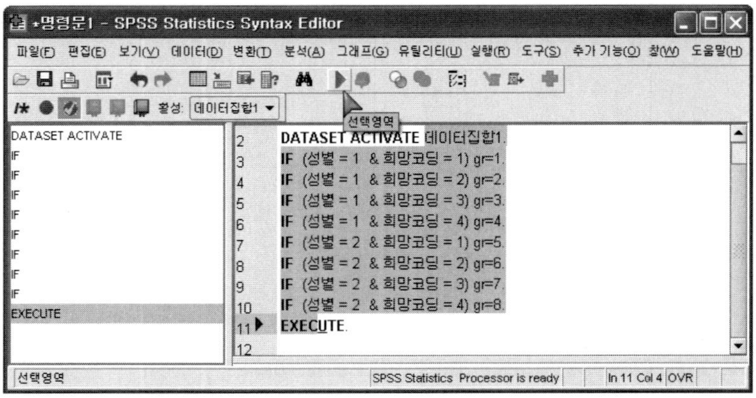

도구모음에서 ▶ 단추를 클릭하여 실행하면 데이터 편집기의 기존의 변수이름 끝에 gr 변수가 계산되어 나타난다.

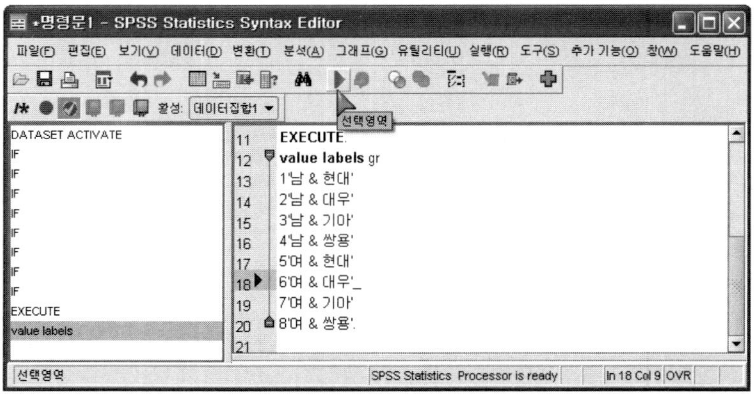

계산된 gr 변수의 변수값 설명을 붙이기 위해 상기와 같이 명령문을 작성하고 도구모음의 ▶ 단추를 클릭한다.

이제 gr 변수를 만들었으므로 일원배치분산분석을 시도해 보자. 일원배치분산분석 대화상자에서 다음과 같이 변수를 지정한다.

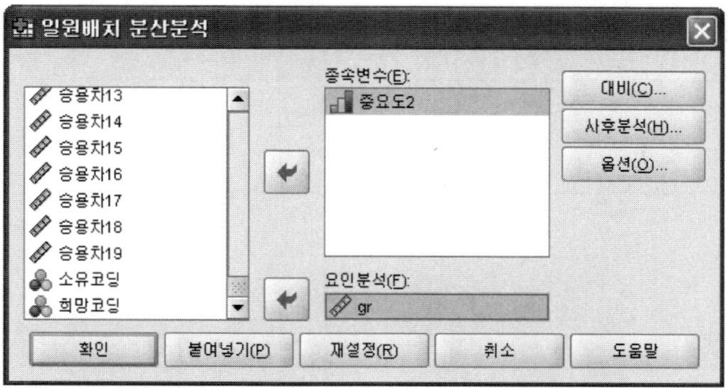

옵션(O)... 과 사후분석(H)... 를 차례대로 클릭하고 다음과 같이 지정한다.

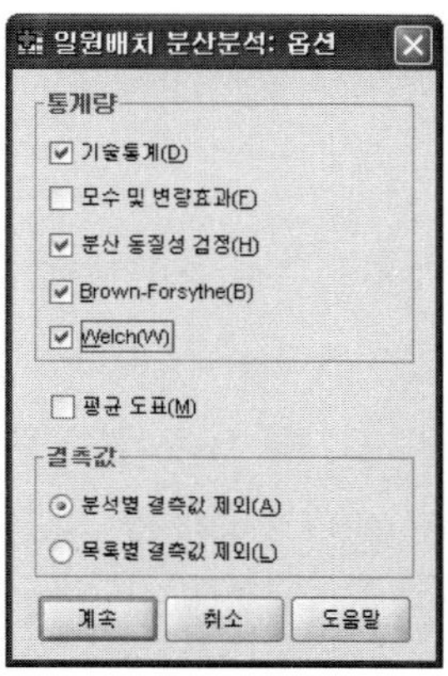

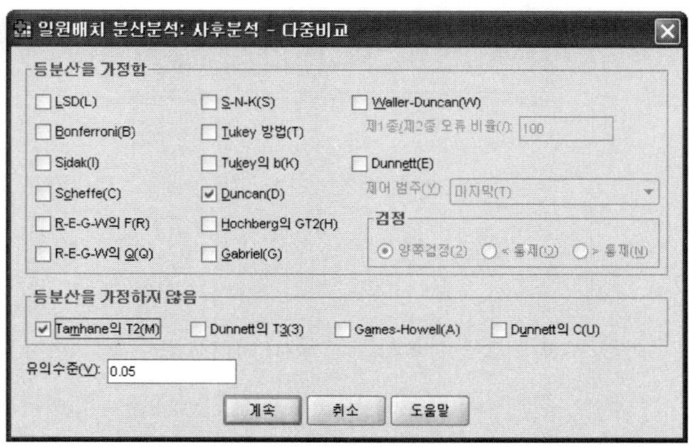

계속 단추를 클릭하고 주대화상자에서 확인 단추를 클릭하여 일원배치분산분석을 수행한다.

기술통계

크 기

	N	평균	표준오차 편차	표준오차 오류	평균에 대한 95% 신뢰구간		최소값	최대값
					하한값	상한값		
남 & 현대	86	3.99	1.101	.119	3.75	4.22	1	6
남 & 대우	50	4.66	1.062	.150	4.36	4.96	3	7
남 & 기아	13	5.23	.832	.231	4.73	5.73	4	7
남 & 쌍용	17	4.41	1.734	.421	3.52	5.30	1	6
여 & 현대	10	3.80	1.619	.512	2.64	4.96	2	6
여 & 대우	12	4.00	.000	.000	4.00	4.00	4	4
여 & 기아	4	3.50	1.000	.500	1.91	5.09	3	5
여 & 쌍용	5	5.00	.000	.000	5.00	5.00	5	5
합계	197	4.28	1.187	.085	4.12	4.45	1	7

분산의 동질성 검정

크 기

Levene 통계량	df1	df2	유의확률
5.633	7	189	.000

Levene 통계량의 유의확률이 0.000으로 유의수준 0.05하에서 두 집단의 모분산이 같다는 영가설을 기각할 수 있다. 그러므로 모분산이 동일하지 않은 것으로 판단할 수 있다. 등분산일 때 사용할 수 있는 분산분석표의 유의확률을 가지고 검정하지 않고 Welch나 Brown-Forsythe의 검정을 시도해야 한다. 그러나 Welch나 Brown-Forsythe의 검정의 결과를 보면 통계량 자체를 계산할 수 없었음을 알 수 있다. 이는 앞에서 기술통계량 출력결과를 보면 표준편차가 '0.0'인 집단이 둘 이상 있으므로 Welch나 Brown-Forsythe의 검정 통계량을 계산할 수 없었던 것이다. 별수없이 이러한 경우는 평균의 동질성 검정의 다음 단계로 넘어가 Tamhane의 다중비교 결과를 보고 해석해야 한다.

기술통계

크 기

	N	평균	표준 오차 편차	표준 오차 오류	평균에 대한 95% 신뢰구간			
남 & 현대	86	3.99	1.101	.119				
남 & 대우	50	4.66	1.062	.150				
남 & 기아	13	5.23	.832	.231				
남 & 쌍용	17	4.41	1.734	.421				
여 & 현대	10	3.80	1.619	.5[illegible]				
여 & 대우	12	4.00	.000	.000				
여 & 기아	4	3.50	1.000	.500				
여 & 쌍용	5	5.00	.000	.000				
합계	197	4.28	1.187	.085	4.12	4.45	1	7

평균의 동질성 검정[b]

크 기

	통계량[a]	df1	df2	Sig.
Welch	.	.	.	.
Brown-Forsythe	.	.	.	.

a. 자동으로 F 분배합니다.

b. 분산이 0인 집단이 하나 이상이기 때문에 크기에 대한 평균의 동질성 검정을 수행할 수 없습니다.

Levene의 등분산의 검정 결과는 등분산의 가정을 만족하지 않는 것으로 판단하였다. 그러므로 Duncan의 검정방법은 등분산을 가정하는 경우에 실시하는 방법이므로 여기에서는 해석하지 않는다. 이제 등분산을 가정하지 않는 경우 다중비교 방법인 다음의 결과 Tamhane의 검정결과를 해석해야 한다. 이에 대한 해석은 "13.4 사후분석" 절과 같은 방법으로 해석하기 바란다.

다중 비교

종속 변수:크 기

	(I) gr	(J) gr	평균차(I-J)	표준 오차 오류	유의확률	95% 신뢰구간 하한값	95% 신뢰구간 상한값
Tamhane	남 & 현대	남 & 대우	-.672*	.191	.018	-1.28	-.06
		남 & 기아	-1.242*	.260	.004	-2.18	-.30
		남 & 쌍용	-.423	.437	1.000	-2.01	1.16
		여 & 현대	.188	.526	1.000	-2.02	2.40
		여 & 대우	-.012	.119	1.000	-.39	.37
		여 & 기아	.488	.514	1.000	-4.15	5.13
		여 & 쌍용	-1.012*	.119	.000	-1.39	-.63
	남 & 대우	남 & 현대	.672*	.191	.018	.06	1.28
		남 & 기아	-.571	.275	.758	-1.54	.40
		남 & 쌍용	.248	.447	1.000	-1.35	1.85
		여 & 현대	.860	.534	.984	-1.34	3.06
		여 & 대우	.660*	.150	.002	.17	1.15
		여 & 기아	1.160	.522	.945	-3.20	5.52
		여 & 쌍용	-.340	.150	.548	-.83	.15
	남 & 기아	남 & 현대	1.242*	.260	.004	.30	2.18
		남 & 대우	.571	.275	.758	-.40	1.54
		남 & 쌍용	.819	.480	.949	-.86	2.50
		여 & 현대	1.431	.562	.504	-.77	3.64
		여 & 대우	1.231*	.231	.005	.31	2.15
		여 & 기아	1.731	.551	.584	-1.98	5.44
		여 & 쌍용	.231	.231	1.000	-.69	1.15
	남 & 쌍용	남 & 현대	.423	.437	1.000	-1.16	2.01
		남 & 대우	-.248	.447	1.000	-1.85	1.35
		남 & 기아	-.819	.480	.949	-2.50	.86
		여 & 현대	.612	.663	1.000	-1.77	2.99
		여 & 대우	.412	.421	1.000	-1.16	1.98
		여 & 기아	.912	.653	.998	-2.07	3.90
		여 & 쌍용	-.588	.421	.996	-2.16	.98
	여 & 현대	남 & 현대	-.188	.526	1.000	-2.40	2.02
		남 & 대우	-.860	.534	.984	-3.06	1.34
		남 & 기아	-1.431	.562	.504	-3.64	.77
		남 & 쌍용	-.612	.663	1.000	-2.99	1.77
		여 & 대우	-.200	.512	1.000	-2.43	2.03
		여 & 기아	.300	.716	1.000	-2.79	3.39
		여 & 쌍용	-1.200	.512	.714	-3.43	1.03
	여 & 대우	남 & 현대	.012	.119	1.000	-.37	.39
		남 & 대우	-.660*	.150	.002	-1.15	-.17
		남 & 기아	-1.231*	.231	.005	-2.15	-.31
		남 & 쌍용	-.412	.421	1.000	-1.98	1.16
		여 & 현대	.200	.512	1.000	-2.03	2.43
		여 & 기아	.500	.500	1.000	-4.76	5.76
		여 & 쌍용	-1.000	.000	.	-1.00	-1.00
	여 & 기아	남 & 현대	-.488	.514	1.000	-5.13	4.15
		남 & 대우	-1.160	.522	.945	-5.52	3.20
		남 & 기아	-1.731	.551	.584	-5.44	1.98
		남 & 쌍용	-.912	.653	.998	-3.90	2.07
		여 & 현대	-.300	.716	1.000	-3.39	2.79
		여 & 대우	-.500	.500	1.000	-5.76	4.76
		여 & 쌍용	-1.500	.500	.810	-6.76	3.76
	여 & 쌍용	남 & 현대	1.012*	.119	.000	.63	1.39
		남 & 대우	.340	.150	.548	-.15	.83
		남 & 기아	-.231	.231	1.000	-1.15	.69
		남 & 쌍용	.588	.421	.996	-.98	2.16
		여 & 현대	1.200	.512	.714	-1.03	3.43
		여 & 대우	1.000	.000	.	1.00	1.00
		여 & 기아	1.500	.500	.810	-3.76	6.76

*. 평균차는 0.05 수준에서 유의합니다.

이러한 결과를 그림으로 표현해 보기로 한다. **그래프** ☞ **레거시 대화상자** ☞

막대도표... 메뉴에서 단순막대도표를 선택하여 다음과 같이 지정한다.

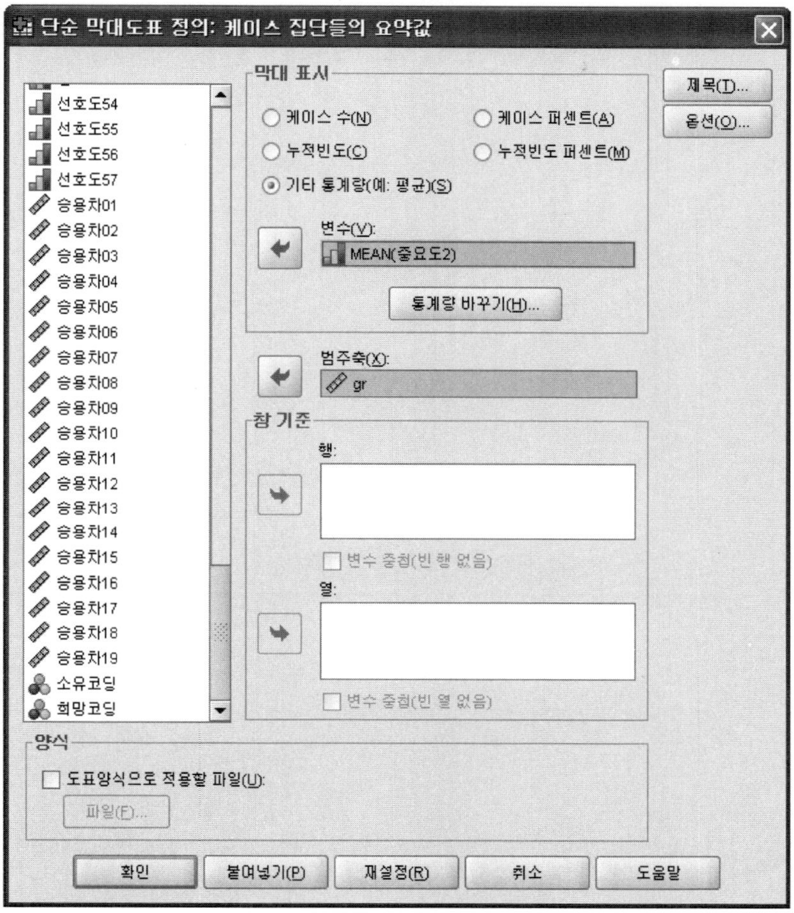

도표가 출력되면 다음과 같은 결과가 되도록 편집한다. 아래 실선은 도표 위에 따로 그려 넣은 것으로 평균값이 가장 큰 '남 & 기아' 집단을 기준으로 Tamhane의 다중비교 결과를 보고 평균이 동일한 집단을 나타낸 것이다.

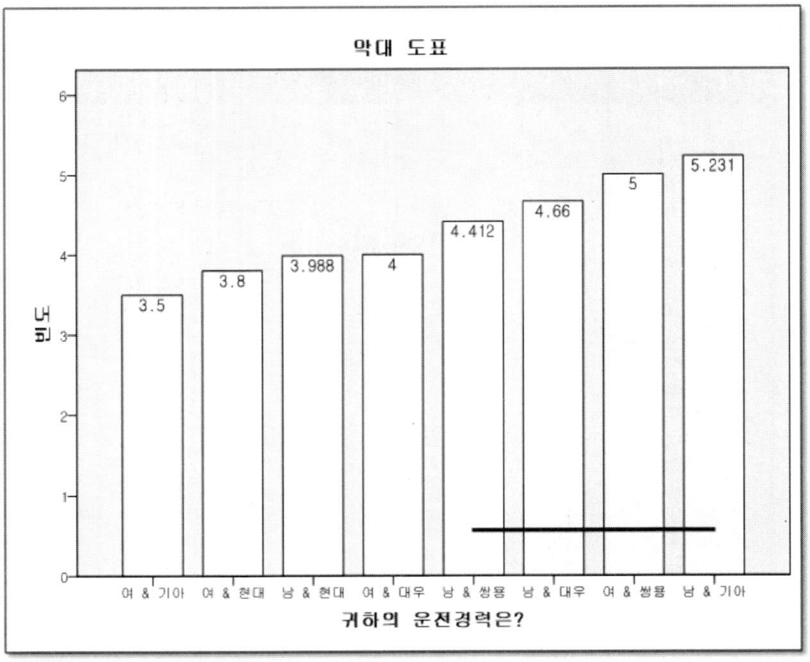
막대 도표
빈도
0
1
2
3
4
5
6
3.5
3.8
3.988
4
4.412
4.66
5
5.231
여 & 기아
여 & 현대
남 & 현대
여 & 대우
남 & 쌍용
남 & 대우
여 & 쌍용
남 & 기아
귀하의 운전경력은?

비모수검정을 이용한 평균비교

14.1 비모수검정의 개요

사카린과 담배는 일반적으로 암을 유발시킨다고 알려져 있는 반면에 살구씨, 복숭아씨 또는 인터페론 같은 것들은 암을 치료하는데 효과가 있다고 한다. 근래에 커피와 당근도 각각 암을 유발하고 치료하는데 영향을 미치는 것으로 보고되었다. 이러한 것들은 모두 실험적인 것이고 또 매우 복잡한 요인들이 작용한다. 이러한 증거는 주로 동물실험이나 환자의 병력을 토대로 한 것으로 사실 많은 문제가 있다. 동물에 어떤 시약을 투여한 결과 또는 오랜 기간 동안 조금씩 사용한 결과를 근거로 어떤 사실을 사람에 대하여 예측한다는 것은 사실 많은 문제가 있다.

사람들의 생활습관을 구성하는 요소들을 따로따로 분리하여 각 요소별로 어떤 영향을 주는가를 밝히는 것은 매우 어려운 일이다. 예를 들어 비만, 운동부족, 커피, 음주, 흡연, 도시생활 등과 카페인의 영향을 어떻게 밝힐 것인가?

음식물의 섭취 또한 암의 유발과 발전과정에 밀접한 관련이 있다고 한다. 예를 들어 지방의 섭취와 유방암 및 결장암은 서로 양의 상관관계를 가진다. 또 근래에 다이어트와 종양의 상관관계가 조사되었다. 같은 나이, 같은 종, 같은 물리적 조건하에서 세 그룹의 동물들에 종양세포를 이식하였다. 그리고 세 그룹의 동물들에 각각 포화지방, 불포화지방, 저지방을 먹여 그 관계를 조사하였다. 포화지방을 먹인 동물에 있어서 종양세포가 활성화 되는 시간이 서로 다르다는 가설을 검정하려 한다. 만약 이 두 그룹의 시간이 각각 정규분포를 따른다면 제 12 장에서 설명한 T-검정을 이용하여 두 모평균이 같다는 가설을 검정할 수 있을 것이다. 그러나 걸린 시간의 분포가 정규분포가 아니고 또 표본크기가 작으면 분포에 대한 기본가정을 필요로 하지 않는 통계적 기법을 이용해야 한다.

두 가설검정을 요약하면 모수적 방법(parametric method)은 관측값이 어느 특정한 확률분포(이를테면 정규분포, 이항분포 등)를 따른다고 전제를 한 후 그 분포의 모수(parameter)에 대한 검정을 실시하는 방법이며, 비모수적 방법(nonparametric method)은 관측값이 어느 특정한 확률분포를 따른다고 전제할 수 없는 경우에 실시하는 검정방법으로 모수에 대한 언급이 없으며 분포무관방법(distribution free method)이라고 하기도 한다. 비모수적 방법의 특징은 첫째, 최소한의 가정을 전제로 하므로 가정이 만족하지 않음으로서 발생하는 오류를 줄일 수 있다는 점이며, 둘째 대부분의 경우 관측값보다는 상대적 순위(rank)를 이용하여 검정통계량을 유도하므로 순서척도로 관측된 자료의 검정에 유용하다는 점이며, 셋째 계산과정이 단순하고 통계적 의미를 이해할 수 있으므로 통계에 대한 깊은 지식을 필요로 하지 않는다는 점을 들 수 있다.

14.2 독립표본의 Mann-Whitney 검정

독립인 두 집단의 평균의 차이를 비교할 때 모집단의 가정이 만족된다면 T-검정을 사용해야 된다. 그러나 모집단의 가정이 만족되지 않는다면 T-검정 대신에 비모수적 방법인 Mann-Whitney 검정을 사용해야 된다. 이때 데이터를 순서척도 또는 등간(구간)척도로 나타낼 수 있어야 한다. Mann-Whitney 검정과 같은 다른 비모수검정 기법들은 데이터의 분포에 대하여 엄격한 가정을 필요로 하지 않기 때문에 이런 비모수검정은 일반적으로 모수검정보다 검정력(power)이 떨어진다. 따라서 비모수검정은 모수검정이 적절하지 못한 상황일 때 이용하는 것이 좋다. 모수검정이 적절하지 못한 상황이란, 데이터가 명목척도 또는 순서척도로 측정되었거나 등간척도라 하더라도 정규분포를 따르지 않을 때를 말한다.

앞 절의 모수검정 방법인 독립표본 T-검정에서 적용한 문항에 대해 비모수적 방법인 Mann-Whitney 검정을 이용하여 분석하여 보자.

SPSS에서 Mann-Whitney 검정을 수행하려면 메뉴에서

분석 >
　비모수검정 >
　　독립 2-**표본** ...

을 선택하면 다음과 같은 "**독립 2-표본 비모수검정**(Two-Independent-Samples Tests)" 대화상자가 열린다.

여기에서 "**검정유형**" 상자에서 "Mann-Whitney U"를 선택하면 된다. 10가지 중요도 변수들을 선택 이동시킨 다음 성별 변수를 집단변수로 지정하고 

단추를 클릭한다.

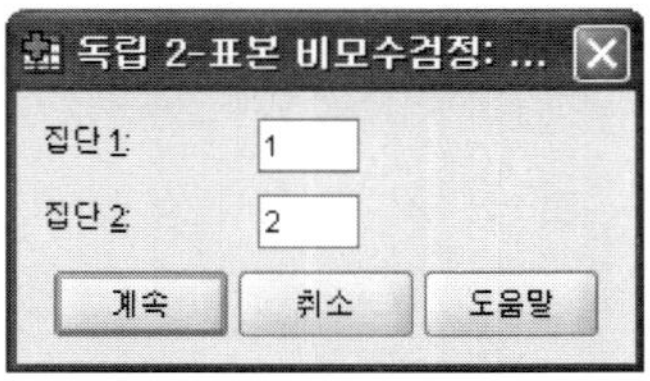

집단정의 대화상자에서 성별 변수의 변수값의 1과 2를 지정하고 [계속] 단추를 클릭한다. 다시 주대화상자에서 [확인] 단추를 클릭하여 비모수검정을 수행한다. 피벗표는 남녀가 수직으로 출력되어 나타나므로 수평으로 하여 비교해 볼 수 있도록 피벗트레이하여 출력결과를 다음과 같이 나타내기로 한다.

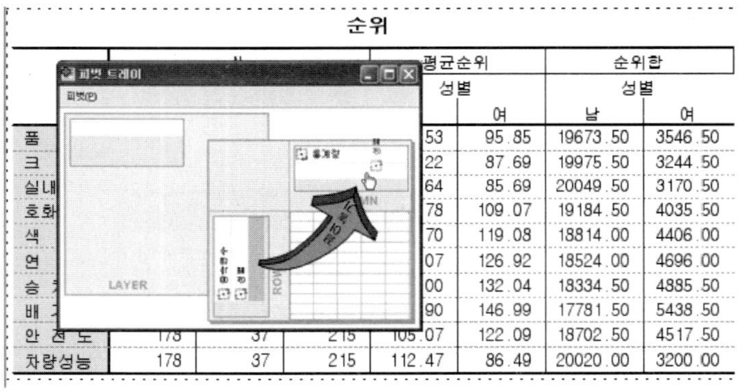

순위

	N			평균순위		순위합	
	성별			성별		성별	
	남	여	합계	남	여	남	여
품 격	178	37	215	110.53	95.85	19673.50	3546.50
크 기	178	37	215	112.22	87.69	19975.50	3244.50
실내공간	178	37	215	112.64	85.69	20049.50	3170.50
호화정도	178	37	215	107.78	109.07	19184.50	4035.50
색 상	178	37	215	105.70	119.08	18814.00	4406.00
연 비	178	37	215	104.07	126.92	18524.00	4696.00
승 차 감	178	37	215	103.00	132.04	18334.50	4885.50
배 기 량	178	37	215	99.90	146.99	17781.50	5438.50
안 전 도	178	37	215	105.07	122.09	18702.50	4517.50
차량성능	178	37	215	112.47	86.49	20020.00	3200.00

각 남녀 집단별로 순위(rank)의 평균 및 합계를 출력하고 있으며, 순위평

균이 크다는 것은 그 집단의 중요도 평가점수가 큰 값이 많음을 의미한다.

검정 통계량a

	Mann-Whitney의 U	Wilcoxon의 W	Z	근사 유의확률 (양측)
품 격	2843.500	3546.500	-1.353	.176
크 기	2541.500	3244.500	-2.279	.023
실내공간	2467.500	3170.500	-2.553	.011
호화정도	3253.500	19184.500	-.119	.905
색 상	2883.000	18814.000	-1.219	.223
연 비	2593.000	18524.000	-2.153	.031
승 차 감	2403.500	18334.500	-2.698	.007
배 기 량	1850.500	17781.500	-4.283	.000
안 전 도	2771.500	18702.500	-1.891	.059
차량성능	2497.000	3200.000	-2.525	.012

a. 집단변수: 성별

각 중요도 변수에 대한 Mann-Whitney의 U 통계량과 유의확률을 출력되어 있으며 여기에서 Wilcoxon의 W 통계량은 두 집단 중에서 관측값의 수가 적은 집단의 순위합을 나타낸다. 근사 유의확률을 살펴보면 유의수준 5%하에서 유의한 차이를 보이는 경우는 크기, 실내공간, 연비, 승차감, 배기량, 차량성능 등이다. 즉 이들 중요도 척도 점수는 남녀간에 유의한 차이를 보이고 있다고 할 수 있다. 이제 통계적으로 남녀간의 순위평균의 차이를 인정하는 중요도 변수들 중에서 과연 남자의 평균값이 큰지 또는 여자의 평균값이 큰지를 살펴보아야 할 것이다. 이는 출력결과에서 **'평균순위'**가 큰 집단이 중요도 점수를 높게 부여한 것으로 판단할 수 있다. 이를 요약하면 다음과 같다.

중요도 평가요소	평균순위		Mann-Whitney U	유의확률 (p-값)	집단비교
	남	여			
크기	112.22	87.67	2541.5	0.023	남 〉 여
실내공간	112.64	85.69	2467.5	0.011	남 〉 여
연 비	104.07	126.92	2593.0	0.031	남 〈 여
승차감	103.00	132.04	2403.5	0.007	남 〈 여
배기량	99.90	146.99	1850.5	0.000	남 〈 여
차량성능	112.47	86.49	2497.0	0.012	남 〉 여

14.3 대응표본에 대한 부호검정

대응표본의 차이의 모수적 검정법은 대응표본 T-검정을 이용하였다. 이에 대한 비모수적 검정방법으로는 부호검정(sign test)을 실시한다. 여기에서 사용할 데이터는 앞 절 대응표본 T-검정에서 사용한 중형급의 2차종에 대한 선호도의 차이검정을 비모수적인 검정방법을 사용하여 검정해 보자. 각 조합에 따라 2 차종의 대한 가설은 다음과 같다.

H_0 : 두 차종의 선호도 점수의 분포는 동일하다.

H_1 : 두 차종의 선호도 점수의 분포는 동일하지 않다.

여기에서 분포가 동일하다는 표현은 두 차종 간의 선호도의 차이가 없다는 것을 의미한다.

SPSS에서 대응표본에 대한 부호검정을 수행하려면 주메뉴에서

분석 >
  비모수검정 >
    대응 2-**표본** ...

을 선택하면 다음과 같은 “대응 2표본 비모수검정” 대화상자가 열린다.

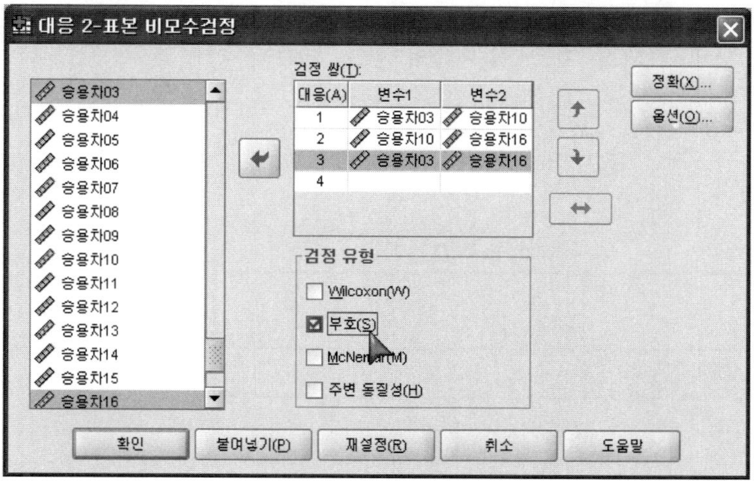

여기에서 '검정 유형'상자에서 "부호"를 선택하고 각 대응되는 변수를 선택하여 검정 대응변수로 이동시킨다. [확인] 단추를 클릭하면 실행된다.

빈도 분석

		N
레간자2.0 DOHC - 쏘나타 III 2.0 GOLD	음수차[a]	89
	양수차[d]	87
	동률[g,h,i]	39
	합계	215
크레도스2.0 EXCESS - 레간자2.0 DOHC	음수차[a]	92
	양수차[d]	76
	동률[g,h,i]	47
	합계	215
크레도스2.0 EXCESS - 쏘나타 III 2.0 GOLD	음수차[a]	135
	양수차[d]	62
	동률[g,h,i]	18
	합계	215

a. 레간자2.0 DOHC < 쏘나타 III 2.0 GOLD
b. 크레도스2.0 EXCESS < 레간자2.0 DOHC
c. 크레도스2.0 EXCESS < 쏘나타 III 2.0 GOLD
d. 레간자2.0 DOHC > 쏘나타 III 2.0 GOLD
e. 크레도스2.0 EXCESS > 레간자2.0 DOHC
f. 크레도스2.0 EXCESS > 쏘나타 III 2.0 GOLD
g. 레간자2.0 DOHC = 쏘나타 III 2.0 GOLD
h. 크레도스2.0 EXCESS = 레간자2.0 DOHC
i. 크레도스2.0 EXCESS = 쏘나타 III 2.0 GOLD

각 두 차종의 선호도를 뺀 값이 음수이면 '음수차', 양수이면 '양수차', 0

이면 '동률'로 표시되며 이들 각각에 대한 빈도를 출력하고 있다. 즉 첫 번째 열의 결과를 보면 음수차의 빈도 89보다 양수차의 빈도 87이 더 작으므로 레간자보다 쏘나타의 선호도 점수가 큰 응답케이스는 2개(=89-87)인 것을 알 수 있다.

검정 통계량[a]

	레간자2.0 DOHC - 쏘나타 III 2.0 GOLD	크레도스2.0 EXCESS - 레간자2.0 DOHC	크레도스2.0 EXCESS - 쏘나타 III 2.0 GOLD
Z	-.075	-1.157	-5.130
근사 유의확률(양측)	.940	.247	.000

a. 부호검정

3번째 열의 경우 근사 유의확률이 0.000으로 유의수준 0.05보다 작으므로 이 차종간의 선호도의 차이가 존재한다고 판단할 수 있다. 그렇다면 어느 차종이 더 높은 선호도 점수를 갖는지를 확인할 필요가 있다. 이는 음수차와 양수차의 빈도가 큰 경우를 고려하려 판단하면 된다. 즉 (크레도스-쏘나타)는 음수차의 빈도가 135로서 양수차 62에 비해 크게 나타났으므로 크레도스에 비해 쏘나타가 더 높은 선호도를 가짐을 알 수 있다. 나머지 (레간자-쏘나타), (크레도스-레간자) 간의 선호도는 유의수준 5%하에서 판단할 때 차이를 인정할 수 없다.

14.4 Kruskal-Wallis의 일원배치 분산분석

앞 절에서 논의한 Mann-whitney의 검정은 두 모평균 혹은 중위수간의 차에 대해 검정하는 비모수적 검정절차였다. 일반적으로 두 개 이상의 모평균간의 차이를 검정해 주는 절차로서 Kruskal-Wallis의 검정을 다루기로 한다. 모수검정에서 T-검정이 분산분석으로 일반화될 수 있듯이 비모수검정에서 Mann-whitney의 검정은 Kruskal-Wallis의 검정으로 일반화 될 수 있다.

월소득에 따라 승용차의 선호도의 차이를 검정해 보자. SPSS에서

Kruskal-Wallis 검정을 수행하려면 주메뉴에서

분석 ☞
　비모수 검정 ☞
　　독립 K-표본...

을 선택하면 다음과 같은 "**독립 K-표본 비모수검정**(K Independent Samples...)" 대화상자가 열린다.

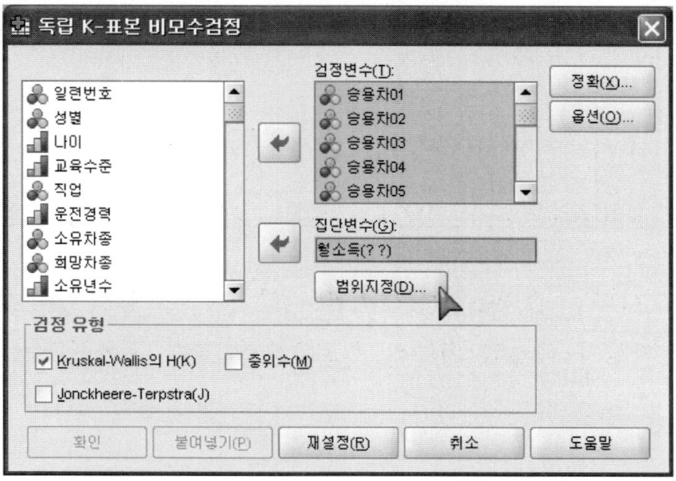

여기에서 '**검정 유형**' 상자에서 "Kurskal-Wallis의 H"가 디폴트로 체크되어 있다. 집단변수에 '월소득'을 선택 이동하고 [범위지정(D)...] 단추를 클릭하면 다음과 같은 '범위지정' 부대화상자가 나타난다.

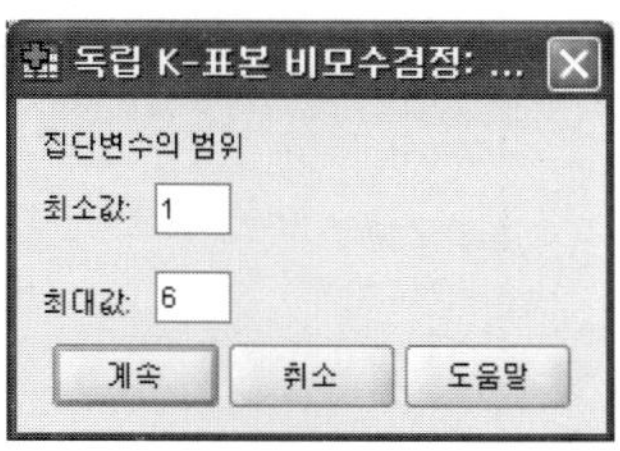

여기에서 최소값에 '1'과 최대값 '6'을 지정하고 [계속] 단추를 클릭하고 주대화상자에서 [확인] 단추를 클릭하여 수행한다. 출력된 피벗표를 편집하여 다음과 같은 결과만을 수록하였다.

순위

통계량=평균순위

	귀하의 월평균소득은?					
	100만원이하	100-150만원	150-200만원	200-250만원	250-300만원	300만원이상
액센트 1.5 DOHC	111.39	89.59	116.18	108.48	115.63	98.60
아반떼1.5 GLS	102.37	123.60	125.74	105.26	62.75	77.47
쏘나타 III 2.0 GOLD	102.82	122.31	106.85	140.81	36.17	102.27
티뷰론2.0 TGX	109.70	145.20	76.93	109.59	117.21	112.47
그랜저 V6 3000	96.09	105.23	121.49	88.74	162.58	115.77
다이너스티V6 3500	88.83	112.66	124.31	108.31	89.21	147.27
티 코 SE	130.79	86.00	107.45	97.96	86.00	86.00
누비라1.5 DOHC	136.24	94.11	106.75	73.07	69.96	100.70
라노스1.5 DOHC	145.96	93.97	107.32	61.72	27.92	105.77
레간자2.0 DOHC	106.83	93.76	110.32	114.31	127.67	111.63
뉴프린스1.8 DOHC	118.22	104.33	82.52	129.89	137.08	94.20
뉴브로엄2200 DOHC	94.27	111.29	98.07	90.78	186.21	170.67
아카디아 로얄 3.2	91.70	150.33	79.13	155.28	108.88	104.77
프라이드 웨곤	105.17	123.83	102.50	119.15	138.00	60.20
세피아 레오1.5 DOHC	127.10	76.84	115.17	103.37	42.04	123.53
크레도스2.0 EXCESS	122.58	109.43	107.96	100.26	81.33	69.10
포텐샤 V6 3000	81.03	111.61	129.47	136.31	111.75	100.97
엔터프라이즈 3.6 CEO	91.33	103.83	119.56	83.52	184.50	140.90
무 쏘 602	95.63	95.57	116.40	108.98	150.67	131.63

각 셀에 나타난 값들은 평균순위를 나타내며, 이 값이 클수록 그 소득집단의 응답자들이 해당된 차종의 선호점수를 높게 부여했다는 것을 알 수 있다.

검정 통계량a,b

	카이제곱	자유도	근사 유의확률
액센트 1.5 DOHC	5.097	5	⇨ .404
아반떼1.5 GLS	17.916	5	.003
쏘나타 III 2.0 GOLD	27.166	5	.000
티뷰론2.0 TGX	27.731	5	.000
그랜저 V6 3000	18.513	5	.002
다이너스티V6 3500	18.530	5	.002
티 코 SE	36.836	5	.000
누비라1.5 DOHC	31.670	5	.000
라노스1.5 DOHC	67.328	5	.000
레간자2.0 DOHC	3.634	5	⇨ .603
뉴프린스1.8 DOHC	18.462	5	.002
뉴브로엄2200 DOHC	42.728	5	.000
아카디아 로얄 3.2	50.091	5	.000
프라이드 웨곤	16.957	5	.005
세피아 레오1.5 DOHC	33.138	5	.000
크레도스2.0 EXCESS	12.922	5	.024
포텐샤 V6 3000	26.790	5	.000
엔터프라이즈 3.6 CEO	35.186	5	.000
무 쏘 602	13.570	5	.019

a. Kruskal Wallis 검정

b. 집단변수: 귀하의 월평균소득은?

Kurskal-Wallis의 검정 결과로 유의확률을 보면 악센트와 레간자는 유의수준 0.05하에서 소득수준에 따른 평균선호점수의 차이가 없다는 결론을 내릴 수 있으며 다른 차종들은 소득수준에 따라 선호도의 차이를 보이고 있다. 이는 모수적 검정방법인 일원배치 분산분석에서의 결과와 동일하다(13.3 일원배치 분산분석 참고).

메모

제 15 장

문항의 신뢰도 분석

15.1 신뢰도분석의 개요

측정이론은 전통적으로 심리학과 교육학 분야에서 설문지와 시험지의 구성과 관련하여 연구되어 왔으나 근래에 들어와서는 사회학, 정치학, 인류학, 가정학 등 여러 분야에서 관심을 끌고 있다. 측정은 추상적인 개념을 경험적 지표로 구현시키는 과정이라고 할 수 있는데 이때 문제가 되는 것은 측정의 신뢰성(reliability)과 타당성(validity)이다. 그 중 전자의 측도인 신뢰도는 반복측정이 얼마나 동일한 결과를 표출하는지에 관한 것이며, 타당도는 경험적 지표가 그것이 측정하고자 한 추상적인 개념을 얼마나 충실하게 반영하고 있는가 하는 것이다.

예를 들어 특정 제품에 대해 고객의 만족도를 조사한다고 하자. 이 조사의 목적이 설문을 사용하여 그 제품을 사용해 본 고객들이 제품에 얼마나 만족하고 있는가를 측정하는데 목적이 있다. 과연 의도대로 만족도라는 추상적인 개념이 설문조사를 통해 경험적 지표로 나타내어지고 있는지 평가하기 위해서

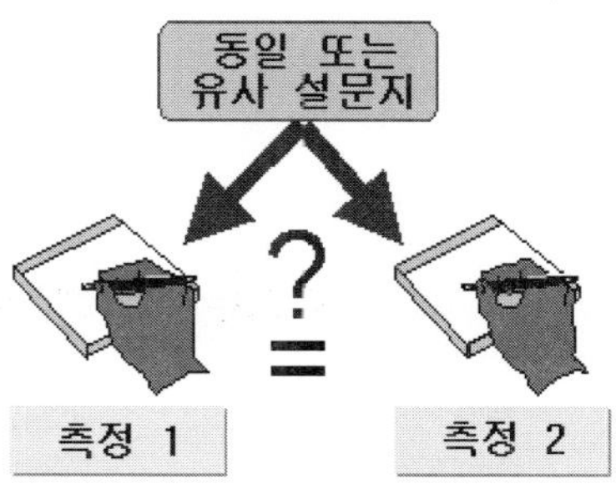

신뢰성과 타당성의 두 관점에서 분석이 요구된다. 신뢰도가 낮은 설문은 마치 측정할 때마다 다른 수치를 가리키는 저울과 같은 것으로, 이 경우에 신

뢰성이란 고객이 서로 동등한 여러 설문지로 만족도를 측정하였을 경우 과연 만족도 점수가 어느 정도 유사하게 나타나는가에 관한 것이다.

15.2 신뢰도란?

15.2.1 신뢰도의 의미

신뢰도란 한 검사가 측정대상이 되는 내용을 어느 정도의 안정성을 가지고 일관성있게 측정하고 있느냐라는 것과 관련된 정확성(accuracy)을 말한다.

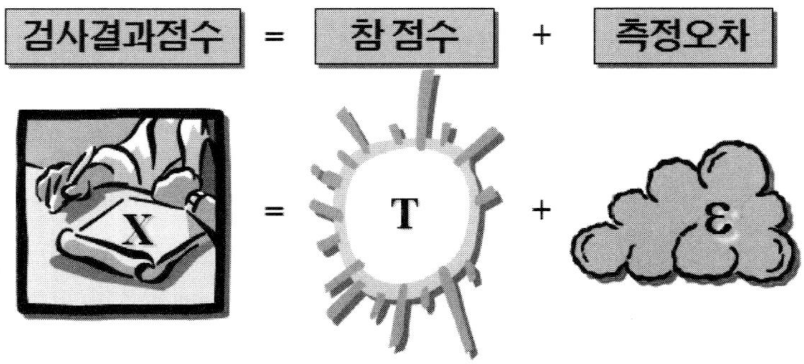

X = 검사결과점수

T = 참점수

ε = 오차점수 (측정오차)

신뢰도는 다음과 같이 정의한다.

$$\text{신뢰도} = \frac{T}{T + \varepsilon}$$

신뢰도가 '1'이 되면 측정오차(ε)가 '0'이라는 의미이며, 이는 마치 설문을 측정할 때마다 동일한 반응을 응답자로부터 얻게 되는 신뢰할 만한 측정도구(설문지)라고 할 수 있다. 그러나 신뢰도가 '0'이거나 '0'에 가까운 값이 되면 측정오차가 커서 마치 측정할 때마다 다른 수치를 가리키는 저울과 같은 것으로 응답자의 반응을 일관성 있게 측정하지 못하는 측정도구로 판단할 수 있다.

15.2.2 신뢰도의 종류

● 재검사 신뢰도(test-retest reliability)

동일한 설문을 같은 응답자에게 2회 실시하는 것으로 가장 고전적인 방법이다. 이 방법은 동일한 설문을 일정 시간 후에 단순히 반복하여 신뢰도를 추정하는 방법이다. 만약 응답자가 두 검사에서 동일한 결과를 보인다면 신뢰도는 당연히 '1'이어야 하나 실제로는 서로 다른 두 시점에서의 응답자 반응은 여러 이유에서 다를 수 있다. 이 방법은 매우 단순하다는 이점이 있으나, 응답자의 기억효과(memory effect)로 인하여 신뢰도가 과대 추정될 소지가 있으며, 충분한 간격의 두 시점에서 동일한 응답자로부터 측정이 이루어져야 하므로 관리상의 애로점이 있다.

● 동형검사신뢰도(equivalent form reliability)

형식이 같은 A형과 B형의 설문을 실시하는 것으로 수준이 같고 내용은 다른 문항의 제작에 어려움이 있다. 이 방법은 서로 매우 유사한 유형의 설문지를 2부 개발하여 각 응답자에게 적용하여 신뢰도를 추정하는 방법이다. 이 방법에서는 두 설문지의 각 문항들은 서로 유사하나 같지는 않으므로 재검사 신뢰도에서 나타나는 기억효과가 여기에서는 문제가 되지 않는다. 그러나 동형(equivalent form)의 설문지 개발이 경우에 따라서는 상당히 어려울 수 있다는 사실이 현실적 문제로 남는다.

반분신뢰도(split-half reliability)

설문의 문항들을 양분하여 각각 채점하는 방법이다. 이 방법은 한 설문지의 문항들을 반으로 나누어 구성된 두 부분의 상관계수로부터 신뢰도의 추정값을 얻는 방법이다. 예를 들어 홀수 문항의 응답치 합계를 X_1, 짝수문항의 응답값의 합계를 X_2라고 할 때 X_1과 X_2의 상관계수 $\rho_{x_1 \cdot x_2}$를 가지고 신뢰계수 ρ에 관한 추정을 하는 것이다. 그러나 $\rho_{x_1 \cdot x_2}$는 문항수가 절반인 설문지의 신뢰도에 관한 척도이므로 전체 설문지의 신뢰도 ρ에 대한 것으로 쓰기 위해서는 다음과 같이 수정되어야 한다.

$$\rho = \frac{2\,\rho_{x1.x2}}{(1+\rho_{x1.x2})}$$

그 이유는 X와 동등한 X'을 가상하고 $\rho = corr(X_1 + X_2,\ X_1' + X_2')$를 계산하여 보면 명확하다. 이 식은 스피어만-브라운 공식으로 알려져 있다.

문항내적합치도(inter-item consistency reliability)

한 개의 문항을 한 개의 설문지로 가정하는 것으로, 예를 들어 문항이 10개라면 설문조사를 10번 한 것처럼 가정한다. 앞에서 설명한 반분신뢰도의 결점은 실제의 자료분석에 있어서는 어떻게 설문지를 두 부분으로 나누느냐에 따라 신뢰도 ρ의 추정값이 달라진다는 사실이다. 이에 대한 대안으로서 다음과 같은 생각을 할 수 있다. $X_1, \cdots, X_N$을 각 문항 점수라고 하고 $X_1', \cdots, X_N'$을 동형의 문항점수라고 한다면(즉, 문항 1, …, N, 1′, …, N′이 문항들의 전체집단으로부터의 확률표본이라면), 등분산성(equal variances)과 등공분산성(equal covariances)의 가정하에서

$$Cov(X_1 + \cdots + X_N,\ X_1' + \cdots + X_N') = N^2 \sigma_{12}$$

$$Var(X_1 + \cdots + X_N) = Var(X_1' + \cdots + X_N')$$

$$= N\sigma^2 + N(N-1)\sigma_{12}$$

이다. 여기서 $\sigma_{12} = Cov(X_i, X_j)$, $\sigma^2 = Var(X_i)$이다. 한편

$$Cov(X_1 + \cdots + X_N,\ X_1' + \cdots + X_N') =$$

$$\frac{N}{(N-1)}\left[Var(X_1 + \cdots + X_N) - \sum Var(X_i)\right]$$

이 된다. 따라서 신뢰도는

$$\begin{aligned} \rho &= Corr(X_1 + \cdots + X_N,\ X_1' + \cdots + X_N') \\ &= \frac{N}{(N-1)} \frac{Var(X_1 + \cdots + X_N) - \sum Var(X_i)}{Var(X_1 + \cdots + X_N)} \\ &= \frac{N}{(N-1)} \left[1 - \frac{\sum Var(X_i)}{Var(\sum X_i)}\right] \end{aligned}$$

으로 표현된다. 이 공식을 Cronbach의 Alpha[3](크론바 알파) 혹은 그냥 알파계수라고 한다. 만약 각 문항의 동등성에 관한 가정이 깨지게 되면 알파는 신뢰도 ρ를 과소 측정하게 된다는 사실이 알려져 있으므로 실제 알파계수는 신뢰도의 하한(lower bound)으로 생각될 수 있다. 알파계수는 각 문항이 이분형(0 또는 1)인 경우 KR-20(Kuder-Richardson-20) 계수로도 알려져 있다.

3) Cronbach, L.J.(1951), *Coefficient alpha and the internal structure of tests*, Psychometrika, 16:3, 297-334.

만약 모든 문항점수를 표준화하여 $Var(X_i) = 1$이라면

$$\rho = \frac{N\rho_{12}}{1+\rho_{12}(N-1)}$$

이 된다. 이 식에서 N이 2인 경우는 스피어만-브라운 공식과 일치하며, 또 이 식으로부터 신뢰도 ρ는 문항간의 상관계수 ρ_{12}에 뿐만 아니라 문항수 N에도 의존하고 있음을 알 수 있다. 신뢰도에 관한 [표 15-1]에서 볼 수 있는 분명한 사실은 10개 문항에서 평균상관계수가 0.2라면 알파는 0.71이다. 만일 문항수가 30으로 많아지면 알파는 0.88이 된다. 비록 문항간의 상관계수가 작다고 하더라도 문항수가 충분히 많으면 신뢰도 혹은 알파계수는 '1'에 가깝게 커진다는 것이다. 이 점이 설문지의 문항수가 커지는 경향이 있게 되는 부분적 이유이다. 그렇지만 응답자의 인내 한계와 반응오류를 고려한다면 설문지의 문항수 N이 작을수록 좋으므로, 연구자는 절약의 원칙을 지켜야 할 것이다.

[표 15-1] 상관계수와 표본크기에 따른 신뢰도

		문항간의 평균상관계수 ρ_{12}										
		0	0.1	0.2	0.3	0.4	0.5	0.6	0.7	0.8	0.9	1
문항수 (N)	2	0	0.18	0.33	0.46	0.57	0.67	0.75	0.82	0.89	0.95	1
	6	0	0.40	0.60	0.72	0.80	0.86	0.90	0.93	0.96	0.98	1
	10	0	0.53	**0.71**	0.81	0.87	0.91	0.94	0.96	0.98	0.99	1
	15	0	0.63	0.79	0.87	0.91	0.94	0.96	0.97	0.98	0.99	1
	20	0	0.69	0.83	0.90	0.93	0.95	0.97	0.98	0.99	0.99	1
	25	0	0.74	0.86	0.91	0.94	0.96	0.97	0.98	0.99	1.00	1
	30	0	0.77	**0.88**	0.93	0.95	0.97	0.98	0.99	0.99	1.00	1
	35	0	0.80	0.90	0.94	0.96	0.97	0.98	0.99	0.99	1.00	1
	40	0	0.82	0.91	0.94	0.96	0.98	0.98	0.99	0.99	1.00	1
	45	0	0.83	0.92	0.95	0.97	0.98	0.99	0.99	0.99	1.00	1
	50	0	0.85	0.93	0.96	0.97	0.98	0.99	0.99	1.00	1.00	1

15.3 척도화(Scaling)란?

우리는 태어나는 그 순간부터 수많은 측정의 세계를 경험하게 된다. 신체측정, 지능측정, 학업성취도 측정, 직업적성 측정, 신용도 측정, 제품선호도 측정, 제품만족도 측정 등 수없이 많은 측정의 대상물이 된다.

개인의 키나 몸무게 등과 같은 물리적 특성들은 계측기에 의해 직접 측정할 수 있지만, 성격, 지능, 태도 등과 같은 심리적 특성들은 직접 측정하기가 매우 곤란하다. 그러므로 이러한 심리적 특성들을 측정하기 위해서는 특별히 고안된 측정도구가 필요하다. 과거에는 경험적 관측을 통하여 이러한 심리적 특성들을 직감하였으나, 과학적인 분석법이 중시되는 현시점에서는 보다 합리적이고 계량적인 측정방법이 요구된다.

체계적인 법칙과 의미있는 측정의 단위를 개발하여 경험적 관측들을 적절히 수량화하는 과정을 가리켜 척도화(scaling)라 한다.

척도화의 목적은 같은 속성 또는 태도를 가진 사람들 중 대부분이 같은 점수(score)를 갖도록 숫자를 배정하는데 있다. 이러한 목적을 달성하기 위해 여러 가지 척도화 방법들이 제안되었는데, Thurstone 척도법, Likert 척도법, Guttman 척도법 등이 있다.

- **Thurstone 척도법 - 자극 또는 문항 중심의 접근방법**
- **Likert 척도법 - 응답자 중심의 접근방법**
- **Guttman 척도법 - 반응 중심의 접근방법**

이 중에서 제작이 용이하고 경제적인 Likert 척도법이 가장 널리 사용된다.

15.4 Likert 척도화 방법

Likert 척도화 방법은 응답자에게 언어적 자극을 준 후 나타나는 반응으로부터 측정하고자 하는 속성을 척도화하는 것이다. Likert 척도의 제작 과정을 살펴보면 다음과 같다.

1. 측정하려고 하는 일차원의 속성을 정의한다.

- 원자력(nuclear power)산업에 대한 긍정도
- 라면에 대한 호의도
    - TV광고에 대한 호의도

2. 정의된 속성에 대해 강한 긍정의 문항과 강한 부정의 문항들을 만든다. 긍정의 문항과 부정의 문항들이 반반씩 되도록 한다. 이러한 문항들을 무순위(무작위)로 배열한다.

- 원자력 산업은 과학의 진보이다. (강한 긍정)
- 원자력 산업은 삶의 질을 향상시킨다. (강한 긍정)
- 원자력 산업은 철폐되어야 한다. (강한 부정)
- 원자력 산업은 나라를 망치게 한다. (강한 부정)
- 라면은 경제적인 식품이다. (호의적)
- 라면은 편리한 식품이다. (호의적)
- 라면은 영양가가 없는 식품이다. (비호의적)
- 라면은 비위생적인 식품이다. (비호의적)
- TV광고는 재미있다. (호의적)
- 나는 TV광고의 제품들을 구입하려고 한다. (호의적)
- TV광고는 좋은 제품을 구입하도록 도와준다. (호의적)
- TV광고는 정규 TV프로그램보다 더 재미있다. (호의적)
- TV광고는 다양한 정보를 제공하여 준다. (호의적)
- TV광고를 법적으로 금지해야 한다. (비호의적)
- TV광고를 보는 것은 시간낭비이다. (비호의적)
- TV광고는 해롭다. (비호의적)
- TV광고는 허위이거나 과장되어 있다. (비호의적)
- TV광고는 백해무익하다. (비호의적)

3. 연구대상과는 비슷하면서도 측정하려는 태도 또는 속성에 관해 다양성을 보일 수 있는 사람들(보통 50-100명)에게 각 문항마다 주어진 범주(보통 5~7개) 중 하나를 택하도록 한다.

범 주	강한 부정	부 정	보 통	긍 정	강한 긍정
점 수	1	2	3	4	5

범 주	적극 반대	반 대	중 립	찬 성	적극 찬성
점 수	1	2	3	4	5

부정적인 문항은 범주 점수를 반대로 부여한다.

4. 응답자들이 택한 각 범주 점수를 합하여 그들의 점수로 한다.

5. 다음 4가지 기준에 근거하여 문항을 평가한다.

- 각 문항과 전체점수(그 문항을 제외한)간의 상관계수를 계산한다.
- 음수의 상관계수가 나오면 부정적인 문항들의 범주점수를 거꾸로 주었는지를 확인하고, 제대로 주었는데도 음수의 상관계수가 나오면 해당 문항은 뜻이 모호한 것으로 간주하여 수정하거나 삭제한다.
- 0에 가까운 상관계수가 나오면, 응답자들이 구별하지 못하는 불명료한 문항이거나, 모든 사람들이 동의해야하는 사실에 대한 문항이거나, 또는 처음에 정의한 일차원 속성 이외의 속성을 측정하는 문항일 수 있으므로 배제하는 것이 바람직하다.
- 척도의 내적일치성을 측정하기 위하여 알파계수나 반분계수 신뢰도를 구한다.

6. 바람직한 상관계수를 나타내고, 또 알파계수가 높은 값을 가지는데 기여하는 문항들로써 개정된 척도를 제작한다.

SPSS상에서 Reliability 프로시저를 사용하면 상관계수와 알파계수를 손쉽게 구할 수 있다.

나쁜 예

Item-total Statistics

	Scale Mean if Item Deleted	Scale Variance if Item Deleted	Corrected Item-Total Correlation	Alpha if Item Deleted
SC21	9.5636	1.7718	.3050	-.1177
SC22	9.7152	1.5952	.3217	-.1908
SC23	8.8606	2.6207	-.1839	.5134
SC24	9.9879	1.9755	.0603	.2096

Reliability Coefficients

N of Cases = 165.0 N of Items = 4

Alpha = .1984

좋은 예

Item-total Statistics

	Scale Mean if Item Deleted	Scale Variance if Item Deleted	Corrected Item-Total Correlation	Alpha if Item Deleted
V1	19.1000	11.8889	.4977	.7239
V2	19.6800	12.7451	.5560	.6966
V3	19.2800	13.2339	.4406	.7388
V4	19.7000	13.5859	.5504	.7029
V5	19.6400	12.8792	.5888	.6870

Reliability Coefficients

N of Cases = 100.0 N of Items = 5

Alpha = .7535

7. 개정된 척도를 규준집단(보통 수백명)을 대상으로 실시한다. 이러한 과정을 통해서 앞에서 얻은 상관계수와 알파계수가 우연히 얻은 값이 아님을 확인할 수 있다. 규준집단에서도 계속 바람직한 상관계수와 알파계수를 유지하는 문항들로 구성된 최종적 척도를 만든다.

8. 이 검사를 연구대상 집단에게 실시하여 응답자들의 척도값, 즉 합산점수를 구한다.

문항작성시 주의하여야 할 사항

⑴ 명확하고 간단한 문항을 쓴다. 되도록 '만약에', '왜냐하면' 등의 단어를 포함하는 절은 쓰지 않는다.

예) 만약 내가 죽으면 많은 사람들이 슬퍼할 것이다. (X)

⑵ 각 문항은 단일한 idea를 가져야 한다.

예) 많은 국민들이 건강 상태가 안 좋고, 의사들은 너무 많은 돈을 요구하므로 정부는 낮은 비용의 의료서비스를 제공해야 한다.(X)

⑶ 이중 부정은 혼동을 일으킬 수 있으므로 피한다.

예) 나는 흡연자들이 공공 장소에서 담배를 피우지 않아야 한다는 것을 믿지 않는다. (X)

⑷ 문장이 애매해서 사람에 따라 해석이 두개 이상으로 될 수 있는 문장은 피한다.

⑸ 서술적 문장을 써야하며 모든 사람이 동의해야 하는 사실을 다루어서는 안 된다.

예) 담배를 피우는 것은 건강에 좋지 않다.

⑹ 문장은 현재의 시제로 쓴다.

⑺ 긍정과 부정의 느낌을 표현하는 문항들의 수가 거의 같도록 한다.

⑻ 문법적으로 적절한 문장이어야 한다.

⑼ 항상(always), 모두(all), 절대로(never), 아무도(none) 등의 전체긍정이나 부정어를 포함하는 문장을 피하는 것이 좋다.

⑽ 응답자들이 이해하기 쉬운 단어를 사용한다.

15.5 신뢰도 분석 활용위치

조사절차 8단계에 연계하여 신뢰도 분석을 활용하는 위치를 표시해 놓은 [그림 15-5]를 보면 신뢰도 분석의 주목적은 새롭게 작성된 문항의 수정/보완에 있음을 알 수 있다. 그리고 본조사 이후에 신뢰도를 계산한다는 것은 현재 측정된 문항들의 최종적인 신뢰도의 정도를 확인하기 위한 용도로 사용된다.

[그림 15-5] 신뢰도 분석 활용위치

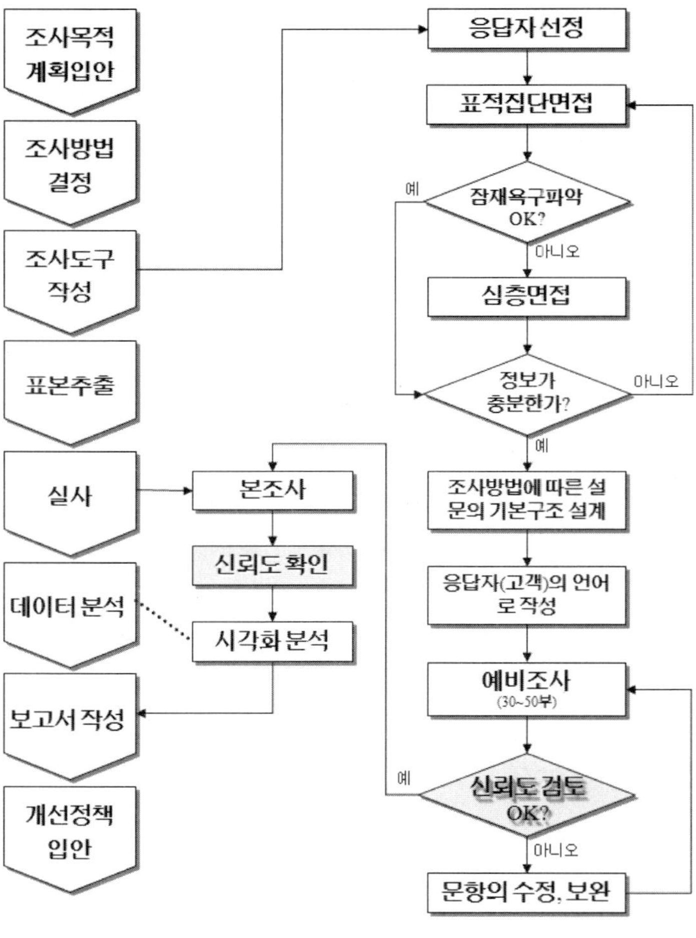

15.6 10가지 중요요소 문항의 신뢰도분석

214명의 응답자를 대상으로 자동차의 중요도를 측정하는 다음과 같은 10개 항목에 대하여 '전혀 중요하지 않다', '중요하지 않다', '약간 중요하지 않다', '보통이다', '약간 중요하다', '중요하다', '매우 중요하다' 등의 7점 척도로 조사되었다.

- 품　격 : ①—②—③—④—⑤—⑥—⑦
- 크　기 : ①—②—③—④—⑤—⑥—⑦
- 실내공간 : ①—②—③—④—⑤—⑥—⑦
- 호화정도 : ①—②—③—④—⑤—⑥—⑦
- 색　상 : ①—②—③—④—⑤—⑥—⑦
- 연　비 : ①—②—③—④—⑤—⑥—⑦
- 승 차 감 : ①—②—③—④—⑤—⑥—⑦
- 배 기 량 : ①—②—③—④—⑤—⑥—⑦
- 안 전 도 : ①—②—③—④—⑤—⑥—⑦
- 차량성능 : ①—②—③—④—⑤—⑥—⑦

이 책에서 사용하는 승용차 설문의 예에서 10개의 중요도 문항은 신뢰도 분석을 수행하여 수정하거나 보완하여야 하는 내용의 문항들은 아니다. 즉 10개의 중요도는 구비되어야 할 요소인 것이지 어떠한 동질적인 추상개념을 측정하기 위해 작성된 것이 아니며 또한 필요에 따라서 수정하거나 보완할 성질의 것들이 아니기 때문이다. 즉 위의 중요도 10사항은 사람의 느낌, 태도, 의견, 신념 등의 추상적인 개념을 측정하는 문항이 아니라 변경될 수 없는 사양(specifications)을 측정하는 문항이므로 실전에서는 이러한 문항들은 신뢰도 분석이 적절하지는 않다. 예를 들어 신뢰계수에 문제가 있을 경우 '품격'이나 '크기' 등에 대한 단어 바꾸기(word change)나 변경이 용이하지도 않을 뿐만 아니라 바꾸어서도 안 된다. 결국 이 승용차 데이터에서는 신뢰도를 계산할 만한 적절한 예제로 사용할 만한 데이터가 없으므로 다른 예를 사용하여 신뢰도를 연습하기로 하겠다.

15.7 PC 만족도 문항의 신뢰도 분석

PC를 보유하고 있는 29명의 대학생을 대상으로, 현재 보유하고 있는 PC에 대한 종합적인 만족도를 측정하는 다음과 같은 14개 항목에 대하여 '전혀 아니다', '아니다', '보통', '그렇다', '매우 그렇다' 등의 5개의 범주를 제시하고 이중에 하나씩을 선택하도록 하여 'PC만족도.SAV'라는 파일로 저장하였다.

- 주위에 추천하고 싶다.
- 최고의 제품이다.
- 다음에도 같은 회사제품을 구입하겠다.
- 주위에서 같은 제품을 산다면 만류하겠다.
- 나에게 충분한 제품이다.
- 기대 이상의 성능을 가지고 있다.
- 가끔 갖다 버리고 싶도록 화가 난다.
- 타인의 PC에 비하여 성능이 떨어진다.
- 본 제품을 구매한 것을 후회한다.
- 정말 매력적인 제품이다.
- 생각보다 괜찮은 제품이다.
- 타사의 제품광고에 관심이 있다.
- 만족스럽다.
- 역시 현명한 선택이었다.

응답자들로부터 설문지를 수집하여, '전혀 아니다'에 1점, '아니다'에 2점, '보통'에 3점, '그렇다'에 4점, '매우 그렇다'에 5점을 부여하였다. 부정적인 질문항목에 대하여는 반대로 점수를 부여하였다. 신뢰도분석을 통하여 14개 문항에 대한 신뢰도를 구하고 전체 신뢰계수에 악영향을 주는 문항을 제거하여 전체 신뢰도를 향상시켜 보기로 하겠다.

이러한 문항에 대한 신뢰도를 분석하기 위하여 주메뉴에서

분석 ☞ 척도 ☞ 신뢰도분석 …

을 선택하면 다음과 같은 "**신뢰도 분석**(Reliability Analysis)" 대화상자가 나타난다.

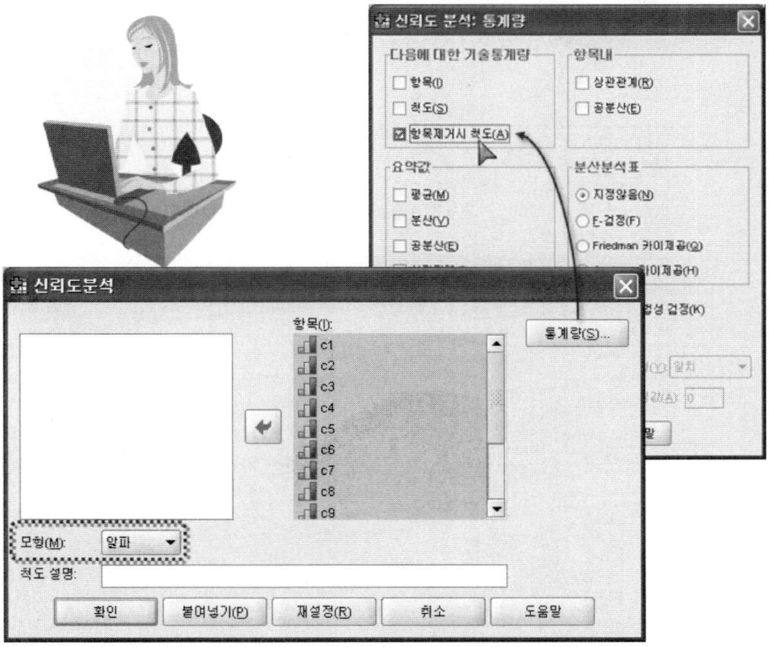

여기에서 10개의 중요도 변수들을 선택 이동시키고 모형에 "**알파**(Alpha)"로 표시되어 있는지를 확인한다. 다음으로 [통계량(S)...] 단추를 클릭하면 신뢰도 분석에서 각 통계량을 지정할 수 있는 다음과 같은 부대화상자가 나타난다.

여기에서 "**문항제거시** 척도(Scale if item deleted)"를 체크하고 [계속] 단추를 클릭한다. 다시 주대화상자에서 [확인] 단추를 클릭하여 수행한다.

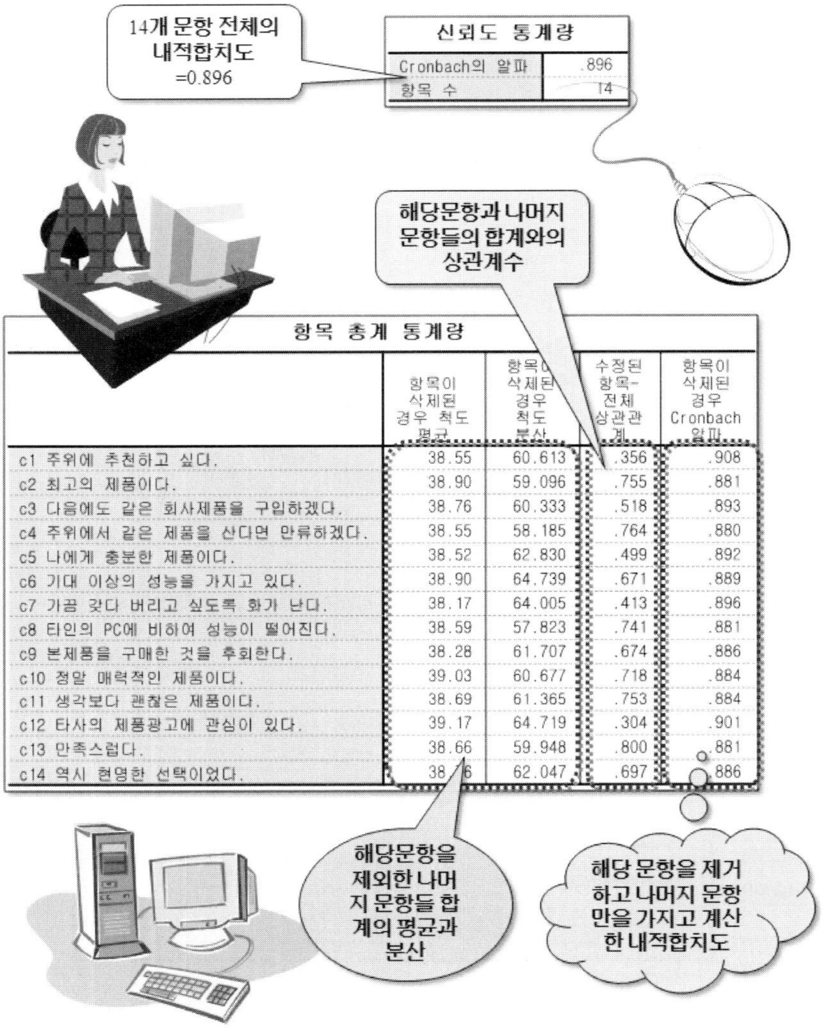

신뢰도 통계량	
Cronbach의 알파	.896
항목 수	14

항목 총계 통계량

	항목이 삭제된 경우 척도 평균	항목이 삭제된 경우 척도 분산	수정된 항목-전체 상관관계	항목이 삭제된 경우 Cronbach 알파
c1 주위에 추천하고 싶다.	38.55	60.613	.356	.908
c2 최고의 제품이다.	38.90	59.096	.755	.881
c3 다음에도 같은 회사제품을 구입하겠다.	38.76	60.333	.518	.893
c4 주위에서 같은 제품을 산다면 만류하겠다.	38.55	58.185	.764	.880
c5 나에게 충분한 제품이다.	38.52	62.830	.499	.892
c6 기대 이상의 성능을 가지고 있다.	38.90	64.739	.671	.889
c7 가끔 갖다 버리고 싶도록 화가 난다.	38.17	64.005	.413	.896
c8 타인의 PC에 비하여 성능이 떨어진다.	38.59	57.823	.741	.881
c9 본제품을 구매한 것을 후회한다.	38.28	61.707	.674	.886
c10 정말 매력적인 제품이다.	39.03	60.677	.718	.884
c11 생각보다 괜찮은 제품이다.	38.69	61.365	.753	.884
c12 타사의 제품광고에 관심이 있다.	39.17	64.719	.304	.901
c13 만족스럽다.	38.66	59.948	.800	.881
c14 역시 현명한 선택이었다.	38.[illegible]6	62.047	.697	.886

알파계수는 0.896으로 비교적 높게 나타났으나, 해당문항을 제거했을 때 (그 문항을 제외한) 변화되는 알파계수를 나타내는 “항목이 삭제된 경우 Cronbach 알파”의 알파계수와 전체 알파계수 “알파 = 0.896”와 비교하여 값이 크게 나타난 항목은 수정 또는 보완하거나 최악의 경우에는 삭제하는 것이 바람직하다. 여기에서는 문항을 수정 보완하고 다시 조사할 수 없으므로 전체 신뢰도를 낮추는 문항을 제외하면 다음과 같이 10개의 문항까지 남게 된다. 여기에서는 0.921보다 큰 알파계수가 없으므로 제거해야 할 문

항이 없는 것으로 판단할 수 있다.

신뢰도 통계량	
Cronbach의 알파	.921
항목 수	10

10개 문항 전체의 내적합치도 =0.921

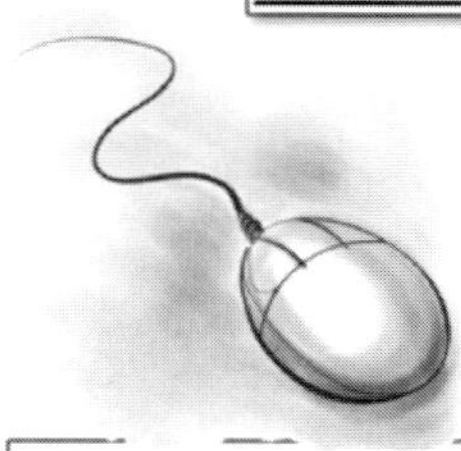

전체 신뢰도 0.921보다 큰 값이 없으므로 더 이상 제거할 문항이 없다.

항목 총계 통계량	항목이 삭제된 경우 척도 평균	항목이 삭제된 경우 척도 분산	수정된 항목-전체 상관관계	항목이 삭제된 경우 Cronbach 알파
c2 최고의 제품이다.	26.93	31.567	.749	.910
c4 주위에서 같은 제품을 산다면 만류하겠다.	26.59	31.180	.729	.912
c5 나에게 충분한 제품이다.	26.55	33.399	.585	.920
c6 기대 이상의 성능을 가지고 있다.	26.93	35.709	.673	.917
c8 타인의 PC에 비하여 성능이 떨어진다.	26.62	30.101	.786	.909
c9 본제품을 구매한 것을 후회한다.	26.31	34.007	.605	.918
c10 정말 매력적인 제품이다.	27.07	32.567	.731	.911
c11 생각보다 괜찮은 제품이다.	26.72	33.135	.761	.910
c13 만족스럽다.	26.69	32.150	.801	.908
c14 역시 현명한 선택이었다.	26.79	33.670	.700	.913

만일 음의 상관계수가 나타나면 혹시 척도값을 긍정적인 방향으로 뒤집어 코딩변경하지 않았을 가능성이 있으므로 확인해 본다.

메모

군집분석

16.1 군집분석이란?

"새들은 깃털이 같은 것끼리 모인다."라는 말이 있다. 이러한 말 이면에는 전체 새들을 특성이 서로 유사한 몇 개의 집단으로 분류할 수 있다는 의미를 내포하고 있다.

이 경우 개개의 새들을 가리켜 "객체" 또는 "대상"이라 하고 특성이 서로 유사한 각각의 집단을 "군집"이라 하며 집단의 분류에 기준이 되는 유사성들을 가리켜 "속성" 또는 "설명변수"라 한다.

군집분석(cluster analysis)이란 많은 객체(object)들을 일정한 속성에 따라 몇 개의 군집(cluster)으로 분류하여, 같은 군집에 속한 객체들의 유사성과 서로 다른 군집에 속한 객체간의 상이성을 규명하고자 하는 통계분석법이다.

생물학에서 동식물들을 분류하는데 군집분석이 사용되며, 의학에서는 환자를 대상으로 질병의 종류 및 상태를 분류하는데 군집분석을 사용할 수 있으며, 심리학에서는 성격유형에 따른 개인의 분류에 군집분석이 사용된다.

또한, 마케팅조사(marketing research)에서는 소비자들의 상품구매행태나 생활양식에 따라 몇 개의 소비자 군으로 분류하여 시장세분화(market segmentation) 전략을 수립하고자 할 때에 군집분석을 이용하며, 고객 정보에서 유사한 행동패턴을 가지는 고객들을 구분하거나 소비패턴이 유사한 고객집단을 설정하는데 이용될 수 있다. 또한 동종업종에서 생산된 많은 기존상품들을 몇 개의 속성에 근거하여 군집화(clustering)함으로써 새로운 상품의 시장진출 가능성을 예측해 볼 때에도 군집분석을 활용할 수 있다.

16.2 군집분석의 절차

군집분석의 기본원리는 분석하고자 하는 객체들의 여러 가지 특성들을 유사성 거리로 환산하여, 유사성 거리가 상대적으로 가까운 객체들을 동질적인 집단으로 군집화(clustering)하는 것으로 다음과 같은 3가지 중심과제가 있다.

① 어떠한 특성들을 비교할 것인가? (설명변수들의 선정문제)

② 어떻게 유사성 거리를 측정할 것인가? (유사성 거리의 측정방법)

③ 어떻게 동질적인 집단으로 분류할 것인가? (군집화 방법)

16.3 설명변수의 선정

군집분석에서 가장 중요한 문제로, 중요한 설명변수를 제외시키거나 불필요한 설명변수가 추가되는 경우 유사성 거리가 제대로 측정되지 못하게 된다. 회귀분석이나, 판별분석 등과는 달리 군집분석에는 의미없는 설명변수들을 제외시키는 기능이 없으므로 특히 설명변수의 선정에 유의하여야 한다. 즉, 군집분석에서는 선정된 설명변수들이 모두 동일한 비중으로 유사성 거리의 측정에 반영되므로, 잘못된 설명변수의 선정은 엉뚱한 결과를 도출하게 되는 직접적인 원인이 된다. 또한 군집분석은 다른 분석방법들과는 달리 최종결과에 대한 통계적 유의성 검정의 방법이 없으므로, 더욱 설명변수의 선정에 유의하여야 한다.

경우에 따라서는 요인분석(Factor Analysis)을 통하여 사전에 변수들 간의 중복부분을 제거한 순수요인(요인점수)들을 도출하여 군집분석의 설명변수로 사용하기도 한다.

[그림 16-1] 군집분석 절차

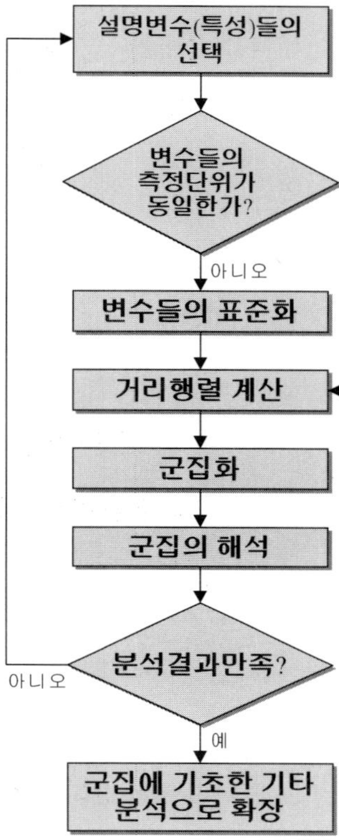

16.4 유사성 거리의 측정방법

각 객체들이 가지고 있는 여러 특성들을 종합하여, 각 객체간의 유사성거리를 측정하게 되는데, 두 객체간의 속성이 유사할수록 유사성거리는 가깝게, 두 객체간의 속성이 상이할수록 유사성거리는 멀게 측정되어야 한다. 이와 같은 유사성 거리의 측정방법에는 다음과 같은 것들이 있다.

① 유클리드 거리(Euclidean distances)

- 변수값 차이를 제곱하여 합산한 거리로 다차원공간에서 직선최단거리를 말한다. 가장 일반적으로 사용되는 측정방법이다.

$$Distance(O_1, O_2) = \sqrt{\sum_{j=1}^{n} (X_{1j} - X_{2j})^2}$$

단, O_i = i번째 객체

X_{ij} = i번째 객체의 j번째 변수의 값

② 유클리드 제곱거리(squared Euclidean distances)

- 유클리드 거리를 제곱한 거리이다. SPSS에서 디폴트로 사용되는 방법이다.

$$Distance(O_1, O_2) = \sum_{j=1}^{n} (X_{1j} - X_{2j})^2$$

③ 도시-블록, 맨해튼 거리(City-Block distances, Manhattan distances)

- 변수값 차이의 절대값을 합한 거리

$$Distance(O_1, O_2) = \sum_{j=1}^{n} |X_{1j} - X_{2j}|$$

④ 코사인 거리(Cosine distance)

- 변수값의 코사인 벡터로 환산한 거리

$$Similarity(O_1, O_2) = \frac{\sum_{j=1}^{n} (X_{1j} - X_{2j})}{\sqrt{\sum_{j=1}^{n} (X_{1j})^2 \sum_{j=1}^{n} (X_{2j})^2}}$$

⑤ 체비셰프 거리(Chebychev distance)

- 변수값 차이의 절대값 중 가장 큰 값을 환산한 거리

$$Distance(O_1, O_2) = \max_j |X_{1j} - X_{2j}|$$

⑥ 민코우스키 거리(Minkowski distance)

- 변수값 차이의 p 제곱합의 1/r 누승근으로 환산한 거리

$$Distance(O_1, O_2) = \left(\sum_{j=1}^{n} |X_{1j} - X_{2j}|^p \right)^{1/r}$$

유사성거리의 측정시 주의해야 할 점은 변수값들을 표준화(standardized)하여야 한다는 점이다. 만약 변수값을 표준화하지 않는다면 변수값의 단위에 따라 상이한 결과를 초래할 수 있기 때문이다. 예를 들어 자동차의 배기량과 가격을 기준으로 자동차를 군집화할 때 배기량은 1000 - 2000 CC 정도의 편차가 있을 수 있지만, 가격은 1,000,000원 이상의 편차가 있을 수 있다. 그러므로 배기량에서는 1000이란 차이가 매우 큰 차이이지만, 가격에 있어서 1000이란 차이는 매우 적은 차이이므로 유사성 거리의 측정에 있어서 배기량의 차이가 거의 무시되며 가격의 차이가 객체간의 거리를 완전히 좌우하게 될 것이다. 따라서 선정된 설명변수들의 단위가 서로 다를 경우에는 표준화를 통하여 설명변수들의 중요도를 동일하게 하여야만 한다.

16.5 군집의 유형

군집의 유형은 대체로 다음과 같이 나누어 생각할 수 있다.

① 상호배반적(disjoint) 군집

각 객체들이 상호배반적인 여러 군집 중에서 어느 한 군집에만 속하는 경우로, 군집이 구형(spherical)을 이루고 있으므로 대부분의 군집화 방법들이 만족할 만한 결과를 유도하게 된다.

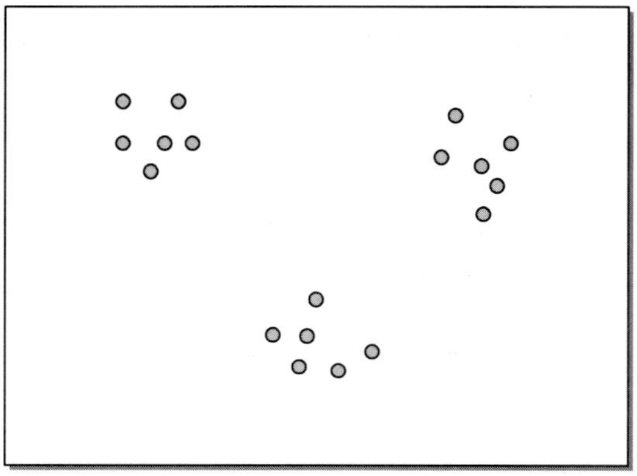

② 계층적(hierarchical) 군집

한 군집이 다른 군집의 내부에 포함되나 군집간의 중복이 허용되지 않고 가계보 또는 나무모양의 형태를 가지고 있는 경우로, 객체 A는 객체 C와 같은 군집에 속한다고 보아야 하나, 객체 B와 더 가깝다고 판정되기 쉽다. 따라서 이 같이 군집의 모양이 긴 경우에는 군집의 기준으로서 단순히 객체들 사이의 단순거리만을 사용하면 잘못된 결과를 얻기가 쉽다.

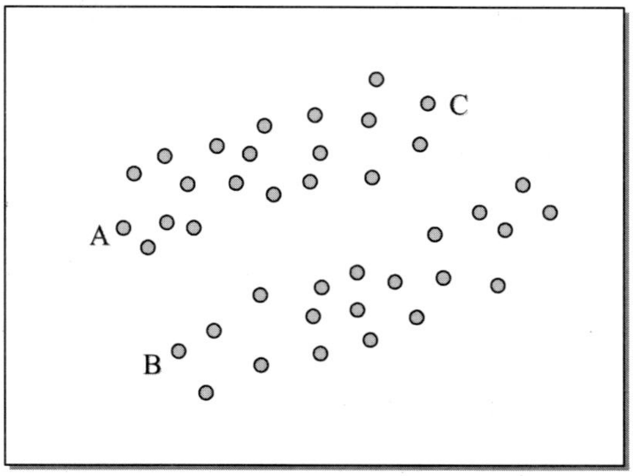

③ 중복(overlapping) 군집

두 개 이상의 군집에 한 객체가 동시에 소속되는 경우로, 객체 A와 객체 B가 두 군집 사이에 '고리'역할을 하여 군집화 방법에 따라서 상이한 군집으로 판정될 수 있다.

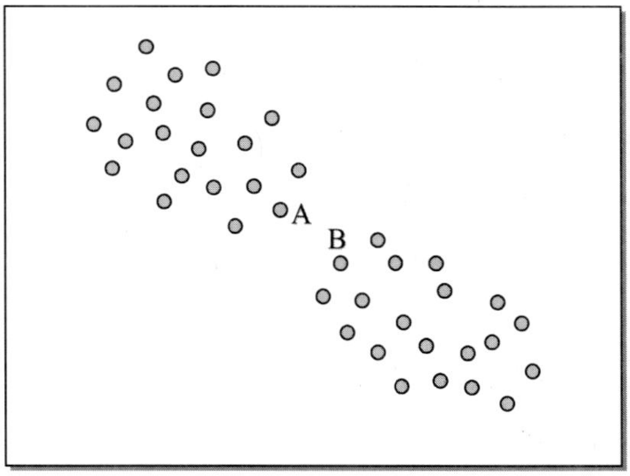

16.6 군집화 방법

객체들을 군집화하는 방법에는 다음과 같은 것들이 있는데, 모든 방법들이 같은 군집내의 유사성 거리는 되도록 가깝게 하고 군집간의 유사성 거리는 되도록 멀게 한다는 기본원리에 입각한 것이다.

① 최단연결법(Single Linkage Method, Nearest Neighbor Method)

- 기존의 군집에 속해 있는 객체들 중에서 어느 한 객체와 가장 가까운 객체부터 군집에 포함시키는 방법이다. SPSS 군집방법 대화상자에서 "Nearest Neighbor(가장 가까운 항목)"을 지정한다.

이제 예를 들어 최단연결법을 설명하겠다. 5개의 객체들 간의 유사성거리가 다음과 같은 거리행렬로 주어졌다고 하였을 때,

$$D = \begin{array}{c} \\ 1 \\ 2 \\ 3 \\ 4 \\ 5 \end{array} \begin{array}{c} \begin{array}{ccccc} 1 & 2 & 3 & 4 & 5 \end{array} \\ \begin{bmatrix} 0 & 7 & 1 & 9 & 8 \\ 7 & 0 & 6 & 3 & 5 \\ 1 & 6 & 0 & 8 & 7 \\ 9 & 3 & 8 & 0 & 4 \\ 8 & 5 & 7 & 4 & 0 \end{bmatrix} \end{array}$$

첫 단계로 $d_{13}=1$이 최소거리이므로 객체 1과 객체 3을 묶어 군집 (1,3)을 만든다. 다음으로 군집 (1,3)과 나머지 객체들 2, 4, 5와의 거리는

$$d\{(2)(1,3)\} = \min\{d_{21},\ d_{23}\} = d_{23} = 6$$

$$d\{(4)(1,3)\} = \min\{d_{41},\ d_{43}\} = d_{43} = 8$$

$$d\{(5)(1,3)\} = \min\{d_{51},\ d_{53}\} = d_{53} = 7$$

이므로, 다음과 같은 거리행렬 D_1을 얻는다.

$$D_1 = \begin{array}{c} \\ (1,3) \\ 2 \\ 4 \\ 5 \end{array}\begin{array}{c} \begin{array}{cccc} (1,3) & 2 & 4 & 5 \end{array} \\ \begin{bmatrix} 0 & 6 & 8 & 7 \\ 6 & 0 & 3 & 5 \\ 8 & 3 & 0 & 4 \\ 7 & 5 & 4 & 0 \end{bmatrix} \end{array}$$

두 번째 단계로서 d_{24}=3이 최소거리가 되므로 객체 2와 객체 4를 묶어 군집 (2,4)을 만든다. 그러면

$$d\{(1,3)(2,4)\} = \min[d\{(2)(1,3)\},\ d\{(4)(1,3)\}] = d\{(2)(1,3)\} = 6$$

$$d\{(5)(2,4)\} = \min\{d_{52},\ d_{54}\} = d_{54} = 4$$

이므로 다음 거리행렬 D_2를 얻는다.

$$D_2 = \begin{array}{c} \\ (1,3) \\ (2,4) \\ 5 \end{array}\begin{array}{c} \begin{array}{ccc} (1,3) & (2,4) & 5 \end{array} \\ \begin{bmatrix} 0 & 6 & 7 \\ 6 & 0 & 4 \\ 7 & 4 & 0 \end{bmatrix} \end{array}$$

세 번째 단계로서 $d\{(2,4)(5)\}$=4가 최소거리가 되므로 군집 (2,4)와 객체 5를 묶어 군집 (2,4,5)를 이루고 최종적으로 전체가 한 군집을 이루게 된다.

이와 같은 군집과정을 덴드로그램(dendrogram)으로 나타내면 다음과 같다.

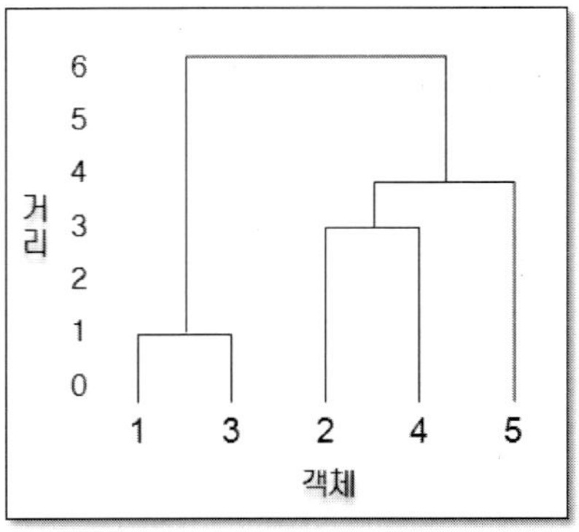

최단연결법은 수리적인 면이 우수하고, 컴퓨터 처리시간이 다른 방법들에 비하여 적게 걸리며, 순서 데이터를 군집화할 때 좋은 결과가 도출되나, 이른바 '고리'현상의 객체들의 군집화할 때에는 매우 불리하다.

② 최장연결법(Complete Linkage Method, Furthest Neighbor Method)

기존의 군집에 포함되어 있는 모든 객체에 대하여 일정거리 이내에 들어와야만 동일한 군집에 포함시키는 방법이다. 또한 군집간의 거리는 각 군집에 속해 있는 객체 간에 가장 먼 거리로 산정된다. 따라서 새로운 객체를 포함시킬 때도 가장 먼 거리에 있는 객체와 비교하여 그 거리가 가장 가까운 군집에 포함시킨다. SPSS 군집방법 대화상자에서 "Furthest Neighbor(가장 먼 항목)"을 지정한다.

최단연결법의 설명에서 사용한 거리행렬을 가지고 최장연결법을 설명하겠다. 즉, 5개의 객체들 간의 유사성거리가 다음과 같은 거리행렬로 주어졌다고 하였을 때,

$$D = \begin{array}{c} \\ 1 \\ 2 \\ 3 \\ 4 \\ 5 \end{array} \begin{array}{c} \begin{array}{ccccc} 1 & 2 & 3 & 4 & 5 \end{array} \\ \begin{bmatrix} 0 & 7 & 1 & 9 & 8 \\ 7 & 0 & 6 & 3 & 5 \\ 1 & 6 & 0 & 8 & 7 \\ 9 & 3 & 8 & 0 & 4 \\ 8 & 5 & 7 & 4 & 0 \end{bmatrix} \end{array}$$

첫 단계로 최단연결법과 동일하다. 즉, d_{13}=1이 최소거리이므로 객체 1과 객체 3을 묶어 군집 (1,3)을 만든다. 다음으로 군집 (1,3)과 나머지 객체들 2,4,5와의 거리는

$$d\{(2)(1,3)\} = \max\{d_{21},\ d_{23}\} = d_{21} = 7$$

$$d\{(4)(1,3)\} = \max\{d_{41},\ d_{43}\} = d_{41} = 9$$

$$d\{(5)(1,3)\} = \max\{d_{51},\ d_{53}\} = d_{51} = 8$$

이므로, 다음과 같은 거리행렬 D_1 을 얻는다.

$$D_1 = \begin{array}{c} \\ (1,3) \\ 2 \\ 4 \\ 5 \end{array} \begin{array}{c} \begin{array}{cccc} (1,3) & 2 & 4 & 5 \end{array} \\ \begin{bmatrix} 0 & 7 & 9 & 8 \\ 7 & 0 & 3 & 5 \\ 9 & 3 & 0 & 4 \\ 8 & 5 & 4 & 0 \end{bmatrix} \end{array}$$

두 번째 단계로서 d_{24}=3이 최소거리가 되므로 객체 2와 객체 4를 묶어 군집 (2,4)를 만든다. 그러면

$$d\{(1,3)(2,4)\} = \max[\{d(2)(1,3)\},\ d\{(4)(1,3)\}] = d\{(4)(1,3)\} = 9$$

$$d\{(5)(2,4)\} = \max\{d_{52},\ d_{54}\} = d_{52} = 5$$

이므로 다음 거리행렬 D_2를 얻는다

$$D_2 = \begin{matrix} & (1,3) & (2,4) & 5 \\ (1,3) & 0 & 9 & 8 \\ (2,4) & 9 & 0 & 5 \\ 5 & 8 & 5 & 0 \end{matrix}$$

세 번째 단계로서 $d\{(2,4)(5)\}$=5가 최소거리가 되므로 군집 (2,4)와 객체 5를 묶어 군집 (2,4,5)를 이루고 최종적으로 전체가 한 군집을 이루게 된다. 이와 같은 군집과정을 덴드로그램(dendrogram)으로 나타내면 다음과 같다.

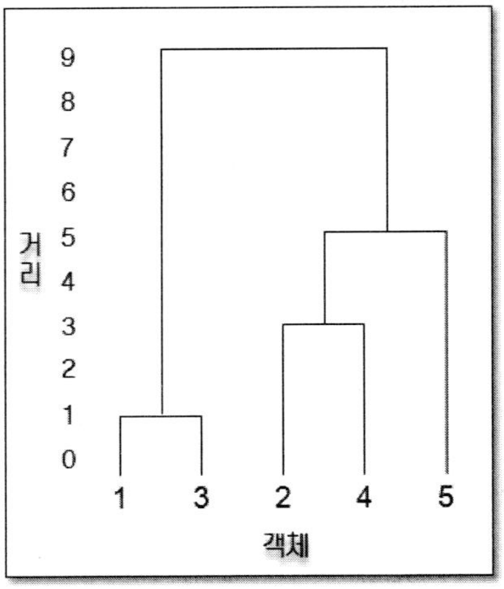

최장연결법은 앞서 소개한 최단연결법과 상호 보완적인 관계가 있다. 즉, 최단연결법이 고립(isolated)되어 있는 군집을 찾는데 치중하고 있다면, 최장연결법은 군집들 간의 내부적 응집성(internal cohesion)에 중점을 두고 있다고 하겠다. 따라서 두 방법의 장단점을 모두 고려한 군집화 방법으로 중심연결법, 중위수연결법, 평균연결법 등이 제안되어 있다.

③ 중심연결법(Centroid Linkage Method)

- 군집간의 거리는 각 군집의 중심들 사이의 '거리'를 사용한다. 따라서

새로운 객체를 포함시킬 때도 군집의 중심과의 거리가 가장 가까운 군집에 객체를 포함시킨다. SPSS 군집방법 대화상자에서 "Centroid clustering(중심점 군집화)"를 지정한다.

중심연결법은 반드시 유클리드 제곱거리로 측정한 유사성거리를 사용하여야 한다. 또한 중심연결법은 이상값(outlier)의 영향을 적게 받으므로 특이한 객체들이 포함되어 있는 경우의 군집화에 매우 효과적이다.

④ 중위수연결법(Median Linkage Method)

- 앞의 중심연결법은 새로운 군집의 중심은 군집의 크기에 따른 가중평균값(weighted mean)을 사용한다. 이러한 군집화 방법은 군집의 크기가 매우 상이한 경우에는 크기가 작은 군집이 크기가 큰 군집에 포함되는 단점이 생긴다. 그러므로 중위수 연결법에서는 이러한 단점을 극복하기 위하여 군집의 크기에 관계없이 일정한 중심을 갖도록 하였다. SPSS 군집방법 대화상자에서 "Median clustering(중위수 군집화)"를 지정한다.

중위수연결법은 앞의 중심연결법과 마찬가지로 반드시 유클리드 제곱거리로 측정한 유사성거리를 사용하여야 한다.

⑤ 군집간 평균연결법(Between Average Linkage Method)

- 군집간의 거리는 각 군집에 속해 있는 객체와의 평균거리로 산정된다. 따라서 새로운 객체가 기존의 군집에 포함될 때 기존의 군집 내에 있는 모든 객체와의 평균거리가 가장 가까운 군집에 포함시키는 방법으로 SPSS에서 디폴트로 사용하는 방법이다. SPSS 군집방법 대화상자에서 "Between-groups linkage(집단-간 연결)"을 지정한다.

⑥ 군집내 평균연결법(Within Average Linkage Method)

- 앞의 군집간 평균연결법과 유사하나, 새로운 객체를 기존의 군집에 포함시킬 때 새로운 객체를 포함한 모든 객체간의 평균거리가 최소가 되는 군집에 포함시키는 방법이다. 즉, 군집내의 객체들의 응집에 더 중점을 두는 군집화 방법이다. SPSS 군집방법 대화상자에서 “Within-groups linkage(집단-내 연결)”을 지정한다.

⑦ 왈드 군집법(Ward's Method)

- 중심연결법과 유사한 방법으로 군집중심(centroid)간의 거리에 가중치를 부여하여 군집간의 거리를 계산한다는 점이 다르다. SPSS 군집방법 대화상자에서 “Ward's method(Ward의 방법)”을 지정한다.

왈드 군집법은 앞의 중심연결법, 중위수연결법과 마찬가지로 반드시 유클리드 제곱거리로 측정한 유사성거리를 사용하여야 한다.

16.7 승용차 사양의 군집화

이제 출시된 19종의 승용차의 사양을 조사한 데이터를 가지고 군집분석을 수행하여 보겠다. 본 데이터는 19종의 승용차에 대해 8가지 사양 즉, 배기량, 중량, 리터당 주행거리, 가격, 실내길이, 실내폭, 실내고, 최고속도 등을 측정하여 ‘**승용차사양**.sav’라는 파일로 저장하였으며, 이 사양 변수들을 기준으로 19종의 승용차를 군집화하고자 한다.

군집분석을 수행하기 위해 다음과 같이 주메뉴에서

분석 >
  분류분석 >
   계층적 군집분석...

을 선택하면 군집분석 대화상자가 열리는데, ‘**변수:**’ 항목에 8개의 연속형 변수들을 선택하고, '케이스 설명 기준변수:'에 차종을 지정하고 [확인] 단추를 클릭하면 군집분석이 수행된다.

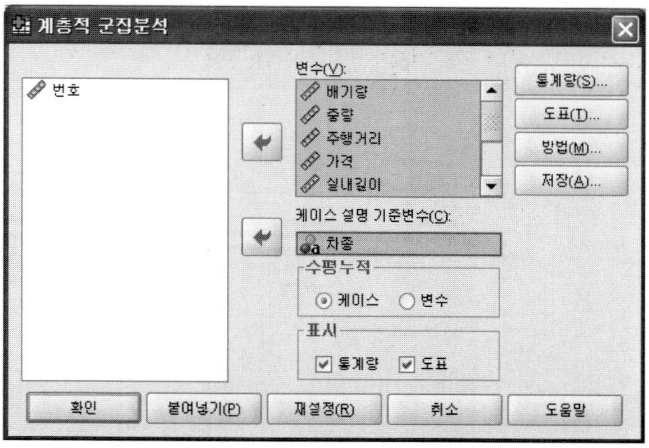

거리행렬을 구하려면 군집분석 주대화상자에서 [통계량(S)...] 단추를 클릭하면 아래와 같은 통계량 부대화상자가 열리는데, '근접행렬(Proximity matrix)' 항목을 선택하면 된다.

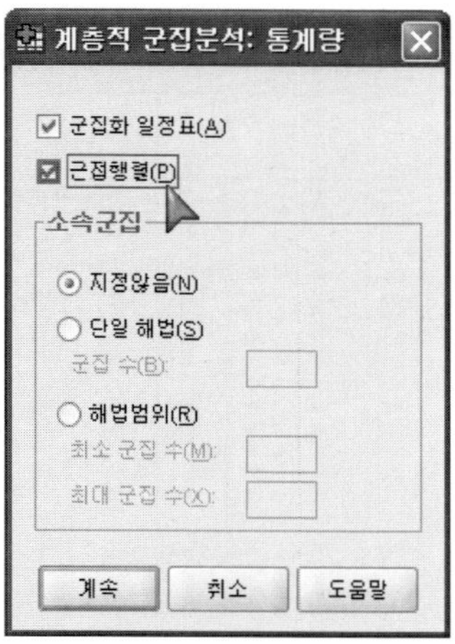

각 승용차의 8개 사양 변수들은 설명변수들이 각기 다른 측정단위를 가지고 있으므로 동일한 중요도를 갖게 하기 위하여 표준화해야 한다. 각 변수들에 대해 표준화를 지정하기 위하여 주대화상자에서 [방법(M)...] 단추를

눌러 다음과 같은 대화상자에서 'Z 점수'를 지정한다. 반드시 변수를 기준으로 표준화해야 한다. 그리고 군집방법의 **'집단-간 연결(between-groups linkage)'**은 평균연결법(average linkage method)을 의미한다.

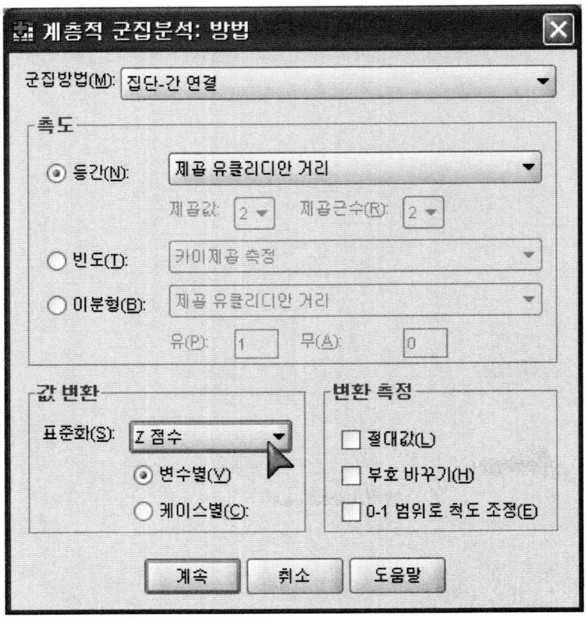

근접행렬

케이스	1: 액센트 1.5 DOHC	2: 아반떼 1.5 GLS	3: 쏘나타 III 2.0 GOLD	4: 티뷰론 2.0 TGX	5: 그랜저 V6 3000	6: 다이너스티V6 3500	7: 티코 SE	8: 누비라 1.5 DOHC	9: 라노스 1.5 DOHC	10: 레간자 2.0 DOHC	11: 뉴프린스1.8 DOHC	12: 뉴브로엄2200 DOHC	13: 아카디아 로얄 3.2	14: 프레이드 웨곤	15: 세피아 레오1.5 DOHC	16: 크레도스2.0 EXCESS	17: 포텐샤 V6 3000	18: 엔터프라이즈 3.6 CEO	19: 무쏘 602
	제곱 유클리디안 거리																		
1:액센트 1.5 DOHC	.000	1.801	9.309	4.704	21.445	31.050	26.359	1.440	.397	7.199	4.368	6.499	25.970	1.447	.780	9.993	16.213	39.537	23.834
2:아반떼1.5 GLS	1.801	.000	4.995	5.513	15.119	25.488	30.721	.915	1.246	5.254	1.578	4.531	20.347	3.995	1.782	5.867	11.002	33.808	23.899
3:쏘나타 III 2.0 GOLD	9.309	4.995	.000	5.643	4.696	10.779	54.895	4.105	7.359	1.664	1.725	1.814	8.111	15.612	7.657	.671	3.792	15.127	19.948
4:티뷰론2.0 TGX	4.704	5.513	5.643	.000	13.627	18.196	37.750	4.022	4.255	3.466	3.757	2.672	14.301	10.510	3.310	6.152	10.641	23.272	27.124
5:그랜저 V6 3000	21.445	15.119	4.696	13.627	.000	2.405	76.016	14.327	19.045	7.207	8.828	5.211	2.257	29.797	19.181	5.856	.698	6.494	17.886
6:다이너스티V6 3500	31.050	25.488	10.779	18.196	2.405	.000	91.902	23.625	28.611	11.628	16.470	9.497	.932	41.283	28.614	11.059	3.774	1.529	23.091
7:티 코 SE	26.359	30.721	54.895	37.750	76.016	91.902	.000	34.187	26.339	51.179	38.877	47.187	80.228	20.428	25.021	54.013	66.105	1.069E2	75.855
8:누비라1.5 DOHC	1.440	.915	4.105	4.022	14.327	23.625	34.187	.000	.732	4.030	1.672	3.678	19.379	4.341	1.034	4.950	10.867	30.971	19.482
9:라노스1.5 DOHC	.397	1.246	7.359	4.255	19.045	28.611	26.339	.732	.000	5.792	2.825	5.380	23.688	1.925	.337	7.629	14.504	36.556	21.867
10:레간자2.0 DOHC	7.199	5.254	1.664	3.466	7.207	11.628	51.179	4.030	5.792	.000	1.631	1.134	9.251	12.675	6.467	1.129	5.477	15.023	18.687
11:뉴프린스1.8 DOHC	4.368	1.578	1.725	3.757	8.828	16.470	38.877	1.672	2.825	1.631	.000	1.628	12.742	8.230	3.228	1.812	6.343	22.450	20.010
12:뉴브로엄2200 DOHC	6.499	4.531	1.814	2.672	5.211	9.497	47.187	3.678	5.380	1.134	1.628	.000	6.794	12.073	5.460	2.153	3.146	14.584	17.785
13:아카디아 로얄 3.2	25.970	20.347	8.111	14.301	2.257	.932	80.228	19.379	23.688	9.251	12.742	6.794	.000	35.303	23.638	8.181	2.631	3.091	25.695
14:프라이드 웨곤	1.447	3.995	15.612	10.510	29.797	41.283	20.428	4.341	1.925	12.675	8.230	12.073	35.303	.000	3.035	15.489	23.207	51.143	25.998
15:세피아 레오1.5 DOHC	.780	1.782	7.657	3.310	19.181	28.614	25.021	1.034	.337	6.467	3.228	5.460	23.638	3.035	.000	8.407	14.906	36.819	23.731
16:크레도스2.0 EXCESS	9.993	5.867	.671	6.152	5.856	11.059	54.013	4.950	7.629	1.129	1.812	2.153	8.181	15.489	8.407	.000	4.791	14.270	19.946
17:포텐샤 V6 3000	16.213	11.002	3.792	10.641	.698	3.774	66.105	10.867	14.504	5.477	6.343	3.146	2.631	23.207	14.906	4.791	.000	8.823	17.056
18:엔터프라이즈 3.6 CEO	39.537	33.808	15.127	23.272	6.494	1.529	1.069E2	30.971	36.556	15.023	22.450	14.584	3.091	51.143	36.819	14.270	8.823	.000	29.721
19:무 쏘 602	23.834	23.899	19.948	27.124	17.886	23.091	75.855	19.482	21.867	18.687	20.010	17.785	25.695	25.998	23.731	19.946	17.056	29.721	.000

이것은 상이성 행렬입니다.

여기에서 승용차들 간의 거리에 있어서 "세피아 레오1.5 DOHC"와 "라노스 1.5 DOHC"간의 거리가 '0.337'로 가장 짧고, "엔터프라이즈 3.6 CEO"와 "티

코 SE" 간의 거리가 '106.871'로 가장 멀다. 이는 8가지 사양변수들의 값을 일일이 비교해 보면 거리가 가까운 차종은 사양 변수값들 간의 서로 차이가 거의 없는 것을 알 수 있으며, 거리가 먼 차종 간에는 변수값들 간의 차이가 매우 큰 것을 알 수 있다.

<표 16-3> 4가지 맥주의 특성비교

차 종	배기량	중량	주행거리	가격	실내길이	실내폭	실내고	최고속도
라노스1.5 DOHC	1,498	1,035	15.5	680	1,810	1,380	1,160	180
세피아 레오1.5 DOHC	1,498	1,085	16.0	726	1,790	1,395	1,120	180
티코SE	796	620	30.2	412	1,730	1,215	955	143
엔터프라이즈 3.6 CEO	3,605	1,750	8.1	4,150	1,990	1,510	1,170	230

일단 거리행렬이 계산되었으면, 다음단계는 군집의 형성하는 과정이다. 다음의 결과는 평균연결법(average linkage method)으로 형성된 군집분석의 결과이다. 이러한 도표를 수직고드름 도표(vertical icicle plot)라 하는데, 이는 처마에 매달린 고드름의 모양과 유사하기 때문이다.

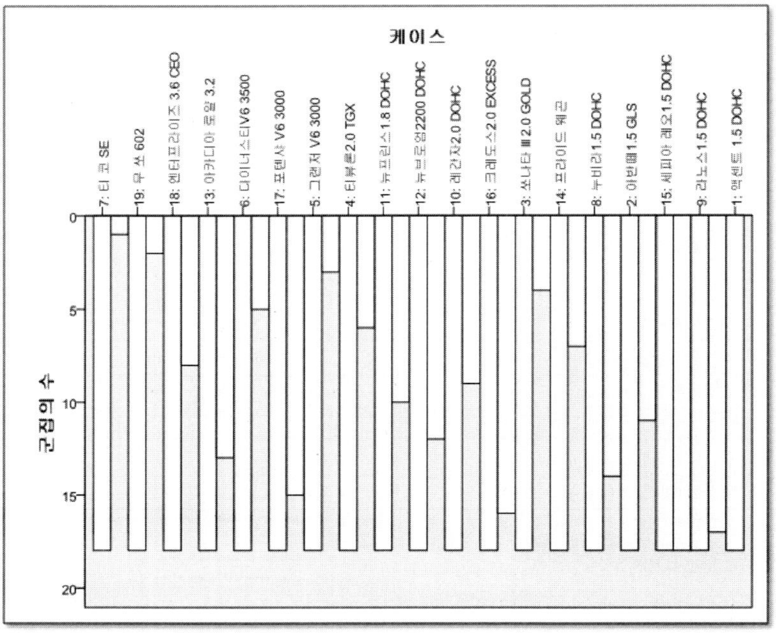

도표상의 상단에는 19종의 승용차 이름이 출력되었고, 이러한 맥주들의 일련번호가 출력되었다. 즉, 첫 번째 열에 "티코 SE"가 출력되었고, 맨 마지막 열에는 "아반떼1.5 GLS"가 출력되었다.

전체 19종의 승용차가 최종적으로 1개의 군집으로 형성되는 과정은 도표상의 최하단에서부터 시작된다. 즉, 전체 19종의 승용차 중에서 가장 거리가 가까운 '15:세피아 레오1.5 DOHC'와 '9:라노스1.5 DOHC'가 하나의 군집이 되면서 총 18개로 축소된 결과가 도표상의 최하단 '18'라고 표시된 줄에 표시된다. 다음 단계에는 '1:액센트 1.5 DOHC'가 앞에서 이미 군집으로 묶여진 군집과 하나의 군집이 되면서 총 17개로 축소된 결과가 '17'이라고 표시된 줄에 표시된다. 동일한 요령으로 군집의 형성이 반복되어 '1'이라고 표시된 줄에는 1개의 군집만이 존재하게 된다.

객체의 수가 많아서 모든 객체들을 가로로 전부 나열하기가 곤란한 경우에는 다음과 같이 수평고드름 도표(horizontal icicle plot)를 출력시킬 수 있다. 수직고드름 도표는 디폴트로서 출력되며 수평고드름 도표를 출력하기 위해서는 주대화상자에서 [도표(T)...] 단추를 클릭하고 '**출력방향**'을 '수평'으로 지정한다.

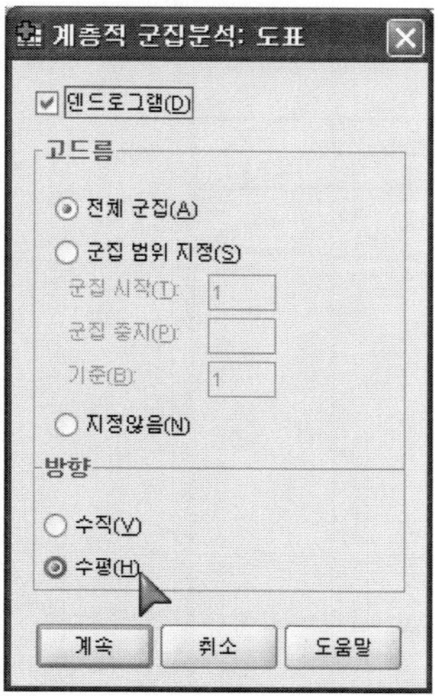

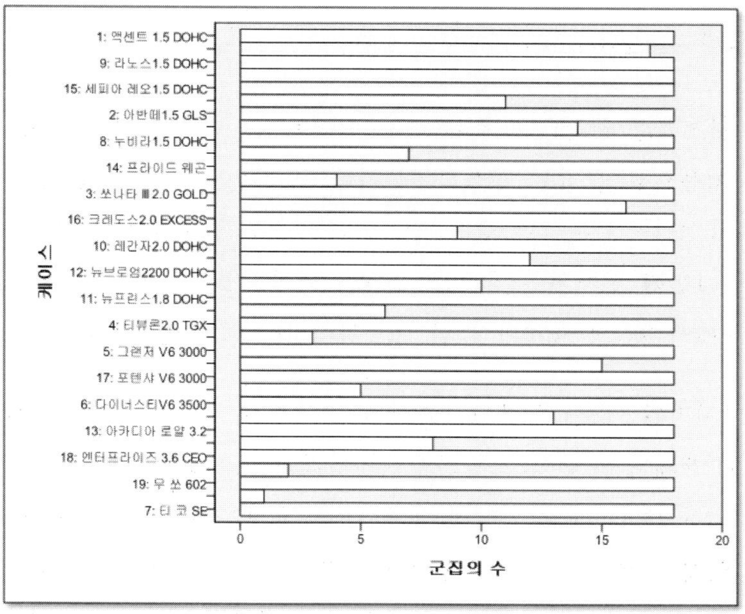

군집화 과정의 각 단계별 설명을 원한다면, 다음과 같은 군집화 일정표(agglomeration schedule)를 출력할 수 있다. 도표상에서 첫 번째 단계에서는

9번 승용차와 15번 승용차가 하나의 군집을 형성함을 알 수 있으며, 이 단계에서 두 군집간의 상이성 거리인 0.337이 “계수”토 표시된 열에 표시된다. 첫 번째 단계에서 “계수”는 실제로 9번 승용차와 15번 승용차의 유사성 거리와 같다.

군집화 일정표

단계	결합 군집		계수	처음 나타나는 군집의 단계		다음 단계
	군집 1	군집 2		군집 1	군집 2	
1	9	15	.337	0	0	2
2	1	9	.589	0	1	8
3	3	16	.671	0	0	10
4	5	17	.698	0	0	14
5	2	8	.915	0	0	8
6	6	13	.932	0	0	11
7	10	12	1.134	0	0	9
8	1	2	1.339	2	5	12
9	10	11	1.629	7	0	10
10	3	10	1.716	3	9	13
11	6	18	2.310	6	0	14
12	1	14	2.948	8	0	15
13	3	4	4.338	10	0	15
14	5	6	4.397	4	11	16
15	1	3	6.517	12	13	16
16	1	5	18.113	15	14	17
17	1	19	22.103	16	0	18
18	1	7	52.441	17	0	0

“최초출현 군집단계”로 표시된 열에는 각 단계의 객체가 몇 번째 단계에서 처음으로 군집을 형성하였는지를 표시하여 준다. 즉, 2번째 단계의 군집2의 숫자 ‘1’은 1번 승용차가 9번 승용차와 군집을 형성하는데 9번 승용차는 1번째 단계와 처음으로 군집을 형성하였음을 알려 준다. 실제로 1번째 단계에서 9번 승용차와 15번 승용차가 최초로 군집을 이루었다.

마지막의 “다음 단계”로 표시된 열에서는 각 단계에서 형성된 군집에 새로운 객체나 군집이 포함되게 될 단계를 표시하고 있다. 즉, 2번째 단계에서 숫자 ‘8’은 새로 형성된 군집 (1번 및 9번(1단계에서 9번과 15번 승용차가 앞에서 군집을 지정한 것임을 상기할 것))에 새로운 객체나 군집의 추가가 8번째 단계에서 이루어 질 것임을 표현한다. 실제로 8번째 단계에서 1번과 2번 군집을 형성하고 있으나 이는 각각 1단계(9번과 15번)와 2단계(1번과 9번)에서 이미 형성된 군집과 연결2단, 또한 12단계를 보면 8단계(1번과

2번)에서 형성된 군집과 연결되어 있음을 알 수 있다. 이와 같이 말로 설명하였으나 이해하기가 쉽지 않을 것이다. 결국 이러한 결과를 쉽게 표현한 그림으로 고드름 도표나 덴드로그램을 사용하므로 이 결과를 이해하지 않아도 크게 걱정할 일은 아니다.

앞에서 출력된 고드름 도표에서는 제공되지 않은 상이성 거리계수가 군집화 일정표에는 출력되는데, 이러한 계수들은 각 단계에서 얼마나 상이한 군집이 형성되었는지를 판단할 수 있으며, 군집의 수를 몇 개로 결정하여야 하는지에 대한 유익한 정보를 주고 있다. 즉, 각 단계의 계수가 클수록 상이한 두 개의 군집이 합쳐짐을 말하며, 계수가 작을수록 유사한 두 군집이 합쳐짐을 의미한다. 따라서 이러한 계수가 갑자기 큰 폭으로 증가하기 전 단계에서 군집의 형성을 종료하면 결과적으로 군집의 수를 몇 개로 하여야 할 것인가를 판단할 수 있다. 승용차의 군집화의 경우에는 15번째 단계와 16번째 단계에서 계수가 최초로 가장 크게 증가하므로 군집의 개수는 5개로 하는 것이 적절할 것이다. 이는 덴드로그램을 보면 더욱 쉽게 이해할 수 있다.

군집화 결과를 도식적으로 표현하는 또 다른 방법이 덴드로그램(Dendrogram)이다. 도표상의 상단에는 군집화 일정표의 계수가 0에서 25사이의 숫자로 재 측정되어 출력되었으며, 수평축인 "Rescaled Distance Cluster Combine"의 수치가 적은 지점에서부터 세로축의 맥주들이 나무구조(tree structure)로 군집화되는 결과가 출력되었다.

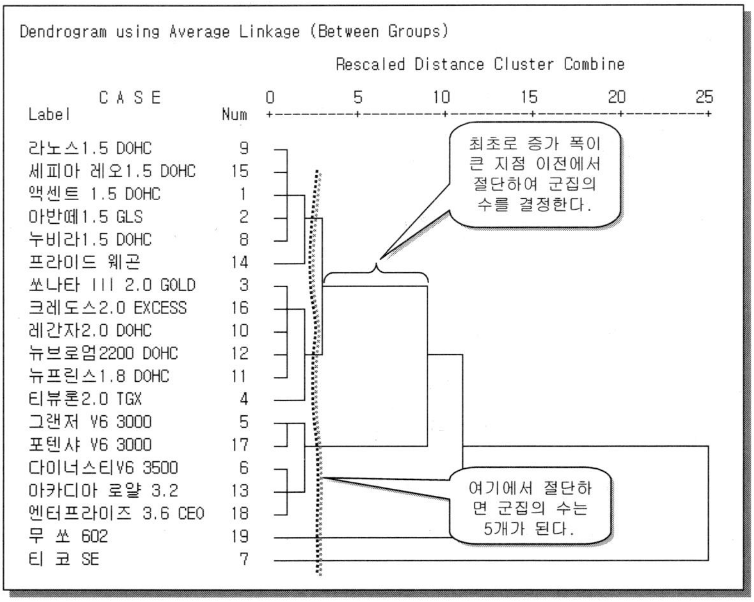

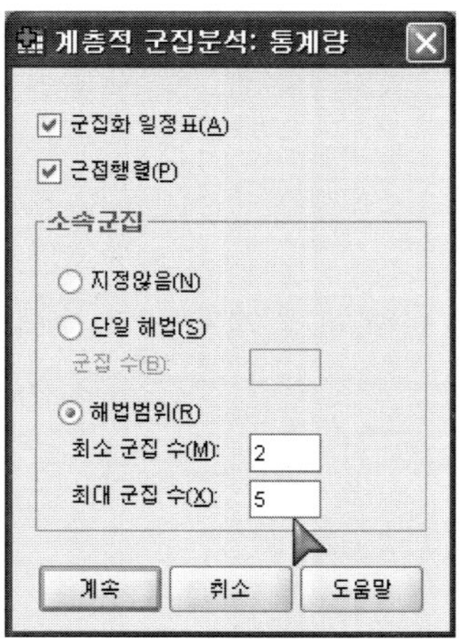

군집의 수가 증가함에 따라, 각 승용차가 어떠한 군집에 포함될 것인가를 명확히 알고자 한다면, 다음과 같이 군집의 수에 따른 군집번호를 출력할 수 있다.

소속군집				
케이스	5 군집	4 군집	3 군집	2 군집
1:액센트 1.5 DOHC	1	1	1	1
2:아반떼1.5 GLS	1	1	1	1
3:쏘나타 III 2.0 GOLD	2	1	1	1
4:티뷰론2.0 TGX	2	1	1	1
5:그랜저 V6 3000	3	2	1	1
6:다이너스티V6 3500	3	2	1	1
7:티 코 SE	4	3	2	2
8:누비라1.5 DOHC	1	1	1	1
9:라노스1.5 DOHC	1	1	1	1
10:레간자2.0 DOHC	2	1	1	1
11:뉴프린스1.8 DOHC	2	1	1	1
12:뉴브로엄2200 DOHC	2	1	1	1
13:아카디아 로얄 3.2	3	2	1	1
14:프라이드 웨곤	1	1	1	1
15:세피아 레오1.5 DOHC	1	1	1	1
16:크레도스2.0 EXCESS	2	1	1	1
17:포텐샤 V6 3000	3	2	1	1
18:엔터프라이즈 3.6 CEO	3	2	1	1
19:무 쏘 602	5	4	3	1

몇 개의 군집으로 전체 객체들을 분류한 후에 각 군집에 속하는 객체들의 특성을 살펴봄으로써 각 군집에 대한 의미를 부여할 수 있게 된다. 이제 5개의 군집을 변수로 저장해 보자. 계층적 군집분석 주대화상자에서 저장(A)... 단추를 클릭하여 다음과 같이 지정한다.

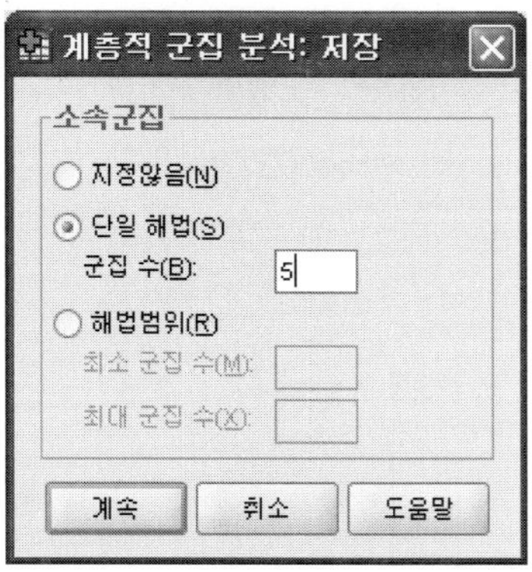

주대화상자에서 실행하면 다음과 같이 군집변수 'CLU5_1' 변수가 나타나고 이 변수의 이름을 '군집5'라고 입력하고 변수설명인 'Average Lin ~'라는 영문은 삭제한다.

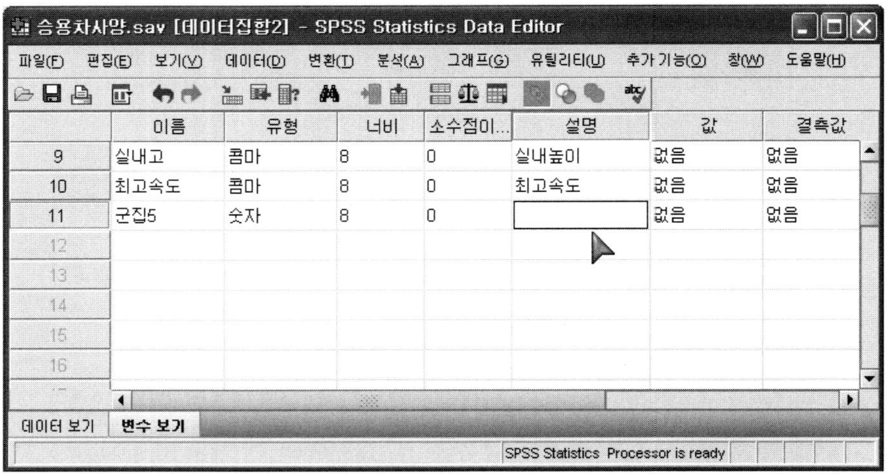

이제 각 군집이 어떠한 특성을 가지는지를 파악해야 한다. 이는 각 사양 변수들이 각 군집에 따라 어떻게 달라지는지를 파악하는 것과 같다. 그러므로 이러한 문제는 분산분석으로 파악할 수 있다. 그러나 군집4에는 '티코' 하나만 소속되어 있고 군집5에는 '무쏘' 하나만 소속되어 있으므로 이는 분산분석에서 관측값이 하나인 집단은 분석할 수 없다. 그러므로 이 두 군집을 제외하고 남은 3개의 군집간의 평균 차이를 분석하는 것이 바람직하다. 이렇게 하기 위하여 군집 '4'와 '5'를 결측값으로 선언하고 '군집5' 변수를 집단 변수로 하여 분산분석을 시도하면 된다. 실행은 다음 절차대로 진행한다.

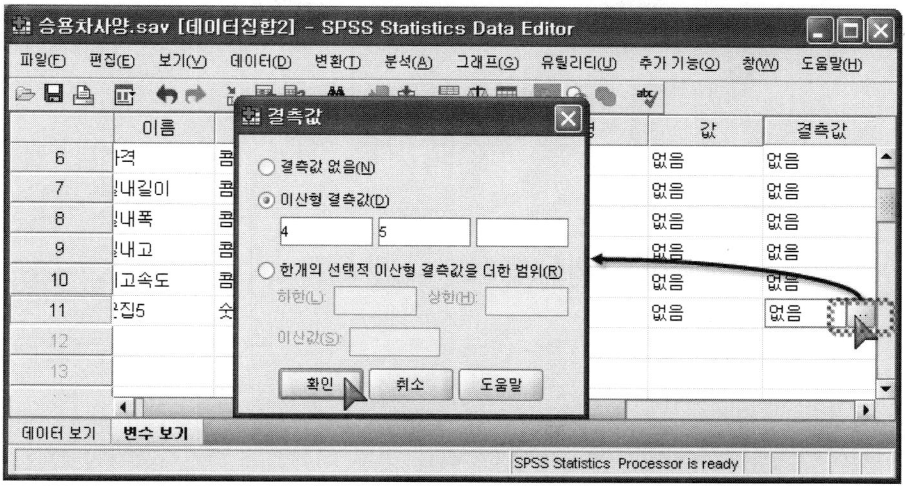

분석 > 평균 비교 > 집단별 평균분석...

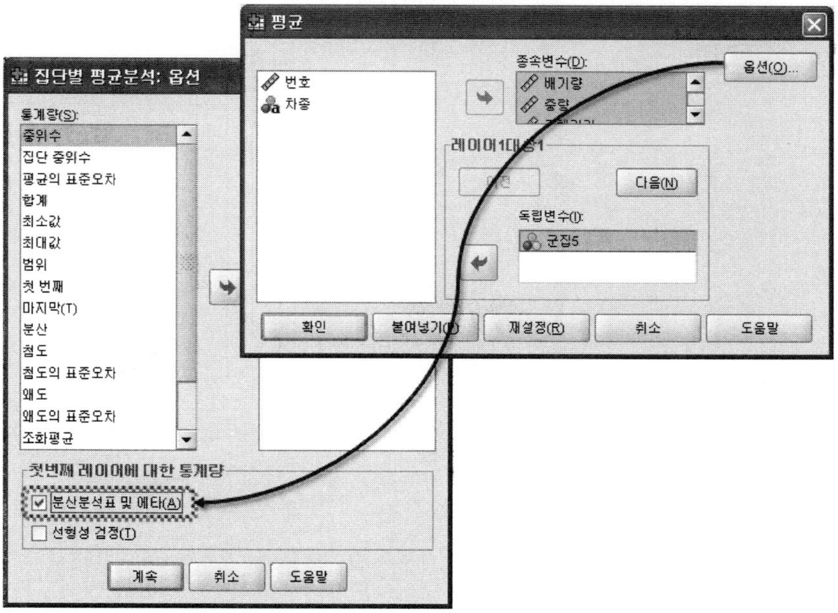

보고서									
군집5		엔진크기	무게(Kg)	리터당 주행거리	가격(만원)	실내길이	실내폭	실내높이	최고속도
1	평균	1,467.83	1,025.83	14.495	694.17	1,809.17	1,376.67	1,159.17	176.83
	N	6	6	6	6	6	6	6	6
	표준편차	70.969	95.834	1.6918	114.571	33.529	36.968	28.708	4.916
2	평균	1,994.17	1,296.67	12.133	1,538.83	1,896.17	1,433.00	1,138.67	196.67
	N	6	6	6	6	6	6	6	6
	표준편차	126.525	60.718	1.1944	375.042	53.424	29.631	41.020	8.116
3	평균	3,246.60	1,679.00	8.260	3,718.00	1,956.00	1,483.00	1,156.00	203.80
	N	5	5	5	5	5	5	5	5
	표준편차	297.203	107.494	.2302	624.556	21.909	22.249	20.433	18.019
합계	평균	2,176.76	1,313.53	11.828	1,881.65	1,883.06	1,427.82	1,151.00	191.76
	N	17	17	17	17	17	17	17	17
	표준편차	766.357	282.482	2.8345	1,331.257	71.679	52.612	31.267	15.722

분산분석표							
			제곱합	자유도	평균제곱	F	유의확률
엔진크기 * 군집5	집단-간	(조합)	8938292.192	2	4469146.096	136.449	.000
	집단-내		458544.867	14	32753.205		
	합계		9396837.059	16			
무게(Kg) * 군집5	집단-간	(조합)	1166164.069	2	583082.034	73.825	.000
	집단-내		110574.167	14	7898.155		
	합계		1276738.235	16			
리터당 주행거리 * 군집5	집단-간	(조합)	106.890	2	53.445	34.551	.000
	집단-내		21.656	14	1.547		
	합계		128.546	16			
가격(만원) * 군집5	집단-간	(조합)	2.603E7	2	1.301E7	78.219	.000
	집단-내		2329193.667	14	166370.976		
	합계		2.836E7	16			
실내길이 * 군집5	집단-간	(조합)	60393.275	2	30196.637	19.382	.000
	집단-내		21811.667	14	1557.976		
	합계		82204.941	16			
실내폭 * 군집5	집단-간	(조합)	31085.137	2	15542.569	16.480	.000
	집단-내		13203.333	14	943.095		
	합계		44288.471	16			
실내높이 * 군집5	집단-간	(조합)	1437.833	2	718.917	.709	.509
	집단-내		14204.167	14	1014.583		
	합계		15642.000	16			
최고속도 * 군집5	집단-간	(조합)	2206.092	2	1103.046	8.830	.003
	집단-내		1748.967	14	124.926		
	합계		3955.059	16			

앞의 결과를 보면 군집들 간의 차이는 실내높이를 제외한 나머지 사양변수들이 유의수준 0.05하에서 차이를 보이고 있다. 즉 실내높이는 차종 간의 차이를 인정할 수 없으나 다른 사양들은 군집 1, 2, 3 집단간의 차이를 인정하고 있으므로 이 들 변수에 대한 사후분석으로 다중비교를 실시해야 한다. 물론 여기에서는 등분산 검정을 실시하지 않았으나 차이를 보이는 변수들만 일원배치분산분석에서 분산의 동질성검정과 함께 다중비교 절차를 확인한다. 이에 대한 절차는 앞 절을 참조한다.

요인분석

17.1 요인분석이란?

만족도, 브랜드 이미지, 인지도, 창의성, 사랑과 같이 추상적인 개념을 가지는 변수들을 생각해 보자. 이러한 변수들은 매출액, 파괴강도, 혈압, 온도 등과 같은 변수들과는 달리 수치로 간단하게 표시할 수 없다. 그러나 이러한 변수들은 추상적인 개념에 부합되는 여러 변수집단으로 반응을 측정하고 이러한 변인들을 통합함으로써 간접적으로 측정할 수 있다. 예를 들어 설문조사에서 나에게 꽃을 보낸다든지, 내 문제를 이해하여 준다든지, 내 농담에 웃어 준다든지, 또는 나를 지긋이 쳐다본다든지 등의 문항에 "매우 찬성"이라는 항목에 반응한다면 이에 반응한 사람들은 사랑이라는 "요인(factor)"이 존재한다고 결론을 내리게 될 것이다. 즉, 사랑이라는 요인은 하나의 문항으로 측정 가능한 것이 아니라 여러 문항에 의해서 간접적으로 측정하게 되며 이들 변수들을 통합하는 과정을 거쳐 사랑이라는 추상적인 개념의 가시적인 점수를 부여할 수 있게 된다.

더 나아가 이러한 요인들은 사회적 연관성과 같은 복잡한 문제를 이해하고 설명하는데 도움을 준다. 예를 들어 "사랑"이라고 하는 것이 당연히 존재한다고 가정하는 것은 여러 가지 상황들과 많은 사람들의 반응들 간에 상관계수로서 설명할 수 있는 것이다.

요인분석은 서로 관련된 많은 변수들 간에 관계를 나타내 줄 수 있는 비교적 작은 수의 요인들로 확증하는데 사용하는 통계적 기법이다. 예를 들어 종합적성고사의 점수(측정변수들)는 문장 구사력(F_1)이나 수리적 능력(F_2), 눈치(F_3) 등의 요인들(잠재변수들)로 나타낼 수 있다. 즉, 요인분석은 이와 같이 직접적으로 관측되지 않는 변수(이념, 개념, 추상성, 잠재적 변인)들을 확인하는데 유용하게 사용된다.

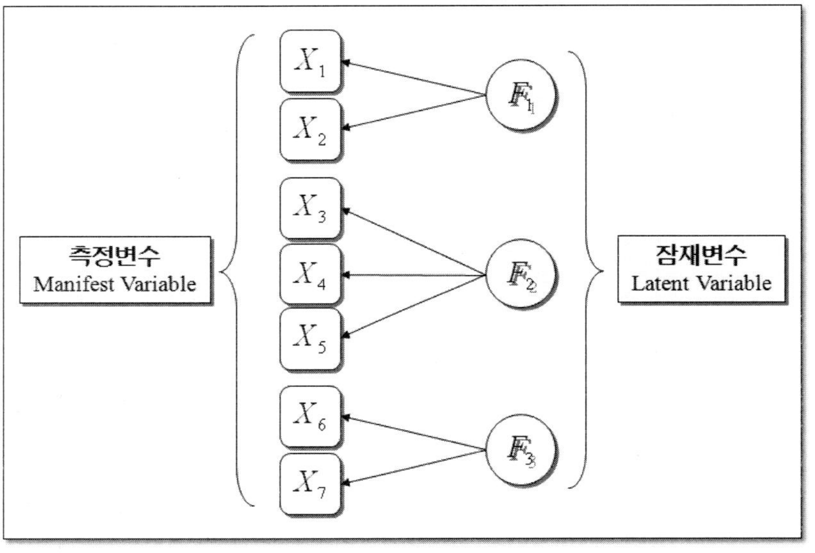

결국 요인분석(factor analysis)이란 많은 변수의 상호관련성을 소수의 기본적인 요인(factor)으로 집약하는 방법의 하나로 전체변수에 공통적인 요인이 있다고 가정하고 이 요인을 찾아내어 각 변수가 어느 정도 영향을 받고 있는지 그 정도를 산출하기도 하고 그 집단의 특성이 무엇인가를 기술하려는 통계분석방법이다.

17.2 요인분석의 목적

요인분석의 목적은 여러 개의 변수들에 내재된 정보를 최대한 사용하여, 보다 적은 수의 요인들로 압축, 요약하는데 있다.

일반적인 요인분석의 목적들을 기술하면 다음과 같다.

① 많은 수의 변수들 속에 숨어 있는 일련의 요인들을 찾아낸다.

② 많은 수의 변수들로부터 회귀분석이나 상관분석 또는 판별분석 등의 통계분석에 사용할 적절한 변수를 선정한다.

③ 회귀분석이나 상관분석 또는 판별분석에 사용할 적은 수의 변수를 새로 만들어 낸다.

앞에서 ①은 요인분석의 결과로서 나타나는 요인적재값(factor loading)의 추정으로 가능하며, ②도 요인적재값에 의존하는데 분석하려는 다른 통계분석에서 사용할 변수들을 선택하는 근거로서 그 적재값들을 사용한다. ③에서는 요인점수(factor score)를 추정하고, 그 요인점수를 새로운 독립변수로 취급하여 다른 통계분석방법에 적용한다.

17.3 요인분석의 용어

① 변수(variable) : 분석에 적용하고자 하는 내용을 포함하고 있는 데이터를 뜻한다.

② 요인(factor) : 서로 상관계수가 높은 변수들끼리 모아서 작은 수의 변수집단으로 나눈 것이다.

③ 요인적재값(factor loadings) : 변수들과 요인 사이의 상관계수로서, 요인적

재값의 제곱은 해당변수가 요인에 의하여 설명되는 분산의 비율을 나타낸다.

④ 요인행렬(factor matrix) : 각 요인들에 대한 모든 변수들의 요인적재값을 모아놓은 행렬이다.

⑤ 공통성(communality) : 여러 요인에 의하여 설명되어질 수 있는 한 변수의 분산 양을 백분율로 나타낸 것으로, 어떤 변수에 대하여 추출된 요인들에 의하여 그 변수에 담겨진 정보(분산)를 얼마나 표현할 수 있는가를 나타내는 비율이다.

⑥ 고유값(eigenvalue) : 각각의 요인으로 설명할 수 있는 변수들의 분산 총합으로 각 요인별로 모든 변수의 요인적재값을 제곱하여 더한 값이다. 즉, 변수 속에 담겨진 정보(분산)가 어떤 요인에 의하여 어느 정도 표현될 수 있는가를 말해주는 비율이다. 먼저 추출된 요인의 고유값은 항상 다음에 추출되는 요인의 고유값의 값보다 크다.

17.4 요인분석의 선행조건

요인분석을 하기 위해서는 다음과 같은 선행조건이 지켜져야 한다. 첫째, 요인분석의 대상이 되는 모든 변수는 등간척도 이상의 연속형이어야 한다. 또 각 변수는 정규분포를 이루어야 하고, 각 변수의 관찰치는 상호독립적이며, 각 변수의 분산은 같아야 한다. 둘째, 표본의 수는 일반적으로 최소한 50 이상으로써 100을 넘는 것이 정상이며, 분석하려는 변수 수의 약 4-5배 정도로 표본을 관찰하는 것이 일반적이다. 하지만 이 비율은 다소 보수적이므로 경우에 따라서는 변수 수의 약 2배 정도의 관찰치를 갖고 분석해야만 하는 경우도 있을 수 있다. 적은 수의 표본으로 분석할 경우에는 통계분석 결과를 설명할 때에 좀 더 신중하여야 한다. 셋째, 변수의 분산은 다른 모든 변수와 공유하는 분산인 요인공통분산(common variance), 특정변수에만 존재하는 고유분산(unique variance), 그리고 여러 가지 오류에 의해 발생된 오차분산(error variance)이 있다. 요인분석에서는 체계적 분산을 요인공통분산과 변수고유분산으로 분리하고 단지 요인공통분산만을 분석의 대상으로 삼는 반면 주성분분석(principal component analysis)에서는 체계적 분산 전부를 분석의 대상으로 한다.

[그림 17-1] 요인분석과 분산의 분할

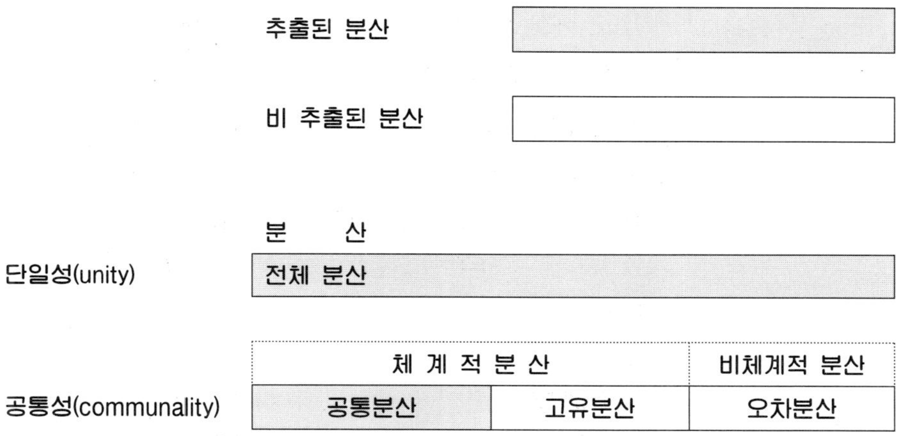

17.5 요인분석의 과정

요인분석의 과정은 흔히 다음의 다섯 단계로 나누어진다. 하지만 이러한 과정은 단 한 번의 시행에 의해 완성되는 것이 아니고, 시행착오를 겪으면서 반복적으로 진행시켜 나가야 한다.

[그림 17-2] 요인분석의 주요 5단계

1. 요인분석의 적용 가능성 점검
   1) Bartlett의 단위행렬 점검
   2) 고유값의 점검
   3) 공통변량의 점검
   4) 잔영상관행렬의 점검
   5) KMO의 표본적합도 점검
2. 최초 요인의 추출
   1) 주대각성분분석법
   2) 최소제곱법
   3) 최우추정요인추출법
   4) 주축요인추출법
   5) 알파요인추출법
   6) 이미지요인추출법
3. 요인의 수 결정
   1) 최소고유값(Eigenvalue) 기준
   2) 스크리검정(Scree test)
   3) 통계적 가설검정
   4) 분산의 비율
   5) 선행이론
4. 요인의 회전
   1) 쿼티맥스회전
   2) 배리맥스회전
   3) 이쿼맥스회전
   4) 프로멕스회전
   5) 오브리민회전
5. 분석결과의 해석

[그림 17-3] 요인분석 절차

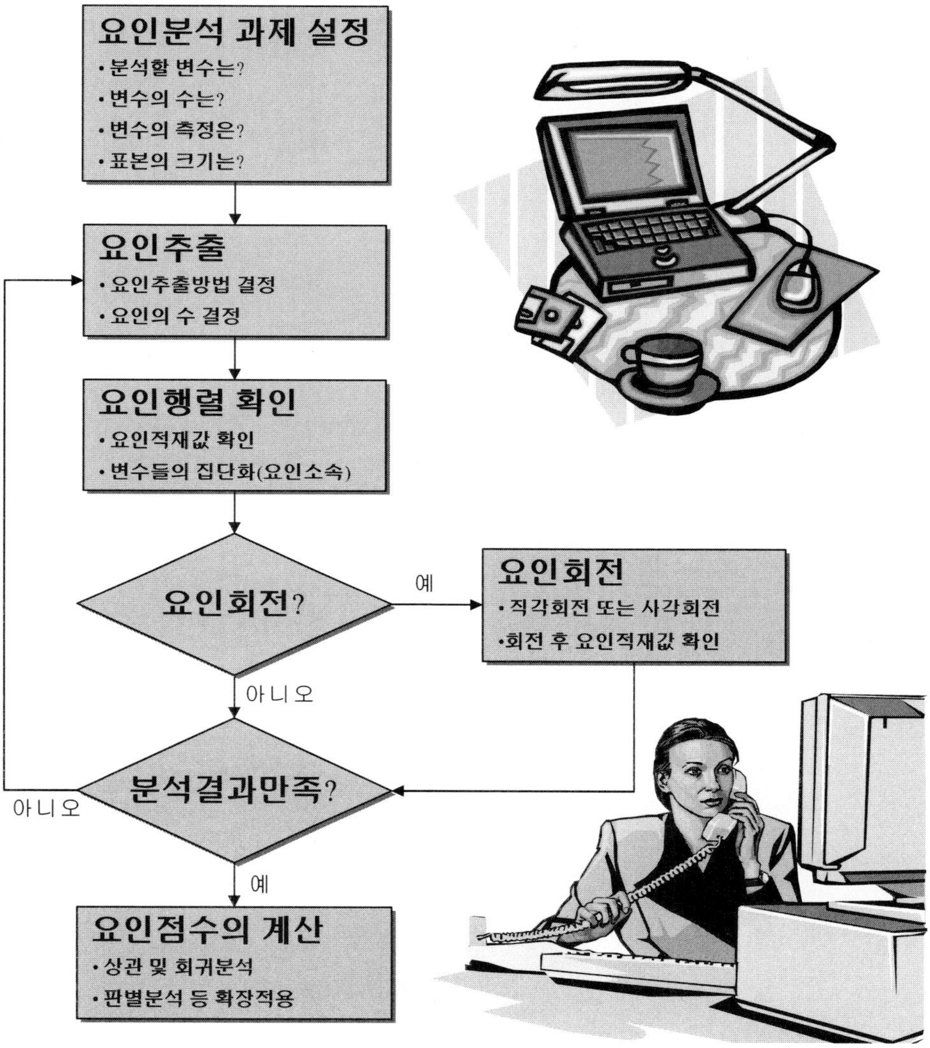

17.6 승용차 사양 변수의 요인파악

앞 절에서 승용차 사양 변수들을 기준으로 군집화 방법을 사용하여 유사한 객체끼리 하나의 군집으로 집단화하였다. 그러나 요인분석에서는 이 사양 변수들 간의 상관성이 큰 변수들을 하나의 동일한 개념의 잠재요인으로 분류하는 방법으로 변수들에 대한 집단화를 시도할 수 있다. 즉, 각 사양 변수들의 상관계수의 절대값이 크면 이는 같은 요인으로 분류하고 작으면 서로 이질적인 속성을 나타내는 것으로 판단하여 다른 요인으로 분류할 것이다. 이와 같이 활용하면 요인분석은 변수를 집단화해 주는 것이 되며, 군집분석은 객체 즉 케이스를 집단화시키는 것이라고 할 수 있다.

17.6.1 연구과제의 설정

다른 통계분석방법과 마찬가지로 요인분석의 첫 번째 단계는 연구과제에 대한 정확한 정의이다. 만약에 연구의 목적이 데이터의 요약, 정리라면 요인분석이 적당한 방법이 될 수 있을 것이다. 이때에 연구자는 다음과 같은 사항들을 확인하여야 한다.

- **어떤 변수들이 포함되어야 하는가?**
- **몇 개의 변수가 포함되어야 하는가?**
- **어떻게 변수들을 측정할 것인가?**
- **표본크기는 충분히 큰가?**

요인분석에 포함될 변수는 연구과제와 관련하여 측정 가능한 변수라면 어떤 것이든 포함될 수 있다. 이론적으로는 양적인 변수만을 취급하도록 되어 있으나, 사회과학 분야의 질적인 변수를 요인분석에 사용하여도 크게 문제가 되지 않는다.

이제 '승용차사양.sav' 파일을 읽고 다음과 같이 메뉴에서 실행해 보자.

분석 ☞
  차원 감소 ☞
   요인분석...

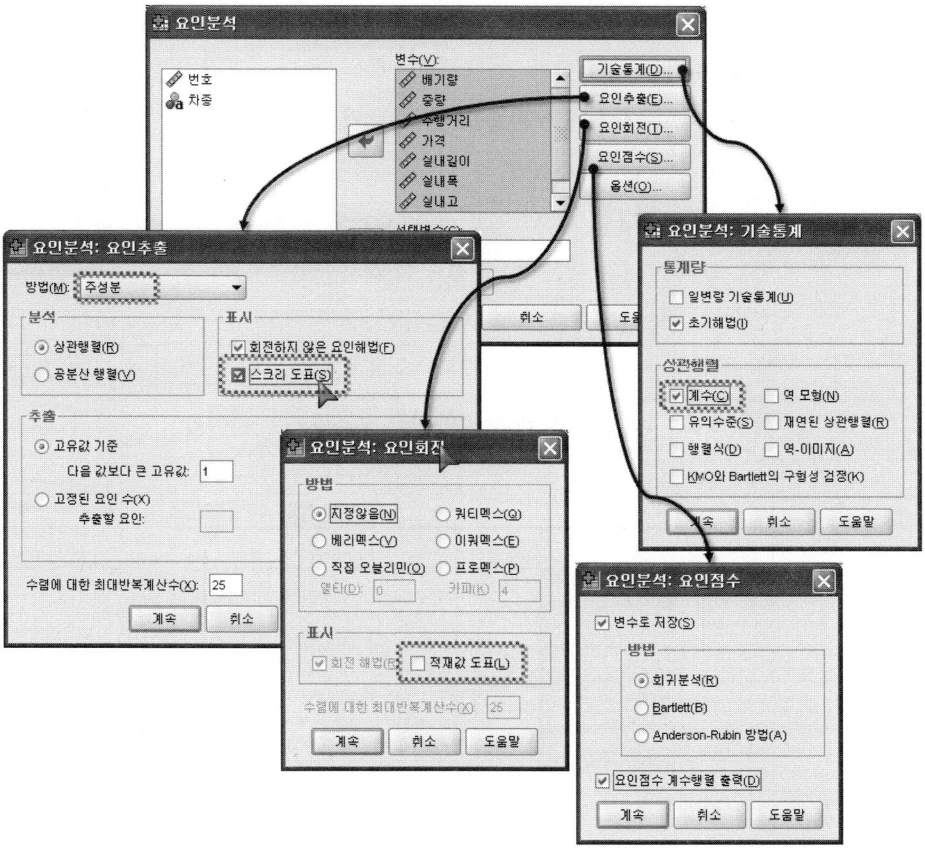

17.6.2 상관계수행렬의 계산

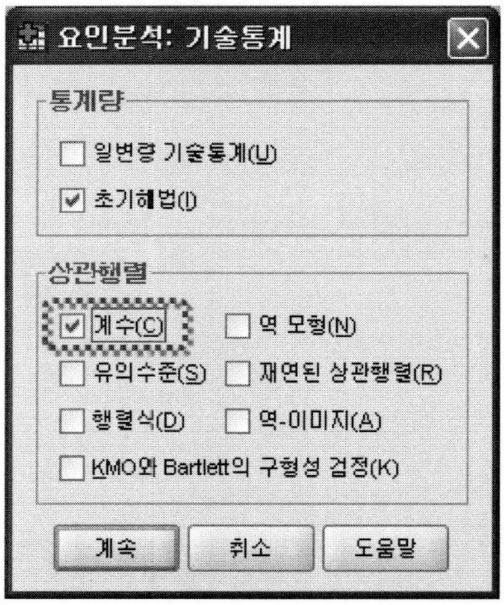

다음의 결과는 상관계수행렬(correlation matrix)이다. 여기에서 변수 '무게'와 '엔진크기'는 상관계수가 0.951로 매우 높으므로 유사한 사양변수로 취급할 수 있으며 유사한 요인으로 간주되며, '실내길이'와 '실내높이'는 0.089로 절대값이 매우 작다. 이는 서로 간의 유사성을 찾아보기 힘든 상태로 매우 이질적이라고 할 수 있다. 이는 서로 다른 요인으로 분리될 것이다. 즉 '실내높이' 다른 사양변수들과의 상관계수가 매우 작으므로 아마 다른 요인으로 분류될 것이다. 이렇게 각 변수들 간의 상관계수행렬로부터 상관계수가 높은 것끼리 집단을 형성할 때 그 집단들을 요인(factor)이라 한다.

상관행렬

		엔진크기	무게 (Kg)	리터당 주행거리	가격 (만원)	실내길이	실내폭	실내높이	최고속도
상관계수	엔진크기	1.000	.951	-.715	.969	.753	.831	.372	.747
	무게(Kg)	.951	1.000	-.725	.867	.739	.895	.529	.701
	리터당 주행거리	-.715	-.725	1.000	-.655	-.804	-.873	-.271	-.779
	가격(만원)	.969	.867	-.655	1.000	.761	.744	.183	.710
	실내길이	.753	.739	-.804	.761	1.000	.824	.089	.742
	실내폭	.831	.895	-.873	.744	.824	1.000	.444	.805
	실내높이	.372	.529	-.271	.183	.089	.444	1.000	.159
	최고속도	.747	.701	-.779	.710	.742	.805	.159	1.000

17.6.3 요인의 추출

다음 단계는 요인을 추출하는 과정이다. 요인을 추출하는 과정에는 어떠한 추출방법을 적용하여 몇 개의 요인을 추출하는가를 결정하여야 한다.

● **어떤 요인추출 방법을 사용할 것인가?**

● 몇 개의 요인을 추출할 것인가 ?

(1) 요인의 추출 방법의 결정

요인추출방법(factor extraction method)에는 다음과 같은 것들이 있다.

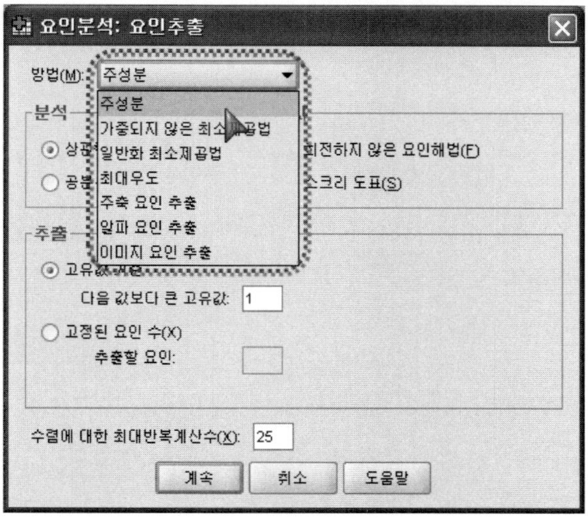

① 주성분 분석법(Principal component) : SPSS에서 디폴트로 사용하는 요인추출방법으로 데이터의 총분산을 이용하며 가장 널리 사용되고 있는 방법이다.

② 최소제곱 요인추출법(Least squares) : 공통요인분석방법의 하나로 연구에 사용되는 변수가 모집단이고 대상자가 표본이라고 가정할 수 있을 때 사용된다. 요인수에 대한 가설검정이 가능하다. 이 방법에는 가중되지 않은 최소제곱법(unweighted least squares)과 일반화 최소제곱법(generalized least squares)이 있다.

③ 최대우도 요인추출법(Maximum likelihood) : 최소제곱요인추출법과 마찬가지로 공통요인분석방법의 하나로 연구에 사용되는 변수가 모집단 전

체이고 대상자는 모집단의 일부인 표본일 경우에 사용된다. 요인 수에 대한 가설검정이 가능하다. 또 표본의 수가 많을 경우 다른 방법보다 우수한 분석 결과를 얻을 수 있는 것으로 알려져 있다.

④ **주축요인추출법(Principal axis factoring)** : 주축요인추출법은 측정대상자와 변수가 모두 모집단이기에 그 분석결과는 다른 모집단에 대해 일반화시킬 수는 없다. 따라서 많은 표본과 많은 변수와의 관계를 기술하는 것이 목적일 경우에 유용한 방법이다.

⑤ **알파요인추출법(Alpha factoring)** : 알파요인추출법은 측정대상자는 모집단이고 변수는 모집단으로부터 추출된 표본이기에 연구목적이 최대우도요인추출법이나 최소제곱법과는 달리 표본인 변수를 분석하여 얻은 결론을 변수의 모집단에 일반화시킬 수 있는 방법이다. 따라서 정신측정학적 추정(psychometric inference)에 많이 사용된다.

⑥ **이미지 요인추출법(Image factoring)** : 이미지 요인추출법은 주축요인추출법과 마찬가지로 측정대상자와 변수가 모두 모집단이기에 그 분석결과는 다른 모집단에 대해 일반화시킬 수는 없다. 따라서 많은 표본과 많은 변수와의 관계를 기술하는 것이 목적일 경우에 유용한 방법이다.

(2) 요인 수의 결정

몇 개의 요인을 추출할 것인가는 차후의 요인의 해석에 관건이 되므로 매우 중요하다.

① **최소고유값(minimum eigenvalue) 기준** : 가장 많이 사용되는 방법의 하나로 적용하기가 매우 간단하지만 분석자가 기본 모형으로 주대각성분분석법 또는 공통요인분석법을 사용하는가에 따라 적용이 달라진다. 주대각성분분석법에서는 상관행렬의 대각에 '1'이 들어간다는 것을 상기하면

분석에서 전체 변량이 고려된다. 주대각성분분석법에서 요인들은 고유값(eigenvalue)이 '1'보다 적을 경우에는 의미가 없는 것으로 간주하고 무시한다. 공통요인분석법을 선택할 경우 고유치는 약간 하향 조정되어야 한다. 요인수의 결정에 있어서 최소고유값 기준 하나만으로 결정하는 것은 매우 위험하다. 다른 기준들도 고려한 후 결정하는 것이 좋다. SPSS에서는 요인추출을 결정하는 최소고유값은 기본값이 '1'이다.

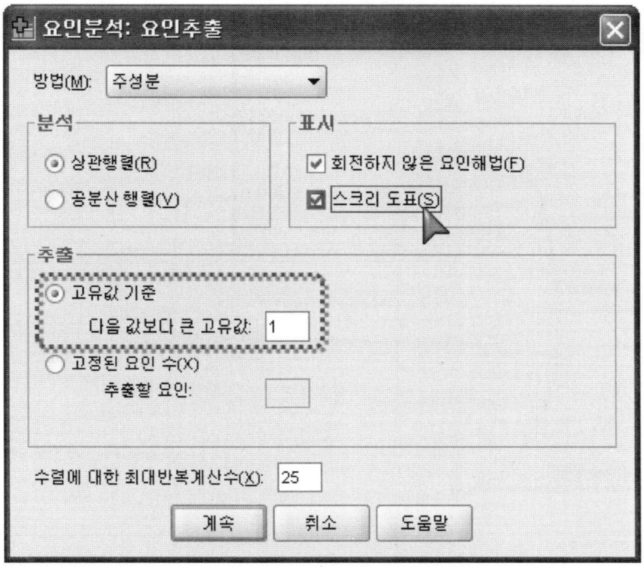

공통성

	초기	추출
엔진크기	1.000	.896
무게(Kg)	1.000	.938
리터당 주행거리	1.000	.770
가격(만원)	1.000	.815
실내길이	1.000	.850
실내폭	1.000	.909
실내높이	1.000	.973
최고속도	1.000	.777

추출 방법: 주성분 분석.

설명된 총분산

성분	초기 고유값			추출 제곱합 적재값		
	합계	% 분산	% 누적	합계	% 분산	% 누적
1	5.872	73.406	73.406	5.872	73.406	73.406
2	1.055	13.191	86.597	1.055	13.191	86.597
3	.542	6.778	93.375			
4	.265	3.314	96.689			
5	.144	1.806	98.495			
6	.087	1.090	99.585			
7	.029	.361	99.945			
8	.004	.055	100.000			

추출 방법: 주성분 분석.

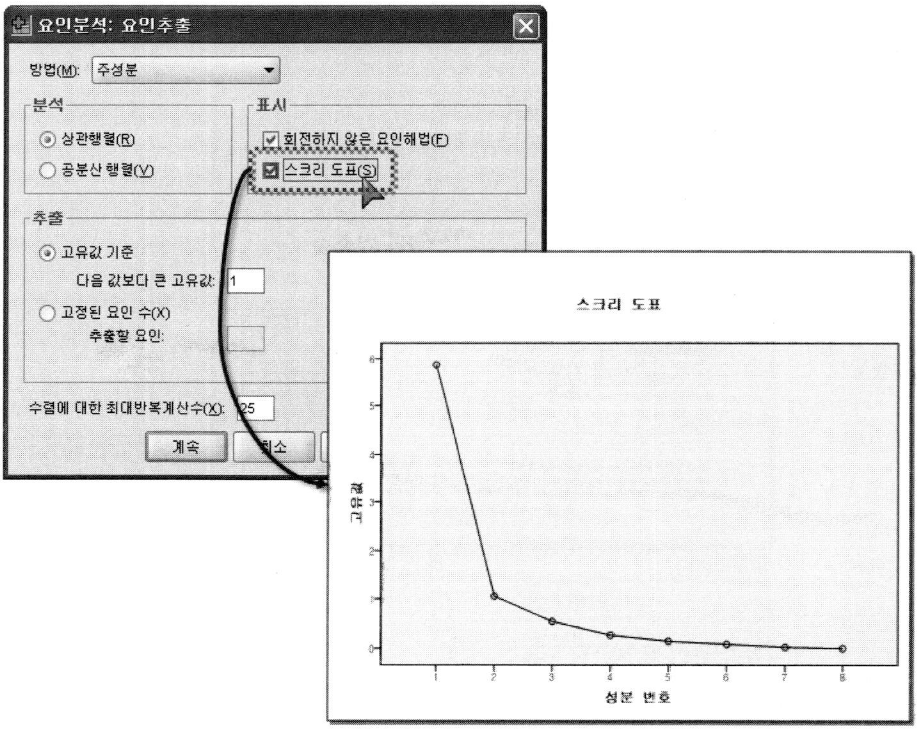

② 스크리검정(Scree test) : 주대각성분분석법에서 뒤에 추출되는 요인들은 공통변량과 고유변량을 포함한다. 모든 요인들은 고유변량을 포함하는데 초기에 추출된 요인의 고유변량의 비율은 뒤에 추출되는 요인들의 고유변량의 비율보다 낮은데 근거하여, 요인의 수가 증가하면 고유값이 점점 작아지다가 일정수준에 이르면 완만하게 된다. X-축과 평행을 이루기 직전의 요인이 추출하여야 할 요인의 수이다. 실제에 있어서 고유값에 의

한 기준보다 스크리 검정 기준(Scree test criterion)에 의한 것이 하나 또는 두, 세 개의 요인이 더 추출되는 경향이 있다. 앞의 스크리 도표를 보고 요인의 수를 결정하는 방법은 팔꿈치를 연상하여 팔꿈치에 해당하는 부분을 찾아보도록 한다. 대략 성분번호 3 부분을 팔꿈치로 가정할 수 있을 것이다. 스크리 도표에서 팔꿈치로 생각되는 부분을 제외하고 위에 나타난 점의 수를 곧 요인의 수로 결정하면 된다. 팔꿈치 부분에 점표시가 존재하면 그 점은 요인의 수에서 제외시킨다. 그러므로 요인의 수는 2개로 결정할 수 있을 것이다.

③ **분산의 비율**(percentage of variance): 각 변수의 고유값을 변수의 수로 나누면 각 요인이 설명할 수 있는 요인공통분산의 총분산에 대한 비율을 구할 수 있다. 모든 자료에서 채택될 수 있는 기준은 없지만 엄격하게는 가장 작은 분산의 비율이 5%가 될 때까지, 또 전체의 추출된 요인이 95%를 설명하게 될 때까지로 기준을 삼는다. 하지만 사회과학에서는 자료가 덜 단순하기 때문에 전체분산의 약 60%를 설명하는 것이 보통의 기준이다.

④ **선행이론**: 선행이론에 의한 방법은 특별한 상황에서 믿을 만하게 사용될 수 있는 좋은 방법이다. 이것을 적용할 때에는 몇 개의 요인이 추출될 것인가를 분석 전에 알고 있어야 한다. 분석자는 간단하게 지정된 숫자에서 컴퓨터는 수행을 멈출 것이다. 이러한 상황은 선행연구에 대한 복사연구, 이론이나 가설의 검정에서 사용될 수 있다. 요인추출 대화상자에서 '**고정된 요인의 수:**'를 선택하고 연구자가 직접 요인의 수를 지정한다.

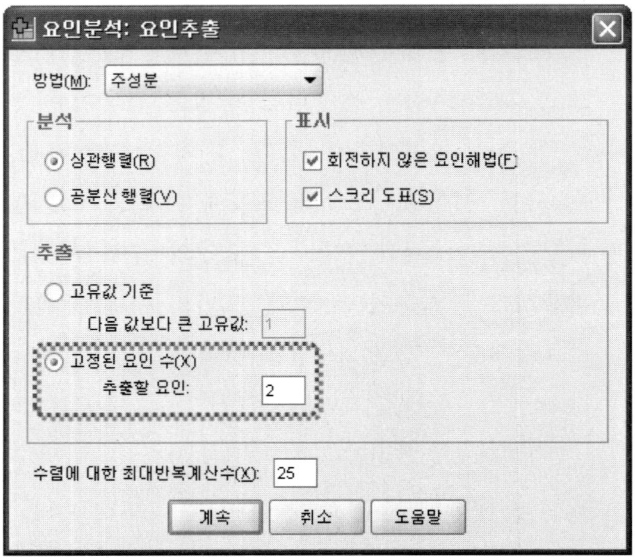

(3) 회전되지 않은 요인행렬의 해석

상관행렬이나 요인추출방법들이 결정되면 분석자는 초기 회전하지 않은 요인을 추출할 준비가 된 것이다. 회전되지 않은 요인들을 분석자가 검토한 후 대략 몇 개의 요인을 추출할 것인지를 가늠해 볼 수 있다.

다음은 승용차 사양 데이터에 대한 회전되지 않은 요인행렬을 주성분 분석방법으로 구한 것이다.

〔회전되지 않은 요인행렬〕

성분행렬[a]	성분	
	1	2
엔진크기	.946	.044
무게(Kg)	.944	.218
리터당 주행거리	-.871	.108
가격(만원)	.892	-.136
실내길이	.870	-.306
실내폭	.950	.081
실내높이	.387	.907
최고속도	.852	-.227

요인추출 방법: 주성분 분석.
a. 추출된 2 성분

상기의 피벗표에서 각 수치들은 성분행렬의 각 요소(element)로 요인적재값(factor loading)이라 부르는데 이것은 해당 변수와 해당 요인 사이의 상관계수를 말한다. 따라서 요인적재값의 제곱은 해당변수가 해당 요인에 의하여 표현되는 분산(정보)의 비율을 나타낸다. 즉 **변수** j와 **요인** i에 대한 요인적재값을 a_{ij}로 표기한다면 **변수** j의 분산은 요인 i에 의하여 a_{ij}^2만큼 반영된다. 예를 들어 '**엔진크기**'와 요인 1(**성분** 1)과의 상관계수는 0.946이고 '**엔진크기**'의 분산은 **요인** 1에 의하여 89.5%만큼 ($0.946^2 = 0.895$) 표현된다.

일반적으로 어떤 변수에 담긴 분산(정보)이 m개의 요인들에 의하여 어느 정도 표현될 수 있는지의 비율을 나타내는 것을 그 변수의 커뮤날리티(communality) 또는 '공통성'이라고 한다. 커뮤날리티가 '1'에 가까우면 가까울수록 요인들에 의하여 변수가 더 잘 설명될 수 있고, 요인의 수가 많아지면 커뮤날리티도 커진다. 하지만 아주 작은 양의 커뮤날리티를 증가시키기 위하여 요인을 추가할 필요는 없다.

공통성	초기	추출
엔진크기	1.000	.896
무게(Kg)	1.000	.938
리터당 주행거리	1.000	.770
가격(만원)	1.000	.815
실내길이	1.000	.850
실내폭	1.000	.909
실내높이	1.000	.973
최고속도	1.000	.777

추출 방법: 주성분 분석.

요인행렬에서 각 행의 제곱의 합은 커뮤날리티로서 해당변수가 요인들에 의하여 대변되는 분산의 비율을 말하고, 요인적재값의 제곱을 각 열에 대하여 합하면 해당 요인에 의하여 표현될 수 있는 전체분산이 될 것이다. 이것을 각 요인의 고유값(eigenvalue)이라 한다. 앞의 '**설명된 총분산**'이라는 제목의 결과에서 '요인 1'의 고유값은 5.872이고 요인 2의 고유값은 1.055이다.

요인행렬에서 모든 변수들은 표준화되었으므로 각 변수의 분산은 '1'이다. 따라서 데이터의 총분산은 변수의 수와 같다. 그러므로 각 요인에 의하여 표현될 수 있는 분산의 총분산에 대한 비율은 그 요인에 대한 고유값을 변수의 수로 나눈 값이 된다.

그러므로 '요인 1'의 분산비율은 73.4%(=[5.872/8]*100)이고 '요인 2'의 분산비율은 13.2%(=[1.055/8]*100)이다. 이는 전체 변수의 총변동의 73.4%를 '요인 1'로 설명할 수 있고 13.2%를 '요인 2'로 설명할 수 있다는 것이며, 두 비율의 합 86.597%는 두 요인에 의해서 설명되는 비율이다.

17.6.4 요인의 회전

요인들의 회전은 요인분석에서 중요한 개념이다. 요인회전이란 단어의 의미 그대로 요인들의 축을 어떤 원하는 위치에 도달할 때까지 원점을 중심으로 회전시키는 것을 말한다. 이때 각 요인의 축 사이의 각도를 90도로 유지하면 직각회전(orthogonal rotation), 직각을 유지하지 않으면 사각회전 (oblique rotation)이라고 한다. 직교회전에는 쿼티멕스(QUARTIMAX), 베리멕스(VARIMAX), 이퀴멕스(EQUIMAX)등의 방법이 있다. 요인분석에서 요인을 회전시키는 것은 보다 간편하고 이론적으로 더 의미가 있는 요인의 해를 구하기 위함이다. 대부분의 경우 요인들의 회전은 초기 회전되지 않은 요인의 해에서 보여지는 불확실성을 줄여서 설명하기 편하게 만든다.

(1) 쿼티멕스회전(QUARTIMAX) : 쿼티멕스회전의 궁극적인 목적은 요인행렬의 행을 단순화하는 것이다. 그것은 요인행렬의 열에 해당하는 각 변수의 요인들 중 요인적재값이 작은 것은 더욱 극소화시키고 요인적재값이 큰 것은 더욱 극대화시킴으로써 그 차이를 극대화하려는 방법이다. 그래서 요인적재값 행렬의 행에 해당되는 각 변수에 대해서 단 하나의 요인에 의해서만 크게 실리고, 나머지 요인에 대해서는 극히 적게 실리든지 '0'의 값으로 실리도록 하는 것이다. 이 방법은 어떤 특정 변수에 대해서 그 변수와 관련된 요인의 수를 작게 회전하는 방법이므로 그 변수에 대한 해석을 쉽게 하는 대신 요인에 대한 해석을 소홀히 할 위험이 있다.

2) 베리멕스회전(VARIMAX) : 쿼티멕스회전이 각 변수 별로 각 요인에 실린 적재값 제곱의 분산이 최대가 되도록 회전하는 방법인데 비해 베리멕스 회전은 각 요인 별로 전체의 관찰변수에 실린 적재값 제곱에 대한 분산이 최대가 되도록 요인축을 회전하는 방법이다. 즉 쿼티멕스회전은 요인행렬의 각 변수를 단순화시키려는 것임에 반해 베리멕스 회전은 요인행렬의 각 요인을 단순구조에 맞도록 단순화시키려는 차이가 있다. 이 원칙에 따라 요인을 단순화시키면 동시에 변수도 단순구조에 부합되어 간다는 논리이다. 이와 같이 요인행렬의 요인의 변량을 극대화하면 가능성과 단순화가 극대화된다.

3) 이퀴멕스회전(EQUIMAX) : 이퀴멕스회전은 쿼티멕스회전(QUARTIMAX)

과 배리멕스회전(VARIMAX)을 절충한 방법이다. 행과 열을 동시에 간략히 하려는 방법이다. 하지만 이 방법은 널리 인정받지 못하고 있고, 따라서 자주 사용되지 않는다.

4) 오블리민회전(OBLIMIN) : 대부분의 사회과학에 관련된 요인들 간의 관계가 상호독립적인 경우는 매우 드물다. 일반적으로 어느 정도의 관계는 항상 존재하기 때문에 앞에서 사용한 직각회전방법들을 사용하는 것은 현실성을 외면하는 것이다. 보통 분석자가 단순히 이론적으로 더 의미있는 구조, 차원을 얻는데 관심이 있다면 사각회전을 많이 사용한다.

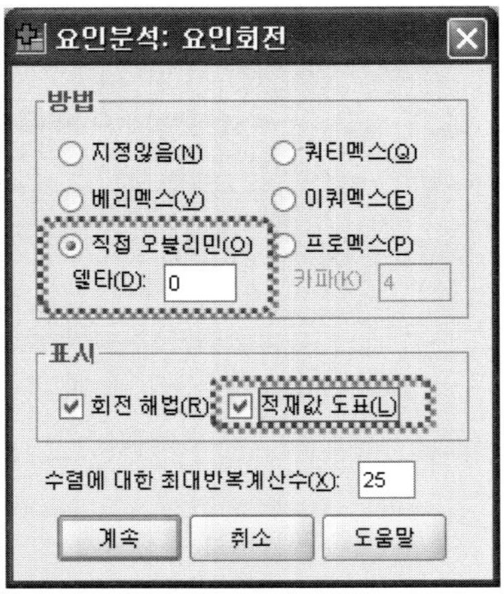

다음의 결과는 승용차 사양 데이터를 오블리민 회전방법으로 요인을 회전한 결과이다.

〔요인사각회전 후의 요인행렬 출력〕

패턴 행렬a

	성분	
	1	2
엔진크기	.893	.158
무게(Kg)	.825	.337
리터당 주행거리	-.879	.007
가격(만원)	.911	-.033
실내길이	.954	-.211
실내폭	.883	.197
실내높이	.027	.979
최고속도	.906	-.132

요인추출 방법: 주성분 분석.
회전 방법: Kaiser 정규화가 있는 오블리민.

a. 4 반복계산에서 요인회전이 수렴되었습니다.

앞의 '**패턴행렬**'의 결과와 회전하지 않은 요인행렬의 요인적재값과 비교하여 보면 보다 더 각 요인들에 의해 설명되는 변수들이 명확해졌다. 즉, 변수 '실내높이'를 제외한 모든 변수들이 '요인 2'(성분2)에 의해서보다는 '요인 1'에 의해서 훨씬 더 잘 설명되며, '실내높이'는 '요인 1'(성분1)보다 '요인 2'에 의해 더 잘 설명된다. 통상적으로 요인적재값이 0.5이상이면 '아주 유의하다'라고 하고, 0.4이상이면 '유의하다'라고 하고 0.3이상인 경우를 '유의한 편이다'라고 말한다. 이러한 요인적재값은 해당변수와 해당요인 사이의 상관계수를 나타내므로, 상관계수의 경우와 같이 표본의 수에 따라 다소 기준이 되는 수치가 차이가 있다.

17.6.5 요인의 해석

요인분석의 마지막 단계로 요인의 수가 결정되고 적합한 방법에 의해 회전된 요인분석의 결과를 연구목적에 알맞게 해석하는 단계이다.

1) 요인행렬을 검사한다. 요인의 위치와 변수의 위치를 파악한다. 변수의 이

름을 기억하면 더 쉽게 해석이 가능할 것이다.

2) 요인을 해석하기 위해서 요인적재값의 크기가 고려할 만한가를 결정해야 한다.

수학적인 가정에 기반을 둔 것은 아니지만, 요인분석에 의해 가장 많이 사용되는 규칙으로 요인적재값이 +.30 이상이면 고려할 만한 유의성을 갖는 것이고, +.40 이상이면 더 중요하게 고려되어야 한다. 또 +.50 이상일 경우 매우 의미 있는 것이다. 이와 같은 기준은 표본의 수가 50개 이상일 때 유용하다. 이 기준은 매우 단순한 면이 있지만 아직까지 받아들여질 만 한 것이다. 해석을 시작하기 위해 제일요인의 첫 변수에서 왼쪽에서 오른쪽으로 가면서 가장 높은 요인적재값을 찾는다. 가장 높은 적재값을 확인하고 그것이 유의하다면 밑줄을 친다. 이런 식으로 다음의 나머지 줄에서도 밑줄을 친다. 100개보다 작은 표본에서는 가장 작은 요인적재값이 의미가 있기 위해서는 +.30이 되어야 한다는 점을 명심하자.

밑줄을 긋는 단계에서 기억해야 할 점은 각 변수에 대해 단지 하나만 높은 적재값을 가지는 경우가 아닐 수 있다는 것이다. 각 변수가 한 요인에서 만 높게 적재되어 있다면 해석상 매우 단순하고 명료해서 좋을 것이다. 그러나 실제로 많은 변수들이 여러 개의 요인에 높게 적재되어 있는 경우가 발생되며, 이때에는 해석이 복잡해진다. 여러 개의 요인에 높게 적재되어 있는 경우에는 그 변수는 하나의 요인에 귀속시키기보다는 해당되는 요인마다 해석되고 소속시켜야 한다. 거의 모든 요인분석의 결과는 한 변수가 한 요인에만 적재되는 것과 같은 단순구조를 갖는 것이 아니기 때문에 분석자는 모든 요인에 대한 각 변수마다 의미있는 적재값에 밑줄을 표시하며 요인행렬을 계속 평가하여야 한다. 궁극적으로 분석자는 의미있는(높은) 적재값의 수를 최소화하고 무시할 만한 적재값을 최대화하기 위해 계속 노력해야 한다.

3) 분석자는 다음으로 밑줄이 표시되지 않은 즉, 어떤 요인에도 실리지 않

은 변수를 확인한다. 만일 이런 경우가 발생된다면 두 가지 해결방법을 생각할 수 있다. 하나는 의미있는 적재값이 없는 변수를 단순히 무시해 버리는 것이고, 또 다른 방법은 의미있는 적재값이 없는 변수 각각을 신중하게 평가하는 것이다. 즉, 변수의 공통성(communality)뿐만 아니라 변수의 연구 전반에 대한 기여도를 살펴보는 것이다. 만약 변수가 연구목적에 덜 중요하거나 공통성이 낮을 경우, 분석자는 변수를 제거하고 다시 요인분석을 실행하여 새로운 결과를 얻을 수 있을 것이다.

4) 상대적으로 더 큰 적재값을 가진 변수가 요인 해석의 단계에서는 더 중요하게 여겨진다. 그것들이 해당 요인에 더 큰 역할을 하게 된다. 이 절차는 요인이 추출된 다음의 과정이다. 마지막 결과는 가능하면 정확하게 표현된 요인들의 이름이 될 것이다. 어떤 경우에는 요인의 이름을 정하는 것이 불가능할 때도 있다. 그런 상황이 되면, 그 요인에 '무명'이라고 정하는 수밖에 없다. 이런 경우, 분석자는 의미가 있는 요인만을 해석하고 명명할 수 없거나 의미가 없는 요인은 버려야 한다. 중요한 것은 요인분석의 결과를 기술할 때, 명명할 수는 없지만 파생되어 나온 요인과 의미있는 관계를 나타내는 요인들을 표시해야 한다.

이제 모든 변수들을 각 요인으로 분류하였으면, 요인적재값의 형태에 따라 요인을 설명한다. 즉 적재값이 높은 변수에 더 비중을 두어 각 요인들을 설명한다.

승용차 사양 데이터의 경우 '요인 2'에 '실내높이' 만이 높은 적재값을 나타내므로 이는 '실내높이 요인'이라고 명명해도 될 것이다. 그러나 '요인 2'는 나머지 변수들이 모두 높게 적재되어 있으므로 '기타 사양 요인'으로 잠정적으로 명명하기로 한다.

다음 3가지 적재값도표는 각 회전방식에 따라 요인회전 후 요인을 축으로 한 각 변수의 위치를 나타내는 적재값 도표이다. 도표상에서 요깃거리,

영양가, 가격 변수들은 서로 유사한 위치에 중복되어 도표상에는 잘 나타나지 않았으나 도표 우측의 각 변수의 좌표를 참조하면 그 위치를 잘 알 수 있다.

[요인을 축으로 한 각 변수의 위치 - 회전 않음]

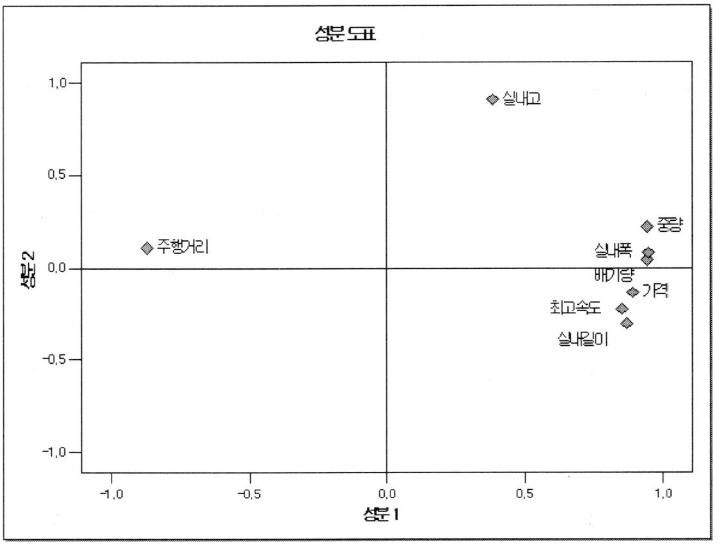

[요인을 축으로 한 각 변수의 위치 - 베리멕스 직각회전]

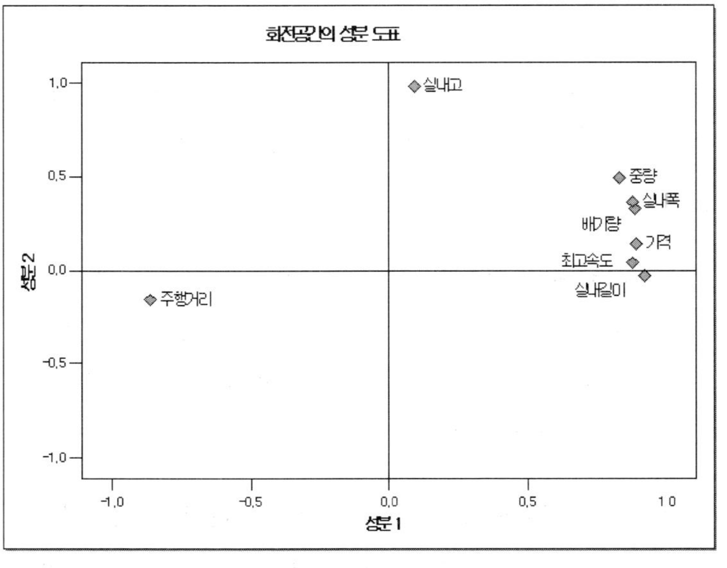

[요인을 축으로 한 각 변수의 위치 - 오블리민 사각회전]

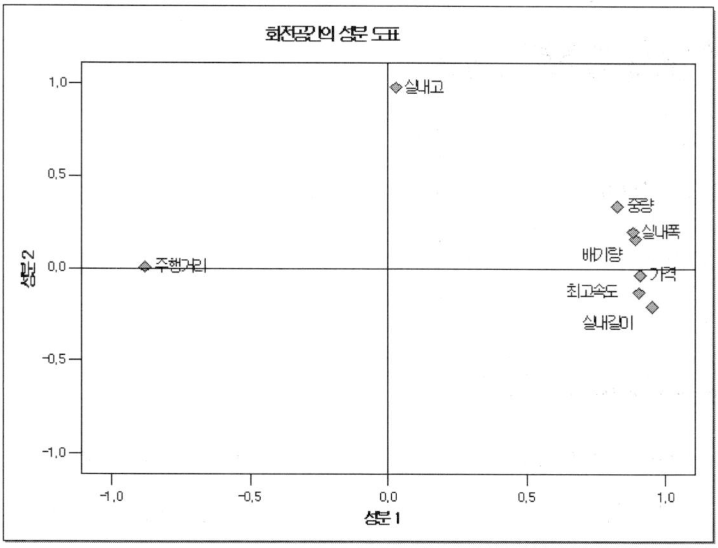

17.6.6 요인점수의 계산

요인분석을 적용하려는 목적에 따라, 요인에 의한 설명뿐만 아니라 요인점수(factor score)를 구한 후 다른 통계분석으로 연결될 수도 있다. 만약 연구 목적이 변수나 응답자의 합리적인 조합을 만들어 내는 것이라면 요인에 대한 설명으로 분석이 끝난다. 그러나 연구목적이 다른 통계분석에 적용하기 위하여 적절한 변수를 가려내는 것이라면 요인행렬을 검토한 후 각 요인에 대하여 가장 큰 적재값을 갖는 변수를 뽑아야 하고, 다른 통계분석에 적용하기 위하여 원래 변수들을 대신할 수 있는 적은 수의 새로운 변수들을 만들어 내는 것이 목적이라면, 각 요인을 대표할 수 있는 요인점수(factor score)를 계산한다. 이러한 요인점수는 이어서 사용될 회귀분석이나 판별분석, 상관분석 등 다른 통계분석의 독립변수로 사용된다. 즉, 요인점수는 어떤 대상이 원래의 변수보다는 새로 만들어진 요인에 대하여 어떤 수준을 갖는지를 나타낸다.

요인점수를 계산하기 위하여 다음과 같이 지정하면

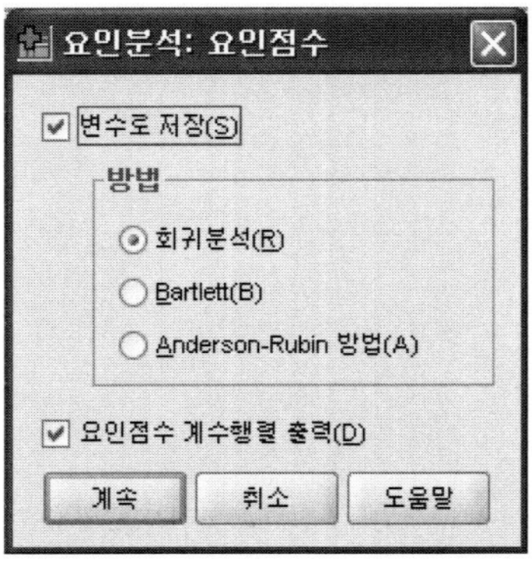

다음과 같이 출력되며, 이 결과에 나타난 요인점수계수(factor score coefficient)를 사용하여 요인점수를 계산한다. 즉, 어떤 대상에 대한 요인점수는 각 변수의 표준화된 값들을 해당하는 요인점수 계수에 곱하여 합하면 구해진다. 물론 이 점수는 요인분석 프로시저가 계산하여 변수르 저장해 주기 때문에 직접 계산할 필요는 없다. 그리고 요인회전 여부나 회전방법에 따라 요인점수계수 행렬이 달라지므로 요인점수가 다소간에 차이가 있다.

〔요인점수 계수 및 요인간 상관계수〕

성분점수 계수행렬

	성분	
	1	2
엔진크기	.155	.098
무게(Kg)	.136	.251
리터당 주행거리	-.159	.041
가격(만원)	.166	-.064
실내길이	.181	-.216
실내폭	.152	.131
실내높이	-.034	.824
최고속도	.169	-.147

요인추출 방법: 주성분 분석.
회전 방법: Kaiser 정규화가 있는 오블리민.
요인 점수.

성분 상관행렬

성분	1	2
1	1.000	.258
2	.258	1.000

요인추출 방법: 주성분 분석.
회전 방법: Kaiser 정규화가 있는 오블리민.

예를 들어 승용차 사양 데이터의 첫 번째 승용차는 8가지 사양에 대해 기타사양요인(요인 1)에 대한 요인점수(F1)와 실내높이요인(요인 2)에 대한 요인점수(F2)는 각 사양변수값을 표준화시킨 값을 대입하여 요인점수를 구하게 된다. 역시 이렇게 구해진 요인점수는 평균이 '0'이고 표준편차가 '1'인 표준화 값이다. 해당요인점수가 크다면 이는 어떤 의미일까? 이는 그 요인에 기여도가 높은 즉, 달리 표현하면 적재값이 높은 변수가 일반적으로 요인점수계수의 절대값이 크게 되어 요인점수에 크게 영향을 준다. 그러므로 요인점수가 상대적으로 크면 요인점수계수를 참조하여 그 계수가 양의 값으로 크면 그 점수를 크게 증가시킬 것이고, 반대로 음으로 크면 그 요인점수를 크게 감소시킬 것이다. 이렇게 각 변수들이 증가 또는 감소함에 따라 어떻게 요인점수에 증감하는지를 파악하면 요인점수를 행태적으로 해석할 수 있게 될 것이다.

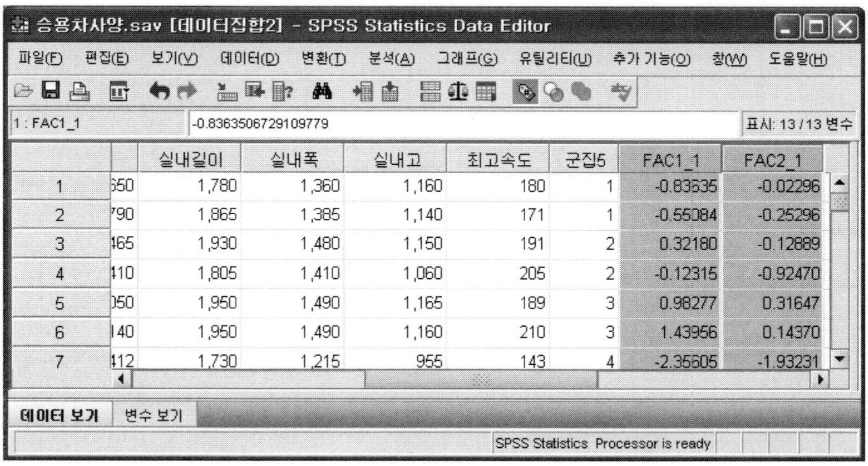

17.6.7 요인점수의 분석

계산된 요인점수의 변수이름 FAC1_1과 FAC2_1을 '기타사양'과 '실내높이'로 변경하고 각 변수의 설명에 '기타사양요인점수', '실내높이요인점수'라고 입력한다. 이제 요인점수에 따른 승용차의 위치를 파악해 보기로 한다.

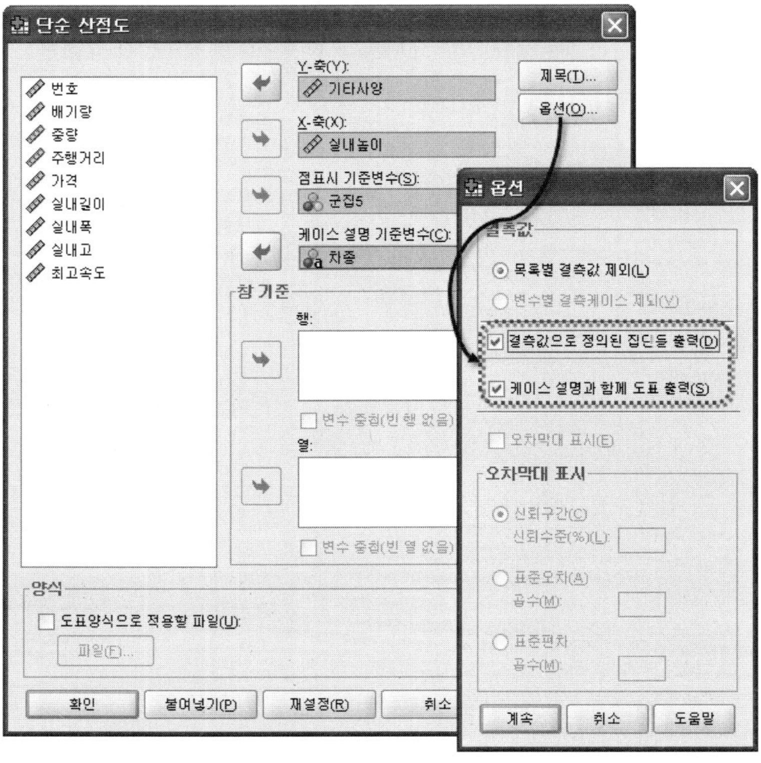

두 요인점수를 X-Y 축으로 하여 산점도를 작성하되 차종이름이 점표시에 나타나도록 하기 위하여 '차종' 변수를 지정한다. 그리고 두 요인점수의 평균이 '0'이므로 도표에서 '0'에 참조선을 표시하도록 한다.

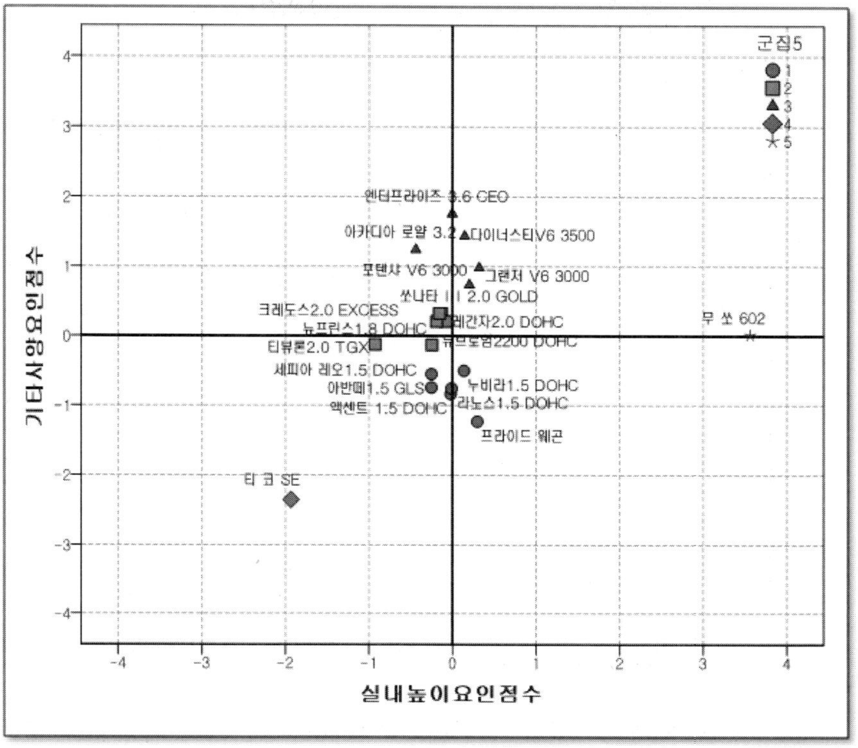

이제 요인점수계수들을 데이터 편집기에 복사하고 이 점수계수값들을 산점도로 작성해 보자.

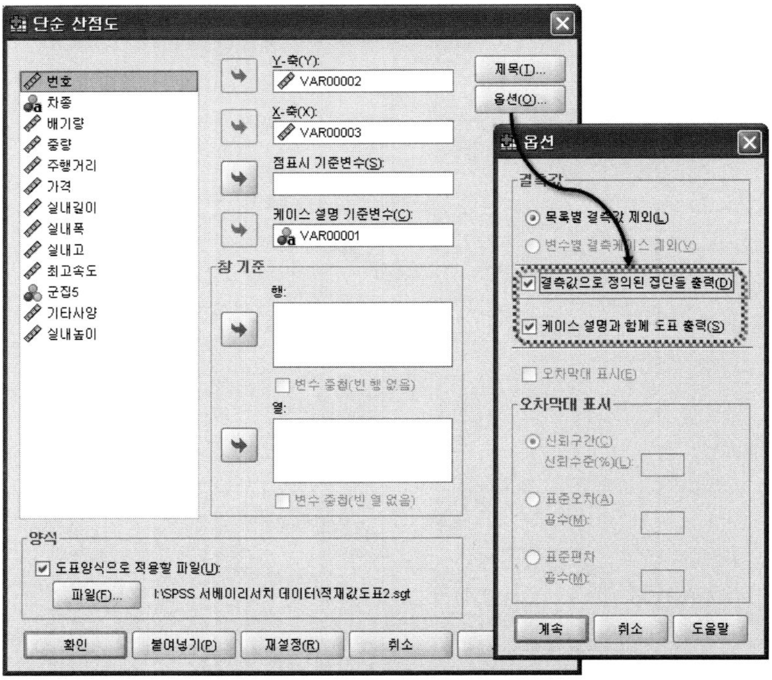

도표가 출력되면 도표편집기에서 다음과 같이 편집한다. 그리고 두 요인 점수의 평균이 '0'이므로 도표에서 '0'에 참조선을 표시하는 것도 잊지 않는다. 그리고 X-Y축의 스케일이 '0' 중심으로 동일한 크기로 지정해야 한다.

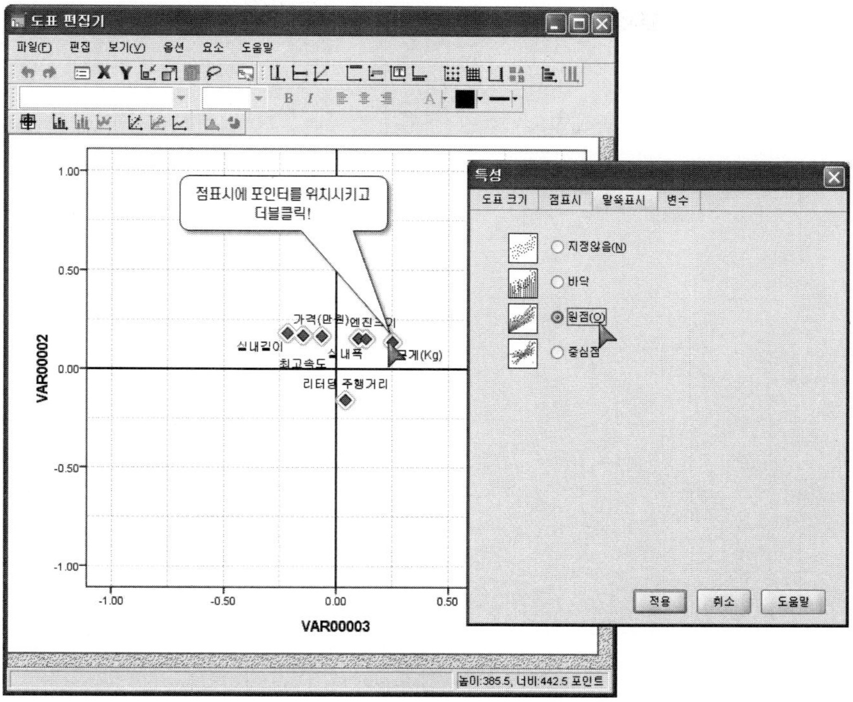
도표 편집기
파일(F) 편집 보기(V) 옵션 요소 도움말
점표시에 포인터를 위치시키고 더블클릭!
가격(만원)
엔진크기
실내길이
최고속도
실내폭
무게(Kg)
리터당 주행거리
VAR00002
VAR00003
특성
도표 크기
점표시
말뚝표시
변수
지정않음(N)
바닥
원점(O)
중심점
적용
취소
도움말
높이:385.5, 너비:442.5 포인트

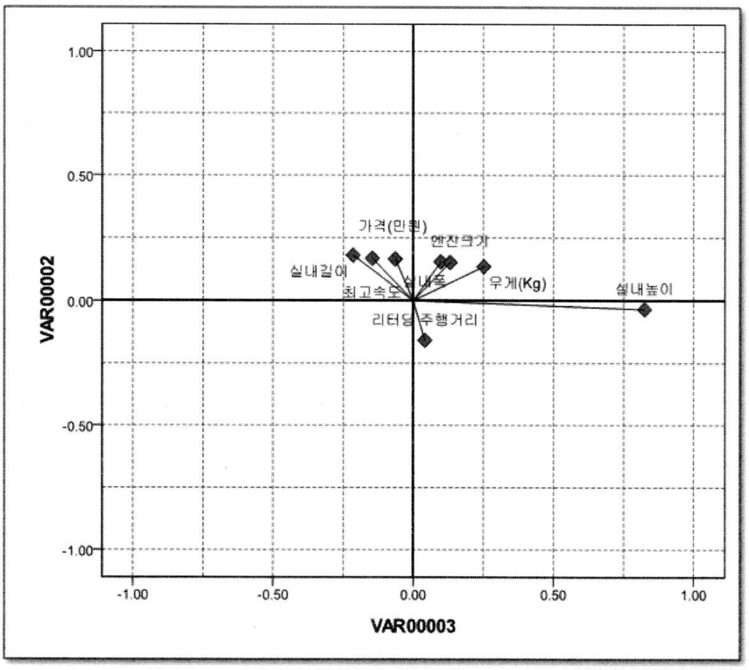
가격(만원)
엔진크기
실내길이
최고속도
실내폭
무게(Kg)
실내높이
리터당 주행거리
VAR00002
VAR00003

위의 도표상에 원점에서 각 점에 화살표를 연결하여 벡터로 표현한다. 이는 파워포인트에서 작업하는 것이 좋다. 그리고 이 2장의 그림을 겹쳐 그리면 각 축의 스케일이 겹쳐서 혼란스러움으로 벡터로 표현된 그림의 원점을 교차하는 참조선과 각 변수들의 벡터와 설명만을 잘라내기하여 19종의 승용차가 표현된 산점도 위에 겹치기하여 완성한다.

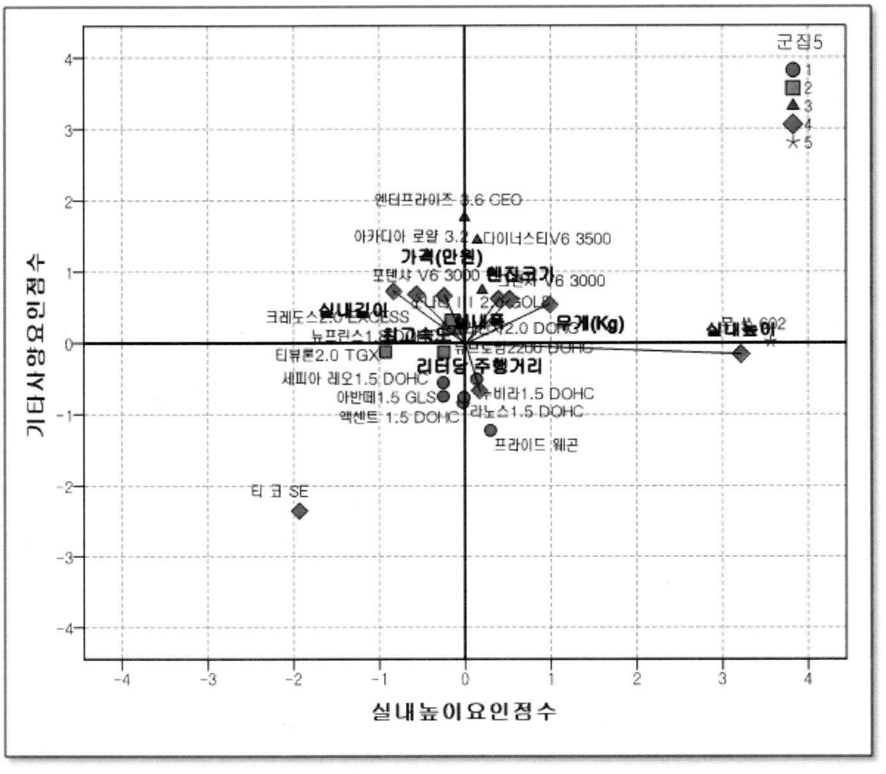

각 벡터의 방향으로 위치한 차종이 그 벡터의 특성이 강한 것으로 해석하면 된다. 이는 다차원척도법에서도 이와 유사한 그림을 작성하여 응용하게 될 것이다. 잘 연습해 두기 바란다.

제 18 장 다차원척도법

18.1 9대 도시의 위치화

지도는 흔히 각 지리적 개체의 상대적 위치에 대한 정보를 표현한 매체이다. 이러한 지도상에서 두 점 간의 거리를 쉽게 계산할 수 있다. 또한 특정한 개체들이 다른 개체들과 얼마나 유사한가를 알아볼 수 있다. 즉, 지도를 보면 한 도시가 다른 도시와 얼마나 가까운가를 알 수 있다.

대부분의 데이터분석에서 하나의 그림은 수천 개의 수치들보다 더 가치가 있다. 이 말은 그림으로 표현된 정보가 수치로 표현된 정보보다 훨씬 더 이해하기가 쉽다는 것을 의미한다.

각 개체들의 좌표를 알면 쉽게 지도를 그릴 수 있다. 즉, 축을 먼저 그리고 좌표에 따라 각 개체들을 위치시키면 되는 것이다. 예를 들어 다음과 같이 동거 및 북거 등의 좌표를 알고 있는 3개의 도시를 생각하여 보자.

도시명	동거	북거
A	1	2
B	5	2
C	1	5

[좌표에 따른 3도시의 위치도]

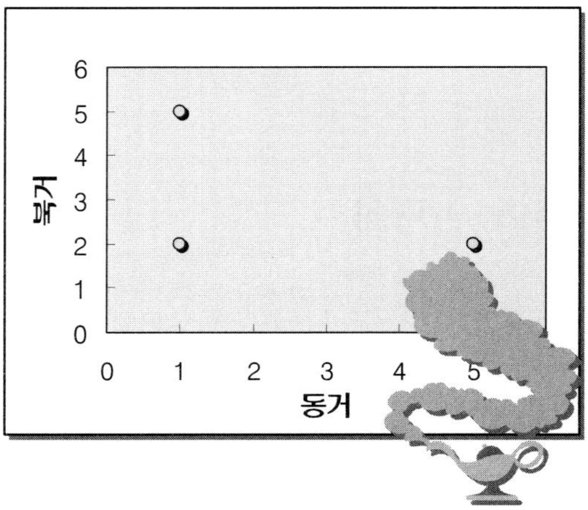

만약 각 개체간의 상대적 거리만 알 수 있는 경우에 지도를 그리는 것은 그리 쉽지 않다. 3도시의 위치화의 경우에 다음과 같이 도시간의 상대적 거리가 주어졌을 경우를 고려하여 보자.

3도시간의 상대적 거리

도시	거리
A - B	4
A - C	3
B - C	5

이 경우 우선 수평선을 긋고 'A - B'의 거리에 따라 A, B 두 도시를 표

시한다. 그런 다음 A를 중심점으로 반지름이 'A - C'의 거리인 3이 되는 원을 그리고 B를 중심점으로 반지름이 'B - C'의 거리인 5가 되는 원을 그리면, 두 원이 교차하는 점에 도시 C를 위치시키면 된다.

거리에 따른 3도시의 위치화

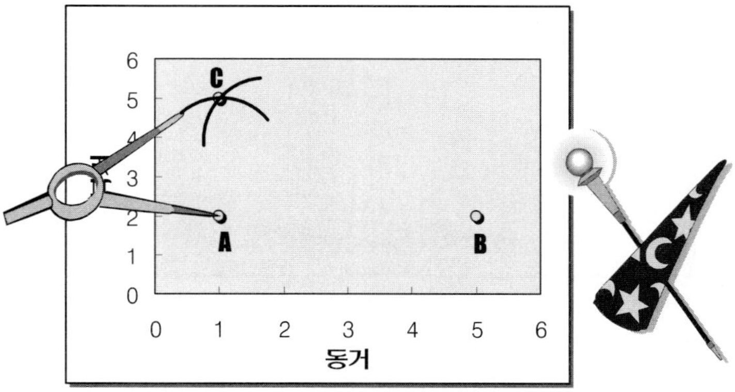

개체의 수가 3개인 경우에 위치화는 비교적 쉬운 편이나, 개체의 수가 3개를 넘어가면 훨씬 더 복잡해지게 된다. 그러나 다행히 여러 개의 개체들을 위치화시켜 주는 매우 강력한 도구가 있다. 그것은 다차원척도법(MDS)라고 불리는 분석기법으로 많은 수의 개체들의 상대적 거리에 기초하여 2차 평면 또는 다차원 공간상에 위치화시켜 주는 분석법이다. 윈도우용 SPSS는 "ALSCAL"이라 불리는 MDS 프로시저를 제공하고 있다.

분석에 앞서 이제 보다 예를 들어보기로 하자. 우리나라의 9대도시에 대한 상대적 거리가 다음과 같이 주어졌다고 가정하자. 이 거리는 항공로의 이정표와 비슷한 것이다. 즉 직선거리로 생각해도 된다. 이렇게 각 도시간의 거리를 행렬로 표시하면 행렬의 형태가 정방형(정사각형)을 이루며 대각선에 위치한 원소들은 자기 자신의 거리이므로 '0'이 되며 대각원소를 중심으로 상하대칭 위치에 놓인 거리가 같으므로 이러한 행렬을 정방대칭행렬이라 한다.

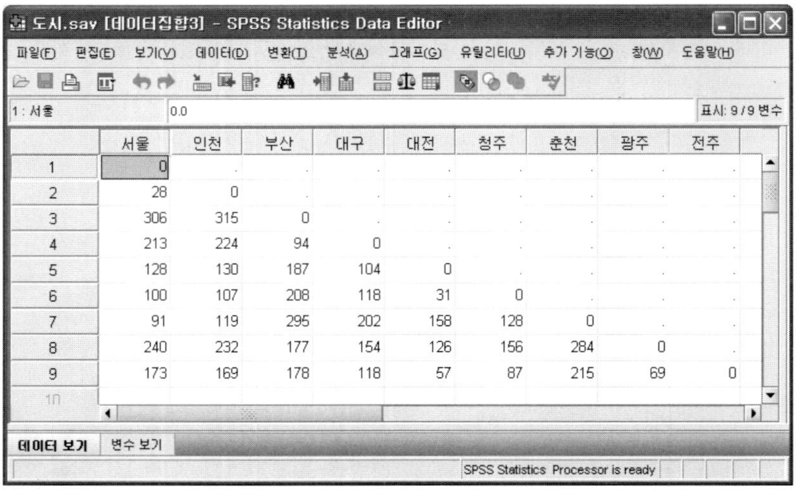

SPSS 실습용 데이터 중에서 "도시.sav"를 파일열기하면 위와 같이 거리행렬이 데이터 편집기에 나타난다. 다차원척도법을 수행하기 위하여 메뉴에서 다음을 선택하면 '**다차원척도법**' 대화상자가 나타난다.

분석 > **척도** > **다차원척도법**(ALSCAL)...

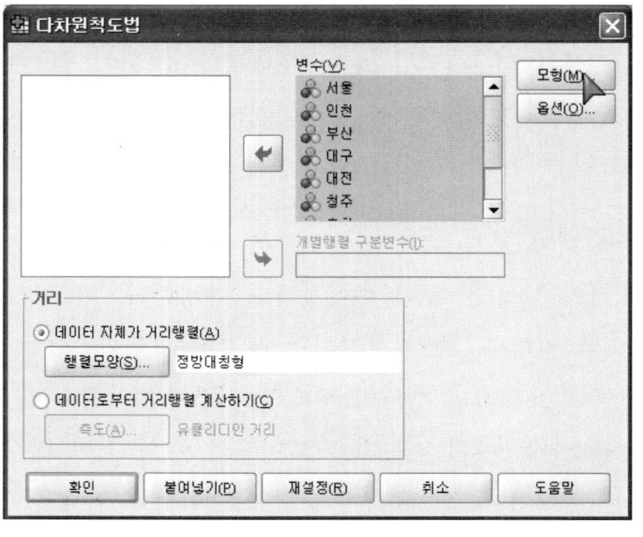

여기에서 변수들을 선택 이동시킨다. 데이터 편집기에 입력된 데이터는 거리행렬이므로 거리 상자에서 "Data are distances(**데이터 자체가 거리행렬**)"을 선

택해야 한다. 그러나 이미 디폴트로 선택되어 있으며, 또한 행렬의 모양이 정방대칭형이므로 특별히 변경할 사항은 없다. 이제 [모형(M)...] 단추를 클릭한다.

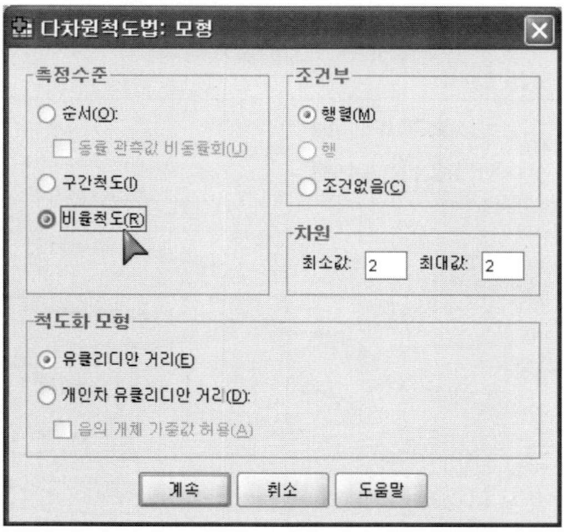

항공거리는 척도로 보면 절대적 원점이 존재하고 비율의 의미가 있음으로 비율척도이다. 그러므로 측정수준에서 비율척도를 지정하고 [계속]을 클릭한다.

다음으로 주대화상자에서 [옵션(O)...]을 클릭한다.

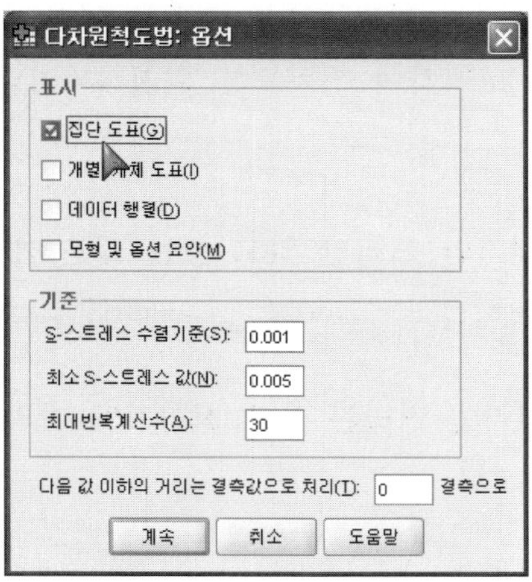

위치도를 작성하기 위하여 출력상자에서 집단도표를 체크한다. 계속 을 클릭한다. 다시 주대화상자에서 확인 을 클릭하면 다차원척도법이 수행된다. 이렇게 윈도우용 SPSS를 사용하여 MDS분석을 하면 다음 위치도와 같은 지도를 얻을 수 있다.

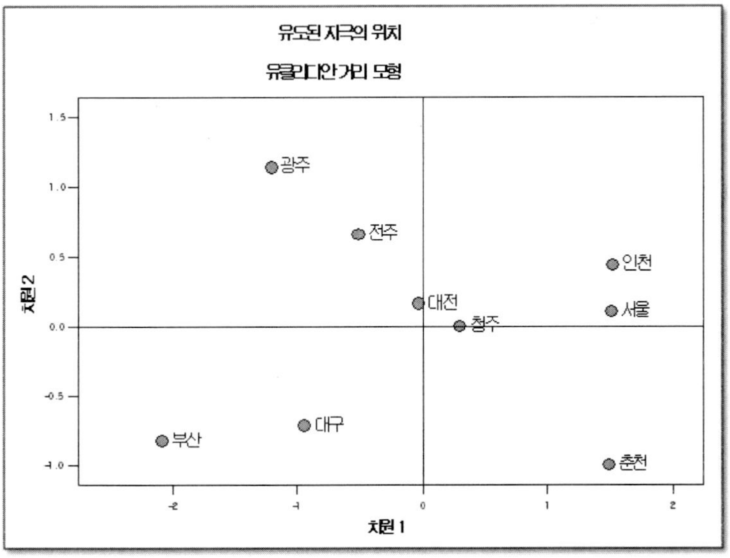

다차원척도법을 이용하여 그린 도표는 실제의 지도와 유사하다. 지도상의 북쪽이 도표 상에 오른쪽에 나타나고 지도상의 동쪽이 도표 상에 하단에 나타나는 점만이 다르다. 즉 작성된 위치도에서 방위에 대한 정보는 알 수가 없으므로 분석자가 방위를 고려하여 위치도를 회전시키거나 다시 작성해도 된다.

MDS의 첫 번째 장점은 상대적인 거리만 알고 있는 많은 개체들의 위치도를 쉽게 작성할 수 있다는 점이다.

MDS의 두 번째 장점은 물리적인 거리는 물론 심리적인 거리에 근거하여 위치도를 작성할 수 있다는 점이다.

일단 심리적인 태도에 따른 개체간의 거리만 계산하면, MDS 프로시저를 사용하여 위치도를 작성할 수 있다. 이러한 이유로 MDS는 시장조사에서 시장세분화에 적용할 수 있으며, 사회조사에서는 심리적 태도에 따라 응답자들을 위치화할 수 있다.

이제 정치적 성향에 따라 9대도시의 위치도를 작성하는 예를 들어보자. 정치적 성향을 측정하는 요인들은 다음과 같이 22개의 요인들을 고려하였다.

[정치 위치도 작성에 사용된 주요변수]

남북관계 전망	국회의원에 대한 평가
원하는 권력구조	민주주의 이해도
진정한 평화적 정권교체	우리나라 민주주의의 평가
학원의 경찰투입	민정당의 대야자세
평화적 정권교체 가능성	양보와 타협을 중시하는 정치
재야인사에 대한 평가	정치화 국민여론 반영도
민추협 인지도	정치 지도자의 연령
민정당의 신뢰도	외채상환 능력
지역구 국회의원 인지도	12대 국회에의 기대정도
국회의원의 대우문제	민한당 의원의 신민당 입당에 대한 평가
국회의원 겸직	국민의 민주적 역량

22개 요인에 기초하여 다음과 같은 거리행렬을 구하였다.

[9대 도시의 정치성향 거리행렬]

서울	인천	부산	대구	대전	청주	춘천	광주	전주
.000	.	.	.	.	.	.	.	.
8.691	.000	.	.	.	.	.	.	.
7.780	9.164	.000	.	.	.	.	.	.
11.980	12.056	4.397	.000	.	.	.	.	.
14.885	16.029	9.161	8.539	.000	.	.	.	.
15.790	16.789	8.894	5.680	11.203	.000	.	.	.
25.852	26.544	19.277	15.512	15.318	15.449	.000	.	.
5.400	13.024	12.812	16.977	19.082	19.972	30.251	.000	.
5.267	13.442	11.162	14.949	15.983	18.483	26.632	4.922	.000

정치적 성향에 따른 거리행렬은 "도시2.SAV"로 예제 디스크에 보관되어 있으므로 SPSS로 읽어들인 다음 앞에서 수행한 절차대로 수행하면 다음과 같은 정치적 태도에 따른 9대도시의 위치도를 얻을 수 있다.

[정치적 태도에 따른 9대도시의 위치도]

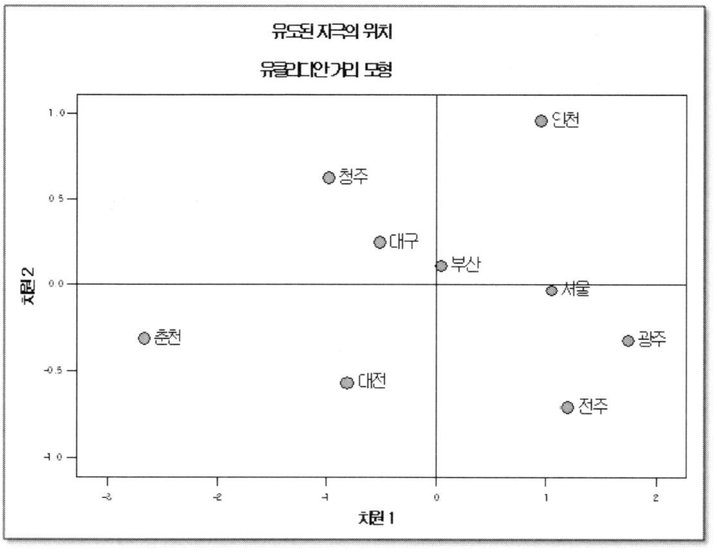

이 지도는 앞에서 분석한 항공로에 의한 위치도와는 매우 상이한 모습이다. 각 도시들의 위치와 관련하여 X축, Y축에 이름을 부여할 수 있다. 각 도시별로 22개 요인들의 값들을 살펴보면 X축 양의 방향에 '부정적 정치발전 전망', X축 음의 방향을 **'낙관적 정치발전 전망'**으로 부여할 수 있으며, Y축 양의 방향에 **'긍정적 정치평가'**, 음의 방향에 **'부정적 정치평가'**로 이름을 부여할 수 있다.

복잡한 변수를 가지는 축척지도를 해석하기 위해서는 요인분석의 결과를 이용하면 도움이 될 수 있다. 요인분석의 요인적재량(factor loading)이 선형회귀분석의 회귀계수와 같은 성질을 가지기 때문이다. 그러나 2차원의 다차원축척에 의해 축적된 지도와 같지 않다. 즉, 요인분석에서 처음 두 요인에 의해 설명된 분산도가 50%정도라면 나머지 요인이 차지하는 50%까지를 반영하여 작성한 지도가 다차원축척지도이며 두 요인에 의한 지도는 나머지 분산도를 전혀 반영시키지 않고 평면에 투영(projection)한 형태이기 때문이다.

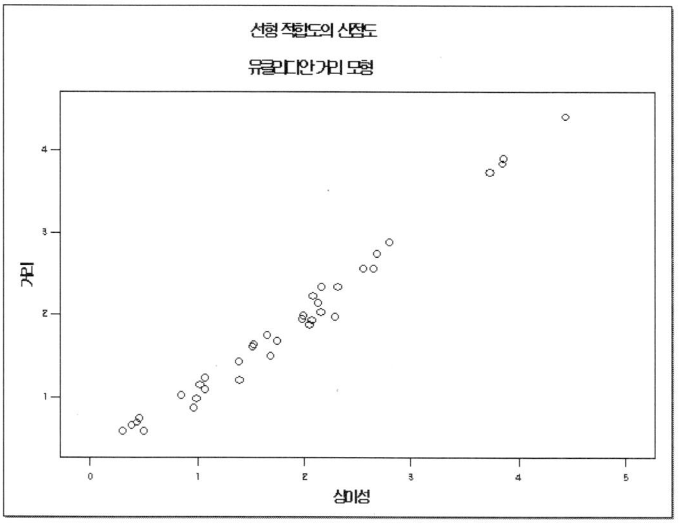

SPSS의 ALSCAL 프로시저는 실제 개체들간의 거리가 얼마나 잘 2차원 평면상에 정보의 손실이 없이 위치하였는가를 판단해 볼 수 있는 다음과

같은 도표를 출력하여 주는데 이를 “**선형 적합 산점도**(Scatterplot of Linear Fit)”라 한다. 즉 대각선 방향으로 거의 선형에 가까우면 2차원 평면상에 적합이 잘된다는 것을 알 수 있다. 선형에 가까울수록 Stress의 값은 작아지고 설명력인 RSQ(결정계수) 값은 커지게 된다.

이 도표의 제목에서 ‘적합도’라는 표현은 통계학에서 언급되는 ‘Goodness of Fit’을 의미하는데 여기에서는 단지 선형적합(linear fit)이란 의미이다. 적절하게 번역되지 못했음을 알고 분석자가 되새기기 바란다. SPSS Statistics 17.0의 한글화 부분들이 간혹 엉뚱하게 번역된 부분들이 나타나는데 이는 단어바꾸기(words change)로 번역되기 때문에 일어날 수 있는 오류이다. 중요한 것은 분석을 행동지향적으로 어떻게 할 것인가 이지 번역의 엉뚱함에 신경쓸 필요는 없다.

18.2 19가지 승용차의 위치화

이제 국내에서 생산되는 대표적인 19종의 승용차에 대한 위치도 작성에 MDS기법을 적용시켜 보자. 국내 19종의 승용차의 8가지 재원변수들을 조사하였으며 데이터 디스켓의 “승용차사양.sav”로 보관되어 있다.

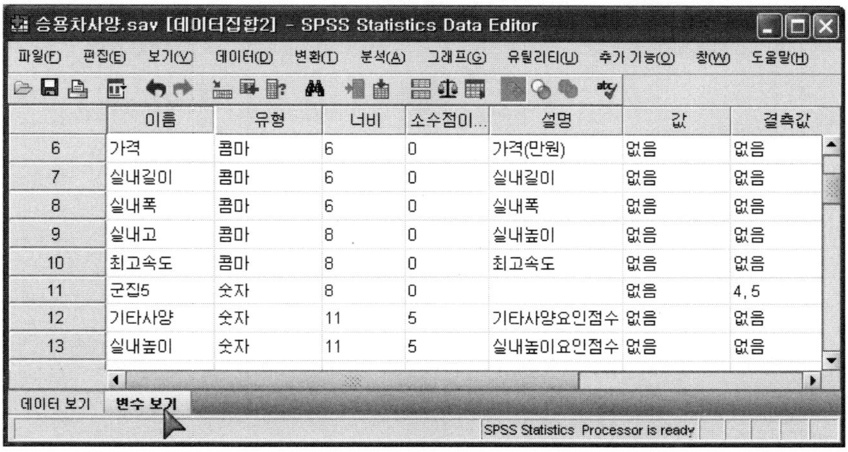

여기에서 사용된 승용차의 재원은 배기량(cc), 자동차의 중량(Kg), 가솔린 1리터당 주행거리(Km/l), 승용차 가격(만원), 승용차의 실내길이(mm), 폭(mm), 실내고(mm), 최고속도(Km/h)등이다. 괄호 안의 문자는 측정단위이다.

먼저 승용차의 8가지 재원에 근거하여 각 승용차간의 상이성 거리를 계산하여 보자. SPSS상에 Proximities 프로시저를 사용하면 이와 같은 상이성 거리를 계산할 수 있다. 윈도우용 SPSS상에서는 다음과 같이 주메뉴에서

분석 > **상관분석** > **거리측도**...

을 선택함으로써 다음과 같은 거리측도 대화상자를 호출할 수 있다.

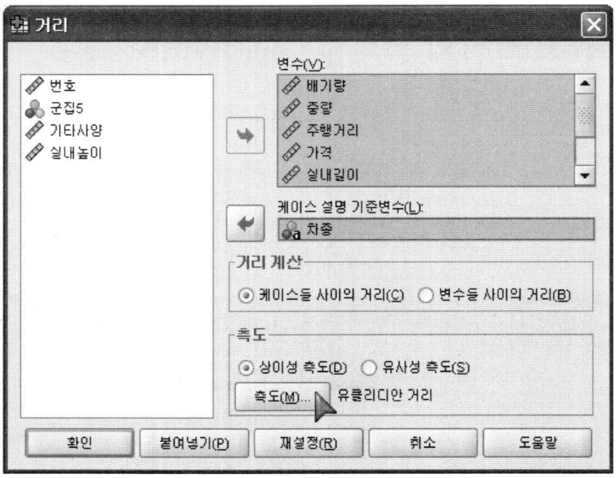

여기에서 8가지 재원 변수들을 선택 이동시키고, 문자변수인 '**차종**'을 케이스 설명 기준변수란에 이동시킨다. 거리는 데이터 편집기에 수록된 케이스들 사이의 거리를 계산하므로 디폴트인 '**⊙케이스들 사이의 거리**'로 설정되어 있는지를 확인하고 측도(M)... 를 클릭한다.

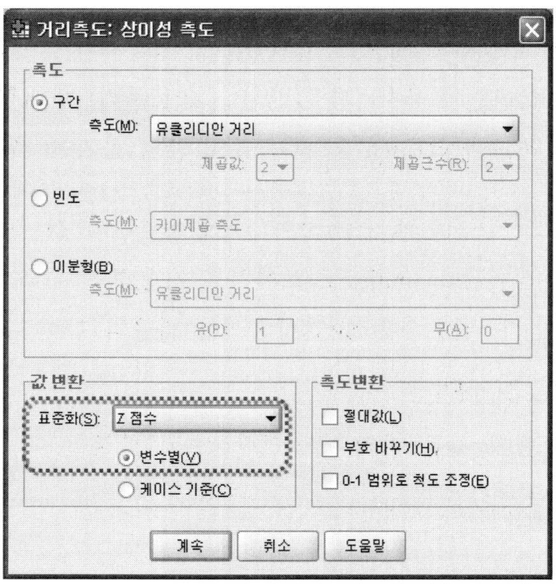

여기에서 각 8가지 재원 변수들의 측정단위가 서로 다르므로 동일한 척

도로 조정하기 위하여 각 변수들을 표준화해야 한다. 이는 값 변환 상자에서 'Z 점수'를 선택하고 변수들을 표준화해야 함으로 **'변수별'**을 선택해야 한다. [계속] 단추를 클릭한다. 다시 주대화상자에서 [확인]를 클릭하면 거리행렬이 피벗표로 SPSS 뷰어에 출력된다.

[19가지 승용차의 재원에 따른 상이성 거리행렬]

근접행렬

	유클리디안 거리																		
	1: 엑센트 1.5 DOHC	2: 아반떼1.5 GLS	3: 쏘나타 III 2.0 GOLD	4: 티뷰론2.0 TGX	5: 그랜저 V6 3000	6: 다이너스티V6 3500	7: 티 코 SE	8: 누비라1.5 DOHC	9: 라노스1.5 DOHC	10: 레간자2.0 DOHC	11: 뉴프린스1.8 DOHC	12: 뉴브로엄2200 DOHC	13: 아카디아 로얄 3.2	14: 프라이드 웨곤	15: 세피아 레오1.5 DOHC	16: 크레도스2.0 EXCESS	17: 포텐샤 V6 3000	18: 엔터프라이즈 3.6 CEO	19: 무쏘 602
1:엑센트 1.5 DOHC	.000	1.342	3.051	2.169	4.631	5.572	5.134	1.200	.630	2.683	2.090	2.549	5.096	1.203	.883	3.161	4.027	6.288	4.882
2:아반떼1.5 GLS	1.342	.000	2.235	2.348	3.888	5.049	5.543	.956	1.116	2.292	1.256	2.129	4.511	1.999	1.335	2.422	3.317	5.814	4.889
3:쏘나타 III 2.0 GOLD	3.051	2.235	.000	2.375	2.167	3.283	7.409	2.026	2.713	1.290	1.313	1.347	2.848	3.951	2.767	.819	1.947	3.889	4.466
4:티뷰론2.0 TGX	2.169	2.348	2.375	.000	3.692	4.266	6.144	2.006	2.063	1.862	1.938	1.635	3.782	3.242	1.819	2.480	3.262	4.824	5.208
5:그랜저 V6 3000	4.631	3.888	2.167	3.692	.000	1.551	8.719	3.785	4.364	2.685	2.971	2.283	1.502	5.459	4.380	2.420	.835	2.548	4.229
6:다이너스티V6 3500	5.572	5.049	3.283	4.266	1.551	.000	9.587	4.861	5.349	3.410	4.058	3.082	.965	6.425	5.349	3.326	1.943	1.237	4.805
7:티 코 SE	5.134	5.543	7.409	6.144	8.719	9.587	.000	5.847	5.132	7.154	6.235	6.869	8.957	4.520	5.002	7.349	8.131	10.338	8.709
8:누비라1.5 DOHC	1.200	.956	2.026	2.006	3.785	4.861	5.847	.000	.856	2.007	1.293	1.918	4.402	2.084	1.017	2.225	3.296	5.565	4.414
9:라노스1.5 DOHC	.630	1.116	2.713	2.063	4.364	5.349	5.132	.856	.000	2.407	1.681	2.319	4.867	1.387	.581	2.762	3.808	6.046	4.676
10:레간자2.0 DOHC	2.683	2.292	1.290	1.862	2.685	3.410	7.154	2.007	2.407	.000	1.277	1.065	3.041	3.560	2.543	1.063	2.340	3.876	4.323
11:뉴프린스1.8 DOHC	2.090	1.256	1.313	1.938	2.971	4.058	6.235	1.293	1.681	1.277	.000	1.276	3.570	2.869	1.797	1.346	2.518	4.738	4.473
12:뉴브로엄2200 DOHC	2.549	2.129	1.347	1.635	2.283	3.082	6.869	1.918	2.319	1.065	1.276	.000	2.607	3.475	2.337	1.467	1.774	3.819	4.217
13:아카디아 로얄 3.2	5.096	4.511	2.848	3.782	1.502	.965	8.957	4.402	4.867	3.041	3.570	2.607	.000	5.942	4.862	2.860	1.622	1.758	5.069
14:프라이드 웨곤	1.203	1.999	3.951	3.242	5.459	6.425	4.520	2.084	1.387	3.560	2.869	3.475	5.942	.000	1.742	3.936	4.817	7.151	5.099
15:세피아 레오1.5 DOHC	.883	1.335	2.767	1.819	4.380	5.349	5.002	1.017	.581	2.543	1.797	2.337	4.862	1.742	.000	2.899	3.861	6.068	4.871
16:크레도스2.0 EXCESS	3.161	2.422	.819	2.480	2.420	3.326	7.349	2.225	2.762	1.063	1.346	1.467	2.860	3.936	2.899	.000	2.189	3.778	4.466
17:포텐샤 V6 3000	4.027	3.317	1.947	3.262	.835	1.943	8.131	3.296	3.808	2.340	2.518	1.774	1.622	4.817	3.861	2.189	.000	2.970	4.130
18:엔터프라이즈 3.6 CEO	6.288	5.814	3.889	4.824	2.548	1.237	10.338	5.565	6.046	3.876	4.738	3.819	1.758	7.151	6.068	3.778	2.970	.000	5.452
19:무 쏘 602	4.882	4.889	4.466	5.208	4.229	4.805	8.709	4.414	4.676	4.323	4.473	4.217	5.069	5.099	4.871	4.466	4.130	5.452	.000

이것은 상이성 행렬입니다.

근접성 행렬에서 '라노스 1.5 DOHC'와 '세피아 레오 1.5 DOHC'간의 유클리드 거리가 '0.581'로 가장 가까우며 '티코 SE'와 '엔터프라이즈 3.6 CEO'간의 유클리드 거리가 '10.338'로 가장 멀다.

다차원공간상의 개체들을 3차원이나 2차원 평면상으로 투영하는 작업은 필연적으로 정보의 손실을 수반하게 된다. 또한 자칫 잘못 투영하게 되면 원래의 모양으로부터 상당히 동떨어진 위치도를 작성하게 된다.

다음은 다차원척도법을 사용하여 위치도를 작성하여 보자. 주메뉴에서

분석 > **척도** > **다차원척도법**(ALSCAL)...

을 선택하면 다음과 같은 '**다차원척도법**(ALSCAL 프로시저)' 대화상자가 열린다.

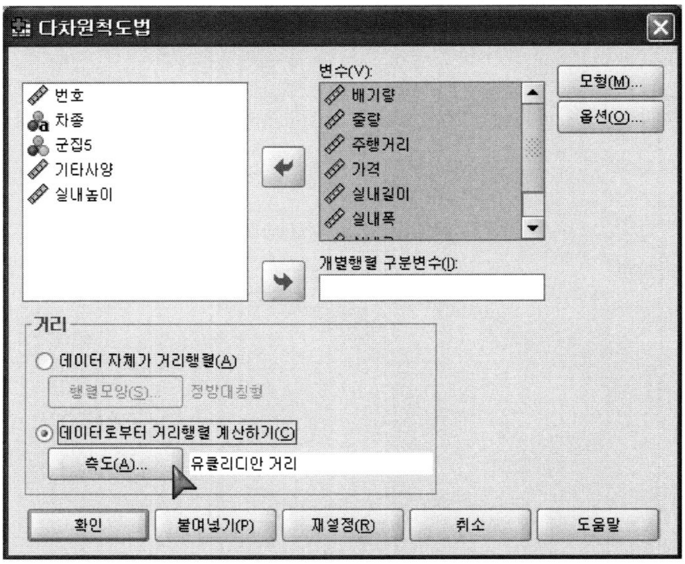

8가지 재원변수들을 선택 이동시키고, '데이터로부터 거리행렬 계산하기'를 지정한 다음 측도(A)... 단추를 클릭한다.

변수기준으로 표준화시키고 케이스들 사이의 거리 행렬을 만들어 수행하는 것으로 지정한 다음 계속 단추를 클릭한다. 위치도를 작성하기 위하

여 다차원척도법 주대화상자에서 [모형(M)...] 및 [옵션(O)...] 단추를 차례대로 클릭하여 다음과 같이 지정한다.

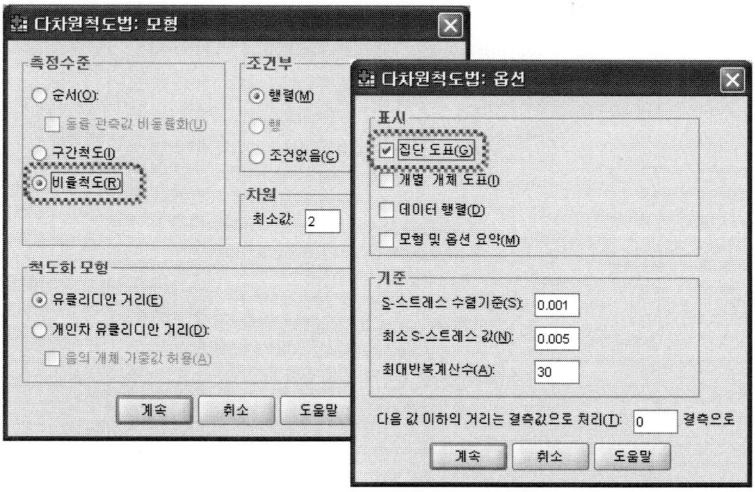

출력상자에서 집단도표를 체크하고 난 다음 [계속] 단추를 클릭한다. 마지막으로 다차원척도법 주대화상자에서 [확인]를 클릭한다.

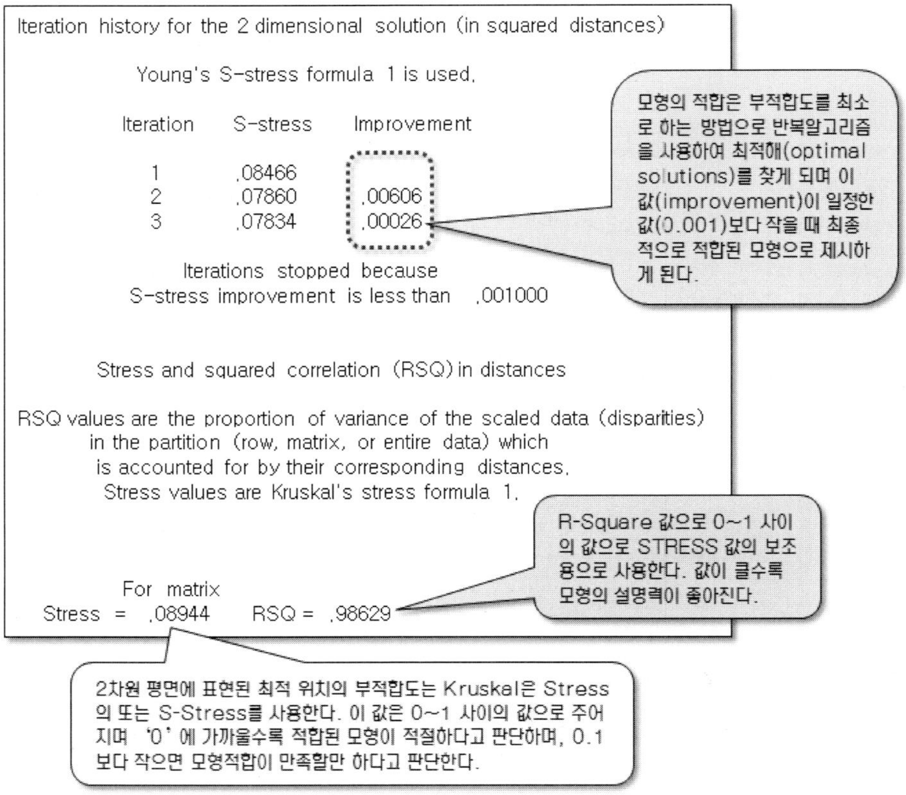

Iteration history for the 2 dimensional solution (in squared distances)

Young's S-stress formula 1 is used.

Iteration	S-stress	Improvement
1	.08466	
2	.07860	.00606
3	.07834	.00026

Iterations stopped because
S-stress improvement is less than .001000

Stress and squared correlation (RSQ) in distances

RSQ values are the proportion of variance of the scaled data (disparities)
in the partition (row, matrix, or entire data) which
is accounted for by their corresponding distances.
Stress values are Kruskal's stress formula 1.

For matrix
Stress = .08944 RSQ = .98629

ALSCAL프로시저는 각 반복에 대한 반복 내역, 반복에서의 S-스트레스와 개선량(improvement)을 출력한다. 모형의 적합은 부적합도를 최소로 하는 방법으로 반복알고리즘을 사용하여 최적해(optimal solutions)를 찾게 되며 이 값이 일정한 값(0.001)보다 작을 때 최종적으로 적합된 모형으로 제시하게 된다.

[표 18-1] 적합도 판정기준

STRESS	적합 정도
0	Perfect
0~0.05	Excellent
0.05~0.10	Satisfactory
0.10~0.15	Acceptable, but doubt
0.15 이상	Poor

Stress : STandardized REsidual Sum of Squares

2차원 평면에 표현된 최적 위치의 부적합도는 Kruskal의 STRESS (STandardized REsidual Sum of Squares)를 사용한다. 이 값은 0~1 사이의 값으로 주어지며 '0'에 가까울수록 적합된 모형이 적절하다고 판단할 수 있으며 '0.1' 이하이면 만족할 만하다고 판단한다. 이 STRESS의 판단기준에 대해 Kruskal(1964)[4]은 자신의 논문에서 다음과 같은 [표 18-1]를 기준으로 제시하였으므로 이를 참고하여 적합도를 판단하기 바란다.

주의할 점은 반복내역에서 최종 S-스트레스 '0.07834'는 제곱거리로 정의되고 스트레스 '0.08944'는 거리로 정의되기 때문에 값이 같지 않다는 사실을 유념하기 바란다.

Stimulus Coordinates

Stimulus Number	Stimulus Name	Dimension 1	Dimension 2
1	VAR1	1.0741	-.2640
2	VAR2	.7728	-.0624
3	VAR3	-.4220	.1793
4	VAR4	.3104	.7294
5	VAR5	-1.3211	-.0254
6	VAR6	-1.8393	.2233
7	VAR7	3.3237	.7811
8	VAR8	.6245	-.3045
9	VAR9	.9467	-.2088
10	VAR10	-.2642	.1063
11	VAR11	.2141	.0994
12	VAR12	-.2255	.1327
13	VAR13	-1.4993	.5684
14	VAR14	1.4965	-.5210
15	VAR15	.9808	-.0543
16	VAR16	-.4138	.2749
17	VAR17	-.9977	-.0063
18	VAR18	-2.2073	.4102
19	VAR19	-.5538	-2.0584

위의 출력결과는 각 차종의 위치를 2차원 평면상에 표시하기 위한 좌표가 출력되어 있다. 이 좌표를 평면상에 표시한 그림이 다음의 위치도로 표현된다.

4) Kruskal, J. B. 1964. *Multidimensional scaling by optimizing goodness of fit to a nonmetric hypothesis.* Psychometrika, 29, 1-28.

참조) Kruskal, J. B. 1964. Nonmetric multidimensional scaling: A numerical method. *Psychometrika*, 29, 115 - -129.

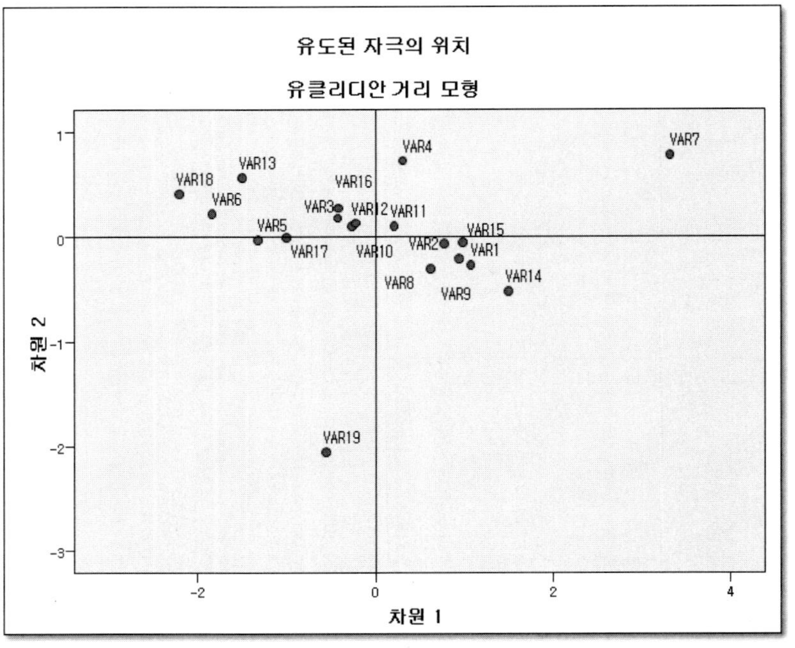

그러나 위의 위치도에 나타난 점표시의 설명이 'VAR1'에서 'VAR19'로 표시되어 있으므로 각 점들이 어떤 차종의 상대적 위치를 표현하는지를 확인하기 위해서는 데이터 편집기에 입력되어 있는 각 케이스의 번호와 위치도의 case의 번호가 일치하는 '차종' 변수의 변수값을 일일이 확인해야 된다. 또한 이러한 위치도를 보고서에 수록할 경우 역시 각 점에 대한 부연 설명이 필요하다. 즉 이러한 위치도는 각 점들의 설명을 참조하기가 불편하기 때문에 위치도 상에 각 점에 대한 차종의 이름을 표시하여 작성하는 것이 바람직하다.

18.2.1 자극좌표값 작업파일 작성하기

위치도 상에 각 점에 대한 차종의 이름을 표시하기 위하여 약간의 작업이 필요하다. 이제부터 차종의 이름이 표시된 위치도를 작성하여 보자.

앞에서 출력된 좌표의 값을 명령문 편집기에 복사하여 새로운 작업 데이터 파일을 만들고 그래프 메뉴의 산점도를 이용하여 다시 위치도를 작성하는 과정을 설명하기로 한다.

우선 다음과 같은 명령문을 작성한다.

```
DATA LIST FREE / N * V(A5) 차원1 * 차원2 *.
BEGIN DATA.
    1       VAR1       1.0741   -.2640
    2       VAR2        .7728   -.0624
    3       VAR3       -.4220    .1793
    4       VAR4        .3104    .7294
    5       VAR5      -1.3211   -.0254
    6       VAR6      -1.8393    .2233
    7       VAR7       3.3237    .7811
    8       VAR8        .6245   -.3045
    9       VAR9        .9467   -.2088
   10       VAR10      -.2642    .1063
   11       VAR11       .2141    .0994
   12       VAR12      -.2255    .1327
   13       VAR13     -1.4993    .5684
   14       VAR14      1.4965   -.5210
   15       VAR15       .9808   -.0543
   16       VAR16      -.4138    .2749
   17       VAR17      -.9977   -.0063
   18       VAR18     -2.2073    .4102
   19       VAR19      -.5538  -2.0584
END DATA.
```

여기에서 *는 디폴트 포맷을 의미하며 (A5)는 문자임을 의미하며 자리수는 5이다. BEGIN --- END DATA 명령문 사이에 읽어 들일 데이터를 복사하면 된다. 그리고 마지막에 EXECUTE 명령문을 선언한다.

이제 명령문 편집기를 열고 좌표값을 복사하고 상단과 하단에 명령문을 작성한다. 전체선택(Ctrl+A)을 한 후 명령문을 실행하거나 실행메뉴에서 모두를 선택하여 실행한다.

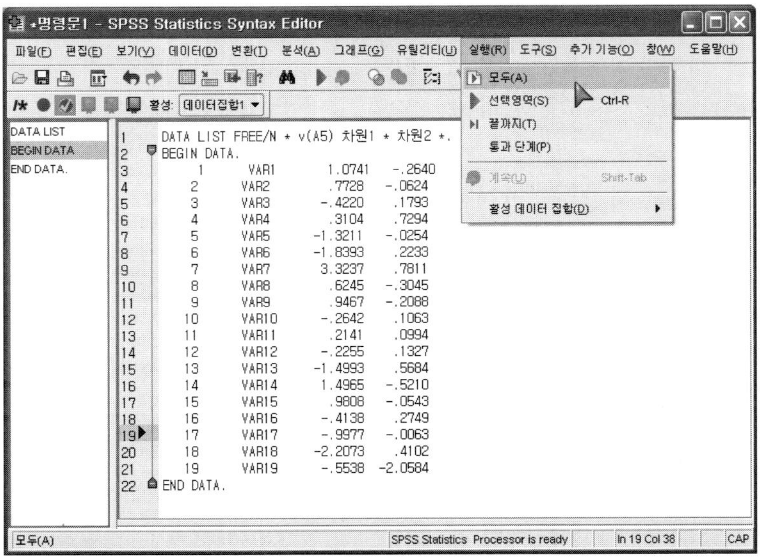

전체 명령문을 실행하면 데이터 편집기에 읽어 들인 각 변수와 변수값이 나타나면 임시로 'temp.sav'로 저장한다.

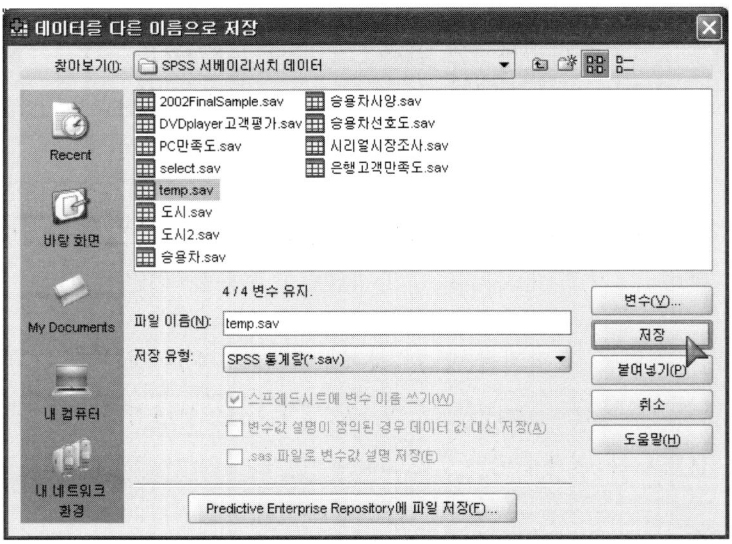

이렇게 저장된 파일의 변수들 중 '차원1'과 '차원2'만 사용하게 될 것이다.

18.2.2 변수 추가하기

이제 저장한 'temp.sav'의 '**차원1**'과 '**차원2**' 변수를 '**승용차사양**.SAV' 파일의 끝에 붙여넣기로 추가하여 보기로 하자.

저장한 'temp.sav'에서 '**차원1**'과 '**차원2**' 변수이름을 끌기하여 선택한 다음 오른쪽 단추를 클릭하여 팝업메뉴에서 다음과 같이 잘라내기(Cut)한다.

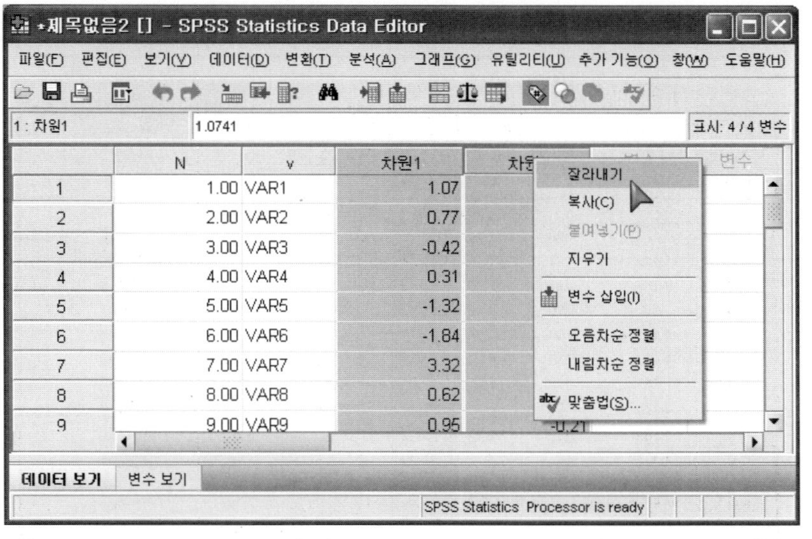

'**승용차사양**.SAV'을 열고 파일의 끝에 비어있는 두 개의 변수를 끌기하여 선택한 다음 오른쪽 단추를 클릭하여 '**붙여넣기**'한다.

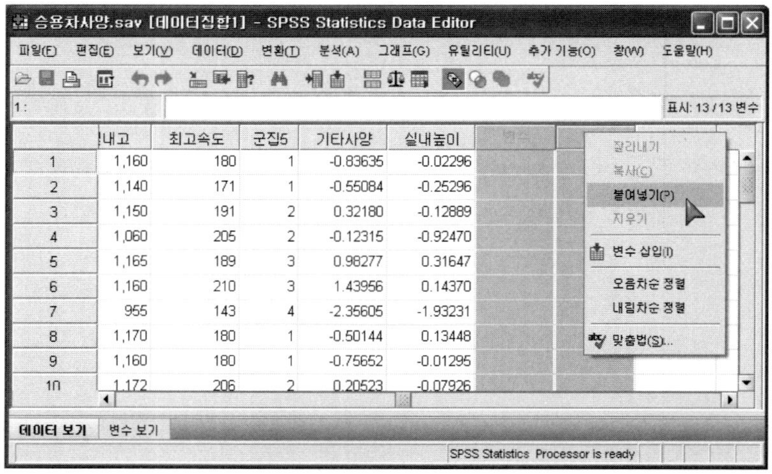

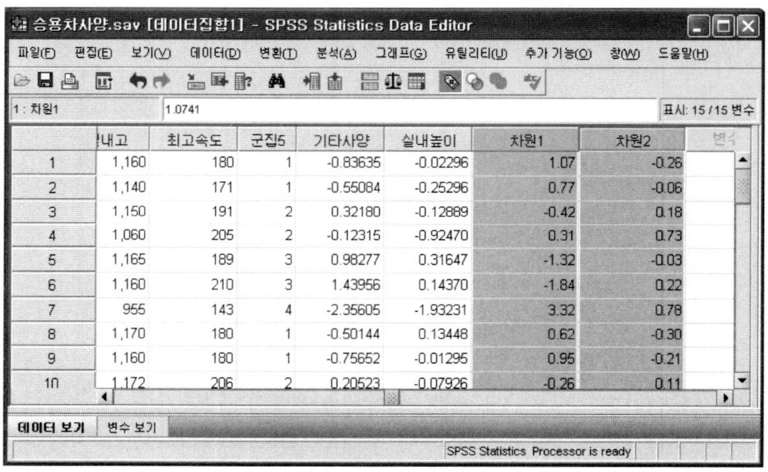

이제 MDS의 자극좌표를 변수로 저장하여 자동차 사양 정보의 끝에 **'차원1'**과 **'차원2'** 변수를 작업 데이터 파일의 뒤에 추가하였다. 이제 산점도를 작성하되 각 점들의 설명이 승용차 이름이 나타나도록 작성해 보기로 하자.

18.2.3 산점도를 이용한 위치도 작성

이제 각 차종의 설명이 붙어 있는 위치도를 작성해 보자. **그래프** 주메뉴에서 다음과 같이 선택한다.

그래프 > 레거시 대화상자 > 산점도/점도표...

산점도 대화상자에서 '**단순 산점도**'를 선택하고 정의 단추를 클릭한다.

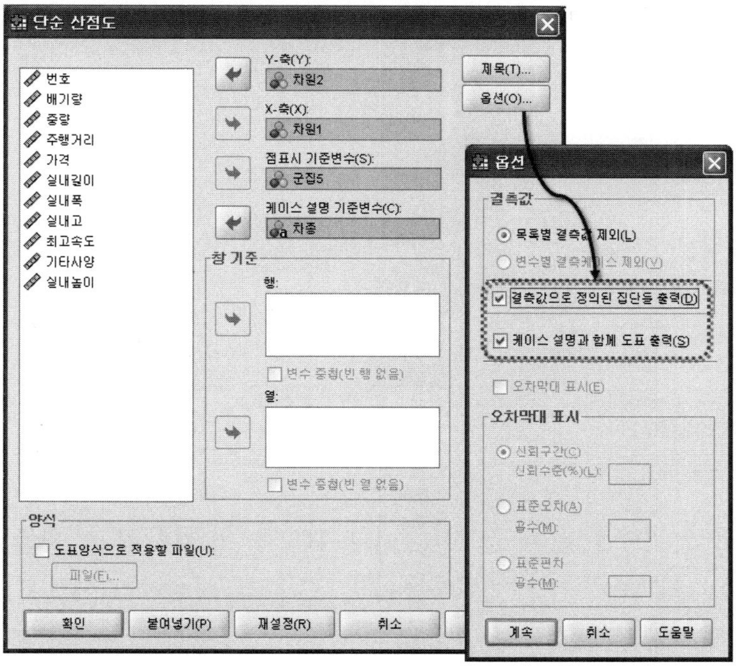

'**단순 산점도**' 대화상자에서 Y-축에 '**차원2**' 변수를 지정하고 X-축에 '**차원1**' 변수를 지정한다. 점표시를 5개 군집에 따라 표시를 구분하기 위하여 '**군집5**'를 '**점표시 기준변수:**'에 지정한다. 그리고 산점도에 나타나는 점표시에 설명을 붙이기 위하여 문자변수 '**차종**'을 '**케이스 설명 기준변수:**'에 지정하고 옵션(O)... 을 클릭하여 '**결측값으로 정의된 집단들 표시**' 및 '**케이스 설명과 함께 도표 출력**'을 지정하여 차종이름이 도표에 나타나게 한다.

이제 확인 를 클릭하면 SPSS 뷰어에 다음과 같은 산점도가 나타난다.

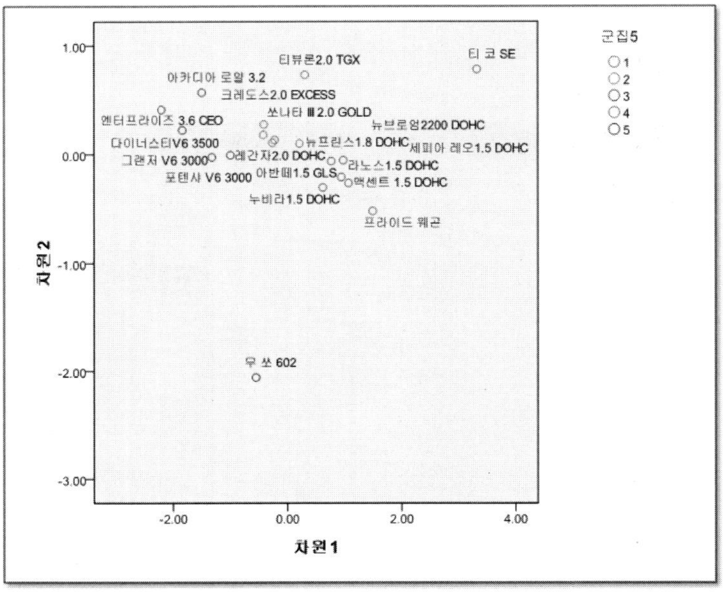

이제 그림을 위치도로서 손색이 없도록 편집해 보자. 참조선, 점표시뿐만 아니라 축의 척도 범위도 SPSS 디폴트를 사용하기 때문에 보통 분석자의 의도에 부합되지 않는 경우가 많다. 그러므로 다소간의 편집이 필요하다. 편집을 하기 위하여 SPSS 뷰어의 산점도 위에 마우스 포인터를 놓고 더블클릭하면 다음과 같은 SPSS 도표 편집기 창이 나타난다.

여기에서 '파일' 메뉴에서'도표양식 적용'을 선택하고 '위치도-군집동일축.sgt'를 열면 양식이 적용된다. 그런데 양식이 정용된 도표는 점표시가 색상만 다르고 모양이 같으므로 군집에 따라 점표시 모양을 다르게 하기 위하여 점표시에 더블클릭하고 특성 대화상자에서 다음과 같이 지정하여 점표시 패턴을 변경한 후 적용 을 클릭한다.

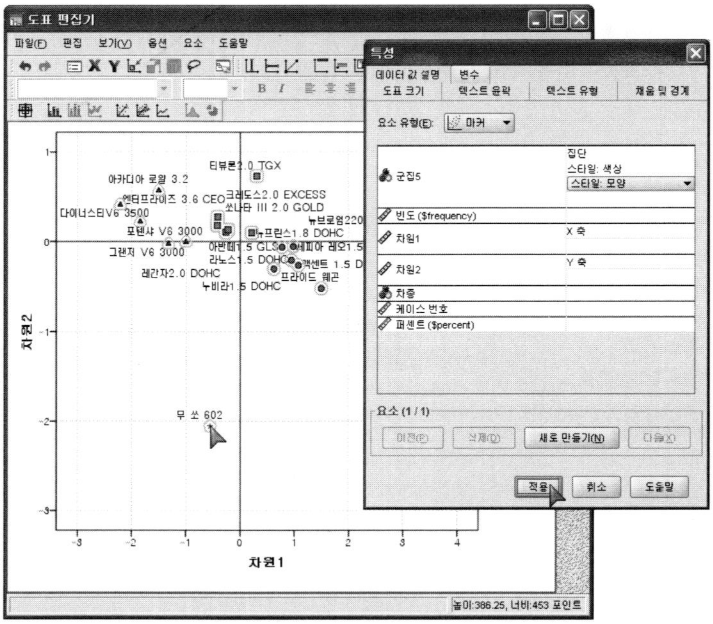

8가지 재원에 따른 승용차의 최종적인 위치도는 다음과 같다.

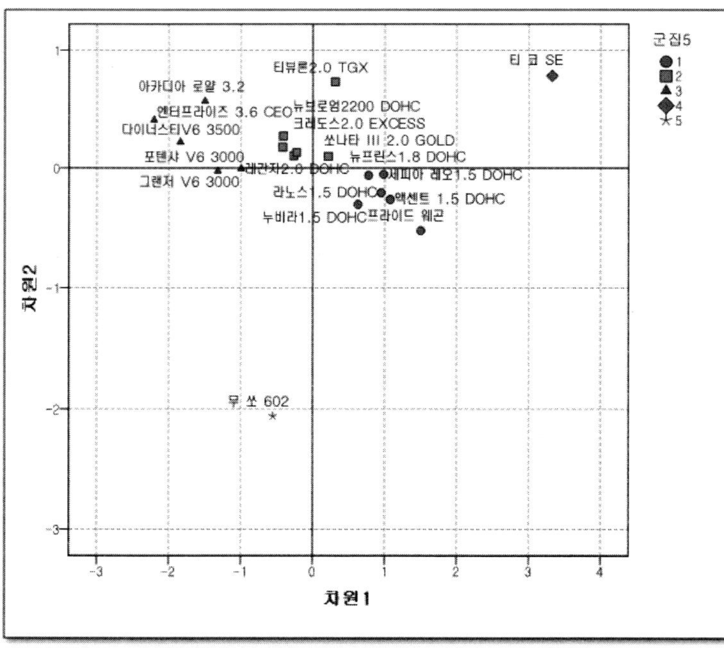

상기의 위치도에 나타난 점들은 서로 간의 상대적 거리가 가까울수록 그만큼 유사한 재원을 가지는 자동차임을 나타낸다. 즉 티코는 오른쪽 양의 방향으로 멀리 떨어져 있음을 알 수 있으며 티코와 상대적 거리가 가까울수록 자동차의 사양이 티코와 유사한 정도가 높아진다. 예를 들어 위치도에서 **'티코'**와 거리가 비교적 가까운 차종은 **'프라이드 웨곤'**이라고 할 수 있다.

그러나 많은 차종이 모여 있는 부분은 서로 겹쳐있기 때문에 위치도 상에서 각 차종의 상대적인 위치를 확인하기 쉽지 않으므로 겹쳐진 부분을 확대하여 살펴보기로 한다. 이는 각 축의 척도를 조정하여 위치도의 해당부분만을 표시하면 된다. 즉 Y축의 척도만을 조정하여 보자.

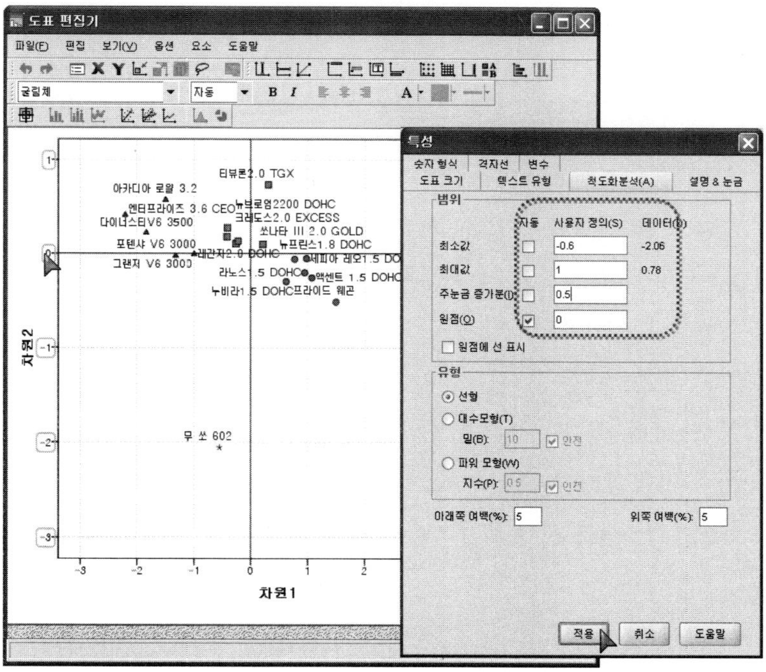

적절한 척도값을 지정한 다음 적용 를 클릭하면 다음과 같이 겹친 부분을 좀 더 확대한 위치도를 볼 수 있다.

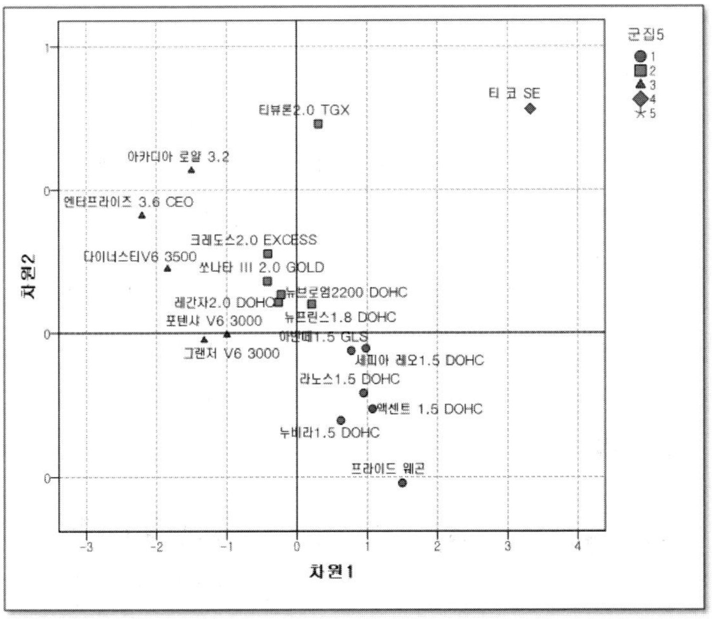

위의 위치도에서 '티코 SE'의 위치로 미루어 짐작해 보면 X축 양의 방향으로 갈수록 차의 크기가 작고, 저가, 저중량, 경제적인 차종이라 할 수 있으며, '엔터프라이즈 3.6'의 위치인 방향으로는 엔진이 크며, 고중량, 고가이며 비경제적인 차종이라 할 수 있다. '크레도스', '쏘나타 III', '뉴프린스', '아반떼', '레간자' 등은 보통 크기, 중가, 보통급의 경제성을 가지는 차종이라 할 수 있다. 그러나 이는 각 자동차의 사양으로 미루어 짐작할 수 있는 것으로 설득력이 미약하다고 할 수 있으므로 이를 확연하게 보여 주기 위해 8개 사양 변수 및 새로운 선호도 변수를 추가하여 위치도를 다시 작성하기로 한다.

18.3 선호도 측정과 선호점수의 계산

물리적인 특성과는 달리 '선호도'는 추상적이며 심리적인 개념이다. 따라서 측정해 내기가 쉽지 않다. '선호도'를 측정하는 가장 쉬운 방법이 응답자의 마음속에 내재된 선호도의 기준에 따라 선호의 순위를 작성하도록 요구하는 것이다.

그러나 19가지 승용차에 대하여 1순위에서 19순위까지 순위를 매기는 것 역시 쉽지 않은 일이다. 따라서 많은 심리학자들이 이러한 문제를 해결하려고 노력을 하였는데, 그 중에서도 일본의 유명한 심리학자인 Hiraki 교수가 실험계획법의 한 방법을 응용하여 BIB(balanced incomplete block) 테스트라는 것이 있다. 기본원리는 매우 간단하다 사람의 손가락은 정상적인 사람인 경우 모두 10개인데 그 중에서도 한 손에 붙어 있는 5개 손가락의 범위내의 순위를 부여하는 것이 인간의 한계일 수도 있다는 점에서 출발하여 10개 이상의 개체들을 사전에 엄격한 규칙에 의거하여 5개미만의 개체를 반복적으로 추출하여 추출된 5개미만의 개체에 대하여 순위를 매기도록 하는 것이다. 그런 후 특수한 계산처리를 하여 10개 이상의 전체 개체들에게 순위를 매긴 것과 같은 효과를 계산하여 내는 것이다.

BIB 설계방법을 예를 들어 설명하기로 한다. 일단 문제를 단순화하기 위하여 제품의 수가 4개(A, B, C, D)만 있다고 가정하자. 물론 실제로 제품의 수가 4개 인 경우는 BIB 설계를 할 필요가 없을 것이다. 이는 BIB를 설계하는 예를 쉽게 이해하기 위하여 사용하는 예임을 명심하기 바란다.

제품의 수가 4개이므로 문항의 수는 제품의 수와 동일하게 4개로 구성한다. 각 문항에는 보통 3~5개의 제품을 배치하는데 3개 제품을 배치한다고 하면, 일단 제품의 순서를 무작위로 배치하여 B, C, A, D로 순서를 정했다고 하면 첫 번째 제품 B를 4개의 문항 중에서 3개의 문항을 무작위로 선정하여 배치해야 하는데 1번, 2번, 4번 문항이 무작위로 뽑혔다고 한다면 1번에 두 번째에 B를 배치하고, 2번에 세 번째에 그리고 4번에 첫 번째에 B를 배치한다. 이는 무작위로 선정된 3개의 문항에 배치 위치가 같지 않도록 균

[그림 18-1] BIB 설계 순서

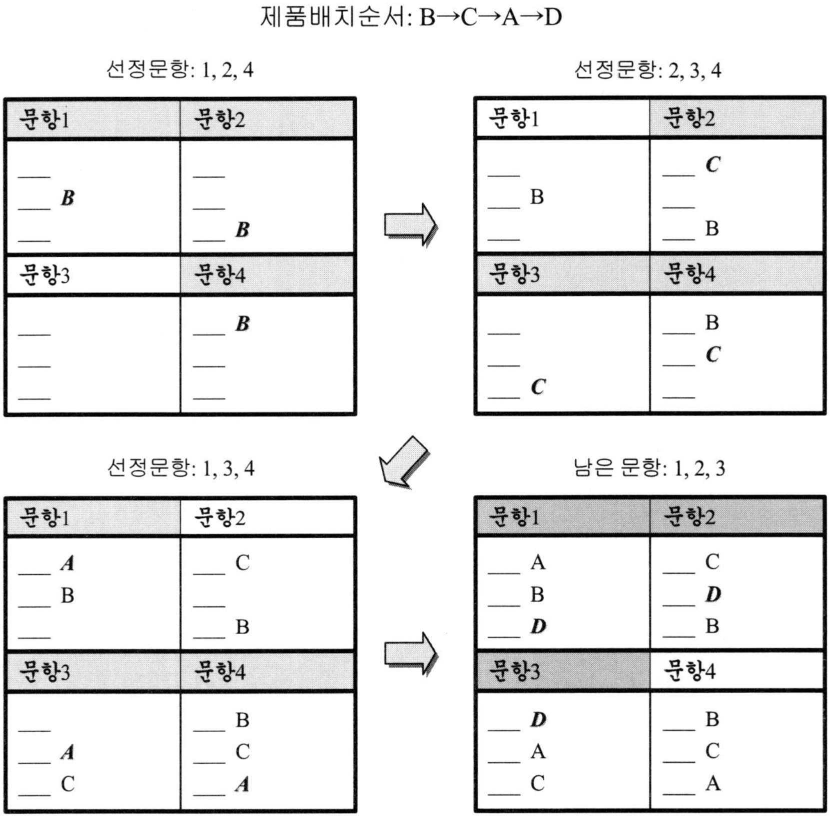

형있게 배치해야 된다. (지금 종이에 4개의 문항을 설정하고 3개씩 집어넣는다고 생각하여 직접 따라 해보기 바란다!) 다음으로 C를 배치하려면 역시 무작위로 3개의 문항을 선정하여(2, 3, 4번 문항이 선정되었다면) 이미 B가 자리잡고 있는 위치에 C를 위치시킬 수 없으므로 선정된 2번 문항의 첫 번째에 C를 위치시키고 4번에 두 번째, 그러면 3번에는 어쩔 수 없이 세 번째에 C를 배치할 수밖에 없게 된다. 다음으로 A는 1, 3, 4번 문항이라면 4번 문항에 세 번째 밖에 없으므로 선택의 여지가 없이 A를 세 번째에 배치

하고 1번에 첫 번째에, 3번에 두 번째에 배치할 수밖에 없게 된다. 마지막으로 제품 D는 선택의 여지없이 빈자리를 찾아 배치하면 됩니다. 직접 제품의 수를 작게하여 직접 해보면 나름대로 보다 더 응용하여 사용할 수 있으리라 생각한다.

결국 처음 배치를 할 때 무작위로 문항을 선정하면 그 이후에는 무작위성(randomness)이 좀 약화되는(미리 결정되는) 경향이 있으므로 처음 몇 개의 제품을 배치할 때 무작위의 법칙을 철저히 따르도록 하는 것이 바람직하다. 물론 아무런 편견없이 배치하면 되지만 특정한 생각으로 일부 제품들을 같은 문항에 배치하는 것은 삼가하기 바란다. 이론적 배경을 상실하여 타당성을 잃을 수 있다. 이상의 과정을 그림으로 요약하면 [그림 18-1]과 같다.

[19종의 자동차 선호도에 대한 BIB 테스트]

각 19개 문항에 나타난 3가지 승용차에 대하여 가장 구입하고 싶은 차에 숫자 '1'을 부여하고, 그 다음 차에 '2', 가장 구입하고 싶지 않은 차에 '3'을 부여하세요.

문 1	문 2	문 3
__ 라노스1.5 DOHC __ 프라이드 웨곤 __ 액센트 1.5 DOHC	__ 다이너스티V6 3500 __ 뉴프린스1.8 DOHC __ 프라이드 웨곤	__ 엔터프라이즈 3.6 CEO __ 크레도스2.0 EXCESS __ 아카디아 로얄 3.2
문 4	**문 5**	**문 6**
__ 쏘나타 III 2.0 GOLD __ 그랜저 V6 3000 __ 무 쏘 602	__ 티 코 SE __ 뉴브로엄2200 DOHC __ 아반떼1.5 GLS	__ 티뷰론2.0 TGX __ 포텐샤 V6 3000 __ 세피아 레오1.5 DOHC
문 7	**문 8**	**문 9**
__ 뉴프린스1.8 DOHC __ 엔터프라이즈 3.6 CEO __ 다이너스티V6 3500	__ 크레도스2.0 EXCESS __ 누비라1.5 DOHC __ 그랜저 V6 3000	__ 무 쏘 602 __ 세피아 레오1.5 DOHC __ 쏘나타 III 2.0 GOLD
문 10	**문 11**	**문 12**
__ 누비라1.5 DOHC __ 액센트 1.5 DOHC __ 레간자2.0 DOHC	__ 아반떼1.5 GLS __ 레간자2.0 DOHC __ 뉴프린스1.8 DOHC	__ 아카디아 로얄 3.2 __ 다이너스티V6 3500 __ 티 코 SE
문 13	**문 14**	**문 15**
__ 포텐샤 V6 3000 __ 라노스1.5 DOHC __ 뉴브로엄2200 DOHC	__ 액센트 1.5 DOHC __ 아반떼1.5 GLS __ 티뷰론2.0 TGX	__ 뉴브로엄2200 DOHC __ 쏘나타 III 2.0 GOLD __ 크레도스2.0 EXCESS
문 16	**문 17**	**문 18**
__ 그랜저 V6 3000 __ 티 코 SE __ 엔터프라이즈 3.6 CEO	__ 프라이드 웨곤 __ 무 쏘 602 __ 라노스1.5 DOHC	__ 레간자2.0 DOHC __ 티뷰론2.0 TGX __ 포텐샤 V6 3000
문 19	지금까지의 설문에 응답해 주신 귀하께 감사드리며. 귀하의 안녕을 기원합니다. 감사합니다.	
__ 세피아 레오1.5 DOHC __ 아카디아 로얄 3.2 __ 누비라1.5 DOHC		

일단 응답자로부터 설문지가 수집되면 BIB 검사문항들을 다음과 같이 각 응답에 대한 선호도를 계산하여야 한다.

문 1	선호점수계산
_1_ 라노스1.5 DOHC _3_ 프라이드 웨곤 _2_ 액센트 1.5 DOHC	☞ 4 - 1 = 3 ☞ 4 - 3 = 1 ☞ 4 - 2 = 2

만약 한 응답자가 위와 같이 응답하였을 경우 각 선호도는 숫자 4에서 각 순위의 값을 빼면 된다. 그런 후 각 승용차별로 부여된 점수를 합산하면 된다. 각 승용차별로 3번 반복되어 있으므로 각 승용차의 선호도 점수는 최소 3점에서 최고 9점이 된다. 각 승용차 별로 모든 응답자의 선호도 점수로부터 평균점수를 구하여 '승용차사양.sav' 파일에 '선호점수'라는 변수를 추가하여 입력하면 된다. 일단 각 19개 차종에 대한 선호도 합점수를 계산하고 19개 차종에 대한 평균점수를 구해 보자. 먼저 '승용차.sav' 파일을 SPSS로 읽어 들인다. SPSS 명령문 편집기 창을 열어 다음과 같은 명령문을 작성한다.

[선호순위를 선호점수로 계산하기 위한 명령문]

```
COMPUTE 승용차01 = (4-선호도3)+(4-선호도29)+(4-선호도40).
COMPUTE 승용차02 = (4-선호도15)+(4-선호도31)+(4-선호도41).
COMPUTE 승용차03 = (4-선호도10)+(4-선호도27)+(4-선호도44).
COMPUTE 승용차04 = (4-선호도16)+(4-선호도42)+(4-선호도53).
COMPUTE 승용차05 = (4-선호도11)+(4-선호도24)+(4-선호도46).
COMPUTE 승용차06 = (4-선호도4)+(4-선호도21)+(4-선호도35).
COMPUTE 승용차07 = (4-선호도13)+(4-선호도36)+(4-선호도47).
COMPUTE 승용차08 = (4-선호도23)+(4-선호도28)+(4-선호도57).
COMPUTE 승용차09 = (4-선호도1)+(4-선호도38)+(4-선호도51).
COMPUTE 승용차10 = (4-선호도30)+(4-선호도32)+(4-선호도52).
COMPUTE 승용차11 = (4-선호도5)+(4-선호도19)+(4-선호도33).
COMPUTE 승용차12 = (4-선호도14)+(4-선호도39)+(4-선호도43).
COMPUTE 승용차13 = (4-선호도9)+(4-선호도34)+(4-선호도56).
COMPUTE 승용차14 = (4-선호도2)+(4-선호도6)+(4-선호도49).
COMPUTE 승용차15 = (4-선호도18)+(4-선호도26)+(4-선호도55).
COMPUTE 승용차16 = (4-선호도8)+(4-선호도22)+(4-선호도45).
COMPUTE 승용차17 = (4-선호도17)+(4-선호도37)+(4-선호도54).
COMPUTE 승용차18 = (4-선호도7)+(4-선호도20)+(4-선호도48).
COMPUTE 승용차19 = (4-선호도12)+(4-선호도25)+(4-선호도50).
EXECUTE.
FORMAT 승용차01 TO 승용차19 (F3.0).
```

첫 번째 명령문 'COMPUTE 승용차01 = (4-선호도3)+(4-선호도29)+(4-선호도40).'은 차종 액센트 1.5 DOHC에 대한 선호점수의 합을 구하는 명령문으로서 액센트에 대한 선호순위를 부여한 변수는 '선호도3', '선호도29', '선호도40'이다. 그러므로 이들 변수값은 선호순위를 1위, 2위, 3위로 부여한 값을 변수값으로 입력되어 있으므로 이들을 점수화하기 위하여 4점에서 순위를 빼면 1위는 3점, 2위는 2점, 3위는 1점으로 점수를 부여하게 된다. 이들 점수를 합하면 선호점수를 만들 수 있다. 이렇게 계산된 선호점수는 변수 '승용차1'에 보관되며 이는 액센트 1.5DOHC 차종의 선호점수가 된다. 이렇게 계산 선호점수는 최소 3점에서 최대 9점 사이의 값이 된다. 역시 같은 방법으로 다른 차종의 선호순위 변수들에 대해서도 선호점수를 계산하면 된다. 마지막으로 소수점이하 자리수를 '0'으로 지정하기 위하여 'FORMAT 승용차01 TO 승용차19 (F3.0).'을 추가한다.

어떤 변수가 어떤 차종을 의미하는 선호점수인지를 쉽게 확인할 수 있도록 하기 위하여 '승용차1'에서 '승용차19'까지 계산하는 명령문 다음에 변수 설명을 붙이는 명령문을 작성한다.

```
VARIABLE LABELS
승용차01 '액센트 1.5 DOHC'
승용차02 '아반떼1.5 GLS'
승용차03 '쏘나타 III 2.0 GOLD'
승용차04 '티뷰론2.0 TGX'
승용차05 '그랜저 V6 3000'
승용차06 '다이너스티V6 3500'
승용차07 '티 코 SE'
승용차08 '누비라1.5 DOHC'
승용차09 '라노스1.5 DOHC'
승용차10 '레간자2.0 DOHC'
승용차11 '뉴프린스1.8 DOHC'
승용차12 '뉴브로엄2200 DOHC'
승용차13 '아카디아 로얄 3.2'
승용차14 '프라이드 웨곤'
승용차15 '세피아 레오1.5 DOHC'
승용차16 '크레도스2.0 EXCESS'
승용차17 '포텐샤 V6 3000'
승용차18 '엔터프라이즈 3.6 CEO'
승용차19 '무 쏘 602'.
```

명령문을 작성이 완료(선호합점수.sps로 저장)되면 명령문 편집기에서 모든 명령문을 전체 선택(Ctrl+A)한 다음 ▶ 단추를 클릭하여 실행한다.

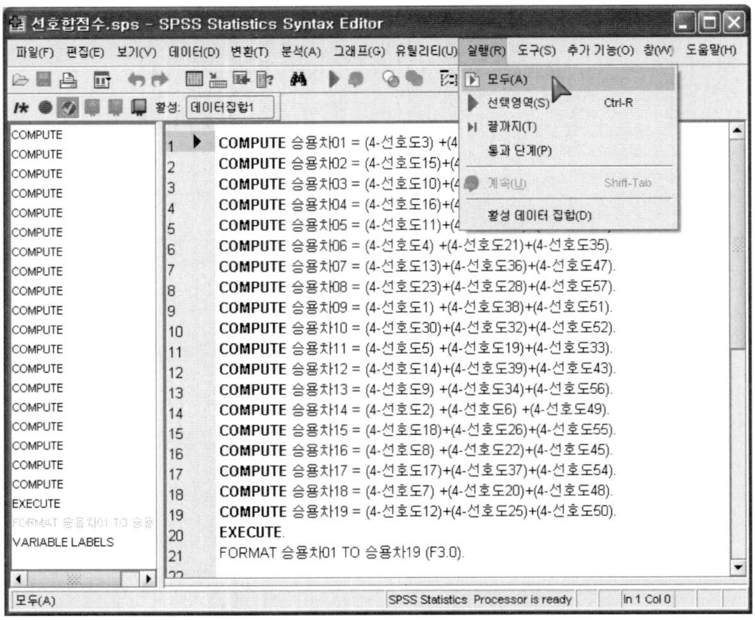

이제 19개 차종에 대한 평균선호점수를 계산하여 보자. 주메뉴에서

분석 ☞ 기술통계량 ☞ 기술통계 …

을 선택하며 다음과 같은 기술통계 주대화상자에서 선호합점수를 보관하고 있는 변수들을 지정하고 [옵션(O)...]을 클릭한다.

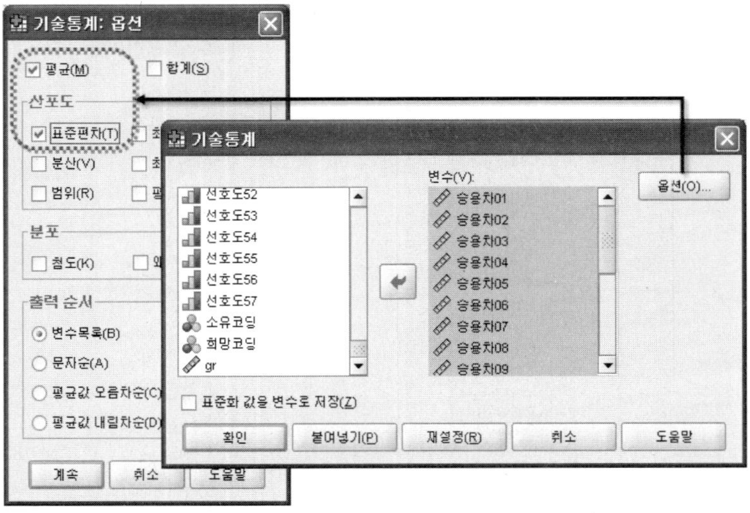

'기술통계: 옵션' 부대화상자에서 평균과 표준편차만 체크하고 다른 통계량은 체크하지 않는다. [계속]를 클릭하고 주대화상자에서 [확인]를 클릭하면 다음과 같이 SPSS 뷰어에 19개 차종에 대한 선호점수의 평균값들이 출력된다.

기술통계량

	N	평균	표준편차
승용차01	215	4.57	1.429
승용차02	215	6.55	1.386
승용차03	215	6.56	1.678
승용차04	215	7.25	1.735
승용차05	215	6.35	1.190
승용차06	215	6.80	1.648
승용차07	215	3.69	1.520
승용차08	215	5.83	1.337
승용차09	215	6.11	1.428
승용차10	215	6.39	1.376
승용차11	215	6.27	1.697
승용차12	215	6.19	1.706
승용차13	215	6.45	1.549
승용차14	215	4.59	1.556
승용차15	215	4.48	1.576
승용차16	215	6.05	1.617
승용차17	215	6.04	1.880
승용차18	215	7.10	1.701
승용차19	215	6.74	1.587
유효수 (목록별)	215		

평균값들을 복사하기 위하여 피벗표를 더블클릭하고 첫 번째 평균값을 클릭하면 다음과 같이 해당 평균값의 셀이 선택된다. 여기에서 [Shift] 키를 누르고 [↓] 키를 사용하면 세로로 블록을 설정할 수 있게 된다.

[Shift]+[↓] 키를 사용하여 블록을 설정할 때 창에서 피벗표를 볼 수 없는 경우 스크롤 막대를 밑으로 내리면 피벗표의 하단을 볼 수 있으며 이때 다시 [Shift] 키를 누르고 [↓] 키를 사용하여 마지막 평균값까지 블록을 설정할 수 있다.

피벗표에 출력된 평균값을 모두 블록으로 설정하였다면 주메뉴에서 상기와 같이 **복사** 메뉴를 선택하거나 Ctrl+C 키를 눌러 복사를 준비한다.

이제 '승용차사양.sav'를 읽어들여 데이터 편집기의 마지막 변수 다음의 새로운 변수의 첫 번째 셀에 현재 입력위치를 지정한다. 그리고 메뉴에서 '붙여넣기(Ctrl+V)'를 수행한다.

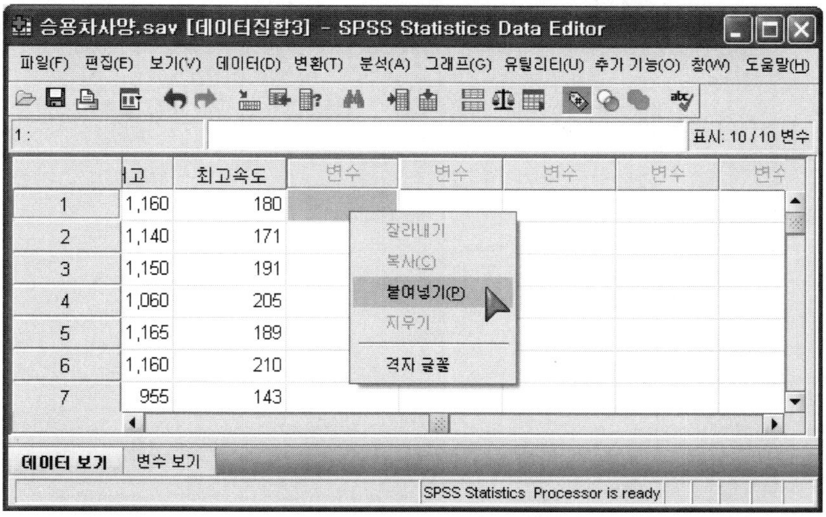

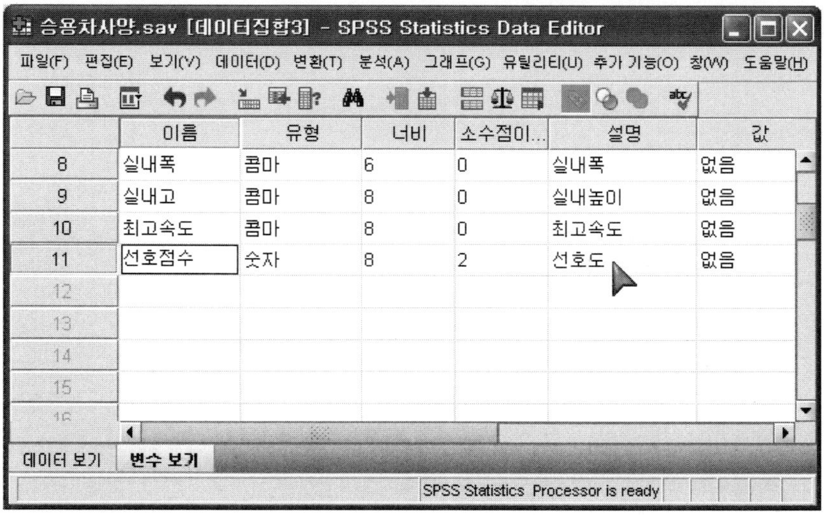

복사된 평균값들이 바르게 붙여졌는지를 확인한 후 변수이름에 더블클릭하여 변수이름을 '선호점수'로 입력한다.

이제 선호점수를 계산하여 데이터 편집기에 입력하였다. 이 시점에서 반드시 해야 할 일은 데이터 편집기의 SPSS 작업 데이터를 저장하는 것이다. 잊지 않기 바란다.

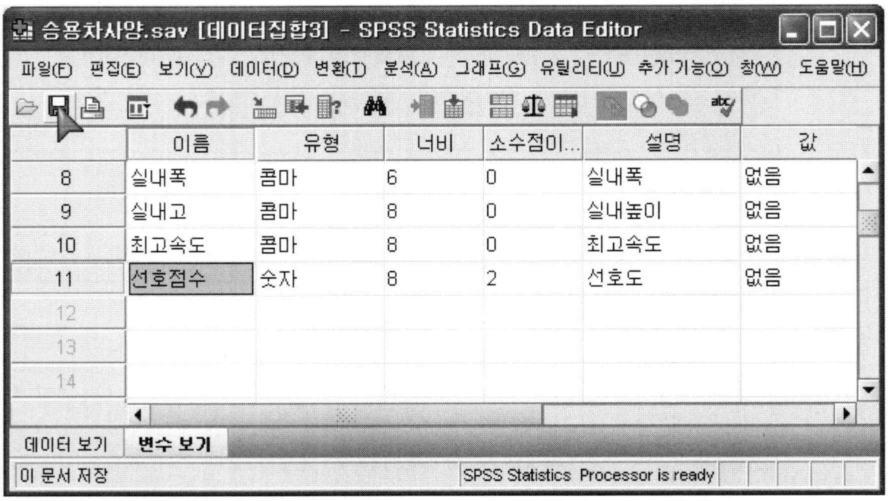
승용차사양.sav [데이터집합3] - SPSS Statistics Data Editor
파일(F) 편집(E) 보기(V) 데이터(D) 변환(T) 분석(A) 그래프(G) 유틸리티(U) 추가 기능(O) 창(W) 도움말(H)
이름 유형 너비 소수점이... 설명 값
8 실내폭 콤마 6 0 실내폭 없음
9 실내고 콤마 8 0 실내높이 없음
10 최고속도 콤마 8 0 최고속도 없음
11 선호점수 숫자 8 2 선호도 없음
12
13
14
데이터 보기 변수 보기
이 문서 저장
SPSS Statistics Processor is ready

18.4 8가지 재원 및 선호점수를 이용한 위치도

이제 선호점수를 19개 차종에 대해 계산하였으므로 다차원척도법을 수행하기 위하여 메뉴에서

분석 ☞ **척도** ☞ **다차원척도법**(ALSCAL) …

을 선택한다.

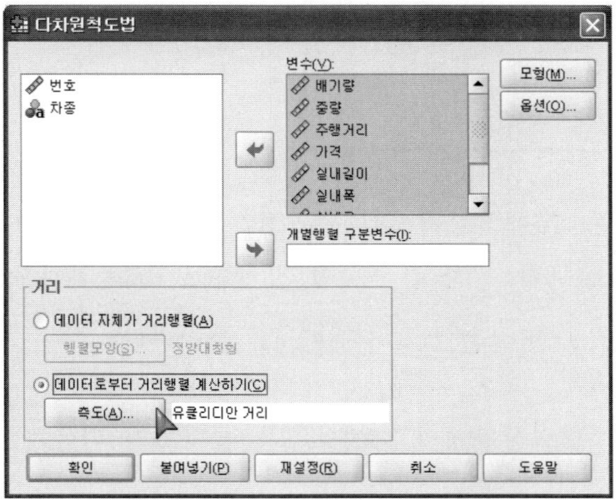

데이터로부터 거리행렬을 계산하기를 선택하고 측도(A)... 단추를 클릭하면 다음과 같은 부대화상자가 나타난다.

측도를 지정하는 부대화상자에서 변수들의 단위가 다르므로 동일하게 상대적 거리를 비교하기 위하여 변수를 기준으로 표준화하고 거리행렬은 '**케이스들 사이의 거리**'로 지정한 다음 계속 를 클릭한다.

다차원척도법 주대화상자에서 모형(M)... 을 클릭하면 다음과 같은 부대화상자가 나타난다.

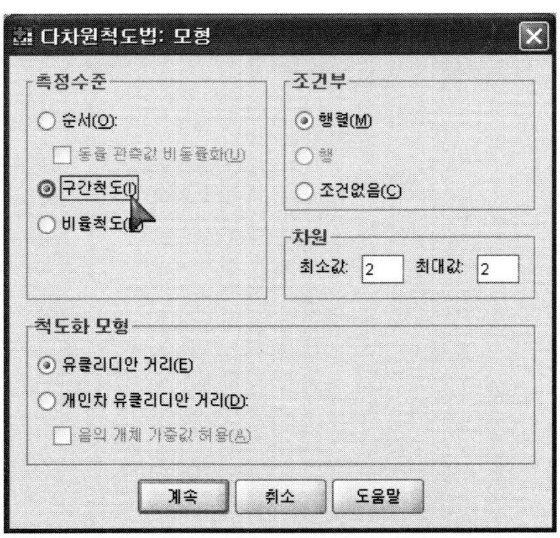

현재 사용되고 있는 변수들의 측정수준은 선호점수만이 등간(interval)척

도이고 나머지는 비율(ratio)척도이다. 그러므로 비율척도를 선택해도 무방하나 등간척도가 하나 있으므로 여기에서는 약간 보수적으로 적용하여 '구간'(등간)척도로 지정하고 [계속]을 클릭한다. 다시 주대화상자에서 [옵션(O)...]을 클릭하여 다음과 같이 출력할 도표를 지정한 다음 [계속]을 클릭한다.

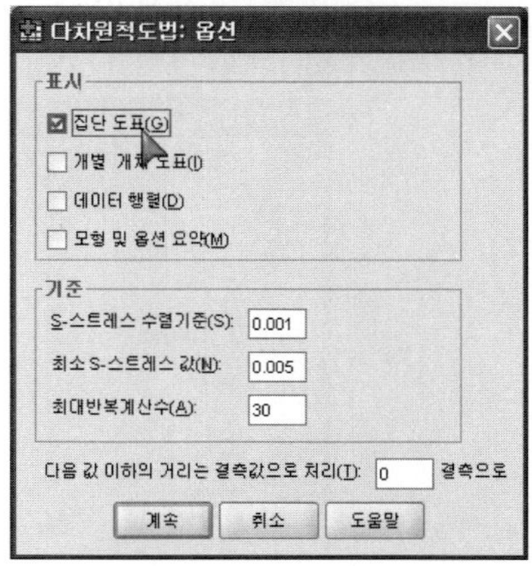

이제 다차원척도법을 수행할 준비가 되었다. [확인]을 클릭하여 수행한다. Kruskal의 Stress가 0.06457로 Kruskal의 기준으로 보면 모형의 적합정도는 만족할 만한 정도라고 판단할 수 있다. 뷰어의 결과 중 다음의 도표를 보면 각 차종의 설명이 VAR? 로 나타나 있으므로 역시 각 점표시의 차종을 확인하기가 쉽지 않다.

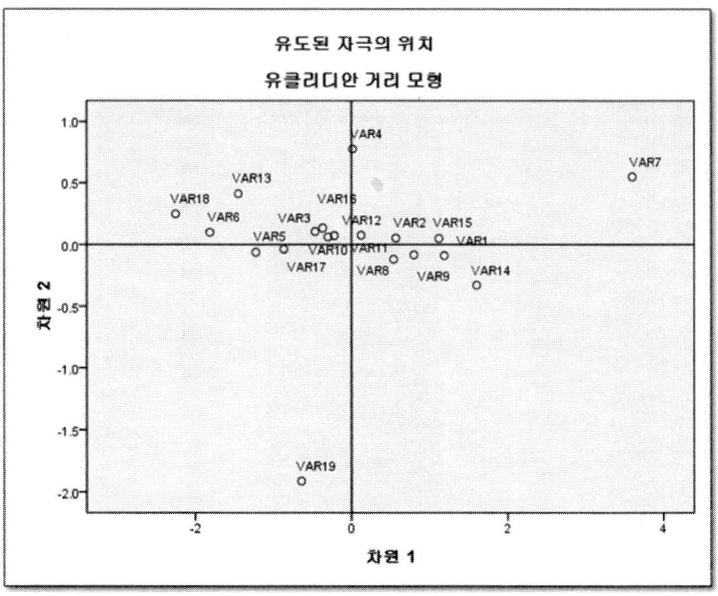

그러므로 뷰어에서 다음의 좌표를 블록으로 설정한 다음 복사를 하면

임시 버퍼에 내용을 저장한다.

파일 주메뉴의 새로 만들기에서 다음과 같이 명령문을 선택하면 새로운 명령문을 작성할 수 있는 명령문 편집기가 나타난다.

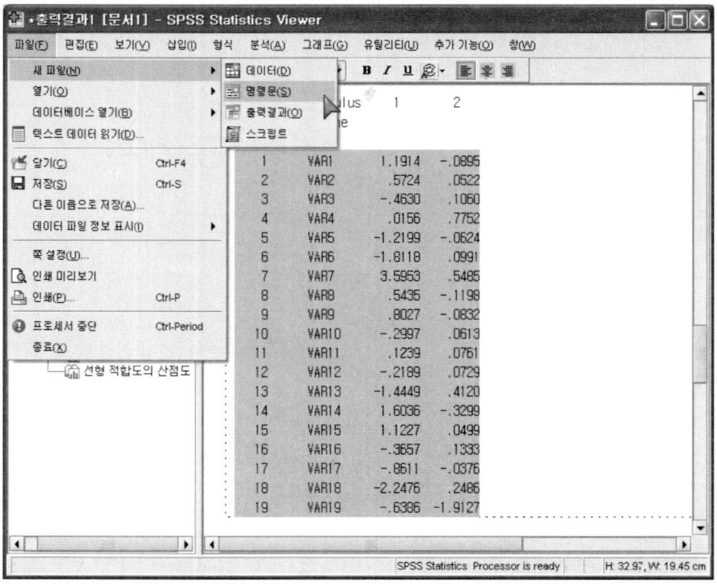

명령문 편집기에서 붙여넣기(Ctrl+V)하고, 상단과 하단에 다음과 같은 명령문을 작성한다. 그리고 명령문 편집기의 편집메뉴에서 전체선택(Ctrl+A)을 한 다음 실행단추를 클릭하면 새로운 데이터를 작성하여 데이터 편집기에 입력된다.

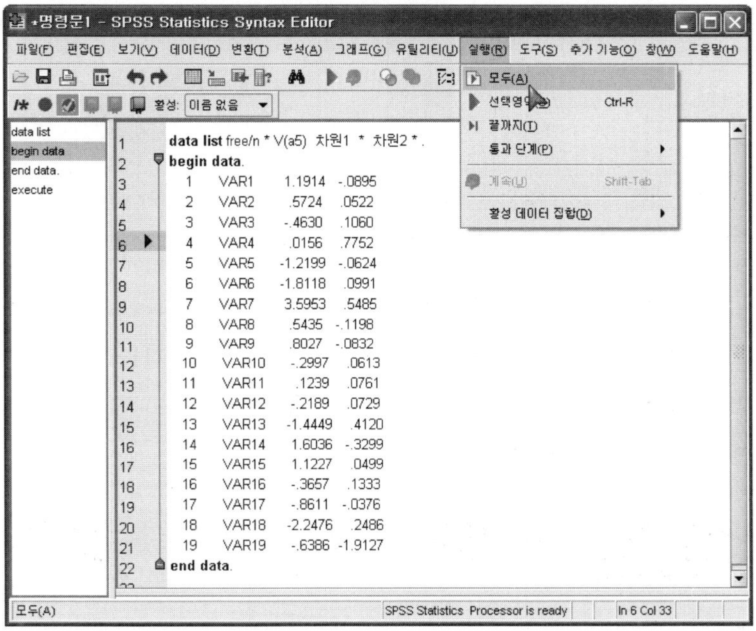

데이터 편집기에 입력 완료된 변수들 중에서 필요한 변수는 '차원1'과 '차원2'이므로 이들 변수를 마우스로 끌기하여 블록을 설정하고 복사(Ctrl+C)를 준비한다.

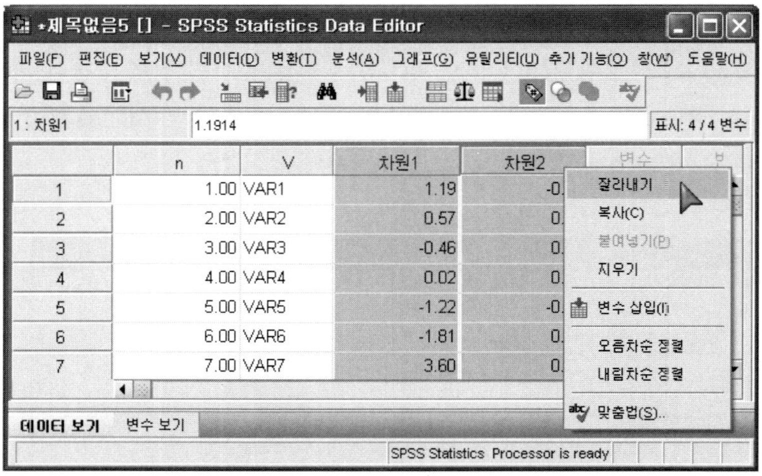

이제 복사가 준비되었으므로 다시 원래의 '승용차사양.sav' 액티브 윈도우로 이동하여 오른쪽 뒷부분의 입력되우로 은 두 개의 변수를 다음 그림과 같이 마우스로 끌기하여 블록을 설정하고 붙여넣기(Ctrl+V)를 하면 두 변수 '차원1'과 '차원2'가 복사되어 입력된다.

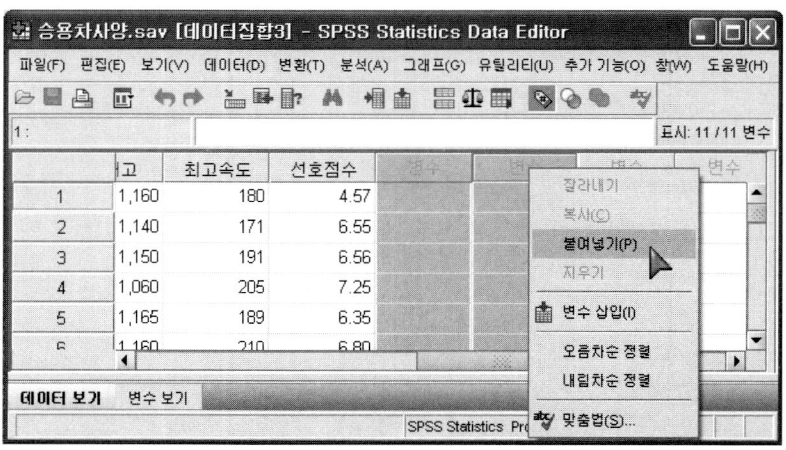

이제 각 산점표시에 차종의 이름을 붙여서 위치도를 작성할 준비가 되었다. 주메뉴의 그래프에서 산점도를 선택하고 계속 진행해 보기로 하자

산점도 대화상자에서 '**단순 산점도**'를 지정하고 정의 를 클릭한다.

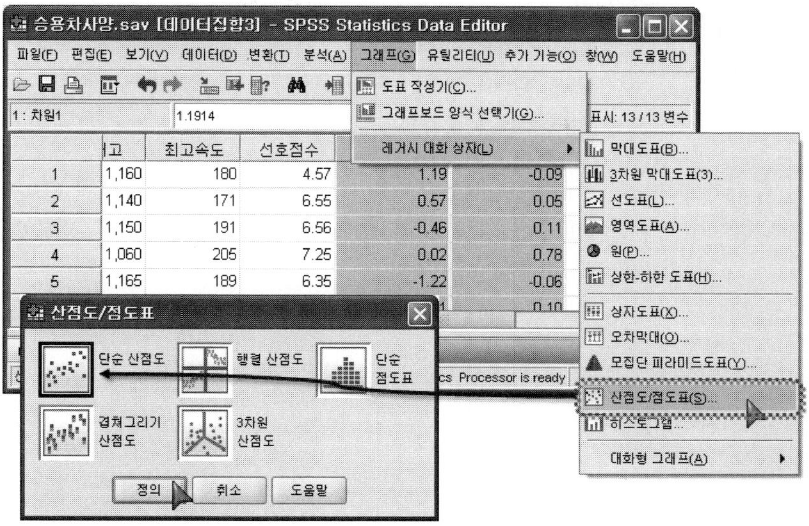

다음 대화상자에서 X-축에 변수 '차원1'을 지정하고 Y-축에 변수 '차원2'를 지정한다. 여기에서 각 산점표시는 케이스에 해당하므로 '케이스 설명 기준변수:'에 문자변수인 '차종'을 지정하면 각 산점에 차종에 대한 설명이 표시될 것이다.

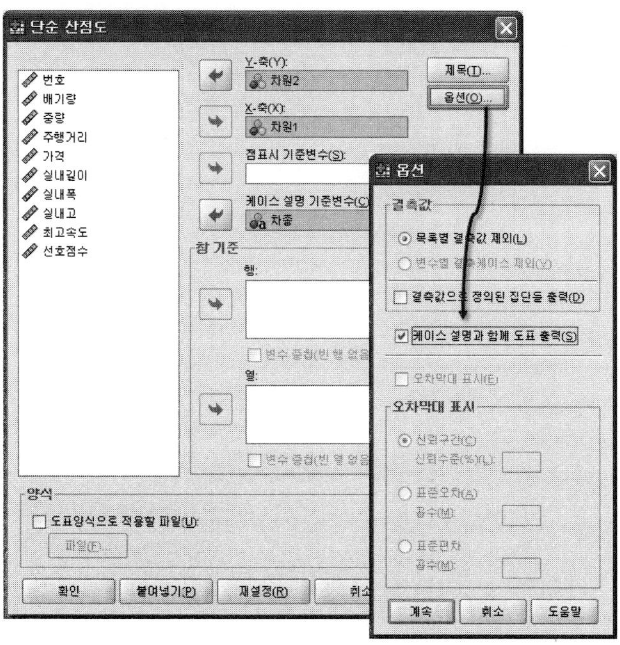

다음으로 [옵션(O)...]을 클릭하여 옵션 대화상자에서 반드시 '**케이스 설명과 함께 도표출력**(Display chart with case labels)'을 지정한다. 이를 지정하지 않으면 출력되는 도표에 차종에 대한 설명이 출력되지 않는다. 그러나 출력되지 않았다 하더라도 해당 도표 상에서 왼쪽단추를 클릭하면 팝업메뉴가 나타나고 여기에서 '**데이터 설명 보이기**(Show Data Labels)'를 선택하면 차종명인 레이블이 나타난다.

이제 옵션 대화상자에서 [계속] 단추를 클릭하고 단순 산점도 주대화상자에서 [확인]을 클릭한다. 다음의 결과는 출력된 도표의 점표시를 보기 좋게 모양을 바꾸어 표시하여 출력된 결과이다.

[승용차의 재원과 선호도에 따른 위치도]

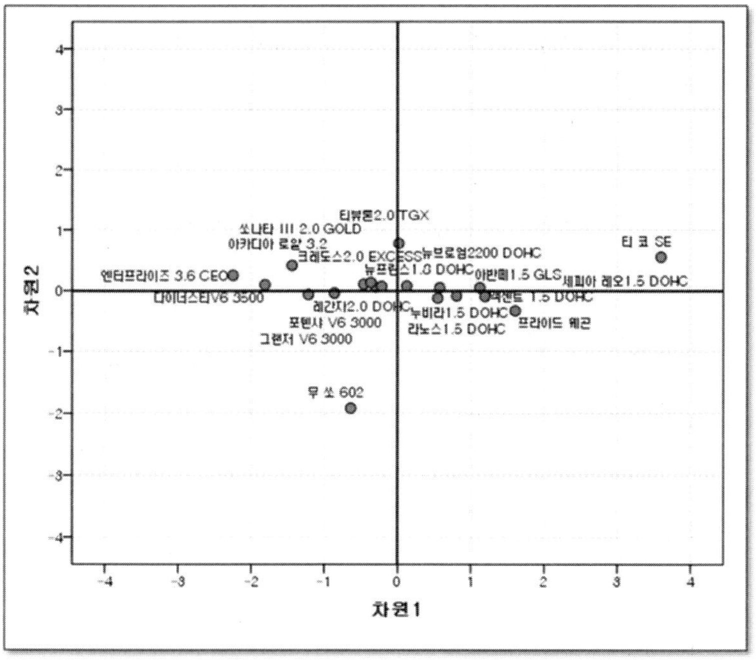

앞에서 8가지 재원 변수들만을 가지고 작성한 위치도와는 대체적으로 비슷한 위치를 나타내고 있으나 선호점수가 추가되어 작성된 위치도이므로

약간의 차이를 보이고 있다.

18.5 8가지 사양 및 선호점수의 요인분석

이제 위치도의 각 축을 해석하기 위하여 요인분석을 수행해 보자. 2차원 평면상의 위치도에서 각 차원에 대한 축의 해석을 할 때 보통 요인분석(factor analysis)을 이용할 수 있다. 요인분석을 수행하기 위하여 다음의 SPSS의 주메뉴에서 요인분석을 선택한다.

분석 ☞ 차원 감소 ☞ 요인분석 …

요인분석 대화상자에서 재원 변수들 및 선호 변수를 선택 이동시킨다.

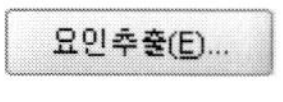

단추를 클릭하여 요인추출방법과 요인의 수를 지정한다.

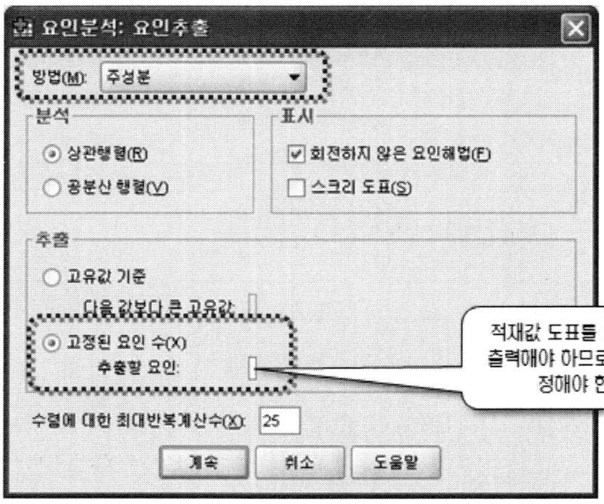

여기에서 사용하는 요인추출방법은 주성분(principal component) 분석을 사용하여 요인을 추출하고 8가지 재원과 선호점수를 2차원 평면상에 표시하기 위해서 요인의 수를 '2'로 지정한다. [계속] 단추를 클릭하고 주대화상자에서 [요인회전(T)...] 단추를 클릭하여 요인회전 방식을 지정한다.

요인회전방법(rotated method)으로 직각회전인 '베리멕스(Varimax)'를 지정하고 이때의 요인적재값(factor loading)을 사용하여 2개의 요인을 축으로 하는 각 변수들의 위치도를 출력하기 위하여 적재값 도표를 출력하기 위하여 '적재값 도표'을 체크한다. [계속]를 클릭하고 다시 주대화상자에서 [확인]를 클릭하여 요인분석을 수행한다. 요인분석을 수행한 결과 적재값 도표는 다음과 같이 나타난다.

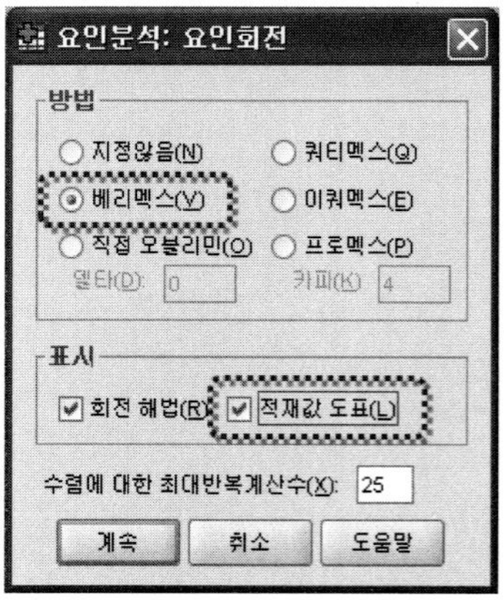

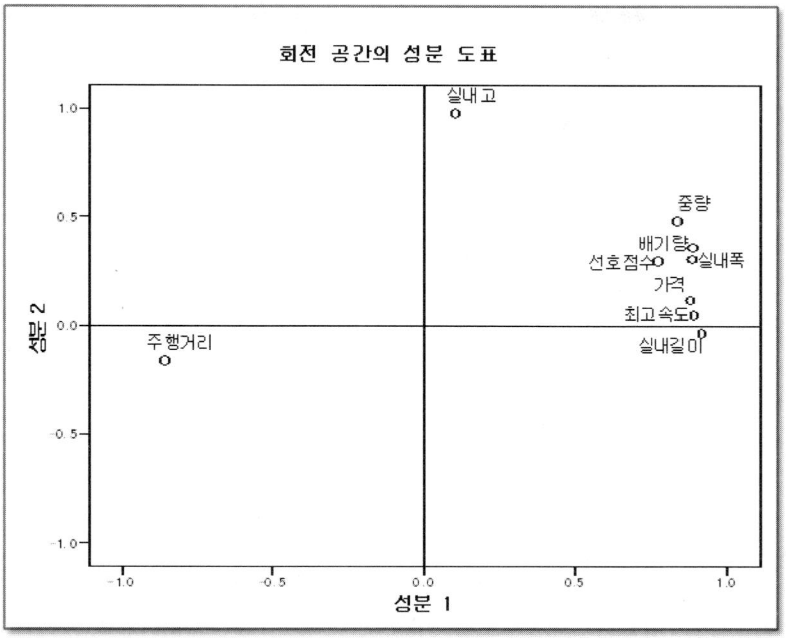

적재값 도표를 보면 '선호점수', '가격', '엔진크기', '중량', '실내길이', '실내폭', '최고속도' 등은 요인 1(성분 1)에 높게 적재되어 있다. '리터당 주행거리' 역시 요인적재값의 절대값이 요인 1에 높게 적재되어 있음을 알 수 있다. '실내높이'는 요인 2(성분 2)에 높게 적재되어 있다.

18.6 다차원척도법과 요인분석의 결합

8개 재원과 선호점수를 사용하여 작성된 19개 차종의 위치도와 요인분석 적재값 도표를 겹치면 각 축의 방향을 고려하여 해석할 수 있는 최종적인 위치도를 작성할 수 있다. 일단 두 개의 도표를 겹쳐 그리기 위해서는 겹쳐 그린 그림의 해석이 타당한지를 검토해야 한다. 앞에서 언급하였듯이 다차원척도법을 사용하여 그린 위치도는 개체간의 상대적인 위치만을 나타낼 뿐 방향성은 전혀 고려되지 않은 도표이다. 그러므로 겹쳐 그린 위치도의 해석이 적절하게 내려지지 않는 경우에는 위치도의 축을 뒤집거나 방향을 바꾸어 줌으로써 적절한 위치도를 작성할 수 있다. 실제 앞에서 분석한 19개 차종의 위치도와 요인분석에서 작성한 각 변수들의 위치도를 겹칠 때 이러한 현상이 발생된다. 그러므로 19개 차종의 위치도를 수정해야 한다. 즉 각 차원의 값의 부호를 바꾸어 주면 대각선을 기준(원점에 대칭이동)으로 뒤집은 위치도로 변환할 수 있다. 이렇게 각 축을 뒤집어 표현하기 위하여 다음과 같은 명령어를 작성하여 수행하면 된다.

각 축을 뒤집기 위하여 부호를 바꾸어 주었다. 이제 위치도를 작성하기 위하여 산점도를 그려보자. 그래프 메뉴에서 산점도를 선택하고 다음과 같이 지정한다.

옵션(O)... 을 클릭하여 옵션 대화상자에서 반드시 '**케이스 설명과 함께 도표출력**(Display chart with case labels)'을 지정한다.

계속 단추를 클릭하고 주대화상자에서 확인 단추를 클릭하면 다음과 같이 축을 뒤집은 위치도가 작성된다. 점표시를 바꾸고 나름대로 도표를 디자인한다.

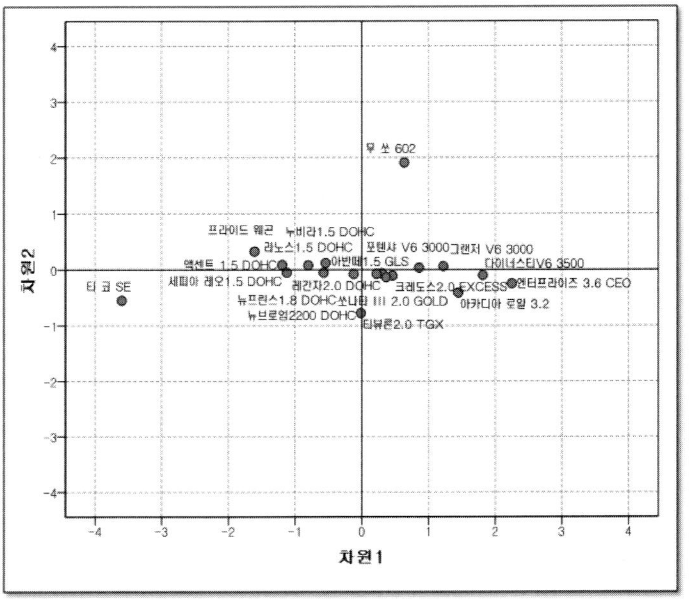

요인분석을 이용하여 이미 작성된 적재값 도표는 다음과 같다.

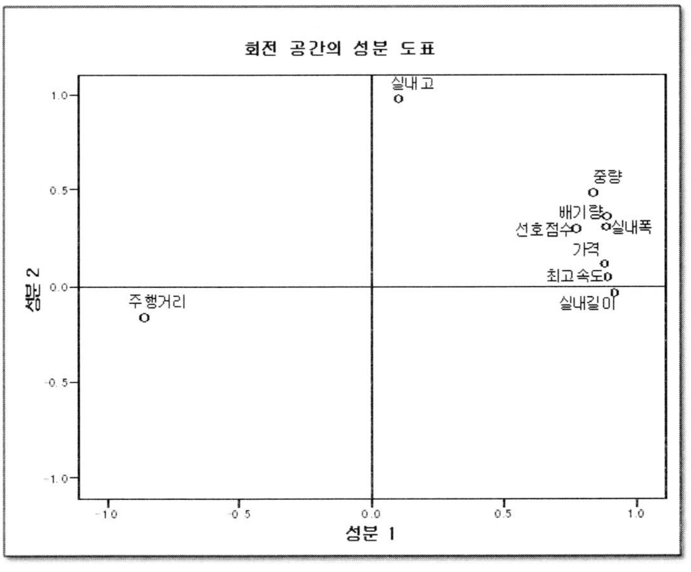

이제 적재값 도표를 편집하기로 하자. 우선 SPSS 뷰어에서 이 도표상에 더블클릭하면 도표편집기가 나타나며 여기에서 다음과 같이 도표약식 적용

을 선택한다.

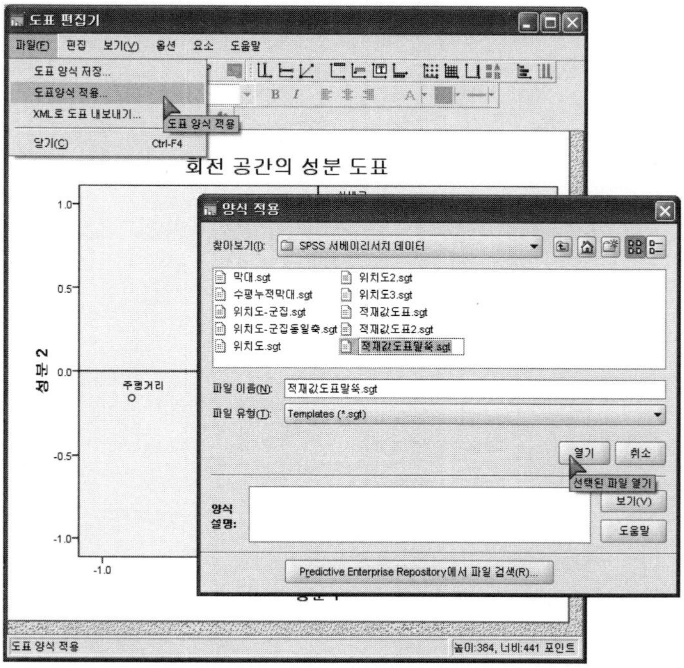

양식이 적용된 다음에 제목을 삭제한다.

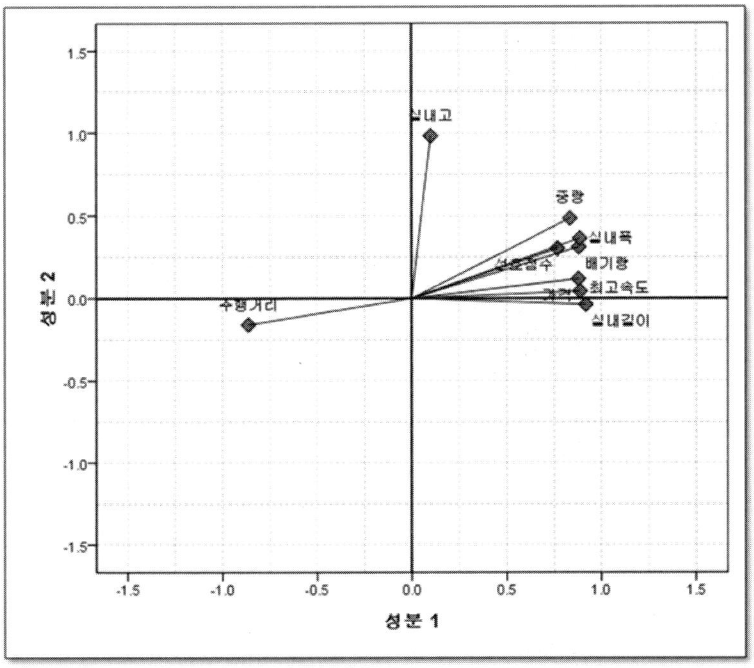

이렇게 작성된 그림은 반드시 확장메타파일(enhanced metafile)로 저장되어야 한다. 그래야 파워포인트에서 그룹해체가 가능하다. 이는 점에 표시된 말뚝표시를 그림에서 분리하여 위치도 위에 겹쳐 그리기 위함이다. 그러므로 다음과 같이 SPSS 도표에서 확장메타파일(*.emf)로 저장한다.

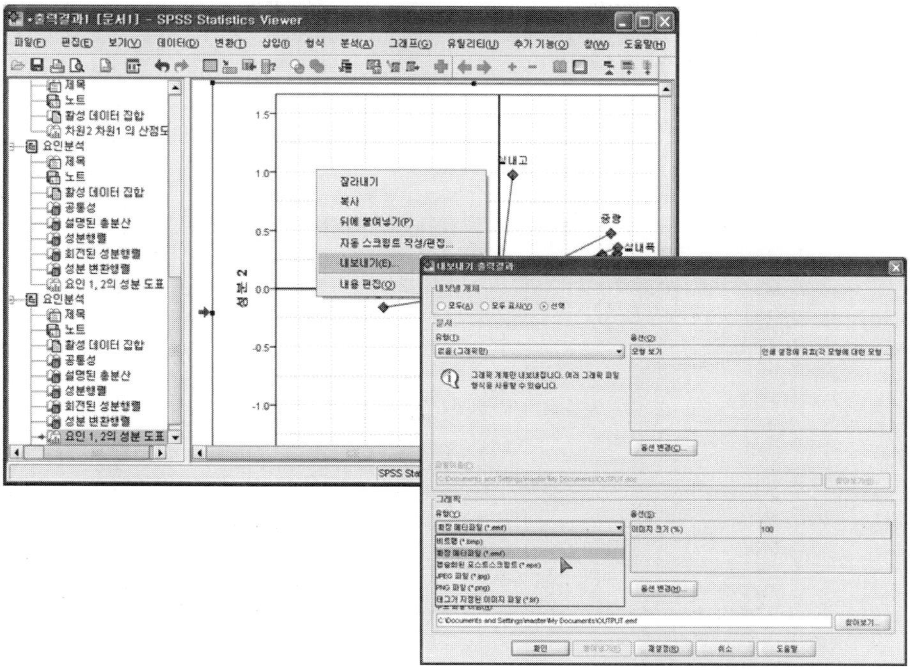

이제 위치도와 적재값도표를 서로 겹쳐 그려야 한다. 적재값 도표에서 표현한 각 변수들의 축(벡터)을 위치도 위에 겹치기 위하여 편집할 프로그램이 필요하다. 여기에서는 PowerPoint를 사용하여 편집하기로 한다. 그림판을 사용하여 편집할 수도 있으나 이 경우 그림판 보다는 PowerPoint에서 편집하는 것이 보다 선명한 해상도로 출력할 수 있다. PowerPoint는  메뉴에서 "프로그램" → "Microsoft PowerPoint"를 선택하면 수행된다. 물론 컴퓨터에 Microsoft PowerPoint가 설치되어 있어야 할 것이다.

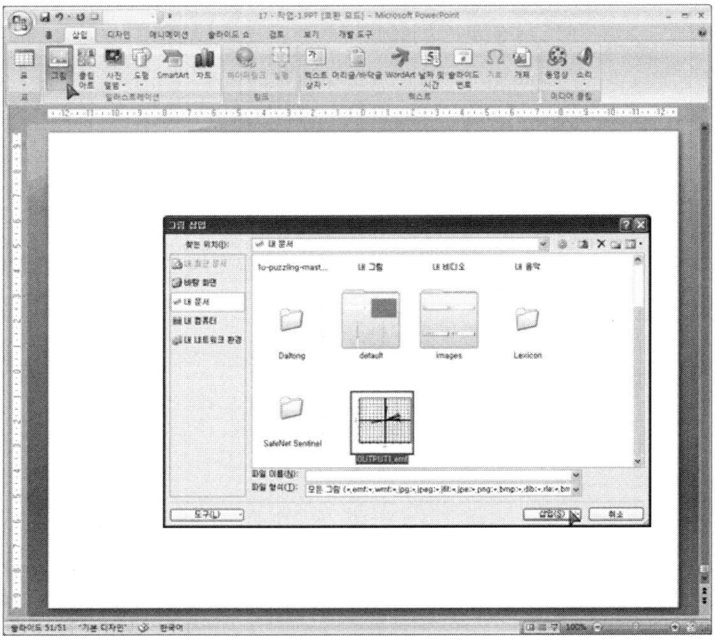

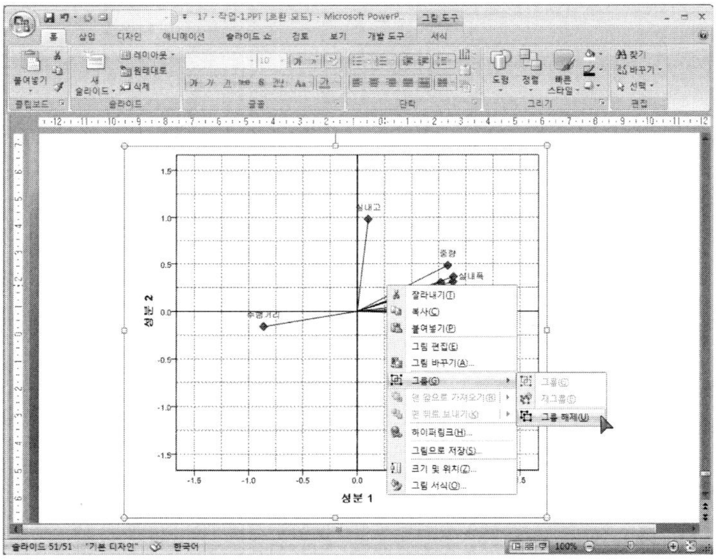

PowerPoint에서 붙여넣기하면 버퍼에 임시 보관되어 있는 도표가 상기와 같이 삽입되며, 하단의 그리기에서 '그룹해제'를 선택하면 다음과 같은 메시지가 나타나며 여기에서 [예(Y)]를 클릭한다.

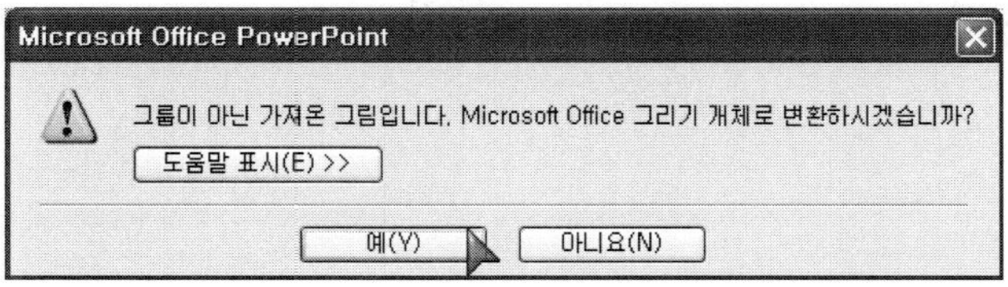

그리고 한번 더 '그룹해제'를 시도하면 비로소 붙여넣기한 그림이 그룹해제 되었을 것이다. 만일 한 번에 그룹해제가 되지 않았을 때는 다시 그룹해제를 시도하면 된다.

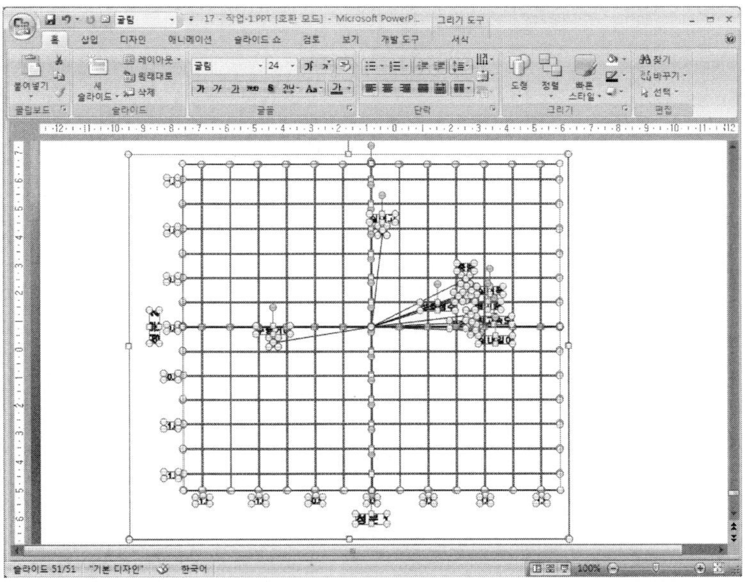

그룹해제된 상태에서 가운데 변수이름과 점표시 그리고 X-Y 축의 '0'에 표시된 참조선을 제외한 모든 해제된 조각을 선태하면서 삭제한다. 바탕이 흰색이므로 실제 보이지 않는 조각들이 그림의 밑바탕에 삼각형으로 여러 장이 겹쳐 있으므로 이들까지도 삭제하여야 한다. 이는 가운데 2개의 참조선과 점표시 변수이름만 제외하고 삭제하게 되면 그림이 투명한 상태가 되어 MDS의 결과물인 위치도에 겹치기할 때 투명하게 위치도가 보이게 된다. 결국 다음과 같이 되었을 것이다.

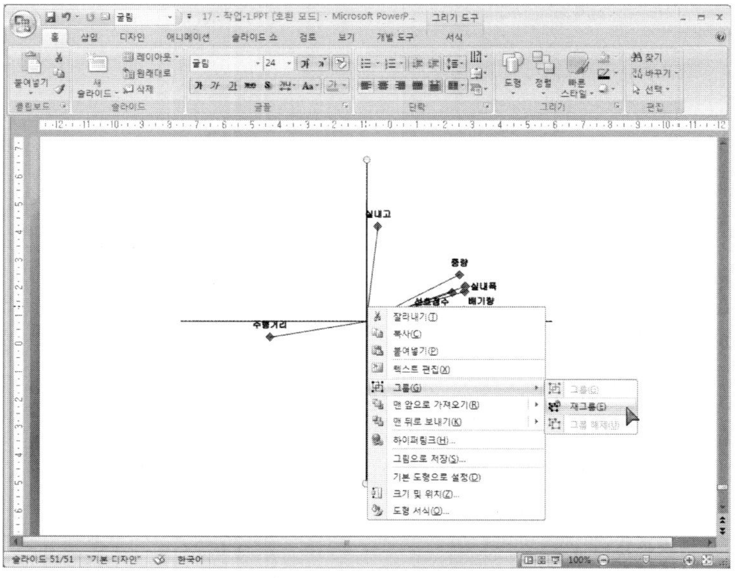

이제 밑그림인 위치도를 복사하여 PowerPoint에 붙여넣기하고 지금 작성한 변수들의 방향표시 그림을 위치도 위에 겹쳐놓기 한다. 그리고 그림이 '0'을 중심으로 한 참조선에 맞추어 정확하게 원점이 겹쳐지도록 맞추어야 한다.

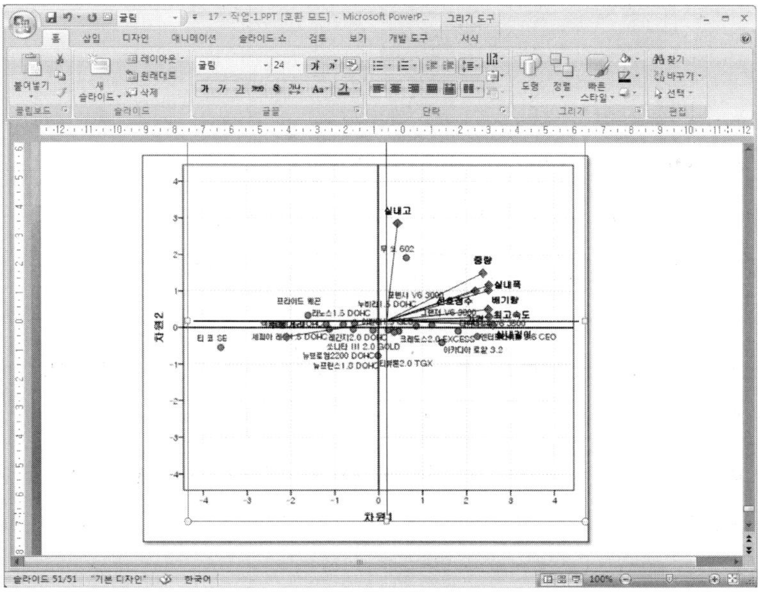

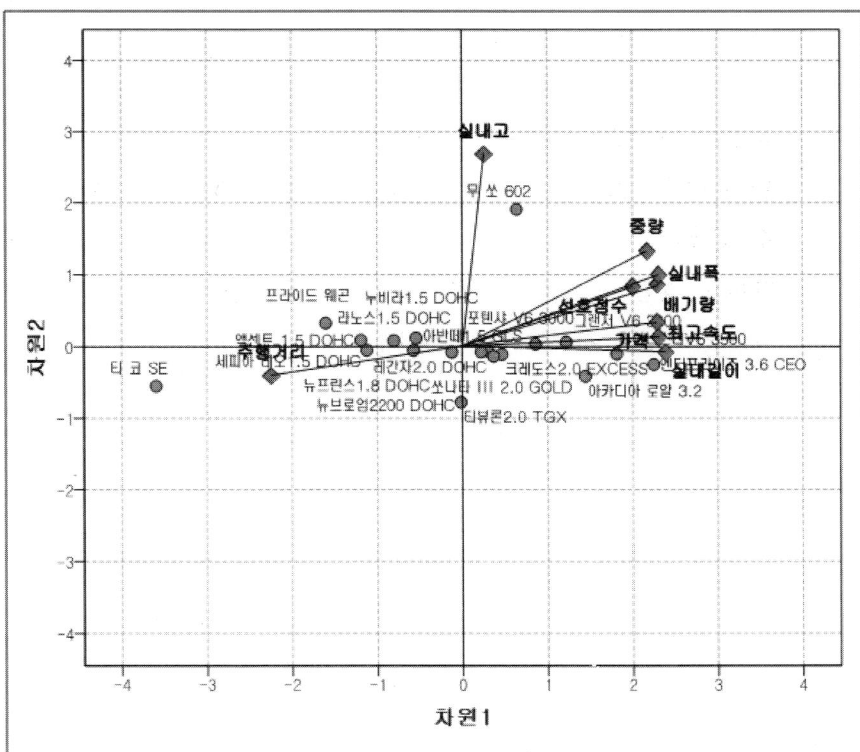
실내고
무 쏘 602
중량
실내폭
배기량
선호점수
최고속도
가격
실내길이
주행거리
프라이드 웨곤
누비라1.5 DOHC
라노스1.5 DOHC
포텐샤 V6 3000
그랜저 V6 3000
아반떼
엑센트 1.5 DOHC
세피아 레오 1.5 DOHC
레간자2.0 DOHC
크레도스2.0 EXCESS
엔터프라이즈 3.6 CEO
뉴프린스1.8 DOHC
쏘나타 III 2.0 GOLD
아카디아 로얄 3.2
뉴브로엄2200 DOHC
티뷰론2.0 TGX
티 코 SE
차원1
차원2

이렇게 겹쳐진 최종그림 역시 모두 선택하여 그룹으로 묶는다. 이제 최종적인 그림이 완성되었다. 예를 들어, 리터당 주행거리 벡터를 축의 방향으로 나타나 있는 티코 SE는 리터당 주행거리가 가장 긴 승용차로 이 화살표의 정반대 방향(양의 방향)에 있는 차종과는 반대로 경제적이며, 승용차의 중량이 가볍고, 저가의 승용차, 작은 엔진크기, 실내 공간이 작은 차종임을 알 수 있으며, 이 화살표의 반대방향으로 나타나 있는 차종은 티코 SE와는 반대로 보통 고가의 승용차, 비경제적, 배기량이 크며, 중량이 많이 나가고, 실내 공간이 넓은 차종이며 선호도가 높은 차종임을 알 수 있다. Y축(차원 2)의 양의 방향으로 실내높이가 위치하고 있는 화살표를 축으로 보면 무쏘 602가 높게 적재되어 있음으로 무쏘 602의 실내높이가 가장 높음을 알 수 있다. 이와 정반대 방향으로 나타난 차종들은 위치도상의 거리가 멀수록 실내높이가 낮음을 의미한다. 프라이드 웨곤은 무쏘 다음으로 실내높이가 높음을 알 수 있다. 선호점수 방향의 화살표를 축으로 보면 대형급의 고급 승용차들을 선호하는 것으로 판단할 수 있으며 이 축의 정반대방향의 끝에 티코가 위치하고 있는데 이는 티코가 다른 차종들에 비해 선호점수가 작음을 나타낸다. 선호점수만을 기준으로 볼 때, 전체적으로 오른쪽에 위치한 차종은 선호도가 높은 차종(무쏘, 엔터프라이즈, 다이너스티 등)이라 할 수 있으며, 왼쪽에 위치한 차종일수록 선호도가 낮은 차종(티코, 티뷰론, 프라이드 웨곤 등)으로 해석할 수 있다. 즉, 연구자가 어떤 변수의 방향을 기준으로 보느냐에 따라 다양한 해석을 내릴 수 있을 것이다.

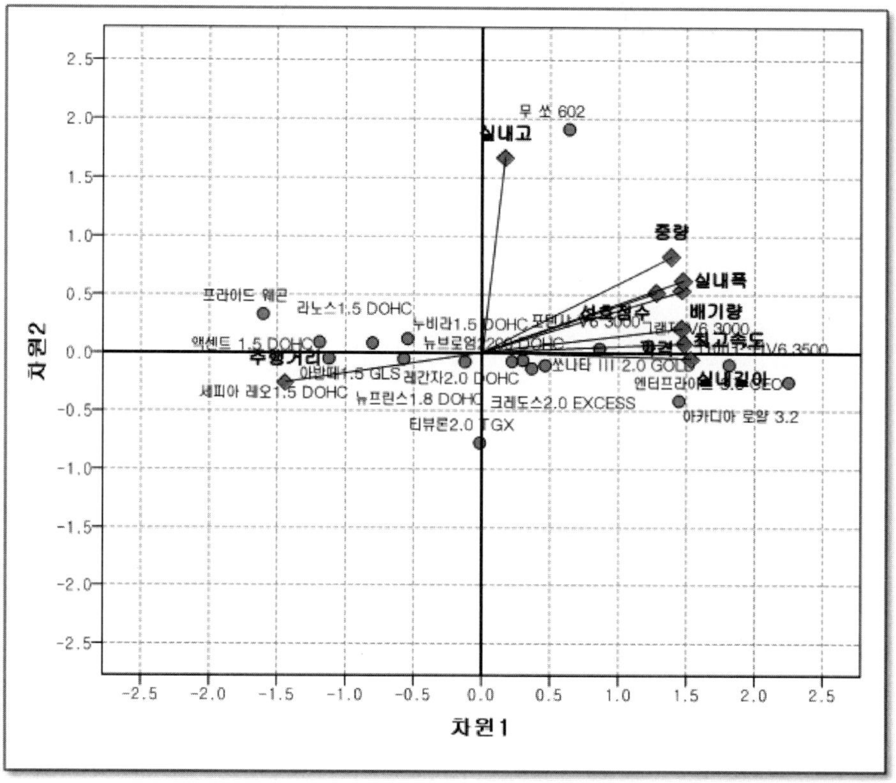

이와 같이 두 도표를 겹쳐 그림으로써 단순히 19개 차종의 위치도에서 해석할 수 있는 정보에 비해 보다 차원높은 해석과 차종의 상대적인 선호 정도 및 재원의 유사성까지도 분석이 가능해 진다.

메모

제 19 장 보고서 작성

19.1 개 요

비록 실시한 조사의 질이 좋다고 하더라도 조사결과의 채택여부는 보고 대상자들에게 조사결과를 전달하는 방식에 의해 좌우되는 경우가 많다. 조사자들이 갖는 판단기준은 보고를 받는 대상자(즉 경영자, 중역진, 의사결정자 등)들과는 다소 차이가 날 수 있는데 대대의 경우는 단지 결과만을 원하고 조사방법과 과정에 대해서는 그다지 관심이 없다. 조사결과에 대한 서면 보고나 구두보고가 대수롭지 않게 보일지 모르나, 경영자들에게는 조사프로젝트의 내용을 파악할 수 있는 유일한 방법이다. 그러므로 조사결과에 근거하여 의사결정을 내릴 수 있도록 하기 위해서는 이들이 우선 조사결과의 가치를 인식해야 하므로 조사결과는 항상 이해하기 쉽고 유익함을 강조해야 하며 기술적으로도 정확하고 명료하게 전달되어야 한다. 특히 목적을 명확하게 정의하지 못한 조사로부터 성공적인 보고를 기대하기는 힘들다. 그러므로 조사과정의 초기단계를 잘 실행한다면 좋은 보고서를 작성할 가능성이 커진다. 그리고 반드시 행동지향적 전략이 항상 포함되어야 함을 잊지 않기를 바란다.

19.2 보고서 양식

어떤 하나의 표준적인 보고서 양식은 없지만, 강조와 명확성을 확보해주는 물리적인 양식을 채택하여야 한다. 즉, 넓은 공간에 문단을 작성한다든지, 여백에 차이를 두든지, 문장 첫머리의 위치에 변화를 주든지, 글자체를 달리한다든지, 색상에 차이를 둔다든지 하면, 중요한 요점을 강조하거나 아이디어의 순서와 관계를 명확히 할 수 있다. 요컨대 보고서는 보고대상자의 욕구와 필요에 가장 적합한 방식으로 작성해야 하며, 다음과 같은 양식을 하나의 기본지침으로 활용할 수 있다. 하지만 이러한 것을 반드시 그대로 지키기보다는, 상황에 따라 융통성을 갖도록 하는 것이 좋다.

1. 제목
2. 목차
3. 서론
4. 조사목적
5. 조사방법
   (1) 조사설계
   (2) 데이터 수집방법
   (3) 표본추출방법
   (4) 실사작업
   (5) 분석 및 해석방법
6. 한계점
7. 조사결과
8. 결론 및 권고사항
9. 부록
   (1) 조사양식표
   (2) 표본세부사항
   (3) 조사결과에 포함되지 않은 도표
   (4) 색인

19.2.1 제 목

조사문제, 보고서의 작성일, 보고대상자, 보고서 작성자 등을 명시한다. 경우에 따라서는 보고대상자를 명시할 필요가 없기도 하지만 어떤 경우에는 이러한 내용을 정확하게 명시하는 것이 좋을 수도 있다. 즉 조사보고서의 내용이 비밀유지를 필요로 하거나 제한된 범위에서만 배포해야 하는 경우에는 제목에 보고대상자를 명확하게 명시해 두어야 한다.

19.2.2 목 차

보고서의 내용이 길거나 여러 가지 내용으로 구분되는 경우, 목차를 작성하는 것이 일반적인 태도이다. 또한 보고서에 수록된 도표, 그래프, 표 등도 목차에 이어서 이들에 대한 목록도 덧붙여 두는 것이 좋다.

19.2.3 서 론

조사 프로젝트를 소개하는 부분으로 문제의 배경(문제의 발생시기와 내용), 문제의 중요도, 문제의 여러 가지 측면 및 본조사와 관련된 과거조사의 존재여부 등에 관한 사항을 포함한다.

19.2.4 조사목적

보고서의 구체적인 목적은 처음에 명확히 설정해 두어 보고서에 어떤 내용이 포함되어 있는지 정확히 알 수 있도록 해야 한다. 만약 이 조사의 내용이 보다 큰 조사문제의 일부에 해당한다면, 그 전체적인 문제와 문제해결과정을 서술해 주는 것이 바람직하다. 경우에 따라서는 문제발생에 관한 배경정보와 이에 관한 과거 조사작업을 포함시켜 두는 것이 좋다. 요컨대 이러한 정보를 통해 보고서를 잘 이해하는데 도움이 된다면 가능한 한 간략하게 제공해 주는 것이 좋다.

19.2.5 조사방법

통상적으로 보고대상자는 기술적인 용어를 잘 이해하지 못하는 경우가 많으므로, 가급적이며 기술적인 용어를 피하여 조사방법을 설명하여야 한다.

(1) 조사설계
(2) 데이터 수집방법
(3) 표본추출방법
(4) 실사작업
(5) 분석 및 해석방법

19.2.6 한계점

보고서를 잘 작성하면 조사결과를 채택하도록 하는데 유리하지만 모든 조사프로젝트는 나름대로의 한계점을 갖기 때문에 조사결과를 너무 과신하도록 만들면 안 된다.

유능한 조사자라면 이와 같은 점을 적당히 꾸며대지 않고 그대로 제시하여 보고대상자들의 주의를 환기시켜 주어야 한다. 이와 같이 하면, 보고대상자들이 조사결과를 정확히 해석하는데 도움이 될 뿐만 아니라, 조사자의 입장에서는 조사결과를 신뢰받을 수 있는 이점도 있다. 만약, 보고대상자들이 보고서에서 지적해 주지 않은 한계점을 발견했다면, 조사내용에 대해 의심을 하게 될 것이기 때문이다.

조사한계점을 몇 가지 예시하면 다음과 같다.

첫째, 조사결과의 일반화 정도문제이다. 만약 조사대상 모집단을 서울시에 거주하는 소비자로 하여 조사를 수행하였다면, 조사결과를 전국적으로 일반화하지 않도록 주의를 주어야 한다.

둘째, 어떠한 질문의 내용이 응답자들을 혼동하게 만든 것으로 판단된다면, 그러한 결과에 대해 해석할 때 특별한 주의하도록 지적해 두어야 한다.

셋째, 실사의 과정에서 최초 설정한 표본대상이 부재중이어서 다른 대상으로 일부 대체하였다면, 이러한 사실이 조사결과에 미칠 수 있는 효과에 대해서도 지적해 주어야 한다. 즉, 조사자들이 사용한 '조사방법의 취약점'에 대해 모두 기술해 주어야 한다.

넷째, 이러한 조사한계점이 조사결과에 미치는 효과에 대해서도 지적해 주어야 한다. 하지만, 한계점을 너무 부각시키거나, 한계점을 적절하게 설명하지 않으면 오히려 조사에 대한 신뢰도를 떨어뜨리는 결과를 초래할 수 있으므로 주의하여야 한다.

19.2.7 조사결과

이 부분은 보고서에서 가장 많은 부분을 차지하는데, 단지 통계표를 조합해 두기보다는 결과를 체계적으로 나열해 주도록 해야 한다. 여기서는 집계표, 요약표 및 도표를 자유로이 사용할 수 있으나 너무 상세한 표는 부록으로 첨부하는 것이 좋다. 가끔 보고서 작성자들이 조사목적과 별 관계가 없는 사항이라도 모두 포함시키고자 하는 경우가 많은데 이미 문제의 설정단계에서 준비해 둔 조사목적을 달성하는데 필요한 정보목록으로써 제시하는 조사결과의 범위를 제한하도록 하여야 한다.

19.2.8 결론 및 권고사항

결론은 조사목적을 참고하여 직접 도출하도록 해야 한다. 이렇게 하면 보고대상자들은 조사목적을 읽은 후, 결론부분으로 넘어가 이에 따른 결론을 발견할 수 있게 된다. 만약, 조사로부터 조사목적과 대비하여 결론을 도출할 만한 만족스러운 정보를 확보하지 못했다면, 이러한 사실을 숨기지 말고 그대로 알려주도록 하여야 한다.

대개 조사자들은 어떤 결론을 도출할 필요는 있으나, 권고사항은 항상 제시할 수 있는 것은 아니다. 어떤 경우에는 권고사항을 제시하지 않도록 특별한 요청을 받기도 하며, 기업체의 배경과 일반적인 운영방침을 잘 알지 못하기 때문에 어떤 행동대안을 추천하는 것이 바람직하지 못한 경우도 있다. 원래 권고사항을 제시하기 위해서는 기업체의 자원과 모든 행동대안을 포함하는 전체적인 상황에 관한 충분한 지식을 갖고 있어야 하지만, 조사자가 이러한 내용을 모두 파악하고 있는 경우는 그리 많지 않다.

19.2.9 부 록

부록을 첨부하는 목적은 너무 세부적이거나 특수한 사항이어서 보고서의 본문에 적합하지 않은 내용을 제시하기 위한 것이다. 예를 들면, 부록에는 표본설계의 세부사항, 표본추출오차의 결정 계산식, 상세한 통계표, 여러 가지 조사양식 (설문지나 서면면접지침서 등)이 포함된다. 하지만, 본문에서 빠뜨리면 조사결과를 이해하기가 힘든 경우에는 부록으로 첨부해서는 안 된다. 특정한 데이터를 다소 상세히 설명하려할 때는 이러한 데이터를 포함하는 표도 본문에 포함시키는 것이 좋다. 대부분의 경우 중요한 아이디어는 조사결과부분에서 그래프로 제시하는데, 이러한 내용이 근거하는 표들은 부록에 포함시켜 보고대상자들이 세부사항을 검토해 볼 수 있도록 해야 한다.

(1) 조사양식표

(2) 표본세부사항

(3) 조사결과에 포함되지 않은 도표

(4) 색인

19.2.10 요약 보고서

지금까지 설명한 보고서의 양식에는 요약부분이 포함되지 않았으나 일단 완전한 보고서를 작성한 후에는 요약보고서를 작성하는 것이 여러 가지 면에서 효과적이다. 요약보고서의 목적은 전체보고서의 요점을 제시하여 보고서를 읽는 경영자들이 주요한 아이디어를 신속히 파악할 수 있도록 하려는 것이다. 별도로 요약보고서를 작성하여 전체보고서 대신에 이를 경영자에게 전달하는 것도 효과적이며 이를 전체보고서에 첨부하는 것 또한 좋은 방법이다. 전체보고서에 첨부하는 경우는 전체보고서의 앞부분에 요약을 배치할 수도 있는데 이 경우는 단지 '결론 및 권고사항'만을 포함하는 것이 좋다. 이렇게 하면 첫째 일정이 바쁜 경영자들이 그러한 요약을 읽고 이를 계속 검토할 것인가의 여부를 쉽게 결정할 수 있으며, 둘째, 해당 조직체에서 이 보고서를 읽어보아야 할 사람을 신속하게 결정할 수 있다. 이와 같이 보고서의 앞부분에 요약해 둘 경우는 보통 '조사목적', '결과요약', '결론 및 권고사항'을 포함하게 된다.

메모

국문색인

ㅇ

영문색인

정가 29,000원

SPSS 서베이리서치

2009년 8월 15일 초판 인쇄
2009년 8월 25일 초판 발행

저 자 : 원 태 연
발행자 : 우 명 찬 · 송 준
발행처 : 홍릉과학출판사
주 소 : ㉾ 142-885 서울시 강북구 인수동 455-60
등 록 : 1976년 10월 21일 제5-66호
전 화 : 999−2274~5, 996−8341, 903−7037
팩 스 : 905-6729
hongpub@hongpub.co.kr
www.hongpub.co.kr

저자와의 협의하에 인지생략